LOTHAR MACHTAN

Der Kronprinz und die Nazis

Der Kronprinz und die Nazis

Hohenzollerns blinder Fleck

Von

Lothar Machtan

Duncker & Humblot · Berlin

Bibliografische Information der Deutschen Nationalbibliothek

Die Deutsche Nationalbibliothek verzeichnet diese Publikation in
der Deutschen Nationalbibliografie; detaillierte bibliografische Daten
sind im Internet über http://dnb.d-nb.de abrufbar.

Wir haben uns bemüht, alle Nutzungsrechte zur Veröffentlichung
von Materialien Dritter zu erhalten. Sollten im Einzelfall Nutzungsrechte
nicht abgeklärt sein, bitten wir um Kontaktaufnahme mit dem Verlag.

Umschlagbild:
Auktionshaus Christoph Gärtner GmbH & Co KG, Foto: Unbekannt.

Alle Rechte vorbehalten
© 2021 Duncker & Humblot GmbH, Berlin
Lektorat: Malte Ritter
Satz: L101 Mediengestaltung, Fürstenwalde
Druck: Druckteam, Berlin
Printed in Germany

ISBN 978-3-428-18394-4 (Print)
ISBN 978-3-428-58394-2 (E-Book)

Gedruckt auf alterungsbeständigem (säurefreiem) Papier
entsprechend ISO 9706 ∞

Internet: http://www.duncker-humblot.de

Für meine Enkelkinder Viola und Elias

Kaiser und Kronprinz beim Begrüßungskuss 1912 in Königsberg. Anders als hier inszeniert, war die Beziehung zwischen Wilhelm II. und seinem ältesten Sohn weder herzlich noch harmonisch.

Inhalt

Prolegomena 9
Vorspiel 13
   Visitenkarte: Zwei Egodokumente eines Entthronten 13

Kapitel 1

Aufbruch in die Politik   18

Heraus aus dem ewigen Wartestand 18
1930: Das Jahr der Politisierung 25
Sondierungen 30
Erste Begegnung mit Hitler 35
   Exkurs 1: Zum Stellenwert der Monarchie nach 1918 38

Kapitel 2

Die Fiederung   45

Neue Handlungsbedingungen 45
Nazis ante portas 46
Die Selbstmobilisierung 50
Prätendent oder Präsident? 52
Opposition von rechts 56
Brünings Überlebensversicherung 61
Sand im Getriebe 63
   Exkurs 2: Zyniker der Macht: Kurt von Schleicher 68

Kapitel 3

Eine neue Krone?   77

Deutschlands Schicksalsjahr 77
Wer kann Reichspräsident? 78
They are all a little Hitler-mad 87
Halb zog man ihn, halb sank er hin 92
Und weiter mit Hitler 101
... aber auch mit Schleicher 106
... und bei sich selbst 115
   Exkurs 3: Schleichers „Fränzchen": Franz von Papen 120

Kapitel 4
Zwischen den Stühlen   124

Stühlerücken 124
Was tun? 127
Der Flirt mit Papen 137
Fallengelassen 146
Nebenkriegsschauplätze 151

Kapitel 5
Verwirrung und Ausweg   156

Zwei Reichsführer auf der Lauer 156
Was sollen Kronprinzens wollen? 159
Kabale 163
Die Wende 169

Kapitel 6
Zu Hause im Dritten Reich   172

Gelungener Wieder-Anschluss 172
Garnisonkirche und Ermächtigungsgesetz 178
Manie 185
Preußischer Erbfolgekrieg 188
Blauäugigkeit und Hitler-Begeisterung 193
An der Einheitsfront der nationalen Kräfte 201

Kapitel 7
Eskalierendes Verhängnis   205

Abgehängt 205
Auf der Suche nach Auswegen 207
Weitere Warnschüsse 214
Die Durchkreuzung des Papen-Plans 218
Lange Messer und kurzer Prozess 224
Abgesang 229

Epilog 240
    Zur politischen Aktualität des Themas 243

Abkürzungen 246
Anmerkungen 247
Bildnachweis 293
Danksagung 295
Register 297

Prolegomena

Dieses Buch entfaltet das Politdrama einer verhängnisvollen Illusion aus den 1930er Jahren. Es handelt vom Aberwitz der Hohenzollern, durch eine Annäherung an Adolf Hitler monarchische Politik treiben und durch die Bejahung des Dritten Reiches ihren royalen Status verstetigen zu können. Damit fällt ein neues Licht auf die deutsche Schicksalswende von 1933. Im Blick auf den erlauchten Personenkreis ersteht eine Familientragödie – im Innenraum des 1918 entthronten deutschen Kaiserhauses. Von königlicher Prominenz aus der ersten Reihe wird die Rede sein, von deren weitreichendem Netzwerk in die Aristokratie und in die deutsche Militärführung hinein. Hochadel, Militärelite und die Machthaber im politischen Berlin – das sind die zentralen Bezugsgrößen und die Milieus meiner Erzählung.

Hauptprotagonist in dieser Figurenkonstellation ist der vormalige Kronprinz: Friedrich Wilhelm von Preußen, geboren 1882. Ein Mann, der nach dem Ende der Monarchie mit seinem Vater, dem früheren deutschen Kaiser, um die politische Neuausrichtung der Dynastie ringt – und um deren Führung. Nach ihrer Entthronung blieben die Hohenzollern lange Zeit sich selbst ausgeliefert. Als entmachtete Schicksalsgemeinschaft fühlten sie sich untereinander irgendwie verbunden, freilich in einer Art Versuchsanordnung aus Loyalitätszwängen, aus materiellen Abhängigkeiten, Hassliebe und Intrigen. Was sie einte, waren die Feindschaft gegen die Weimarer Demokratie sowie das Gefühl, immer noch etwas Besseres zu sein und eine privilegierte Behandlung weiterhin verdient zu haben. Bis etwa 1929 ist politische Lethargie die Signatur dieser Dynastiegeschichte. Doch dann wollen vor allem „Kronprinzens", wie das frühere Thronfolgerpaar damals allgemein genannt wurde, noch einmal Einfluss auf die nun eskalierenden Zeitläufte nehmen. Sie möchten zurück auf den Thron und glauben, dass die Zeit für eine Restauration reif sei.

Will man erfassen, wie der reißende Strom der Zeit den Kronprinzen mitgezogen hat, so sollte man ihn am besten selbst beantworten lassen, was ihn zum Mitbeteiligten, ja -entscheider werden ließ, was ihn mitverantwortlich machte für die Geburt des Dritten Reiches. Das Quellenmaterial verschafft uns vielleicht keinen vollen Zugang zu seiner Gedanken- und Gefühlswelt, doch es erlaubt sehr wohl, seine Ambitionen und Schritte detailgetreu zu rekonstruieren – auch mit Blick auf die Vorstellungen, die ihn geleitet haben. Das gilt es transparent zu machen. So können die Leser und Leserinnen die

Essentials seines „Wirkenwollens" selbst entdecken – aus großer Nähe zum historischen Geschehen.

Für eine politische Einflussnahme öffnete sich dem Kaisersohn nur ein schmales Zeitfenster: die Jahre 1931 bis 1933. Diese Schwellenzeit bildet den Rahmen meiner Forschung. Die Aufgabe war, die wichtigsten Facetten seines Wirkens sinnvoll zusammenzusetzen. Dabei ist der Blick weniger auf die pikanten Details der royalen Existenzweise unseres Protagonisten gerichtet als auf sprechende Indizien seiner politischen Verstrickung. Gleichwohl geht es um eine *unvoreingenommene* Betrachtung und nicht um die moralische Bewertung des Vorfindlichen – auch im heutigen Wissen darum, dass der einstige Thronfolger auf der „falschen" Seite stand. Ein unbehagliches Narrativ vielleicht, aber ein aufschlussreiches. Ich collagiere sämtliche Elemente seiner Vergangenheit, derer ich habhaft werden konnte. Und ich ziehe daraus verallgemeinerbare Schlüsse. Ob es *wirklich* so war, weiß ich nicht. Auch andere Erzählperspektiven sind möglich, mithin andere Resultate. Urteilsmächtige Gewissheit lässt sich hier nicht generieren, eine nachvollziehbare Chronik und kritische Kommentierung aber sehr wohl. Und erst auf dieser Basis lassen sich Erklärungen finden für eklatantes Fehlverhalten und fatale Entscheidungen.

Das Quellenmaterial konfrontiert uns fortlaufend und in großer Unmittelbarkeit mit den politischen Vorgängen, in die unser Proband involviert war. Es entsteht eine Kaskade von „O-Tönen", die uns die damalige Dynamik von Politik vermittelt. Sie zeigt, dass hier so gut wie nichts einer strukturell vorgegebenen Logik von Abläufen folgte – das gilt insbesondere für Hitlers Weg an die absolute Macht. Der 30. Januar 1933 war alles andere als das Resultat einer linear aufsteigenden Erfolgsstory. Der Geschichte vom Durchbruch der NSDAP im September 1930 bis zu Hitlers Selbstermächtigung zum „Führer und Reichskanzler" im Sommer 1934 durchlief vielmehr bizarre Kurvenmuster. Wir erleben Hitler in wechselnden Seilschaften, Intrigen, Glücks- und Pechsträhnen, ohne übergreifendes Bestimmungsmerkmal. Die Geschichte blieb weitgehend offen. Und: Der Naziführer stand selbst Anfang 1933 für die damaligen Akteure „nur" für nationalistische Massenmobilisierung, für gewalttätigen SA-Faschismus und einen fanatischen Willen zur Allmacht – aber nicht für Judenvernichtung und Weltkrieg für „Lebensraum". Das wurde erst erkennbar, nachdem unser Protagonist die Bühne des Politiktheaters wieder verlassen hatte.

Es ist eine Herausforderung, dieses quecksilbrige Geschehen angemessen abzubilden und in eine erzählerische Ordnung zu bringen, die den Strom jener wüsten Zeiten nicht allzu sehr glättet. Es geht mir darum, die spezifische Signatur dieser Jahre möglichst eindringlich vor Augen führen, das heißt, vor allem als Gemengelage aus Irrungen und Wirrungen, aus Fehlein- und

Selbstüberschätzungen der Akteure. Aus heutiger Sicht geradezu unglaublich erscheint das Be- und Gefangensein der seit 1931 noch einmal einflussreich gewordenen alten wilhelminischen Eliten in ihrem Verständnis von Politik als Kabale, in ihrem notorischen und lernresistenten Nichtverstehenwollen der Dynamik und des Gewaltpotenzials der NS-Bewegung. Zur Vergegenwärtigung dieser politischen Unkultur empfiehlt es sich, die historischen Akteure als Icherzähler mit je eigener Perspektive, aber auch im Ganzen als mehrstimmigen Chor eines Politdramas auftreten zu lassen.

Zu diesem Chor zählte eine Zeit lang auch unser Antiheld. Doch überbewerten darf man seine Rolle nicht. Denn er war nie die Hauptfigur im Geflecht jener Männer, die Deutschlands Weg damals gespurt haben. Man sollte ihn deshalb weniger als Emblem für eine strukturell vorhandene gesellschaftliche Strömung nehmen, sondern eher als einen kontingenten Faktor, dem die Denaturierung der politischen Kultur verhalf, vorübergehend am Tisch der Entscheidungsträger Platz zu nehmen. Auch als Verkörperung von symbolischem Kapital war er im Grunde eine Luftnummer, denn der Royalismus ist in der Welt der deutschen Politik selbst in den 1930er Jahren nie über den Status einer Phantasmagorie hinausgelangt.

Die tiefere Ursache dafür findet sich in den besonderen Umständen, unter denen die Monarchie im November 1918 einstürzte, und in dem Beitrag, den die fürstlichen Herrscherhäuser selbst zu ihrer *Entthronung* leisteten. Dem Haus Hohenzollern, der ersten unter diesen Dynastien, und nicht zum wenigsten unserem Titelhelden fiel hier die wohl fatalste Rolle zu. Den damals 32-jährigen Thronerben hatte sein Vater, der Oberste Kriegsherr, gleich zu Beginn des Weltkrieges aus Prestigegründen in die Rolle eines Armee- beziehungsweise Heeresgruppenführers gehievt. Eine Aufgabe, die Wilhelm junior in jeder Hinsicht überforderte. Militärische Fehlentscheidungen, amouröse Eskapaden und politischer Übermut hatten sein öffentliches Ansehen so ramponiert, dass er es Ende November 1918 vorzog, seinen Posten zu verlassen und dem Vater ins holländische Exil zu folgen – freiwillig übrigens und entgegen dem eindringlichen Rat führender Militärs. Die königliche Regierung der Niederlande internierte ihn auf der kleinen Insel Wieringen, wo er am 2. Dezember eine Verzichturkunde unterzeichnete.

Damit war für ihn das Spiel aus, sein Berufs- und Lebensziel begraben. Doch rechnete er tatsächlich nur noch damit, dereinst als Privatmann ohne Ambitionen in die Heimat zurückkehren zu können? Zwei Schlüsseldokumente aus dem Januar 1919 geben auf den nächsten Seiten Auskunft darüber, wie er jenen *Kaisersturz* perzipiert hat, der ihn so tief mit in den Abgrund riss. Damit stellt sich unser Protagonist den Leserinnen und Lesern gleich einmal in seiner typischen Wesensart vor.

> Ich verzichte hiermit ausdrücklich und endgültig
> auf alle Rechte an der Krone Preußen und an der Kaiser-
> krone, die Mir, sei es auf Grund der Thronentsagung
> Seiner Majestät des Kaisers und Königs, sei es aus einem
> anderen Rechtsgrunde zustehen mögen.
> Urkundlich unter Unserer Höchsteigenhändigen Unter-
> schrift.
> Gegeben in Wieringen am 1. Dezember 1918.

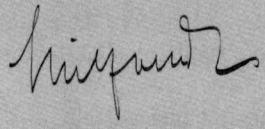

Während das Original der Abdankungsurkunde des letzten deutschen Kaisers als verschollen gilt, hat sich die authentische Verzichtserklärung des Kronprinzen im Politischen Archiv des Auswärtigen Amtes erhalten.

Vorspiel

Visitenkarte: Zwei Egodokumente eines Entthronten

Friedrich Wilhelm an Wilhelm II. aus Wieringen vom 9. Januar 1919:[1]

Lieber Papa! – Einen sehr herzlichen Gruß möchte ich Dir senden. Hoffentlich geht es Dir gesundheitlich gut. Es muss für Dich noch schlimmer wie für mich hier sein. Meine Liebe und Treue zu Dir hat keine Einbuße erlitten. – Ich glaube, dass Du jetzt auch eingesehen hast, dass Max von Baden[2] ein Schwein war, wie ich es stets sagte und dass Hindenburg[3] in schamloser Weise Dich verraten hat. Ich habe ihn stets für einen Hanswurst gehalten; dass er aber ein ganz gemeiner Kerl ist, musste er noch beweisen, und das hat er prompt getan; über Gröner[4] kann man überhaupt nicht sprechen. Ich hoffe nur noch zu erleben, dass alle diese Leute hängen. Das arme deutsche Vaterland, es ist zum wahnsinnig werden. – Mit den allerherzlichsten Grüßen – in alter Treue – Dein – Wilhelm

Friedrich Wilhelm an Wilhelm II. aus Wieringen, ohne Datum (um den 22. Januar 1919):[5]

Lieber Papa! – Für Deine mir von Müldner überbrachten Zeilen[6] herzlichen Dank. Zu meinem Leidwesen ersehe ich aus ihnen, dass Deine und Mamas[7] Gesundheit noch immer zu wünschen übrig lässt. Oft weilen meine Gedanken bei Euch, und ich hoffe von Herzen, dass Euch bald völlige Besserung und damit wenigstens etwas freundlichere Zeiten beschieden sein möchten. In dem längeren Gespräch, dass Du mit meinem Adjudanten [sic! – LM] hattest, wurden wichtige persönliche und andere Fragen berührt. Ihre unmittelbare Klärung in gegenseitiger Aussprache, die ich gerne herbei wünschte, wird mir vor der Hand versagt sein. Aber es kann mir nicht gleichgültig sein, wie mein Vater über mich denkt, umso weniger gerade jetzt, wo Gedanken den breiten Raum unseres Daseins einnehmen. In aller Offenheit und Ehrerbietung bitte ich Dich daher, auch mich anzuhören und nicht voreilig den Stab über Deinen Ältesten zu brechen, der das Beste gewollt und immer danach gestrebt hat, seinem Vater ein treuer loyaler Diener zu sein. – In der Frauenfrage wirst Du mir nie ganz folgen können. Mag sein, dass ich gefehlt habe.[8] Aber die Wege der Herzen und Sinne lassen sich nicht immer so führen und richten, wie man selbst, wie die Welt und Allgemeinheit es wohl wünschte. Ein jeder hat seine Schwächen. Nicht jedem gelingt es, ihrer

Wilhelm von Preußen und sein Adjutant Louis Müldner von Mülnheim (1923). Als treuer Begleiter und politischer Kopf hat Müldner im Leben des ehemaligen Kronprinzen über Jahrzehnte hinweg eine tragende Rolle gespielt.

völlig Herr zu werden. Dass ich dies versucht, dass ich gekämpft habe, dessen kannst Du versichert sein. Und manche Ideale, nach denen ich mich in meiner Ehe immer sehnte, sind mir – bei aller Liebe und Wertschätzung für Cecilie[9] – nicht beschieden gewesen. So darf ich wenigstens auf ein Begreifen hoffen. Derjenige indessen, der Dir in diesen Zeiten mit all den alten Geschichten das Herz noch schwerer gemacht hat, verdient fürwahr nicht mehr vor die Augen seines Königs zu treten, ohne vor Schamröte in den Boden sinken zu müssen.[10] – In der inneren und äußeren Politik weißt Du, dass ich seit Jahren vielfach nicht die Ansichten Deiner verantwortlichen Ratgeber teilen konnte.[11] Und leider hat der Verlauf der Ereignisse meinen Befürchtungen in zahlreichen Fällen recht gegeben. Diese abweichenden Ansichten waren nicht immer mein eigenes geistiges Eigentum. Du ahnst nicht, wie in den langen Jahren hunderte der besten Männer unseres Volkes aus allen Kreisen zu mir kamen mit banger Sorge für die Zukunft unseres Vaterlandes. Bei allen diesen Unterredungen und Verhandlungen habe ich stets loyal und treu gegen Dich gehandelt und bin stets bestrebt gewesen, nur Deinem Interesse zu dienen. – Du hast auch mit Müldner über meine Geldausgaben gesprochen. Gewiss hatte ich Passionen wie jeder junge Mensch, und für Dinge, die mir Freude machten, habe ich Geld ausgegeben. Weder aber habe ich Geld verschwendet noch Schulden gemacht. Und wenn ich die letzten Jahren Deine Hilfe um Unterstützung anging, so geschah dies, weil meine Stellung als Oberbefehlshaber und Kronprinz während des Feldzuges größere Ausgaben bedingte, die andererseits aber wieder unserem Hause zu Gute kamen. [Diesen Satz hat Wilhelm II. mit Bleistift unterstrichen und mit einem Fragezeichen versehen. – LM] Und gerade bei diesem Gelde habe ich vielen Leuten Freude bereiten und meine Offiziere und Truppen beschenken können. Sicherlich ein gutes Anlagekapital! Schliesslich die Rennpferde. Die Rennen sind Zuchtprüfungen, und wenn der Kronprinz ein paar Pferde hat, so macht das vielen Leuten Freude [auch dieser Satz ist unterstrichen und am Rand mit einem Fragezeichen versehen], und regt sie auch an, dasselbe zu tun. Das kommt aber unserer Pferdezucht zu Gute. Gewiss, ich habe auch schlechte Jahre gehabt, aber im grossen ganzen haben die Pferde auch gute Gewinne erzielt, und da wir die Pferde selbst trainierten, war es lange nicht so teuer wie für die anderen. Im Übrigen ist es baarer Unsinn, wenn in dieser Hinsicht – und ich weiss, dass das von übelwollenden Leuten geschehen ist – von enormen Kosten gesprochen wurde. Denn im allgemeinen habe ich nie mehr wie 3 bis 4 Anteilpferde besessen. Dabei möchte ich nicht unerwähnt lassen, dass gewisse Persönlichkeiten gerade darin etwas gesucht haben, durch wissentliche Übertreibungen und unlautere Machenschaften den Sohn dem Vater zu entfremden. [...] – Endlich die militärische Seite. Seit langer Zeit habe ich den Zusammenbruch kommen sehen. [Randbemerkung Wilhelm II: „Mir hat er nie Etwas davon gesagt."] Ludendorff gegenüber habe ich mehrmals meinen schweren Sorgen Ausdruck gegeben, ihn gewarnt und gesagt, es ginge so nicht weiter; er hat es mir nie geglaubt. Auch Dir gegenüber habe ich oft Andeutung in dieser Richtung gemacht. [Randbemerkung Wilhelm II.: „Nein!"] Entsinnst Du Dich noch des Tages in Spa, als gesagt hatte, die erste G[arde] D[ivision] sei nicht mehr kampffähig [Randbemerkung Wilhelm II.: „War ganz zuletzt"] und wie Du L[udendorff] das sagtest, sie dürfe nicht wieder eingesetzt werden, was er da antwortete? Und wie ich zurückkam, hat mir Schulenburg[12] im Auftrag von Ludendorff eine Szene gemacht, weil ich Dir so etwas nicht sagen dürfte. – Zum Schluss noch über Hindenburg. Du schreibst, was ich über H. sagte, wäre Unsinn.[13] Ich wünschte, es wäre so, aber leider ist es nicht. Bei der denkwürdigen Unterhaltung im Garten am 9. November[14] haben doch Schulenburg und ich Dir geraten, die Sache durchzubiegen [Randbemerkung Wilhelm II.: „Schulenburg hat nachher selbst geraten nachzugeben."], und als Du sagtest, Du wolltest an der Spitze Deiner Truppen heimkehren, da trat der rote Gröner vor und erklärte, die Truppen würden unter Deinem Befehl nicht zurückmarschieren. Man kann das nur als Schamlosigkeit bezeichnen. Und der Feldmarschall Hindenburg trat der Auffassung bei und erklärte Dir dann später, er könnte für Deine Sicherheit nicht mehr garantieren. Eine Unwahrheit war das. Mein erprobtes Sturmbataillon Rohr[15] hatte die Wache; ich habe selbst mit Unteroffizieren und Mannschaften gesprochen. Die hätten sich für Dich totschlagen lassen. [Randbemerkung Wilhelm II.: „Leider nein!"] Das Sturmregiment meiner 3. Armee traf denselben Abend in Spa ein mit ausgesuchten Offizieren, alle voller Stolz, Dich schützen zu dürfen; Du warst schon fort. Alles das weißt Du ja gar nicht. Im Übrigen waren 300 Offiziere der O[bersten] H[eeresleitung] in Spaa, die wohl auch einige Tage die Bewachung ihres Obersten Kriegsherrn hätten übernehmen können. Das alles wusste Hindenburg, hätte es wissen *müssen*, und doch erklärte er Dir, Du wärest nicht sicher. Dieser Mann ist keine Säule, und ihre Hohlheit wird bald im Volke erkannt werden. Wie wenig im Bilde der Feldmarschall über die ganze Kriegsführung im Westen war, davon kannst Du Dir ja gar keine Begriffe machen, das muss man selbst staunend miterlebt haben. Bei den eigenen Herren seines Stabes wurde er schon lange nicht mehr als auf der Höhe befindlich angesehen und bei vielen schon nicht mehr als voll genommen. Jedenfalls unterliegt es keinem Zweifel, dass die O.H.L., und ihr verantwortlicher erster Repräsentant war doch der Generalfeldmarschall, nicht nur nicht unsere heimatlichen Kräfte, unsere heimatlichen Verhältnisse, unsere heimatliche Auszehrung falsch eingeschätzt hat, sondern dass sie auch über unsere Lage an der Front, unsre Reserven und ihre Ersatzmöglichkeiten, über die Stärke unserer Gegner, die gesamte große Konstellation in der politischen Welt und last not least die immer bedrohlicheren Anzeichen der Auflösung und des Umsturzes in geradezu frevelhafter Weise hinweg gegangen ist, ohne dem obersten Kriegs- und Landesherrn klaren und reinen Wein über alle diese vitalen Fragen einzuschenken. Ich kann daher auch dem nicht zustimmen, dass alle Schuld auf Ludendorff geworfen wird; denn wer war schließlich der Chef des Generalstabes? Ganz abgesehen davon hat eben der weise und weit vorausschauende Staatsmann gefehlt, der die phantastischen Ziele der ehrgeizigen O.H.L. zu zügeln und auf das Maass des Erreichbaren herabzuschrauben wusste. – Über alle diese Dinge könnte man Bände schreiben. Die wenigen Worte, mit denen ich diese Vorgänge streifen konnte, sind aber eben die nackte Wahrheit, und die Geschichte wird sie einstmals im vollem Umfange an den Tag bringen. – Für heute will ich daher schließen mit der Versicherung, dass ich Dir ebenso in guten wie in schlechten Zeiten immer treu ergeben bleiben werde. Gott segne und schütze Dich! – Dein – getreuer Sohn – Wilhelm[16]

Ich habe diese Ausführungen selbst mit der Maschine geschrieben, um Dir das Lesen zu erleichtern.

Ein ungleiches Paar in einer unglücklichen Ehe:
Cecilie und Wilhelm von Preußen nach dessen Rückkehr aus dem holländischen Exil im Oktober 1923 im Park ihres Schlosses im schlesischen Oels.

Kapitel 1

Aufbruch in die Politik

Heraus aus dem ewigen Wartestand

Nach knapp fünf Exiljahren in Holland hatte der Exkronprinz im Oktober 1923 nach Deutschland zurückkehren dürfen. Dort tat er sich schwer damit, die ihm auferlegte Daseinsweise als „unpolitischer" Privatmann zu konservieren. Das Dilemma, in dem der Kaisersohn vier Jahre nach seiner Rückkehr steckte, hat Sigurd von Ilsemann, der fleißige Chronist der Doorner Exiljahre Wilhelms II., in seinem Tagebuch offenbart. Als Wilhelm mit seiner Frau Cecilie Anfang Juli 1927 zu Besuch in Doorn ist, notiert Ilsemann: „Entsetzt ist der Kronprinz darüber, ebenso wie seine Frau, dass der Kaiser dauernd von seiner Rückkehr nach Deutschland spricht und sich auf den Thron anscheinend mehr Hoffnung macht denn je. Der Kronprinz sprach es wieder direkt aus, dass sein Vater überhaupt keine Chance mehr habe." Das habe man ihm aber natürlich nicht auf den Kopf zusagen dürfen. Als nur eine Woche später der ehemals hohe kaiserliche Regierungsbeamte und nunmehrige Politiker der Deutschen Volkspartei Kurt von Lersner nach Holland kam, hörte Ilsemann von diesem nun wiederum: Als Prätendent für die Krone käme Wilhelm junior „überhaupt nicht mehr in Frage, er habe sich durch sein Verhalten in Deutschland in den letzten Jahren seine Zukunft ganz verscherzt".[1] Das war die Krux: Während Wilhelm realistisch sah, dass die Zeit über alle Herrschaftsansprüche seines Vaters unwiederbringlich hinweggegangen war, wollte er partout nicht wahrhaben, dass auch für ihn selbst kaum mehr Aussicht bestand, eine politische Rolle zu spielen.

Es sei denn, er griffe selbst beherzt nach dem Mantel der Macht. Das wäre dann endlich ein Leben nach vorn geworden, raus aus dem erratischen Wartestand. Freilich auch ein Kraftakt mit großen Risiken. Denn eine geschichtliche Rolle zu spielen, das war nur möglich, wenn er bereit war, den Kampf aufzunehmen. Und das hieß: sich der Kritik der öffentlichen Meinung auszusetzen, womöglich mehr noch der des eigenen Vaters (sowie seiner Stiefmutter). Ein solches Leben zu beginnen, dafür gebrach es Wilhelm noch an persönlichem Mut und – das vor allem – an Entschlusskraft. Zumal eine Änderung seines Lebenswandels für ihn überhaupt nicht infrage kam, und die Chancen für eine Restauration der Monarchie in Deutschland nicht besonders gut zu stehen schienen. Passivität schien da die vorteilhaftere Alternative.

Im Januar 1928 sollte es in Berlin zu einem folgenschweren Treffen kommen, nämlich einem vertraulichen Meinungsaustausch des Hohenzollernprinzen mit dem freikonservativen Historiker Hans Delbrück, der sich als politischer Publizist und Regierungsberater einen Namen gemacht hatte.[2] Delbrück war 1922/23 engagiert für eine Rückkehr Wilhelms aus der Verbannung eingetreten und konnte sich daher wohlwollender Resonanz sicher sein. Seinen eigenen Aufzeichnung zufolge legte Delbrück dem Exkronprinzen nahe, sich doch demnächst zum Reichspräsidenten wählen zu lassen und dafür auf das Prinzip der Erbmonarchie zu verzichten. Letzterem Ansinnen gegenüber hielt Wilhelm sich wohlweislich bedeckt, ohne jedoch den Kandidaturplan direkt abzulehnen. Immerhin, so Delbrück, habe sein Adressat angedeutet, dass er „den gegebenen Boden [der Weimarer Reichsverfassung – LM] nicht verlassen werde". Und den rührigen Professor sogar gefragt, „ob und in welcher Weise man die öffentliche Stimmung in dem Sinne unseres [sic! – LM] Planes vorbereiten könne".[3] Da man beiderseits die Zeit für noch nicht gekommen hielt – die siebenjährige Amtsperiode von Reichspräsident Hindenburg endete erst 1932 – blieb es bei einer unverbindlichen Besprechung. Doch eine Option stand jetzt im Raum, eine mit Langzeitfolgen.

Welche Spuren Delbrücks Anregung beim Adressaten hinterließ, konnte Kurt von Lersner schon kurz darauf erfahren, nachdem er mit Wilhelm „sehr ernst über diese Frage gesprochen" hatte. Der Kronprinz hege tatsächlich die „Absicht, sich nach dem Tode von Hindenburg als Präsident aufstellen zu lassen". Seine Frau Cecilie wiederum habe ergänzend vorgeschlagen, er „solle sich erst zum Führer eines Truppenteils machen und dann zum Regenten". Jedenfalls hege auch sie „noch starke Hoffnung für ihren Mann als Monarch". Der neue politische Kopf in der Berliner Generalverwaltung des ehemals Königlichen Hauses (dem früheren Hausministerium), Ulrich von Sell, machte ähnliche Beobachtungen: Der Kronprinz sehe sich als Deutschlands zukünftigen Monarchen, „ich weiß, dass er zu diesem Zwecke wiederholt mit verschiedenen Persönlichkeiten Zusammenkünfte hat", und „dass die Kronprinzessin ihren Mann in diesen Plänen unterstützt!"[4] Delbrücks Impfung zeitigte Wirkung.

Im Frühjahr 1928 stand dann erst einmal eine ausgiebige Vergnügungsreise nach Italien auf Wilhelms Agenda. Sie diente allerdings nicht ausschließlich dem Amüsement, sondern auch dem Studium der faschistischen Diktatur, die dort seit fast sechs Jahren herrschte.[5] Es sollte nicht allein beim Studieren bleiben. Schon Anfang März gelangten Meldungen in die deutsche Presse, wonach der in einer Villa bei Neapel wohnende „Exkronprinz Vertreter der Presse empfangen und bei dieser Gelegenheit Mussolini als ‚das größte Genie Europas' bezeichnet habe". Er sehe „im heutigen Italien das Symbol von Ordnung und nationaler Disziplin". Zum Schluss soll er die Pressevertreter sogar „mit dem Fascistengruß entlassen haben".[6] Dass Wilhelm seine Mussolini-Begeisterung mit zahlreichen anderen Prominenten seiner Zeit teilte[7], ist das eine, seine öffentliche Anpreisung des faschistischen Herrschaftsmodells etwas anderes. Identifizierte er sich damit doch mit Praktiken, die nicht allein bei Demokraten und Menschenrechtlern als höchst anrüchig galten. Denn unter Mussolini war Italien zu einer Ein-Mann-Diktatur geworden, in der Willkür und Gewalt herrschten, in der Systemgegner konsequent ausgeschaltet, ja terrorisiert wurden, in der die Pressefreiheit stark eingeschränkt und in der Mussolini mit seinen Squadristen eine zu allem bereite, brutale Bürgerkriegsmiliz zu Gebote stand. Dass er die alten Eliten um den einflusslosen Monarchen Viktor Emanuel III. mehr oder weniger unbehelligt ließ, fiel dabei kaum ins Gewicht, hatten sie Mussolini doch die Macht gleichsam aufgedrängt und auch sonst an seinem Duce-Mythos in keiner Weise gekratzt. Das alles scheint dem deutschen Kaisersohn gefallen zu haben – wenn man voraussetzt, dass er wusste, wovon er sprach.

Seine Sympathien zu der italienischen Diktatur verstärkten sich noch einmal nach dem gut einstündigen Vieraugengespräch, das er Anfang Mai in Rom mit Mussolini führen durfte. „Meine Beziehungen zu faschistischen Kreisen", schrieb er seinem Vater, habe diese Audienz ermöglicht. Er hätte ja schon „viele berühmte Staatsmänner kennengelernt, aber noch nie hätte einer auf ihn solchen Eindruck gemacht". Alles, was Mussolini tue, sei „überlegt, durchdacht und wird dann mit rücksichtsloser Energie durchgeführt; Widerstand kennt er nicht". Und überhaupt: Der Faschismus sei „eine fabelhafte Einrichtung", er habe „Land und Leute durch den Willen eines Mannes vollkommen umgekrempelt". Genauer: „Sozialismus, Kommunismus, Demokratie sind ausgerottet, und zwar mit Stumpf und Stiel; eine geniale Brutalität hat dies zuwege gebracht".[8] Solch einen brachialen Autoritarismus dürfte sich unser Mussolini-Fan auch für Deutschland gewünscht haben. Und allem Anschein nach wollte er es jetzt nicht mehr bei frommen Wünschen belassen. Mussolini hatte neue politische Lebensgeister in ihm geweckt: Faschismus auch in Deutschland? Warum eigentlich nicht.

Zunächst musste er freilich mit dem wenigen vorliebnehmen, was im Deutschen Reich zumindest eine Aussicht auf eine Rechtsregierung eröffnen konnte, und das waren die Organisationen und Führer des reichlich gespreizten Lagers der sogenannten nationalen Opposition.[9] Dazu zählte Hitlers NSDAP, die bei den letzten Reichstagswahlen Ende Mai 1928 mit gerade einmal 2,6 Prozent der Wählerstimmen und zwölf Abgeordneten ins deutsche Parlament einzog. Unter ihnen Hermann Göring, der als ausgezeichneter Fliegeroffizier im Ersten Weltkrieg mit dem Kronprinzen als seinem vorgesetzten Armeeführer in nähere Berührung gekommen war. Diesen Kontakt wollte Wilhelm wieder aufleben lassen mit einem „langen, lustigen Brief", der Göring zu seiner Wahl beglückwünschte.[10] Aber auch bei der Führung der Deutschnationalen Volkspartei (DNVP), die bei den Wahlen fast ein Drittel ihrer Stimmen eingebüßt hatte, wurde er vorstellig, um ihr „gründlich die Wahrheit" zu sagen, wie Ilsemann zu berichten weiß.[11] Offenbar war ihm der zuletzt ziemlich systemkonforme Kurs der Rechtskonservativen säuerlich aufgestoßen. Gut möglich, dass er mit dieser Kritik die nun bald einsetzende Radikalisierung der Parteipolitik mit angestoßen hat. Schließlich suchte er auch wieder das Bad in der Menge – und zwar bei dem rechtsnationalen Agitationsverband Stahlhelm, wo bereits seine Brüder Oskar, Eitel Friedrich und August Wilhelm seit einem Jahr demonstrativ mitmarschierten.[12] So ließ er sein Erscheinen am 1. Juli auf einer Kundgebung des Stahlhelms in Oppeln bejubeln. Der Bundesvorsitzende Franz Seldte verlieh dort einmal mehr seinen antidemokratischen Ressentiments Ausdruck und die *Vossische Zeitung* sah bereits Gefahr in Verzug. Der Exkronprinz könne nicht früh genug vor solchen „Stahlhelmspielereien gewarnt werden", hieß es dort. Schließlich gebe es doch „andere Spiele, die ihm freistehen und auch weniger gefährlich für ihn sind. Zum Beispiel Golf in Wannsee."[13]

Dieser Kommentar reflektierte auf den hinlänglich bekannten Hedonismus unseres Hohenzollern und gab zugleich einer gewissen Sorge Ausdruck, dass der Bonvivant in dubioses Fahrwasser geraten könnte. Tatsächlich folgte Wilhelm erst einmal wieder seinen Neigungen, indem er sich den gesamten Sommer über in Österreich und Bayern verlustierte. Auch für den Rest des Jahres 1928 ist weiter nichts überliefert, was auf ein anhaltendes politisches Interesse schließen ließe. Erst das neue Jahr machte deutlich, dass die Inspirationen vom Frühjahr mehr als nur ein Strohfeuer entfacht hatten. Das hing freilich auch mit einer Veränderung der Lage im politischen Berlin zusammen.

Wie hoffnungsvoll diese im Hause Preußen wahrgenommen wurde, verdeutlicht ein internes Schreiben von Louis Müldner, der rechten Hand des Prinzen. Er bezieht sich dabei auf seinen Besuch bei Kronprinz Rupprecht von Bayern in München am 10. April 1929, dem er – wohl im Auftrag seines Hohen Herrn – erklärte, dass „die Zeit in den letzten Monaten für uns, d. h. für den monarchischen Gedanken gearbeitet" hätte. „Der Bankrott des parlamentarischen Systems und die Unmöglichkeit, eine bürgerliche Regierung zu bilden", würde „selbst bei den Gegnern der Monarchie die Überzeugung" nähren, „dass wir in Deutschland auf diesem Wege nicht vorwärts kämen". Es seien „Bestrebungen im Gange", mit ausdrücklicher Billigung von Hindenburg demnächst ein parteiunabhängiges „Fachkabinett zu bilden und eine Persönlichkeit aus dem Rechtslager mit der Bildung zu beauftragen".[14] Wie wir aus anderen Quellen wissen, war Müldners Mutmaßung nicht bloß frommer Wunsch. Denn schon Mitte März 1929 hatte es tatsächlich eine vertrauliche Unterredung des Reichspräsidenten mit dem damaligen Fraktionsvorsitzenden der DNVP, Kuno Graf von Westarp, gegeben, bei der Hindenburg ankündigt hatte, demnächst ohne und sogar gegen die SPD regieren zu wollen, gegebenenfalls auch mit Reichstagsauflösung und Notverordnungen.[15]

Diese Botschaft reaktivierte sogleich Wilhelms politischen Geltungsdrang. Er suchte nun direkten Zugang zu den Kreisen, von denen er sich die Forcierung des Kurswechsels versprach.[16] Dazu zählte auch sein früherer Stabschef im Ersten Weltkrieg und enger Berater, der inzwischen 64-jährige Friedrich Graf von der Schulenburg, der die „geschlossene Rechtsopposition", die der neue DNVP-Vorsitzende Hugenberg jetzt geschaffen habe, als einen Erfolg bewertete. Politisch sei sie aber „nicht entscheidend". – „Die Frage ist so zu stellen, ob diese Opposition einmal in die alleinige Macht kommen wird. Das verneine ich." Mit Blick auf die Chancen einer monarchischen Restauration meinte Schulenburg, „dass nicht die rechtsradikalen Kreise den Thron wieder aufrichten werden, sondern die Masse des Volks muss es sein, die sich wieder zur Monarchie bekennt und einen auf den Schild hebt". Und noch etwas war Schulenburg wichtig: „Viele gerade auf unserer Seite sehen den einzigen Ausweg aus allen inneren und äußeren Zerfahrenheiten in der Diktatur. Einverstanden, aber die Diktatur ist nicht das Allheilmittel, sondern der Diktator, d.h. der Mann mit den dazu nötigen titanischen Fähigkeiten. Diesen besitzen wir nicht". Dem Kronprinzen ließ er dann noch seine „Anhänglichkeit an seine Person" versichern.[17]

So rechtsbürgerlich-konservativ sich Schulenburg hier gab, in Wahrheit war der Mann bereits auf dem Weg zur Radikalisierung. Das zeigt seine Teilnahme am ersten deutschlandweit wahrgenommenen Parteitag der NSDAP Anfang August 1929 in Nürnberg. Auch die zweite Frau des deutschen Exkaisers Hermine hatte sich dort eingefunden, um mit Adolf Hitler, dem Shootingstar der Nationalsozialisten, in Kontakt zu treten. Wilhelms Bruder August Wilhelm, genannt Auwi, war dort ebenfalls mit von der Partie und schwärmte von dem überwältigenden massenpolitischen Aufbruch, den er dort wahrnahm. Doch Auwi musste sich auch manches absprechende Urteil über seinen ältesten Bruder anhören: „Es ist schwer da etwas zur Verteidigung zu sagen, wo man absolut mit den Leuten auf der gleichen Seite fühlt und alle Versuche angestellt hat – vergeblich – ihn aus dieser Luxussphäre des Nichtstuns in jüdischer Umgebung zu lösen."[18]

Hier war jetzt wirklich Remedur angesagt. Doch wie sollte das Image gedreht werden? Die Antwort lautet: durch das Medium Politik. Noch im November 1929 wandte sich Wilhelm direkt an Schulenburg mit der Bitte, ihm die Lage zu erklären. Die Antwort ließ nicht lange auf sich warten. Und sie hatte es in sich, beginnend mit einer pauschalen Verdammung des Systems von Weimar: „Sozialismus und Demokratie haben sich festgefahren und das deutsche Volk – seine arbeitende, werktätige Bevölkerung – ruiniert." Dazu komme „eine Korruption in der öffentlichen Hand". Das Staatsbudget würde „belastet durch ein Beamtentum, das weniger und schlechter arbeitet als früher, dafür sich aber in seiner Zahl verdoppelt und verdreifacht hat, und ganz ungerechtfertigt hohe Gehälter bezieht. Heute haben wir tatsächlich eine Rätediktatur. Die parlamentarischen Minister kommen und gehen, sie sind völlig in der Hand ihrer Beamten, und diese herrschen unumschränkt." Dann wird Schulenburg grundsätzlich, indem er erst einmal *allen* traditionellen Parteien „das staatsmännische Denken" abspricht, weil sie nur „ihren eigenen Brei kochen". Kein Wunder also, sagt Schulenburg, „dass alles nach dem Diktator ruft". Ihm sei es recht, wenn er „aus der Masse der Arbeiter ersteht. Er muss doch mit einem eisernen Besen auskehren und das Steuer nach rechts werfen. Das Volk ist heute schon so weit, sich von ihm führen zu lassen, es wird ihm folgen, auch wenn der Schlussstein seines Werkes die Monarchie sein würde." Hinsichtlich eines Kandidaten für eine solche Staatsspitze äußert sich Schulenburg eher kryptisch, wenn er sagt, man könne hier nicht weitermachen, „wo wir vor 11 Jahren aufgehört haben". Notwendig sei vielmehr ein „‚Prätendent', der von allen beachtet und von einer überwältigenden Mehrheit geachtet wird". Wenn in den bürgerlichen Parteien der monarchische Gedanke wieder zu neuem Leben erweckt werden solle, müsse eine Person da sein, die vor allem anderen durch „Leistung, Persönlichkeit und Würde" besticht.[19]

Wir wissen nicht, wie der Adressat dieses etwas orakelhafte Statement gedeutet hat. Aber wir dürfen davon ausgehen, dass er in vieler Hinsicht mit dem alten Schulenburg übereinstimmte. Namentlich was die Notwendigkeit anlangte, mit eisernem Besen auszukehren und das Steuer nach rechts zu werfen. Da traf es sich gut, dass sich einflussreiche Männer um Hindenburg mit ähnlicher Intention tatsächlich an diesem Steuer zu schaffen machten. Namentlich Kurt von Schleicher, ein alter Bekannter des Exkronprinzen, der im Reichswehrministerium inzwischen eine einflussreiche Stellung erlangt hatte. Schleicher ließ bereits Weihnachten in einschlägigen Politikerkreisen informell verlautbaren: Die Zeit der Koalitionskabinette sei vorbei. „Not tut sobald als möglich ein Präsidialkabinett, vom Reichspräsidenten in alleinige Verantwortung gestellt".[20]

Das war das Startsignal für eine Neuausrichtung der deutschen Reichspolitik. Es ging um die „Entparlamentarisierung" des Regierungshandelns und um die Stärkung der Machtposition des Reichspräsidenten. Die Ordnung von 1918 sollte revidiert werden. Weitere Symptome der Trendwende zeigten sich auch in einer Mauserung der Deutschnationalen Partei, die bis dato ein Sammelbecken konservativer Kräfte mit leicht anachronistischen Tendenzen gewesen war. Jetzt wandelte sie sich zu einer rechtsradikalen Organisation, die den Schulterschluss mit anderen Vertretern der Rechten suchte. Ganz offen forderte ihre neue Führung die Überwindung des Parlamentarismus und die Errichtung einer nationalistischen Diktatur. Wie sich denn auch die Stahlhelmführung um ein politisches Profil bemühte, das genau hieran anschloss.[21] Es passt ins Bild, dass mit Auwi Ende 1929 der erste Hohenzoller seinen Antrag auf Aufnahme in die NSDAP stellte.

Im ehemaligen Herrscherhaus kommt jetzt zum ersten Mal nach 1918 wieder so etwas wie Freude an einer Zukunft auf. Und aus dem vormaligen Thronerben wird eine öffentliche Person, die sich in der für sie neuen Welt der Berliner Politik etablieren will. Diese Selbstmobilisierung wirkt wie eine Medikation gegen den Schwund von Lebenssinn und -perspektive und gegen das Gefühl von Ohnmacht in Zeiten gefühlter Stagnation. Im Austausch mit echten Politikern beginnt Wilhelm, eine neue Idee von sich selbst und seinem Leben zu entwickeln. Bis dato war er nur prominent qua ererbtem royalen Prestige gewesen, viel zu tief eingebunden in seine überkommene Rolle. Das ändert sich jetzt, weil ihm das Medium Politik einen neuen Raum erschließt, um sich selbst zu erfinden, weil es eine Erweiterung des Horizonts verspricht und mit Abenteuern winkt. Eine politische Selbstverleugnung ist das freilich nicht. Die Hauptparameter für seine Mitgestaltung einer anderen, neuen Politik heißen: Reaktion und Restauration – doch in einem ganz anderen Setting als vor der Novemberrevolution von 1918 und zumindest gedanklich befreit von den unzeitgemäß gewordenen Dogmen des Legitimismus.

Über welche Machtressourcen verfügte dieser Hohenzollernprinz, als er die politische Theaterbühne betrat? Da waren seine Bekanntheit als Repräsentant des ehemaligen Herrscherhauses, die Strahlkraft eines großen Namens, die zwar nicht mehr besonders stark, aber immer noch vorhanden war, und der Nimbus eines alerten Thronanwärters. Aber das war's dann auch schon. Womit er *nicht* punkten konnte, das war maximale Vorbildlichkeit. Sonderlich beliebt im Volk war er ebenfalls nicht. Man wusste, dass seine Ambitionen nicht im Intellektuellen, geschweige denn im Moralischen oder Religiösen wurzelten. Auch in der Politik scheint er vorzugsweise seinem Beuteschema gefolgt zu sein: Er schloss sich demjenigen an, von dem er sich die größtmögliche Konnivenz – und die Erfüllung seines mehr oder weniger versteckten Herzenswunsches versprach: die Betrauung mit einer Führungsaufgabe. Die innere Souveränität, um selbst große Politik zu machen, lässt sich ebenso wenig erkennen wie ein ausgeprägter Wille zu herrschen. Es gab bei ihm einen chronischen Mangel an Machtfähigkeit. Doch Politikunfähigkeit kann man das nicht nennen.

1930: Das Jahr der Politisierung

Als der Vorsitzende der Zentrumsfraktion Heinrich Brüning zum deutschen Reichskanzler ernannt wird, tritt Ende März 1930 die erste Präsidialregierung auf den Plan, halbherzig geduldet durch die Sozialdemokratie. Wie diese sogenannte Hindenburg-Regierung ohne Rücksicht auf die Mehrheitsverhältnisse im Reichstag eingefädelt wurde, das trägt bereits deutlich die Handschrift Kurt von Schleichers – eines Strippenziehers, über dessen politisches Profil wir noch gesondert Auskunft geben werden. Die Auflösung des vierten deutschen Reichstags und die vorgezogenen Reichstagswahlen im September 1930 markieren dann bereits einen deutlichen Einschnitt in der Weimarer Politikgeschichte, denn sie hatten im inneren Machtgefüge der Republik eine eklatante Verschiebung nach rechts zur Folge. Plötzlich trat der Nationalsozialismus auf die Bühne, ein Phänomen von unberechenbarer Kraft – vor allem durch die charismatische Persönlichkeit ihres fanatischen Anführers: Adolf Hitler. Am Jahresende ist die Weimarer Demokratie schließlich von autoritären Machtinteressen geradezu umstellt. Bestrebungen, die auf eine Aushöhlung der demokratischen Verfassung zielen, erfahren immer mehr öffentliche Unterstützung. Das faschistische Diktaturregime Mussolinis wird dabei zur Blaupause der rechtskonservativen Republikfeinde. Die Epigonen der wilhelminischen Eliten setzen eher auf ein Monarchiemodell zur Überwindung der nun immer offensichtlicher werdenden Staatskrise. Ihnen wird bald auch Brüning sich zuneigen.

Die definitive Entscheidungsinstanz, der Drehzapfen des ganzen Herrschaftssystems, bleibt freilich Hindenburg.[22] Und diese Rolle wollte er sich von niemandem streitig machen lassen. Ebenso wenig wie seinen Anspruch, das gleichsam „gesalbte" Oberhaupt des Deutschen Reiches zu sein: ein Souverän, dem sich alle unterzuordnen hätten. Skrupellos und illoyal hat er diesen Nimbus, diese Aura, diese Machtversessenheit verteidigt gegen alles, was da kam. So zählt er auch bei aller formeller Ehrerbietung gegenüber der Hohenzollerndynastie innerlich und politisch-real zu den entschiedenen Gegnern einer Restauration der Monarchie – sogar über seine eigene, inzwischen absehbare Lebenszeit hinaus. Im November 1918 hatte er selbst mit Hand angelegt, um Kaiser und Kronprinz durch Abschiebung nach Holland politisch ein für alle Mal loszuwerden. Darin blieb er fest. Und auch sonst ließ er sich in seiner Eigenwilligkeit durch niemanden übertreffen. Selbst seine „Kamarilla" hatte hier oft das Nachsehen.

Ganz wesentlich für die Bewertung und Perzeption dieser Vorgänge durch unseren Protagonisten wird die Intensivierung seiner Verbindung zu Kurt von Schleicher – jetzt politischer General in den Kulissen der Macht. Schleicher zieht ihn auf die Bühne der großen Politik, wo er zunächst nur eine Nebenrolle erhält. Doch dieses Engagement eröffnet ihm Zugänge zu den maßgeblichen Entscheidungsträgern. Komplementär dazu scheint es ihm geboten, seine Fühler auch nach den Nazis auszustrecken, die jetzt in aller Munde sind. Er tritt eine Sondierungs- und Entdeckungsreise an, deren Erkenntnisgewinn nicht ohne Weiteres zu bestimmen ist. Auf der Suche nach einem neuen Spitzenplatz im sich verschiebenden Machtgefüge des Deutschen Reiches erwächst ihm in Gestalt seines Bruders Auwi zeitgleich ein lästiger Konkurrent – und ein gefährlicher dazu. Denn kaum, dass Auwi sein Schicksal bedingungslos dem Willen der Naziführung um Goering, Goebbels und Hitler überantwortet hat, wird dieser braune Prinz zur „Petze", die keine Skrupel mehr hat, die politischen Interna ihrer Dynastie den neuen Freunden frei Haus zu liefern.

So lesen wir in Goebbels' Tagebuch am 23. Januar 1930 den Eintrag: „Abends bei Göring. August Wilhelm erzählt: die Tragödie eines großen Hauses. Erschütternd! So sah es also vor dem Kriege und von 14 bis 18 in Deutschland schon aus! Da musste der Zusammenbruch kommen. August Wilhelm hat wenigstens daraus gelernt, was man von seinen Verwandten nicht gerade behaupten kann."[23] Doch die scheinen zunächst ahnungslos geblieben zu sein. Jedenfalls hat Bruder Wilhelm bei seiner Tischrede zum 71. Geburtstag seines Vaters am 27. Januar 1930 in Doorn ausdrücklich Auwis „Aufklärungsarbeit" gelobt.[24] Doch schon einige Tage später, als der mit Lob Bedachte den eigenen Geburtstag in seiner Potsdamer Villa Liegnitz mit seinen neuen nationalsozialistischen Freunden nachfeierte, blieb dem großen Bruder die Teilnahme verwehrt. „Das geht nicht", soll Auwi ihm wörtlich gesagt haben, „es würde eine ganze Reihe der Eingeladenen, wenn Du kommst, sofort die Villa verlassen".[25] Immerhin durfte Auwis Schwägerin Kronprinzessin Cecilie die Honneurs machen an diesem sicher makaberen Feier-Abend im Ambiente des Parks von Sanssouci. Auch Graf Schulenburg hatte inzwischen Gefallen an der NSDAP gefunden. „Ich sehe", so schrieb er am 23. Februar 1930 an seinen Schwager von Arnim-Boitzenburg, „in der nationalsozialistischen Bewegung zur Zeit den einzig möglichen Weg zur Monarchie." Man bräuchte dafür aber einen geeigneten Prätendenten. „Der Kaiser kann es nicht sein. Der Kronprinz hat viele guten Seiten, die ihn zum Monarchen befähigen; aber der Lebenswandel wird, fürchte ich, ein Stein des Anstoßes sein, der nicht zu beseitigen ist."[26]

Auf merklich weniger Skepsis stieß der vormalige Kronprinz hingegen in den Kreisen des Berliner politischen Establishments, die Schleicher ihm erschloss. So notierte der Staatssekretär in der Reichskanzlei Hermann Pünder nach einem Diner geradezu beglückt: Er habe sich „völlig offen fast drei Stunden mit dem hohen Herrn unterhalten".[27] Berührungsängste vor ausgesprochenen Prototypen der demokratischen Weimarer Regierungskultur wie Pünder hatte der vormalige Thronfolger offenbar keine. Auch auf die Pflege seiner privatgesellschaftlichen Beziehungen zum jüdischen Besitz- und Bildungsbürgertum bleibt er bedacht. So macht er sich im Frühjahr 1930 mit seiner damaligen Geliebten Hilde Ullstein erneut nach Italien auf. Die ersten Stationen sind Taormina und Neapel, wo er im Grand Hotel Vesuvio residiert. In seiner Reisebegleitung befand sich auch der ihm seit Langem verbundene und für ihn schreibende österreichische Schriftsteller Karl Rosner, ein Jude, der damals die Berliner Dependance des Cotta-Verlages leitete. Durch Rosner kam es zu einer Einladung des jüdischen Schriftstellers Robert Neumann zu einem Diner, an dem auch dessen Freund Georg Reik teilnahm. Reik berichtet darüber später folgendes: „Bei Tisch bemühte sich der Prinz, uns seine objektive und liberale Gesinnung vor Augen zu führen, wobei er sich andrerseits seinen euphorischen Zynismus zu bemänteln keinen Zwang antat. Die liberale Haltung krönte er, indem er uns einige jüdische Witze erzählte, die im Zusammenhang mit seiner Majestät, dem Deutschen Kaiser standen." Dann sei das Gespräch allerdings „ernst" geworden. Denn „Neumann gab ein kristallklares Bild der Weltlage mit einer vorsichtigen Kritik des Duce, den der Prinz bewunderte." Dieser „hörte ihm mit interessierter Miene zu. Unzweifelhaft machte Neumanns eminentes Wissen auf diesem Gebiet Eindruck auf ihn." Zum Abschied habe er Neumann seine Fotografie mit Unterschrift übereicht.[28] Die Episode ist charakteristisch für die Mentalität unseres Probanden. Zunächst und vor allem sollte sein persönliches Wohlbefinden möglichst unbeeinträchtigt bleiben. Deshalb „politisierte" er an Rückzugsorten seiner Wahl, und nicht dort, wo der Alltag der Politik zuhause war. Und er wählte seine Gesprächspartner nach Gusto. Auf diese Personenkreise blieb das jeweilige Image ausgerichtet, das er sich gab und das bisweilen eben auch weltoffen, ja bürgerlich-liberal daherkommen konnte.

Mit dem Diktator Mussolini, den er kurz darauf abermals in Rom in Privataudienz traf[29], dürfte er ganz anders verkehrt haben. Auch die Impulse, die er dort empfing, sollten ganz andere Folgen zeitigen als das L'art pour l'art des Gedankenaustauschs in Neapel. Was wir gleich nach seiner Rückkehr in den Tagebucheintragungen seines Adjutanten und Ratgebers Müldners erkennen können.[30] Dort ist den gesamten Mai über von zahlreichen Besprechungen seines Hohen Herrn in Schloss Cecilienhof die Rede: unter anderen mit Reichspräsident Hindenburg, dem Reichsminister Treviranus, dem Fraktionsvorsitzenden der DNVP, Ernst Oberfohren, dem wehrpolitischen Sprecher der NSDAP, Franz Ritter von Epp, und natürlich seinem Freund Schleicher, der gerade zu einem der wichtigsten Männer im politischen Berlin avanciert. Vor wenigen Wochen erst hatte Schleicher den Zentrumspolitiker Heinrich Brüning auf den Kanzlerstuhl lanciert und ihm seinen Vertrauten Erwin Planck als Chef der Reichskanzlei an die Seite gestellt. Damit war das Spitzenpersonal der Wilhelmstraße näher denn je an Schleichers unmittelbare Einflussphäre herangerückt. Für den Exkronprinzen scheint das wie eine Einladung gewirkt zu haben, nun auch politisch richtig mitzumischen.

Das bezeugt der Brief, den er am 16. Juni 1930 seinem „lieben Schleicher" zukommen ließ: „Ich hatte gestern eine lange eingehende Besprechung mit meinem alten Chef Graf Schulenburg über die augenblickliche politische und wirtschaftliche Situation. Du weißt, dass ich auf das Urteil des Grafen viel Wert lege". Schulenburg beurteile die Arbeit Brünings ungünstig. Wenn „die gutgesinnten Kreise" an seiner Regierung „nicht vollkommen irre werden sollen, muss sehr bald und schnell von Seiten des Kabinetts verständige und positive Arbeit geleistet werden." – „Du weißt, dass ich nicht zu den Schwarzsehern und übernervösen Leuten gehöre, aber ich glaube tatsächlich in diesem Fall, dass es höchste Zeit für dieses Kabinett ist, an dem wir doch schließlich alle mitgearbeitet haben [sic! – LM] und auf das wir selbst große Hoffnungen setzten, rücksichtslose Maßnahmen zu ergreifen, um seinen sehr gesunkenen Kredit in den nationalen und gut bürgerlichen Kreisen wieder zu heben."[31]

Reichlich präpotent für eine Privatperson ohne Amt und ohne Verantwortung, sollte man meinen, wenn man das liest. Doch darf man die Bereitschaft in gewissen Kreisen nicht unterschätzen, dem abgedankten Kronprinzen Gehör zu schenken. In aller Deutlichkeit zeigt sich hier, wie unterentwickelt die demokratische Kultur in einem Regierungssystem gewesen sein muss, das sich solche Interventionen nicht rigoros verbat. So konnte sich im Schutz der Gemäuer von Schloss Cecilienhof und unter dem Schirm seines Hausherrn 1930/31 tatsächlich eine Art von Nebenregierung formieren, die bereits Züge einer Kamarilla trug. Am 20. Juni 1930 brachte der Schlossherr dort Schulenburg und Schleicher zusammen, um sich von diesen beiden gewieften Politikern im Generalsrang beraten zu lassen und gemeinsam Pläne zu schmieden.[32] Im Rückblick auf dieses Treffen hat sich Schulenburg zwei Tage später an Schleicher gewandt: Es sei ja „klug und weise", schreibt Schulenburg, dass der Kronprinz jetzt „Anlehnung an die Wehrmacht sucht". Doch halte er dessen Ansicht für ganz „irrig, dass die Armee und besonders ihr Führer [gemeint ist der Chef der Heeresleitung – LM][33] sich ihm monarchisch verpflichtet" fühle. Die Wehrmacht sei auf die heutige Republik eingeschworen und ihr allein verpflichtet. Als neuer Oberbefehlshaber käme für ihn deshalb auch nur ein Mann vom Format eines Kurt von Hammerstein-Equord, dem damaligen Chef des Truppenamtes[34], infrage, der unbeeinflussbar seinen Weg ginge. „Und der auch Potsdam gegenüber [gemeint ist Wilhelm von Preußen – LM] den Mut aufbringt, eine Beeinflussung abzulehnen". Schulenburg glaube zwar an die Wiederkehr der Monarchie. Aber: „Auf dem Wege einer Revolution durch die Wehrmacht möchte ich sie nicht hergestellt sehen, denn die Schwierigkeit liegt nicht darin, sich mit Maschinengewehren auf den Thron zu setzen, sondern ohne die Gewalt der Waffen sich auf dem

Thron zu halten. Das Versagen der Republik arbeitet für den monarchischen Gedanken besser als alles andere. Umso vorsichtiger muss aber der Prätendent sein". Schulenburg begrüßt ausdrücklich, dass der Kronprinz zu Schleicher „in einem engen Vertrauensverhältnis" stehe, und es könne nur von großem Nutzen sein, wenn dieses Verhältnis Bestand behielte. Dabei müsse er Schleicher aber „unbedingt auf die Gefahr hinzuweisen, wenn die unerlässliche Diskretion gebrochen wird". „Sie wissen ebenso wie ich, dass der Kronprinz sehr offenherzig ist, und „auch bei [seinem Adjutanten – LM] Müldner hat man nicht die Gewähr absoluter Diskretion gegen Jedermann." Dem erzähle der Kronprinz ja leider alles. Schulenburg rät, jeden womöglich bestimmenden Einflussversuch Müldners konsequent auszuschalten.[35]

Die Arkana, die Schulenburg hier enthüllt, sind in mancherlei Hinsicht bemerkenswert. Zunächst geben sie uns eine Vorstellung der politischen Ambitionen, die Wilhelm damals umgetrieben haben, besser gesagt, der Flausen in seinem Kopf: In der irrigen Annahme, die Reichswehrführung sei durch und durch monarchistisch und den Hohenzollern treu ergeben, scheint er tatsächlich mit dem Gedanken geliebäugelt zu haben, die deutsche Monarchie durch eine Art Militärputsch restaurieren zu können. Deshalb blieb er so erpicht darauf, persönlich Einfluss auf Personalentscheidungen zu nehmen. Und das erklärt auch, warum er von der Reichsregierung so „rücksichtslose Maßnahmen" – will sagen: eine wirksame Repression, ja Ausschaltung der Linken – verlangt wie in dem oben zitierten Brief an Schleicher. Aber es ist nicht die horrende Anmaßung solcher Herrscherallüren, der Schulenburg hier entgegentritt, ihn treibt vielmehr die Sorge um, dass Wilhelm kein Hehl aus seinen Begehrlichkeiten machen könnte, er mithin vor sich selbst zu schützen ist. Als Aufpasser sei Schleicher der richtige Mann. Dagegen spricht er Müldner die Qualitäten eines Korrektivs und Warners rundweg ab. Und noch etwas offenbart sich hier, nämlich die Unfähigkeit beziehungsweise der Unwille beider Vertrauensleute, dem abgedankten Thronfolger in direkter Konfrontation entgegenzutreten. Diese Nachsichtigkeit von Persönlichkeiten, denen es wahrlich nicht an Selbstbewusstsein, an Erfahrungswissen und persönlichem Mut mangelte, gegenüber einem Mann ohne Macht und geistige Größe ist mehr als erstaunlich. Aber auch aufschlussreich, offenbart sich doch die ungebrochene Bindungskraft einer tief verinnerlichten Dienstverpflichtung. Ein Verkehr auf Augenhöhe war damit ausgeschlossen. Diese unnatürliche, ja gestörte Kommunikationskultur im Umfeld unseres Protagonisten muss man stets mitdenken, wenn man ihn schwadronieren hört – so zügellos und so vermessen, ganz wie sein alter Vater in Doorn.

Sondierungen

Aber auch die Zeiten und Zustände scheinen sich jetzt mehr denn je auf seine Vorstellungen zuzubewegen: Ende Juli 1930 werden der Reichstag vorzeitig aufgelöst, eine neue Notverordnung in Kraft gesetzt und Neuwahlen für September ausgeschrieben. Jetzt ist das von der Rechten ersehnte Präsidialregime definitiv etabliert und damit womöglich ein erster Schritt zur Wiederherstellung obrigkeitsstaatlicher Verhältnisse getan. Auch Müldner, den Wilhelm gleichsam zum Chef seines privaten Geheimkabinetts gemacht hatte, wurde von Schleicher entgegen den Wünschen von Schulenburg weiterhin mit Samthandschuhen angefasst. Sonst hätte er sich wohl kaum herausgenommen, Schleicher mit einem Brief wie diesem zu kommen: Sein Hoher Herr sei soeben in die Sommerfrische nach Heiligendamm abgefahren und werde sich anschließend zur Gamsjagd nach Oberösterreich begeben. „Zwischendurch möchte der Kronprinz gern, wie wir gestern zusammen besprachen, einmal [Reichskanzler] Brüning sehen, und ich bitte Sie, das irgendwie zu ermöglichen." Hoffentlich sei „bei Brüning auch der gute Wille vorhanden, jedenfalls haben wir ihm Chancen genug gegeben, den Kronprinzen mal kennen zu lernen."[36] Nur innerfamiliär zeichneten sich deutliche Konfliktlinien ab – vor allem in Gestalt eines verschärften Zwistes zwischen Auwi und Wilhelm. Je mehr die Nazibegeisterung des jüngeren Bruders wächst, desto größer wird sein Abgrenzungsbedürfnis gegenüber den „Dummheiten" des Kronprinzen, dem er vor allem einen „sinnlosen Verkehr mit den Großjuden" vorwirft.[37]

Unterdes setzt der große Bruder seine Bemühungen um politische Geltung ehrgeizig fort. So etwa Anfang September bei einem wohlinszenierten Besuch in Wien, wo er im Grandhotel zu einer Pressekonferenz einlädt und staatsmännisch verkündet: Bei den vorgezogenen Wahlen in Deutschland müssten sich alle staatserhaltenden Kräfte zusammentun, um die notwendigen Wirtschaftsreformen zu ermöglichen. Insbesondere plädiert er für eine „Reform der Arbeitslosenfürsorge". Diese habe „vielfach den Charakter einer Rente angenommen" und sei Ursache dafür, „dass die Arbeiter nur durch verhältnismäßig hohe Löhne einen Anreiz bekommen könnten. Der Kronprinz empfahl als Hilfsmittel die Einführung des Arbeitsdienstjahres aufgrund einer allgemeinen Arbeitspflicht." Außerdem sei „der ganze Regierungs- und Verwaltungsapparat in Deutschland zu kostspielig". Es gelte, seinem Land „wieder jenen Platz an der Sonne zurück zu erobern, der ihm aufgrund seiner stolzen Geschichte gebühre".[38] Diese Ausdeutung lag ganz auf der Linie Schulenburgs, wie wir oben gesehen haben. Und wohl auch von Alfred Hugenberg, dem neuen Scharfmacher an der Spitze der DNVP, den Wilhelm noch kurz vor seiner Reise nach Österreich in Berlin konsultiert hatte.[39]

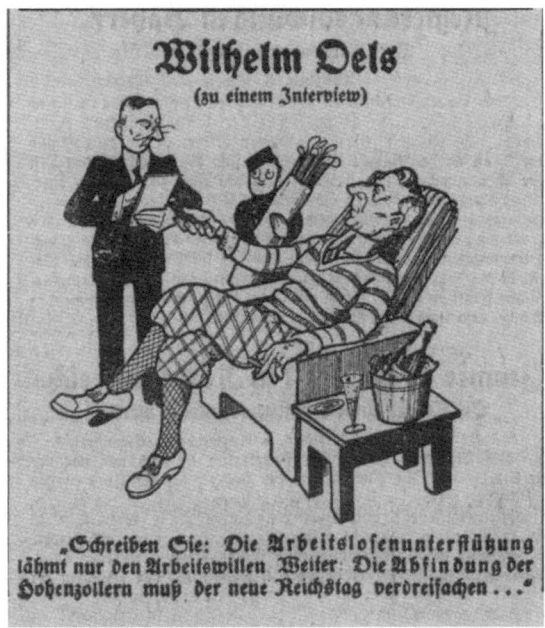

Karikatur aus dem sozialdemokratischen *Vorwärts* vom 5.9.1930. Nicht zuletzt aus solchen überzeichneten Bildern ist zu ersehen, dass der frühere Thronfolger jetzt wieder öffentlich wahrgenommen wurde.

Er wurde jetzt wieder öffentlich wahrgenommen. Dazu trugen auch Schlagzeilen wie die der *Vossischen Zeitung* eine Woche vor den Reichstagswahlen bei: „Der frühere Kronprinz geht *nicht* zu Hitler". Zugrunde lag „eine von der Strasserschen Richtung der Nationalsozialisten verbreitete Mitteilung von dem bevorstehenden Eintritt des früheren Kronprinzen in die Hitler-Organisation", die Müldner im Auftrag seines Herrn umgehend zu dementieren hatte.[40] Da in personalpolitischen Gerüchten wie diesem meist ein Gran Wahrheit steckt, kann man vermuten, dass Wilhelm auf der Rückreise von Wien Station in München gemacht hat, um Fühlung mit der Führung der Hitlerpartei aufzunehmen. Doch Genaueres ist nicht überliefert. Wohl aber wissen wir, dass er am 14. September den Wahlabend zusammen mit seinem Freund Schleicher in Berlin im Hause des Friedrich Wilhelm von Willisen verbachte, einem der engsten Berater von Reichskanzler Brüning.[41] Der Gesprächsbedarf wird groß gewesen sein. Denn bei diesen Wahlen wird die NSDAP völlig überraschend zur zweitstärksten Fraktion im Parlament. Das nationalkonservative Lager erleidet einen massiven Bedeutungsverlust, das gesamte Machtgefüge der extremen Rechten verschiebt sich. Die Verlockung des Völkisch-Nationalistischen ist massenwirksamer als die Zugkraft des

Konservativ-Autoritären. So avancieren die Nazis zur Hauptkraft der rechten Fundamentalopposition gegen die Weimarer Republik und damit auch gegen den Status quo in der Berliner Wilhelmstraße.

Es sei denn, es gelänge, sie in die Brüning-Schleichersche Regierungsstrategie einzubinden. Für Schulenburg gibt es denn auch akuten Handlungsbedarf: „Für mich steht außer allem Zweifel", schreibt er an Schleicher, „dass die national socialistische Bewegung eingefangen werden muss, was nur dadurch geschehen kann, dass sie in die Verantwortung eingespannt wird." Dabei dürfe jedoch „das Reichswehrministerium den Nazis unter keinen Umständen ausgeliefert werden". Wilhelm Groener, der amtierende Reichswehrminister, müsse bleiben. Das sei unabdingbar, „mag das Kabinett aussehen, wie es will". Jedenfalls müssten die Verhandlungen mit Hitler „äußerst geschickt und so geführt werden, dass der Wille zur Verständigung offenbar ist und dass das Odium in der Öffentlichkeit nur auf die Nazis fällt, wenn sich die Verständigung wegen überspannten Forderungen derselben zerschlägt". Der Adressat sieht das genauso. Schleicher versichert Schulenburg, die vorgetragenen Gedanken würden sich „mit den meinigen völlig decken", und er „glaube auch, dass es gelingen wird, die von Ihnen vorgeschlagene Linie zu gehen".[42]

Zwei Wochen später sollte es tatsächlich zu einer ersten Unterredung zwischen Brüning und Hitler kommen – eine unverbindliche Sondierung, die zu weiter nichts führte, führen konnte.[43] Denn noch zwei Tage zuvor hatte Hitler öffentlich erklärt: Ihm genüge der Wahlerfolg vom 14. September keineswegs. Sein Ziel sei „die Erreichung der restlosen politischen Macht in Deutschland auf legalem Wege".[44] Wenn man die verfahrene innenpolitische Lage auflösen und eine Staatskrise abwenden wollte, durfte es bei dieser unfriedlichen Koexistenz allerdings nichts bleiben. Dass eine rechte Sammlungspolitik ohne die Einbeziehung der Hitlerbewegung nicht mehr funktionieren konnte, das war allen Strippenziehern klar. Er sehe jetzt „die Möglichkeit zur Bildung einer großen Rechten, die die Mehrheit hat, und ich wünsche, dass sie zustande kommt", hatte Schulenburg in dem eben zitierten Brief an Schleicher geschrieben. Dabei hatte er nicht zuletzt auch das außerparlamentarische Terrain im Blick. Diese Anregung gab nun wiederum Schleicher die Idee ein, auf eine Art Dyarchie, eine Doppelherrschaft, im rechten Segment des politischen Kräftefeldes loszusteuern. Auch die Naziführung wusste schließlich, dass ihre Massenbewegung aus eigener Kraft das „Novembersystem" nicht aus den Angeln heben konnte, zumindest nicht in absehbarer Zeit. Sie brauchte einen Koalitionspartner jenseits der Parteien, und zwar einen mit Massenanhang. Schleicher sah diesen Koalitionspartner im Stahlhelm, dem inzwischen etwas angestaubten paramilitärischen „Bund der Frontsoldaten". Ihn galt es zu mobilisieren und auf Vordermann zu bringen. Und das sollte Schleichers kronprinzlicher Freund bewerkstelligen. Doch konnte der das überhaupt?

Jedenfalls wird Wilhelm am 5. Oktober 1930 (wie vor ihm schon Hindenburg) Ehrenmitglied des Frontsoldatenbundes in den Landesverbänden Schlesien und Brandenburg.[45] Dafür lässt er sich am gleichen Tag auf dem 11. Reichsfrontsoldatentag in Koblenz, wo nicht weniger als 120.000 Stahlhelmer aufmarschieren, gebührend feiern.

Zusammen mit dem früheren Reichswehrminister Seeckt, so lesen wir in der Tagespresse, applaudiert der Hohenzoller am symbolträchtigen Deutschen Eck dem Bundesführer Seldte, der in seiner Rede auch gleich die passenden Töne anschlägt: Die Entscheidung über Deutschlands Schicksal werde „nicht von Parteien und Parlamenten getroffen werden, sondern allein von den starken und gesunden Kräften, die sich außerhalb des parlamentarischen Wirkungsfeldes in stoßkräftiger Form gefunden und gebildet haben. Unter diesen Kräften soll und wird der Stahlhelm in erster Linie stehen." Bereits am Vorabend hatte der Bundesvorstand des Stahlhelms eine Entschließung verabschiedet, die sein Feindbild ganz offen fixierte: „Hinweg mit der unfruchtbaren marxistischen Diktatur in Preußen [gemeint war die dortige SPD-Regierung – LM], die das Erwachen und Gesunden des größten deutschen Bundesstaates verhindert. Der Reichspräsident als Reichsverweser [sic! – LM] soll in Zukunft auch das Amt des preußischen Staatspräsidenten innehaben."[46] Die Selbstinszenierung des Kronprinzen im Stahlhelm-Setting von Koblenz stellt insofern mehr dar als *fishing for compliments* eines alten Heerführers. Sie ist ein politisches Statement. Er macht sich zum Resonanzverstärker der sogenannten nationalen Opposition und steigt hinab in die Niederungen des Nahkampfs. Kein Wunder, dass dieser Auftritt von der demokratischen Presse als eine hochproblematische Kundgebung gewertet wird.[47]

Koblenz war nur der Auftakt zu einer konzertierten Aktion, deren Fluchtpunkt die baldige Etablierung eines autoritären Regimes sein sollte, gestützt auf eine Allianz von Reichswehr und Stahlhelm. Am 29. Oktober 1930 kommt es zu einer vertraulichen Zusammenkunft in Schloss Cecilienhof. Mit von der Partie außer dem Hausherrn: Kurt von Schleicher, der neue Chef der Heeresleitung von Hammerstein-Equord, der Brandenburger Stahlhelmführer Elhardt von Morozovicz, der erzkonservative Politiker Ewald von Kleist-Schmenzin sowie die politischen Aktivposten der Hohenzollernschen Generalverwaltung Müldner und Sell. Man habe „bis in die Nacht hinein bei Tisch zusammengesessen", lässt sich ein Zwischenträger des deutschen Exkaisers von einem Teilnehmer berichten, und bei reichlich Alkohol über ein Zusammengehen von Stahlhelm und Reichswehr debattiert.[48] Wenn nicht alles täuscht, so haben wir es hier zumindest mit den Umrissen einer Kamarilla zu tun; mehr noch aber mit dem Bestreben unseres Helden, aktiv mitzuwirken bei der Verschiebung des machtpolitischen Diskurses nach rechts. Eine ganz andere Frage ist, ob Wilhelms Gäste in ihm tatsächlich so etwas wie eine zugkräftige Galions- oder gar übergreifende Integrationsfigur ihrer keineswegs identischen Bestrebungen gesehen haben.[49] Oder nur einen erlauchten Möchtegern-Politiker, von dem man sich gerne fürstlich bewirten ließ? Und war diese Kaiserliche Hoheit überhaupt der maßgebliche Repräsentant des alten Herrscherhauses? Oder war sie eine nur royale Celebrity, die eine eigene Show für sich beanspruchte?

Einige Tage später veröffentlicht die Zeitschrift *Der Stahlhelm* einen Leitartikel des Bundesführers Seldte mit dem Kernsatz: „Die Frontsoldaten melden ihre Ansprüche auf Bestellung ihrer Führer für die Staatsführung an."[50] Und am 15. November 1930 bringt sie auf der Titelseite einen Artikel „Italien und Deutschland", der die beginnende Ausrichtung der Frontsoldatenorganisation auf den Faschismus erkennbar macht. Anzeichen genug, um die politischen Mitbewerber in Deutschland hellhörig werden zu lassen. Goebbels schwant bereits Ungemach: „Eine Reichswehrdiktatur Schleicher-Seeckt-Kronprinz steht vor der Türe", schreibt er besorgt in sein Tagebuch. „Wir müssen auf der Hut sein. Auch der Stahlhelm will mittun. Gestern gab Auwi mir näheren Aufschluss. Göring war am Nachmittag beim Kronprinzen und hat ihn gewarnt. Was will dieser Affe überhaupt in der Politik? Soll bei seinen Judenweibern bleiben."[51] Am nächsten Tag trifft Admiral a. D. Magnus von Levetzow, ein Beauftragter des Exkaisers, der an einem belastbaren Draht zwischen Haus Doorn und dem Braunen Haus in München bastelt[52], Hitler und Göring zu vertraulichen Gesprächen in Berlin. Erleichtert bringt er in Erfahrung, dass sich die Naziführung allen Umarmungsversuchen des Stahlhelms entwinden wird. Er hatte befürchtet, Hitler könne sich „unbewusst" vom Stahlhelm „in Schlepptau" nehmen lassen. Nun plant Levetzow einen baldigen Besuch von Göring bei Wilhelm II. in Holland. Die Ermutigung dazu gibt ihm die zusehends nazifreundliche Einstellung des früheren Monarchen, die selbst seine an Sprunghaftigkeit gewohnte Doorner Entourage nicht schlecht staunen ließ.[53]

Die Cecilienhofer Planspiele stellen sich als ein Experiment mit noch vielen Unbekannten und Risiken dar. Die Versuche des Stahlhelms, im rechtsradikalen Lager die Führung zu übernehmen, erweisen sich als übereilt, als voluntaristisch. Hatte man doch den neuen höchst eigensinnigen Machtfaktor Hitler nicht mit auf der Rechnung. Der ist nämlich gerade selbst dabei, Leimruten auszuwerfen, um nationalkonservative Unterstützer für seinen Plan der legalen Machtergreifung zu gewinnen. Auch Wilhelms Mentor Schulenburg zeigt sich schon Ende November empfänglich dafür. Eine andere Wahl als „mit dem Nationalsozialismus zu regieren" hätten „wir" nicht, schreibt er an seinen Schwager Arnim. „Die Bewegung ist ständig im Wachsen, man kann an ihr nicht vorbeiziehen, und sie wird in die Macht kommen". Damit werde „ein frischer, schwerer Wind durch den ganzen Parteikram fahren", denn die Nazis würden „vor drakonischen Maßnahmen nicht zurückschrecken und mit eisernem Besen namentlich in der Futterkrippenwirtschaft auskehren. Das Alles ist nötig, wenn wir überhaupt wieder eine Zukunft haben wollen."[54]

Angesichts dieser politischen Gemengelage darf man davon ausgehen, dass für Wilhelm der beschwerlichste Teil seines Weges hin zu einem respektablen Entscheidungsträger noch vor ihm lag. Bislang kann er noch keine eigenen Leistungen aufweisen, mit denen er die Köpfe der politischen Klasse hätte überzeugen können. Sein öffentliches Erscheinungsbild lässt wenig von dem erkennen, was er eigentlich anstrebt. Dafür ist das Repertoire seiner Selbstinszenierung als Stahlhelmer de luxe zu eindimensional. Und selbst diese alten Frontkämpfer mochten in dem früheren Heerführer keinerlei heroischen Fähigkeiten entdecken. Als Meister einer milieuübergreifenden medialen Selbstdarstellung ist er bislang nicht in Erscheinung getreten. So kann er auch nicht als Signalgeber oder charismatische Führungspersönlichkeit wirken, sondern bestenfalls als Remake einer nostalgisch verklärten Zeit. Er ist gerade erst dabei, ein Bewusstsein über seine zukünftige Rolle auszubilden. Doch soweit erkennbar, beinhaltet seine Politisierung bis dato nicht die Entdeckung einer inneren Kraft. So etwas wie politische Leidenschaft bleibt unentflammt. Außerdem war da noch sein anhaltendes Poussieren des schönen Geschlechts, das in sein öffentliches Bild eingeschrieben war und sein Profil verwischte. Für die Monarchie als politisches Projekt versprach er mit seiner Person jedenfalls keine besonders attraktiven Perspektive.

Erste Begegnung mit Hitler

Zur weiteren Entfaltung des rechtsradikalen Nationalismus will Wilhelm beitragen, doch wie hält er es mit dem Newcomer in der Berliner Politik? Dem Mann, in dem etliche seiner Gesinnungsverwandten bereits den Hebelarm für eine Systemveränderung sehen? Gut möglich, dass er Hitler 1930 schon einmal persönlich begegnet ist. Er selbst spricht 1946 in einem Erinnerungsmanuskript[55] von einer nicht näher datierten ersten „Begegnung mit Hitler in der Wohnung meines Freundes und Adjutanten Müldner" in Berlin. Der Eindruck sei „nicht besonders günstig" gewesen. „Äußerlich stand da vor mir ein mittelgroßer Mann in einem sehr abgetragenen blauen Anzug, die Wäsche war nicht sehr sauber, und die Haare hingen ihm über die Stirn herunter. Sein Typ war der, den man in Wien und Österreich sehr häufig unter den kleinen Leuten sieht. Das einzige, was einem besonders an ihm auffiel, waren seine sehr lebhaften Augen, die, ich möchte fast sagen, einen hypnotischen Eindruck machten. Während unserer Unterhaltung fielen mir 2 Eigenschaften an ihm besonders auf. Er konnte nie ruhig auf seinem Stuhl sitzen bleiben, sondern er sprang immer wieder auf und lief dann im Zimmer unruhig auf und ab. Eine vernünftige Diskussion mit ihm war sehr schwierig, da er über jedes Thema sofort einen Vortrag hielt, so, als ob er vor einer Volksversammlung redete. Er vertrat seine Ansichten mit fanatischer Leidenschaft." Diese Beschreibung stimmt mit den Beobachtungen vieler anderer Zeitzeugen überein, die Hitler damals nach seinem Wahlsieg von 1930 kennenlernten.[56] Weitere aussagekräftige Quellen über eine solche Unterredung mit Hitler gibt es keine. Engere Fühlung mit dem Naziführer hat Wilhelm vor 1931 sicher *nicht* gehabt. Noch war seine Politisierung ganz auf Freund Schleicher fixiert, mit dem er in regelmäßigen Abständen alles besprach, was er „auf dem Herzen hatte" und womit er „dauernd gefüttert wurde".[57]

Aber auch Schleicher war weder allwissend noch allmächtig. Am Jahresschluss 1930 hatte es eher den Anschein, als ob er Reichswehrminister Groener, seinem Chef und Ziehvater, die Stange hielt. Und der wiederum blieb Kanzler Brüning treu. Das kann man Groeners Privatbrief an seinen Freund Gerold von Gleich[58] entnehmen, wo es unmissverständlich heißt: „Mit dem Kanzler ist ausgezeichnet zu arbeiten". Brüning habe sich „als ein Mann von großer Entschlusskraft und festem Willen gezeigt. Ich habe mit ihm einen festen Pakt geschlossen, und solange der Reichspräsident mit uns geht, werden wir mit dem Parlament so oder so fertig werden. Ich habe das feste Vertrauen zum Reichspräsidenten, dass er sich durch keinerlei Einflüsterungen von seiner bisherigen Linie abbringen lässt." Von einem Regierungschef Hugenberg wolle Hindenburg jedenfalls „nichts wissen. Und Seeckt, der zu gerne mit Hilfe der Nazis das Reichswehrministerium erobern möchte, ist für Hindenburg der ‚alternde' General, der sich bei jeder Gelegenheit blamiert." Man würde Seeckt „nächstdem mit Herrn Göbbels Arm in Arm auftreten sehen". Mit Hammerstein als neuem Chef der Heeresleitung sei er „sehr zufrieden" und „richtig froh, dass ich nicht auf Stülpnagel[59] hereinfiel, der sich mehr und mehr als Schwachmatikus entpuppt und wohl am liebsten auch zu den Nazis überliefe".

Groeners etwas sarkastische Bemerkung über Hans von Seeckt, seinen Vor-Vorgänger im Amt, bezog sich vermutlich auf dessen Verlautbarung in der *Deutschen Allgemeinen Zeitung*. Die hatte Ende Dezember einige Prominente nach ihrer Meinung über „eine Regierungsbeteiligung Hitlers" gefragt. Eine solche, so der frühere Reichswehrminister, sei unbedingt notwendig, denn „das, was in dieser Bewegung den Kern bildet, das nationale Empfinden, der Wehrwille, das soziale Verständnis, alles getragen von einem jugendlichen, reformbestrebten Auftrieb, alle diese Elemente sind ein notwendiger Bestandteil der Regierung der Zukunft".[60] Das sagte ein Mann, der für die liberale Deutsche Volkspartei im Reichstag saß, die in der amtierenden Brüning-Regierung den Außenminister stellte. In dieses Bild passt auch, was Reichsbankpräsident Hjalmar Schacht, einst Mitbegründer der Deutschen Demokratischen Partei, über seine erste leibhaftige Begegnung mit Hitler im Winter 1930/31 in Erinnerung behalten hat. Der Naziführer sei „natürlich und bescheiden" aufgetreten, so Schacht, wenn er auch 95 Prozent der Unterhaltung bestritten habe. „Sah man davon ab, dass er alles, was er sagte, als unwiderlegliche Wahrheit demonstrierte, so war, was er vortrug, nicht unvernünftig". Hitler schien „sichtlich bemüht, alles zu vermeiden, was uns als Vertreter einer traditionellen Welt schockieren konnte. Was mir Eindruck machte, war die absolute Überzeugung dieses Mannes von der Richtigkeit seiner Auffassungen und die Entschlossenheit, diesen Auffassungen praktisch Geltung zu verschaffen."[61] Will sagen: Auch Teile der traditionellen Eliten finden jetzt Gefallen an der Hitlerbewegung. „Hitler" wird auch für sie zur Chiffre – zur Chiffre für Deutschlands Zukunft.

Exkurs 1
Zum Stellenwert der Monarchie nach 1918

Welches Gewicht besaß die Dynastie des vormaligen Kaiserhauses in der politischen Kultur der 1920er Jahre überhaupt? Tatsächlich war der Mythos eines gottbegnadeten Kaisertums schon *vor* 1914 stark verblasst, und im Verlauf des Ersten Weltkriegs war der Verfall des monarchischen Prinzips rasant vorangeschritten.[1] Es sind vor allem Kaiser Wilhelm II. und Kronprinz Wilhelm, die besonders kräftig an dem Ast ihrer „Allerhöchst"-Stellung gesägt haben. Wie das endete, habe ich in meinem Buch *Kaisersturz* geschildert.[2] Mit Blick auf den deutschen Thronfolger hat mein Kollege Franz Lorenz Müller diese Geschichte jüngst noch ein Stück fortgeschrieben, indem er zeigt, wie der damalige Kronprinz durch seine unrühmliche Rolle im Felde den Glauben gerade auch hohenzollernfreundlicher Kreise erschüttert hat, inmitten eines Krieges, „also in einer Angelegenheit von existenzieller Bedeutung und bei maximaler Sichtbarkeit". Man habe stark gezweifelt, dass Wilhelm „dereinst militärisch, politisch und charakterlich in der Lage sein würde, in angemessener Weise die Aufgaben eines Monarchen zu erfüllen". Als das kaiserliche Regime durch die Niederlage schließlich ins Wanken geriet, „trug Kronprinz Wilhelm entscheidend dazu bei, dass die Frage nach seiner Zukunftsfähigkeit verneint wurde".[3] Damit war der Kaisersohn auch als wichtigstes politisches Kapital für die Zukunftsgestaltung des Hauses Hohenzollern entwertet.

Dieser Prozess der „Selbstentkrönung" ist nach der Novemberrevolution ausgerechnet durch diejenigen vernunftrepublikanischen Politiker konterkariert worden, die die abgedankte Monarchie abzuwickeln hatten – namentlich durch Friedrich Ebert.[4] Mit seinem Entgegenkommen gegenüber den Entthronten, insbesondere dem Hause Preußen, wollte der sozialdemokratische Staatsführer vermeiden, dass sich die Monarchie und ihre Anhänger als Totalverlierer empfanden. Er wollte sie dazu bewegen, ihren Frieden mit dem Machtverlust zu machen. So konnte auch das ideologische Erbe des Wilhelminismus nicht konsequent abgewickelt werden, dem Boden für monarchisch-restaurative Tendenzen wurden zu wenig Nährstoffe entzogen. Das wäre nur durch eine demonstrative Abkehr der volkssouveränen Staatsmacht von der Hohenzollernmonarchie gelungen und durch – nicht zuletzt symbolpolitische – Maßnahmen, die aller Welt die Unumkehrbarkeit des Herrschaftswechsels vor Augen geführt hätten. Die staatliche Fürsorge und sogar fortgesetzte Alimentierung des gestürzten Kaiserhauses hielt das definitive Ende der deutschen Monarchie gleichsam auf. Das Kaiserreich von 1871 wurde in den Jahren nach 1918 nicht ordnungsgemäß begraben, sodass sich namentlich das Haus Preußen als Herrschaftsträger im Wartestand begreifen konnte. Eine stabilisierende Funktion für die Idee der demokratischen Republik hatte diese Politik nicht. Im Gegenteil: Sie nährte die Zweifel derjenigen, die ohnehin nicht daran glaubten, dass Deutschland dauerhaft ein volkssouveräner Staat bleiben würde. Das alles hielt – zumindest latent – die Frage einer Änderung der Staatsform in monarchischem Sinne im Fluss. Allerdings geisterte die Restauration der Monarchie vorerst nur als Gespenst durch den politischen Raum und nicht als vitale Bewegung oder mobilisierendes Kampfprogramm.[5]

Auf das Selbstverständnis der Herrscherfamilie hatte diese sozialdemokratische Mischung aus Nachsichtig- und Hilflosigkeit nicht zu unterschätzende Auswirkungen. Die Hohenzollern behielten den sicheren Halt einer standesbewussten Fürstenfamilie und konnten Hoffnung auf Rückkehr und Mut zur Reklamation ihrer Interessen schöpfen. Ihrer Selbstüberschätzung wurde dadurch ordentlich Nahrung gegeben. Nicht unwesentlich dazu beigetragen haben dürfte auch der schlummernde Monarchismus bürgerlicher Spitzenpolitiker wie Gustav Stresemann, der hier pars pro toto genannt sei.[6] Ohne dessen Anhänglichkeit an die Hohenzollernfamilie beispielsweise hätte es wohl keine Rückkehr des vormaligen Kronprinzen aus seinem holländischen Exil nach Deutschland im Herbst 1923 gegeben.[7]

Den Verlust des symbolischen Kapitals der Monarchie konnte indes auch diese Sympathie-Politik einzelner Staatsmänner kaum mehr beeinflussen. Ebenso wenig wie die sentimentalen Re-Inszenierungsversuche der untergegangenen Welt des deutschen Kaiserreichs durch Festveranstaltungen oder Rituale den schweren Imageschaden reparieren konnten. Das, was hier gelegentlich gestenreich und pathetisch beschworen wurde: die Wiederauferstehung des deutschen Kaisertums, blieb reine Utopie. Will sagen: Für eine Restauration des Bismarckreiches von 1871 fehlten im Deutschland der 1920er Jahre alle realpolitischen Voraussetzungen. Weder gab es einen mehrheitsfähigen Thronprätendenten noch eine ernst zu nehmende politische Kraft oder gar eine Bewegung, die sich einem solchen Ziel kämpferisch verschrieben hätte. Insbesondere das eklatante Versagen des Kaisers und des Thronfolgers im November 1918 hatte sich so tief in das Bewusstsein und in die Herzen selbst der eingefleischten Monarchisten eingebrannt, dass so gut wie niemand deren Wiedereinsetzung wollte. Diese Herrscherproblematik sollte sich auch auf längere Sicht als unlösbar erweisen. Man kann das exemplarisch an der Person des konservativen Parteiführers und Ober-Monarchisten Kuno von Westarp studieren, der seine vornehmste Aufgabe in den 1920er Jahren darin sah, die Ambitionen sowohl des Exkaisers als auch die seines Ältesten zurückzudrängen. Und zwar in der festen Überzeugung, die Monarchie damit gleichsam vor ihren größten Gefährdern zu schützen.[8] Selbst Monarchisten, die den Hohenzollern persönlich nahestanden, sahen das so. Admiral von Levetzow meinte damals: „Unsere Monarchie wird volkstümlich und völkisch verankert sein, oder sie wird im Orkus [sic! – LM] bleiben." Der künftige Monarch müsse „von Volkes und von Gottes Gnaden sein, wie denn jeder von uns, ob groß oder klein, von Gottes Gnaden ist".[9]

Der damals wohl bedeutendste Journalist des deutschvölkischen Konservatismus Ernst Graf zu Reventlow hat sich da noch radikaler geäußert. Der „alte Nimbus der Monarchie" sei seit der Novemberrevolution „dahin". Das sei „eine politische und geschichtliche Tatsache". Deshalb würde eine neue Monarchie, ein neuer Monarch „von vornherein mit ganz anderen Augen im Volke betrachtet werden als vor der Revolution". Woraus Reventlow folgert, dass man „an die Beurteilung und Bemessung der Grundlage einer Monarchie einen anderen Maßstab anlegen muss als früher. Jedenfalls sei es mit Blick auf den 9. November 1918 ein schwerer Irrtum zu glauben, „man könne eine unter solchen Umständen gestürzte Monarchie einfach wieder aufrichten wie einen umgefallenen Stuhl".[10] Das war ein interessantes Fazit am Ende einer Periode, in der sich die Weimarer Republik noch in einem permanenten Krisenmodus, genauer: in einem Existenzkampf gegen Umsturzversuche von rechts und links befand. Also alles andere als etabliert dastand. Wollte man in der nationalen Erinnerungskultur überhaupt noch eine Tradition politischer Herrschaft aufrechterhalten, so blieb dafür allein die – entsprechend mythisierte – Gestalt Bismarcks übrig. Das hatte selbst die Deutschnationale Volkspartei erkannt. Sie gab schon 1924 die Parole aus: Den Geist der Weimarer Demokratie „müssen wir überwinden durch den Geist Bismarcks. Er ist der Prüfstein, ob wir den rechten Weg gehen."[11] Allein *Bismarck* blieb in Weimar ein unverändert gültiges Symbol nationaler Geschichte und gewahrter Kontinuität und auch in der politischen Empfindungswelt der Eliten omnipräsent. Nationale Machtwünsche wurden mit seiner Figur assoziiert, während die Hohenzollern in Wirkung und Schicksal bereits der Geschichte angehörten.[12]

Mitte der 1920er Jahre aber schien die erste deutsche Demokratie in eine neue Epoche einzutreten, die man später die Phase einer relativen Stabilisierung genannt hat. In ihr war die Restauration der Monarchie erst recht kein Thema und der Monarchismus keine angesagte Haltung mehr. Selbst für die erzkonservativen Kreise war an die Stelle des Königtums das „Reich" getreten, das man erhalten und stärken wollte. Die Rückeroberung des ideologischen Bodens, auf dem die Hohenzollernmonarchie einst prosperiert hatte, stand nicht auf der Tagesordnung. Weder für die Deutschnationale Volkspartei noch für den traditionsbewussten Stahlhelm. Die Grundstimmung scheint eher die gewesen zu sein: Kaiser und Kronprinz haben uns im November 1918 im Stich gelassen. Nun müssen wir uns selbst helfen. Dabei ging es in erster Linie um die Pflege des nationalen Gedankens, verkörpert durch den Eisernen Kanzler – weniger um die Rückkehr zum Kaiserreich. Und wenn schon Monarchie, dann sollte es gefälligst eine soldatische sein.

Apropos Militär. Es war Kurt von Schleicher, der kommende Mann und politische Kopf der Reichswehr, der im Jahre 1926 seinen Vorgesetzten ins Gewissen schrieb: „Es gibt in Deutschland kaum ein Dutzend ernst zu nehmender, einflussreicher Männer, die die Wiederherstellung der Monarchie in absehbarer Zeit für zweckmäßig, geschweige für möglich und durchführbar halten." Freilich gelte es „nicht als ‚fein', so nüchterne, aber unpopuläre Wahrheiten auszusprechen". Dennoch müsse man hier „den in Frage kommenden Kreisen brutal die Wahrheit" sagen. Nämlich: „die Monarchie hat z.Zt. keinen Boden in Deutschland. Nicht Republik oder Monarchie ist jetzt die Frage, sondern, wie soll diese Republik aussehen?" Die der Wehrmacht von interessierter Seite immer wieder unterstellte „monarchistische Einstellung" sei „eine bewusste Lüge".[13]

Auch wenn der Volksentscheid zur Fürstenenteignung[14], der 1926/27 die Gemüter in Deutschland hoch erregte, am Ende scheiterte und die entthronten Dynastien vor dem materiellen Niedergang bewahrte, so erwies sich dieser Vorgang doch als Pyrrhussieg. Denn im Sperrfeuer der Meinungsschlacht ist die insbesondere hehre Idee vom monarchischen Prinzip zur Strecke gebracht worden. Für große Teile der politischen Öffentlichkeit hat der verbissene Kampf um Vermögenswerte und Besitzansprüche die Ressentiments massiv ins Antimonarchische verstärkt. Immerhin hatten 14 Millionen Deutsche für die entschädigungslose Enteignung gestimmt. Mit dieser Obrigkeit und deren Epigonen waren sie endgültig fertig. Die Gräben zwischen den innenpolitischen Gegnern waren noch tiefer geworden, die Restaurationsfrage ideologisch noch weiter aufgeladen, die Demokratie schwer belastet worden. Es blieb ein vermintes Gelände, um das die deutsche Innenpolitik jetzt erst einmal einen Bogen machte. In materieller Hinsicht konnten die Hohenzollern 1927 in eine Art von Normalität zurückkehren. Doch es war eine fiktive Normalität, denn von der breiten Akzeptanz einer wie auch immer gearteten Fürstenherrschaft hatte sich die Öffentlichkeit eher noch weiter entfernt. Die Monarchie war nur noch als eine überlebte Staatsform präsent, war nicht mehr als eine nostalgische Projektionsfläche.

Und gab es überhaupt einen halbwegs populären Thronprätendenten? Zu einer zugkräftigen Projektionsfigur für monarchistische Sehnsüchte hat sich in den 1920er Jahren noch kein Repräsentant des Hauses Hohenzollern mausern können, am wenigsten der nach Holland geflohene Kaiser. Aber auch im Kronprinzen erkannte die nationalkonservative Rechte keinen Hoffnungsträger. Es sei nichts „Friederizianisches" an ihm, beklagte sein alter Stabschef Schulenburg, hinzu träten eine „ungeheure Willensschwäche und eine Unwahrheit gegen sich selbst", woran selbst die „Erschütterungen des Kriegsendes" nichts geändert hätten.[15] Deshalb konnte die Herrscherfamilie auch keine monarchistische Leidenschaft entfesseln. Ihre Mitglieder genossen nur noch einen gewissen royalen Artenschutz. Ansonsten blieben sie abgeschrieben, ja sogar schlecht beleumundet, wie ein Schreiben eines treuen Zuarbeiters der Hohenzollernfamilie an den früheren Kronprinzen erhellt: „Euer Kaiserliche Hoheit gelten, da Seine Majestät im Ausland abwesend ist, im deutschen Volk als der Chef des Hohenzollernhauses. Ihre politische Passivität hat das Ergebnis gezeigt, dass nicht einmal die Deutschnationalen mehr an irgendwelche Aussichten der Hohenzollern glauben." Es sei „in der Geschichte wohl noch niemals geschehen, dass der Erbe einer so ruhmvollen Dynastie wie die Hohenzollern derartig sang- und klanglos von der Bühne abtritt, wie Eure Kaiserliche Hoheit das tun." Das deutsche Volk habe gegenwärtig das Gefühl, von ihm „im Zusammenbruch verlassen" worden zu sein. Außerdem sei er erst zurückgekommen, „als die schlimmste Gefahr beschworen war". Seitdem habe er sich „für Deutschland desinteressiert".[16] Nach Äußerungen wie diesen darf bezweifelt werden, ob Wilhelm Kronprinz von Preußen vor 1930 überhaupt eine politische Prominenz verkörperte. Die breite Öffentlichkeit scheint in ihm nicht viel mehr als den Träger eines großen, doch zugleich diskreditierten Namens gesehen haben.

Nachdem die noch am ehesten als monarchisch geltende DNVP bei den Reichstagswahlen von 1928 eine schwere Niederlage erlitten hatte, führten das einige ihrer Abgeordneten auf das Unzeitgemäße ihrer Monarchienostalgie zurück. So schrieb das Reichstagsmitglied Walther Lambach am 14. Juni 1928 in der deutschnationalen *Politischen Wochenschrift*: Außerhalb Bayerns gebe es doch „keine nennenswerte[n] Spuren eines aktiven, zielklaren Monarchismus" mehr. Die Person Wilhelms II. sei hinter Hindenburg verschwunden. Die Wahl Hindenburgs zum Reichspräsidenten habe „den Monarchismus zum Grabe getragen", neben Hindenburgs „Größe sank der Nimbus der lebenden Hohenzollern in sich zusammen. Der Volksentscheid über das Fürstenvermögen zeigte bereits eindeutig das Sterben des monarchistischen Gedankens. Die jüngste Reichstagswahl hat ein weiteres Absinken der monarchistischen Stimmen gebracht. Der ganze Verlust der Deutschnationalen ist ein Verlust des Monarchismus." Viele bürgerliche und bäuerliche Wähler wollten von der Monarchie nichts mehr wissen. Und insbesondere für die Jugend seien „Kaiser und Könige keine geheiligten und unantastbare[n] Größen mehr", sondern eher „Film- und Bühnenangelegenheiten". Dieser Artikel löste in der Rechtspresse eine lebhafte Kontroverse über die Zeitgemäßheit restaurativer Bestrebungen aus, die jedoch wie das Hornberger Schießen endete. So richtig „ran" wollte an das Thema niemand.[17] Auch ein Zeichen dafür, dass für weite Teile der „Traditionsrechten" (Ulrich Herbert) der Monarchismus längst nicht mehr Fixpunkt ihrer Identität war.

Niemand im rechten Spektrum der politischen Kultur hat sich hier irgendwelchen Illusionen hingegeben. Selbst erzkonservative Militärs wie Schulenburg nicht: „Wir sind", schreibt er im Sommer 1929, „von der Monarchie ebenso weit entfernt wie vor 10 Jahren. Ich werde sie nicht mehr erleben und wahrscheinlich Sie auch nicht. Denkbar ist die Restitution doch nur nach großen außenpolitischen Erfolgen. Wo sollen diese in absehbarer Zeit herkommen? So bleibt nur der Diktator, der am Schluss seiner Arbeit den Kaiserstuhl besetzt. Er kann sich selbst dazu machen oder aus den alten Dynastien den Besten nehmen. Dabei ist sicherlich nicht darauf zu rechnen, dass die Legitimität eingehalten wird oder dass es nur ein Hohenzoller sein kann."[18] Und was sagt Deutschlands Diktator in spe 1929 zur Monarchiefrage? „Die nationalsozialistische Bewegung hat die Revolution des Jahres 1918 nicht anerkannt und wird es nie tun", so Hitler. „Ich erkläre aber hiermit feierlichst, dass unser Kampf ausschließlich dem deutschen Volke gilt. Nicht der Republik als Staatsform und nicht der Monarchie als Staatsform. Soll Deutschland jemals zur Monarchie zurückkehren, dann ist für uns die Qualität des Monarchen von ausschlaggebender Bedeutung."[19] Unmittelbar ins Auge scheint Hitler da erst einmal kein lebender Fürst zu springen.

Im Herbst 1930 führte Franz-Josef Sonntag, einer der einflussreichsten monarchisch orientierten Journalisten, in einem weithin beachteten Buch den Bedeutungsverlust des monarchischen Gefühls vor allem auf die Reichspräsidentschaft Hindenburgs zurück, der ja „eine Art Friedensschluss mit der Republik vollzogen" habe.[20] In der Tat hatte die Präsidialgewalt seit dem Ende der 1920er Jahre eine kontinuierliche Steigerung erfahren, symbol- als auch machtpolitisch.[21] Mit der Kanzlerschaft Brünings, die nicht auf parlamentarischem Wege zustande gekommen war, trat die Souveränität Hindenburgs dann 1930/31 in ihr höchstes Stadium. Für fast zwei Jahre konnte der Reichspräsident fast wie ein regierender Monarch agieren. Mit Blick auf diese Umstände konstatierte ein scharfer Beobachter des politischen Berlins ganz richtig: „Des Reichstags Schwäche und sein Versagen machten Hindenburg zum Schwer- und Stützpunkt des deutschen Staatslebens." Zusammen mit seinem Mythos, seinem Alter und dem Bonus seiner Wiederwahl habe Hindenburg „eine in der Geschichte Deutschlands noch nie dagewesene Stellung. Er ist Monarch in einer Republik." Das wolle er auch so lange wie möglich bleiben. Die Aussicht auf eine Restauration der Monarchie stelle sich als desolat dar, da diese „geglaubt" werden müsse. Die gesamte Linke und die Jugend, rechts wie links, sei „eines solchen Glaubens umso weniger fähig, als der Schlussakt der Hohenzollernmonarchie so wenig ruhmreich war". Selbst „in national gesinnten Kreisen Deutschlands hat heute Volk und Volkstum das Primat vor einer Dynastie". Und auch in Preußen „steht die monarchische Bewegung vor starken Hindernissen". Die lägen insbesondere „in der Person des Kronprinzen, der, ein vergnügter Welt- und Lebemann, nicht die geringste Fühlung mit der breiten Masse hat". Was ihn für einen „deutschen Volkskaiser" nachhaltig disqualifiziere.[22]

Wie unter solchen Gegebenheiten ein Royal ohne Aura und Charisma politische Wirksamkeit entfalten wollte, gibt Rätsel auf. Zumal das größte Problem, das der politischen Karriere des Kronprinzen im Weg stand, er selbst gewesen zu sein scheint, genauer: sein hedonistischer „Existenzialismus" und seine biografisch gespeiste Selbstüberschätzung. Wohl nicht ohne Grund hat einer der engagiertesten Vorkämpfer für die Wiedereinführung der Hohenzollernmonarchie um 1930, der konservative Politiker Ewald von Kleist-Schmenzin, eindringlich gerade vor ihm gewarnt: „Mache man diesen Kronprinzen zum Träger der Krone, werde er einer der ersten Republikaner in Deutschland sein."[23] Wilhelm junior war eben keine natürliche Respektperson, eher ein schillerndes royales Phänomen. Eine politisch einflussreiche Stellung konnte er schon deshalb nicht bekleiden, weil der Verlust des Thrones für die Hohenzollern mit so nachhaltigen Kollateralschäden verbunden gewesen war; namentlich dem Verfall von Autorität und Prestige, aber auch Anhänglichkeit. Richtig ist aber auch, dass viele Deutsche unter dem Phantomschmerz dieses Ansehensverfalls einer zuvor fast als heilig verehrten Instanz litten und sich danach sehnten, die fatale Leerstelle aufzufüllen.[24]

Kapitel 2

Die Fiederung

Neue Handlungsbedingungen[1]

1931 schlägt die wirtschaftliche Katastrophe, die mit dem Börsenkrach von 1929 begonnen hat, in Deutschland voll durch. Die Arbeitslosenzahlen steigen dramatisch, während das Pro-Kopf-Einkommen nicht weniger rasant sinkt. Die Regierung zeigt sich überfordert, ihr Krisenmanagement ist denkbar schlecht. Diese Entwicklung vertieft die ohnedies schon enorme Spaltung der Gesellschaft. Dabei verschieben sich die politischen Koordinaten noch einmal, die Polarisierung wird immer extremer. Weimars Demokratie steht vor einer Zerreißprobe. Ihre Ordnung gerät unter Druck, weil parlamentarisch mehrheitsfähige Regierungen zu einem Ding der Unmöglichkeit werden. Die demokratischen Parteien suchen mit wachsendem Defätismus nach Resonanzräumen für ihre Verfassungstreue, während die akute Notlage sich neue fundamentalistische „Bewältiger" sucht. Der halbparlamentarische Regierungsstil Brünings wird dysfunktional und er selbst schon bald zum Übergangskanzler.

Bis Ende 1930 hat im politischen Berlin kein Akteur ernsthaft an eine Restauration der Monarchie gedacht. Es ist Reichskanzler Brüning, der 1931 erstmals die Option einer konstitutionellen Monarchie mit einem Kaiserenkel als Prätendenten zur Überwindung der virulenten Systemkrise ins große Spiel bringt. Damit eröffnet er einen neuen Schauplatz im Kampf um die Macht. Reagiert Brüning hier auf seinen schleichenden Vertrauensverlust beim Reichspräsidenten – oder hat man es ihm eingeflüstert? Die Forschung ist sich da nicht so sicher.[2] Der Kanzler realisiert freilich nicht, dass „Ersatzkaiser" Hindenburg alles andere als hohenzollernfreundlich eingestellt ist. So vergrößert Brüning mit seinen Restaurationsplänen ungewollt die Kluft zum Machtzentrum. Eigentlich hätte ein Staatsmann seines Formats wissen müssen, dass die Restaurationsidee weder über einen parlamentarischen noch gesellschaftlichen Konsens verfügt. Aber er unterstellt der Hohenzollernmonarchie „an sich" offenbar immer noch ein hohes Ansehen in Deutschland. Brüning hat jedenfalls einen Stein ins Rollen gebracht und Geister gerufen, die Deutschland jetzt so schnell nicht wieder loswird. Er läutet eine Ära restaurationspolitischer Illusionen ein, der sogar die NSDAP-Führung glaubt, Rechnung tragen zu müssen. Selbst ein Brüning hatte die republikanische Demokratie nicht verinnerlicht.

Als Politikfeld ist dieses Thema für die Beteiligten freilich schwierig zu beackern. Neben der notorisch hochumstrittenen Frage nach einem geeigneten Kandidaten ist nämlich eine weitere Frage nicht beantwortet: Welche Monarchie soll eigentlich (re-)generiert werden, die alte wilhelminische oder ein neues Modell? Auch für eine neue Variante sind mehrere Optionen im Spiel: die parlamentarische Monarchie nach englischem beziehungsweise skandinavischem Vorbild? Oder eine Duce-Monarchie wie in Italien? Oder am Ende doch die Errichtung einer Militärdiktatur mit monarchischer Spitze? Zwischen diesen Varianten oszilliert die Debatte, die freilich jenseits der Öffentlichkeit geführt wurde. Unser Protagonist scheint überfordert, sich auf eines dieser Modelle festzulegen – geschweige denn für eine Version Partei zu ergreifen. Um zu reüssieren, müsste er aber wenigstens den Anschein erwecken, dass er es besser machen würde als sein Vater. Weil es riskant bleibt, das Hohenzollern-Label öffentlich zu kommunizieren, müssen alle Wortmeldungen vertraulich und die Interessenten in Deckung bleiben.

Nazis ante portas

Anfang Januar 1931 wird beim Exkaiser der erste Besuch Hermann Görings in Doorn perfekt gemacht. Eingefädelt haben diesen Coup der „Hausminister" Wilhelms II., Leopold von Kleist, und sein politischer Agent Magnus von Levetzow.[3] Der Besucher soll dem Exilanten signalisieren, die Nazis würden sich nach ihrer Machteroberung – die nur noch eine Frage der Zeit sei – für die Rehabilitierung der Hohenzollern stark machen. Göring betreibt freilich von Anfang an auch Politik auf eigene Rechnung. Hitler lässt seinen Sendboten gewähren, während Goebbels kopfschüttelnd fragt: „Was geht uns Doorn an?"[4] Die Erwartung in Holland ist indes groß. In Ilsemanns Tagebuch lesen wir: Kleist sei bereits am 16. Januar, einen Tag vor Göring, in Doorn eingetroffen. „Er ist sehr stolz darauf, dass es ihm gelungen ist, diesen in der Nazi-Sozi-Partei führenden Mann nach Doorn zu bringen". Auch die Frau des Exkaisers schien nach Ilsemanns Beobachtung „sehr erregt zu sein, diesem eventuellen Schrittmacher zum Thron wird sie mächtig den Hof machen".[5] Drei Tage bleiben Göring und seine Frau Karin in Doorn, reichlich Zeit für Vieraugengespräche hochpolitischer Natur. Seine Partei würde für die Rückkehr der Hohenzollern arbeiten, versichert Hitlers Paladin, „aber die anderen deutschen Fürsten dürften nicht mehr auf ihre Throne zurück". Doch auch über andere Leitgedanken seines Führers hat Göring den früheren Kaiser ins Bild gesetzt, ging es doch um die Sondierung eines politischen Geschäfts auf Gegenseitigkeit, einen informellen Deal. Skeptisch mögen sie geblieben sein, doch ein bisschen Vertrauen in das Potenzial der Hitlerbewegung dürfte Göring bei seinen Gastgebern schon geweckt haben. Genaueres ist leider nicht überliefert.[6]

Nur eine Woche nach Görings Abreise finden sich mit Wilhelm und seinem Bruder August Wilhelm die beiden politisch agilsten Kaisersöhne zur Feier des 72. Geburtstages ihres Vaters am gleichen Ort ein. Der frühere Thronfolger hält die Tischrede. Darin würdigt er die Fortschritte der nationalen Bewegung in Deutschland. Deren Kampf gehe weiter, wobei er und seine Brüder „in vorderer Linie", wenn auch jeder jeweils „in seinem Rahmen" fechte. Das Endziel aber sei das gleiche, nämlich die Wiedereinsetzung des Königs von Preußen.[7] Mit dieser vielleicht etwas sibyllinischen Formel wollte Wilhelm junior nicht allein dem Jubilar schmeicheln und in Sicherheit wiegen. Er hat wohl tatsächlich geglaubt, dass sich die diversen nationaloppositionellen Strömungen demnächst zu einer konzentrischen Kraft zusammenfügen ließen und dass dem monarchischen Gedanken dabei die Rolle eines Leitmotivs zufallen würde. Auch sein in Berlin verbliebener Adjutant und politisch lenkender Geist Müldner meinte zeitgleich, dass „die nationale Idee bei uns marschiert und wir sie benutzen müssen".[8]

Doch der Gedanke, die verschiedenen Strömungen des Rechtsradikalismus tatsächlich im Hohenzollernschen Interesse „benutzen" und womöglich *gleichschalten* zu können, war fragwürdig. Dazu genügt ein Blick in Goebbels Tagebuch vom 22. Januar 1931, wo es heißt: Gestern „inhaltsschwere Unterredung" mit Hitler im [Berliner Hotel] Kaiserhof. „Mit der R[eichs].W[ehr]. stehen wir gut. [Der Chef der Heeresleitung] Hammerstein hat sich mit Hitler ausgesprochen".[9] Am gleichen Tag hat Hitler im Hause Bechstein in Charlottenburg einen programmatischen Vortrag vor adeligen Großgrundbesitzern gehalten. Dietlof Graf von Arnim Boitzenburg, Schulenburgs Schwager, meinte danach: „Wenn der Nationalsozialismus sich in dieser Richtung bewegte, die Hitler als seine Richtlinien angibt, würde man ohne weiteres mit ihm einverstanden sein können."[10] Nur wenig später gibt Hitler in München Friedrich Wend Fürst zu Eulenburg-Hertefeld eine Art Interview über seine Absichten, das dieser anschließend in einem autorisierten Rundschreiben an diverse Aristokraten – namentlich solche aus den fürstlichen Herrscherdynastien – als Werbetext für einen Eintritt in die NSDAP versendet.[11] Will sagen: Die nationalkonservative Rechte gehörte längst zum Beuteschema des Naziführers. Er will sie hinter sich bringen, bevor andere das versuchen – zum Beispiel der preußische Kronprinz. Die Geschichte vom Igel und dem Hasen lässt grüßen.

Und Hitlers Charmeoffensive hat augenscheinlich Erfolg.[12] Selbst der Fürstenhasser Goebbels muss dem Rechnung tragen und die Honneurs bei Hitlers neuer Klientel machen. Für diese Annäherung gibt es in Berlin eine erste Adresse: die Villa beziehungsweise der Salon Viktoria von Dirksens am Botanischen Garten in Lichterfelde.[13] Nach seiner Rede im Sportpalast verbringt Goebbels am 30. Januar 1931 „den Abend bei Dirksens. Viel Besuch da. Ein nettes Mädel: die Tochter der Kaiserin [Henriette Prinzessin von

Reuß]. Prinz Louis Ferdinand [der zweitälteste Kaiserenkel], Prinz Philipp von Hessen, der Schwiegersohn des Königs von Italien, ein sehr netter und begeisterungsfähiger Mann. Alles schwimmt in Wonne."[14] Seit mehr als einem Jahr schon hat sich die gesellschaftlich bestens vernetzte Diplomatenwitwe zur Lebensaufgabe gemacht, der Naziführung als Salonnière Brücken in die distinguierte Welt der aristokratischen Elite zu bauen. Vor allem Goebbels und Göring fühlten sich von ihrem Engagement angezogen, und auch Hitler war des Öfteren Gast in diesem Etablissement voller Hochkultur und gesellschaftlichem Glanz. Dirksens besonderer Ehrgeiz scheint darin gelegen zu haben, die Hohenzollern mit der braunen Elite gleichsam zu verkuppeln. Dabei war sie eine Politiktreiberin sans phrase und bewies sogar Zivilcourage bei ihren oft auf eigene Faust unternommenen Bemühungen um eine Bereinigung von Differenzen oder die Glättung von Animositäten. „Frau v. Dirksen hat unsertwegen viel auszustehen in ihrer Gesellschaft. Aber sie ist auch sehr tapfer", so Goebbels im Frühjahr 1931.[15] Ohne diese Kontaktbeschleunigerin hätte die Naziführung im politischen Berlin sehr viel schwerer Fuß gefasst.

Bereits Mitte der 1920er Jahre hatte sich auch „Kaiserin" Hermine (hausintern: Hermo) ein respektables Standquartier in Berlin einrichten lassen, und zwar im Alten Kaiserlichen Palais am Boulevard Unter den Linden. Dort residiert sie nun mehrmals im Jahr in ihrer hochherrschaftlichen Wohnung und sucht über Teegesellschaften, Empfänge und Diners Anschluss an die High Society. Besonders wichtig scheint ihr die Kontaktierung politisch einflussreicher Köpfe gewesen zu sein, um auf diesem Wege die Chancen für die Rückkehr ihres Mannes zu sondieren. Reinhold Quaatz, den Strippenzieher der DNVP, geht sie bei einer großen Gesellschaft Ende Februar 1931 gleich unverblümt mit der Frage an: Ob Parteichef Hugenberg eigentlich Monarchist sei. Quaatz bejaht, warnt aber „vor dem monarchistischen Pathos. Diktatur sei zur Vorbereitung nötig. Das gefiel ihrer Majestät augenscheinlich nicht sehr."[16] Im Übrigen dient die Einrichtung dieses Nebenwohnsitzes in unmittelbarer Nachbarschaft der Generalverwaltung des ehemals regierenden Königlichen Hauses (im Niederländischen Palais) der besseren Kontrolle der Restfamilie, und namentlich von Kronprinzens. In ihnen erkennt Hermine jetzt die schärfsten Rivalen – nicht zu Unrecht. Denn diese verkehren ohne jede Berührungsangst mit diversen Funktions- und Entscheidungsträgern der republikanischen Regierung und scheren sich nicht groß um die Antipathien ihres Familienchefs gegenüber diesen vermeintlich unanständigen „Brüdern". Auch Hermo passt die enge Berührung mit Repräsentanten aus dem Arkanbereich der Berliner Entscheidungsmacht überhaupt nicht. Umso weniger, als ihr hintertragen wird, Wilhelm junior spräche inzwischen „ganz offen davon, dass sein Vater nicht mehr für den Thron in Betracht käme".[17] Was auf eine klare Verleugnung des Legitimitätsprinzips hinauslaufen würde – und auf die Zerstörung von Hermines Traum, demnächst echte Kaiserin zu werden.

Mitte März nimmt diese Rivalität intrigante Formen an, als Hermo im Verein mit Hausminister Kleist, ihrem wichtigsten Verbündeten im Niederländischen Palais, Wilhelm II. anstachelt, seinen Ältesten endlich fester an die Kandare zu nehmen. So muss sich der fast Fünfzigjährige in Doorn ehrenwörtlich verpflichten, dem Vater gegenüber stets loyal zu bleiben, will sagen: dessen exklusive Ansprüche auf den Kaiserthron in keiner Weise mehr infrage zu stellen. Zudem wird Müldner als politischer Berater kaltgestellt.[18] Eine persönliche Aussprache zwischen Vater und Sohn verhindert am Ende, das Vertrauen zwischen den beiden bis ins Bodenlose zu untergraben.[19] Man mimt Verständigung, doch von einem echten Burgfrieden kann fortan keine Rede mehr sein. Während ihr Mann in Doorn mit seinem Vater streitet, zieht es die vormalige Kronprinzessin Cecilie in den Salon Dirksen. Dort wird ihr Goebbels vorgestellt, der mit ihr allerdings nicht viel anfangen kann: „Eine mütterliche Frau. Aber sehr in Konvention verstrickt. Sie wird uns nie verstehen. Aber sie tut heute so als ob."[20]

Ja, das Interesse, die Naziführung näher kennenzulernen, ist jetzt größer denn je. So wundert es auch nicht, dass Hermann Wölk, der langjährige Kammerdiener des Kronprinzen, Hitlers ersten Privatbesuch auf Schloss Cecilienhof auf „Frühling 1931" datiert.[21] Auf Einladung des Schlossherrn – versteht sich. Hitler sei dort zunächst mit dem Taxi erschienen, später seien sein persönlicher Adjutant Wilhelm Brückner und der neue Stabschef der SA Ernst Röhm dazugestoßen. Hitlers Ankündigung, die Hohenzollerndynastie wieder auf den deutschen Kaiserthron zu bringen, hätten Kronprinzens nicht recht glauben wollen, erzählt Wölk. Auch in Cecilies postumen Erinnerungen an ihren Mann wird, wenngleich etwas kryptisch verhunzt, ein Besuch des Naziführers bei ihnen zu Hause erwähnt.[22] Ihr Mann habe sich den Hitlerschen Avancen gegenüber sehr bedeckt gehalten. Sie zitiert ihn mit den an Hitler adressierten Worten: „Es stimmt, dass ich einmal Kaiser werden sollte, aber jetzt bin ich Privatmann und habe nur Verpflichtungen meinem Hause gegenüber. Wie Sie sehen, trage ich einen Tweedanzug mit Knickerbockern." Vielleicht hat er Hitler sogar gesagt, dass die Zeit für eine Restauration der Hohenzollernmonarchie wohl noch nicht gekommen sei. Das will ein Vertrauter damals gehört haben.[23] Schließlich war die ganze Veranstaltung eine etwas pikante Mischung aus Antrittsbesuch und politischem Blind Date – mit Maskenpflicht. Beide Seiten werden sich taktisch verhalten und vieles offen gehalten haben.

Doch hat der Gastgeber seinem Vater und der eigensüchtigen Stiefmutter jetzt etwas voraus: den Bonus einer privaten Begegnung mit einem der meistgenannten Politiker in Deutschland. Einem ominösen Aufsteiger, der im

Begriff zu stehen scheint, demnächst die Führung der nationalistischen und nicht zuletzt außerparlamentarisch aktiven Opposition zu übernehmen. Für den berüchtigten Gast springt ebenfalls etwas heraus. Auch wenn die Einladung nach Cecilienhof eine informelle Angelegenheit bleibt, Hitler hat das Entrebillet zur Einkehr in ein ruhmreiches Herrscherhaus erhalten, eines abgedankten zwar, aber einer immer noch exklusiven Domäne. Und zum vertraulichen Tête-à-Tête mit dem einst designierten deutschen Kaiser. Damit ist er „hoffähig" geworden. Man hat ihm ein veritables Mittel zur Anreicherung seiner Vermessenheit verabreicht. Allerdings dürften seine Gastgeber kaum in solchen Kategorien denken, denn ihnen geht es nicht darum, Hitlers Hybris zuzuarbeiten, ihnen geht um ihr eigenes Interesse. Namentlich der ehemalige Thronerbe will ausloten, ob und inwieweit die Hitlerbewegung – wie vielfach behauptet – tatsächlich einen Weg zur Monarchie bietet, ob Hitler als Kollaborateur für das Nahziel einer autoritären Rechtsregierung infrage kommt und ob eine solche halb private Begegnung der Auftakt zu einer dauerhafteren Beziehung werden könnte. Denn auch Wilhelm hat beschlossen, Politiker zu werden. Freilich auf einer programmatisch wie strategisch ganz anderen Linie als der „Trommler" Hitler.

Die Selbstmobilisierung

Diesem Entschluss will Wilhelm auch Taten folgen lassen, als er Ende April 1931 einmal mehr nach Italien aufbricht. Genauer gesagt: nach Rom, wo er im prestigeträchtigen Hotel de Russie residiert.[24] Besuche beim italienischen König und natürlich bei seinem „Freund" Mussolini stehen ganz oben auf dem Programm. Leider mangelt es an Quellen, die uns näheren Aufschluss über den Inhalt der Gespräche geben könnten. Wir dürfen aber getrost davon ausgehen, dass es hier vor allem um das italienische „Erfolgsmodell" der Duce-Monarchie gegangen sein wird, um die Frage, ob und was sich daraus für die Politik in Deutschland lernen lässt. Von Rom aus begibt sich Wilhelm anschließend zur Jagd und schließlich nach München, um dort Hitler seine Aufwartung zu machen. Der hat inzwischen die Reichsleitung seiner Partei in das hochrepräsentative Palais Barlow am Königsplatz einziehen lassen. Was Reichsminister Groener in Berlin zu der launigen Bemerkung verleitet: „Der schöne Adolf macht uns vorläufig gar keine Kopfschmerzen mehr, seit er von Legalität trieft und lieber im Braunen Haus Hof hält, als auf der Straße seine Brüllaffen vorzuführen."[25] Dort, in der Brienner Straße, hat Hitler um den 20. Mai herum Wilhelm „empfangen" – gleichsam zum Gegenbesuch.

Das wissen wir aus den Aufzeichnungen des bayerischen Exkronprinzen Rupprecht. Die Begegnung sei von Auwi vermittelt worden, der von der

Naziführung gerade zu ihrem neuen Werbeträger aufgebaut wurde.[26] „Hitler", so Rupprecht, „scheint es zu schmeicheln, einen Hohenzollern zum Gefolgsmann zu haben, der in einer Rede von ihm sagte, dass Hitler der einzige sei, der in Deutschland neben einen Hohenzollern sich stellen könne."[27] Es gibt noch einen weiteren Beleg für die besagte Münchener Konferenz, und der findet sich in der Studie *Kronprinz Wilhelm*, die der 1876 geborene Historiker Paul Herre 1954 veröffentlichte. Darin schreibt er, er sei „im Frühsommer 1931" in Berlin selbst Ohrenzeuge eines Telefongesprächs geworden, das Wilhelm im Anschluss an seinen Besuch im Braunen Haus mit Müldner geführt habe. Der Hohenzoller habe „freudige Erwartungen" an seine „Aussprache" mit Hitler geknüpft.[28] Übrigens soll er während seines Aufenthalts in München auch noch Ernst Röhm zum Frühstück in sein Hotel eingeladen haben.[29] So war es durchaus kein Zufall, dass der *Daily Herald* in seiner Ausgabe vom 23. Mai 1931 bereits darüber spekulierte, ob der frühere Kronprinz von den Nazis ein Angebot erhalten habe, als deren Thronkandidat zu firmieren.

Die Sondierungen in Rom und München sind jedenfalls eine große Sache, so groß, dass der Kaisersohn gleich darauf, vermutlich noch von München aus, nach Doorn eilt. Dort versucht er, seinen Vater davon zu überzeugen, dass die Wiederherstellung der Monarchie in Deutschland „nur nach italienischem Muster" aufgezogen werden könne, also über „eine Art Diktator", wofür womöglich der Stahlhelmführer Seldte „hinzugezogen" werden müsste. Doch von alledem will der Alte nichts wissen.[30] Er hat jetzt nämlich seine ganze Hoffnung auf einen Durchmarsch der Nazis gesetzt. So soll Auwi etwa um die gleiche Zeit im Hause seines damaligen Freundes Ernst Hanfstaengl in München Hitler gemeldet haben, „dass er von seinem Vater offiziell als Verbindungsmann des Hauses Hohenzollern zu Hitler designiert worden sei". Er habe Hitler ein entsprechendes Beglaubigungsschreiben überreicht, das dieser mit sichtbarer „Genugtuung" gelesen und eingesteckt habe. Hitler soll darin „weitgehende Unterstützung" durch den Exkaiser zugesichert worden sein.[31] Was immer das – auch materiell – bedeuten mochte.

Welchen Reim können wir uns angesichts der nicht gerade luziden Quellenlage auf diese Folge von Ereignissen machen, welche politikgeschichtliche Lesart bietet sich an? Im Begriff, in Hitler den deutschen Mussolini zu sehen, steht der Exkronprinz sicher noch nicht. Aber er will mit dem Naziführer anbandeln, ihn für ein konstruktives Mittun im erzkonservativen Lager der nationalistischen Opposition gewinnen. Er traut ihm jetzt über den Weg. Gleichzeitig baut er in sich selber die Illusion auf, er könne die Kraft der Hitlerbewegung auf die Mühlen seiner eigenen Interessen leiten. Diese scheinen aber eher auf eine Art Stahlhelm-Faschismus ausgerichtet zu sein, unter dem Protektorat der Reichswehr. Vielleicht hat Mussolini ihm das eingeblasen[32], der ja mit Franz Seldte damals auf gutem Fuß stand. Das wäre dann auf eine Adaption des italienischen Herrschaftsmodells hinausgelaufen. Jedenfalls schickt Wilhelm sich im Frühsommer 1931 an, endlich einmal als ein eigenständiger Akteur in Erscheinung zu treten, und das nicht allein in den Kulissen des Polittheaters, sondern auch öffentlich. Er will populär werden, mehr Scheinwerferlicht auf sich ziehen. Mit „seinem" Schleicher abgestimmt scheint diese Selbstmobilisierung nicht gewesen zu sein. Müldner war ja als Korrektiv ausgeschaltet.

Prätendent oder Präsident?

Eine erste Probe seiner neuen Imagepolitik gab unser Held Ende Mai beim großen Stahlhelmtag in Breslau zum Besten – zusammen mit seiner Frau. Die Fotos dieser Veranstaltung zeigen ihn mit lächelnder Miene. Ob dieses freundliche Gesicht schon als „Kaisergesicht" wahrgenommen wurde, ist eine andere Frage. Denn war es tatsächlich aufrichtige Verehrung, die ihm entgegengebracht wurde? Begeisterung gar für die Hohenzollernmonarchie? Oder waren es eher die altbekannten Huldigungsrituale eines in die Jahre gekommenen Militärverbandes? Das hätte der Gefeierte herausfinden kön-

„Kronprinzens" bei einer Stahlhelmveranstaltung 1931 in Breslau.
Man erkennt, wie viel Mühe sich die beiden geben, sympathisch rüberzukommen.
Eine sichtlich aufgewertete Version des gar nicht mehr abgedankt wirkenden
Kronprinzenpaares ist jetzt in der Welt.

nen, wenn er auch jene Öffentlichkeiten aufgesucht hätte, bei denen er nicht unbedingt von notorischer Botmäßigkeit ausgehen konnte. Doch das hat er nicht getan. Gleichviel, für die Steigerung seines Selbstwertgefühls war der Auftritt von Breslau sicher von großem Wert. Cecilie schwärmte noch Wochen später: „Die Stahlhelmtage", so lesen wir in einem Privatbrief, „waren unbeschreiblich erhebend und eindrucksvoll. Wir haben alle wieder Mut geschöpft seitdem." Im Anschluss an die Feier habe sie der ganze Stahlhelm-Führungsstab noch in ihrem Schloss Oels besucht, dieser Abend habe ihnen „sehr viel Wertvolles gegeben".[33]

Was die politische Stoßrichtung dieser neuerlichen Massendemonstration des Frontsoldatenbundes betrifft, so gibt uns die offizielle Broschüre der Organisatoren hinreichend Aufschluss.[34] „Das deutsche Recht im Osten und auf den Osten zu betonen und zu behaupten, war der Sinn des 12. Reichsfrontsoldatentages", heißt es dort gleich zu Beginn. 150.000 Stahlhelmer aus ganz Deutschland waren dafür aufmarschiert. Auftakt bildete eine große nationale Kundgebung in der Breslauer Jahrhunderthalle mit 15.000 Teilnehmern. Rechts neben der Tribüne für die beiden Stahlhelmführer Seldte und Duesterberg nahmen die Ehrengäste Platz, darunter viel Fürstlichkeit „mit dem deutschen Kronprinzenpaar" an der Spitze. Seldtes Grundsatzrede gipfelt in der Bemerkung: „Niemals werden wir alten Frontkameraden die Abtrennungen [des Versailler Friedensvertrages – LM] zugeben, niemals die Wegnahme Oberschlesiens und Westpreußens, Danzigs und Memels anerkennen." Auf der großen Abschlusskundgebung am 31. Mai 1931 appelliert Seldte mit großer Eindringlichkeit: „Der Kampf um das Leben und Sterben des deutschen Volkes wird hier im Osten entschieden werden, hier, wo die sogenannten Sieger von Versailles den Lebensraum des deutschen Volkes in der unerträglichsten und irrsinnigsten Weise beschnitten und zerstückelt haben." Deshalb wolle man heute „das Gelöbnis ablegen, dass wir nicht ruhen und rasten wollen, bis alles deutsche Land wieder zurückgekehrt ist ins Reich". Direkt neben Seldte und ihm sozusagen bei stehen bei dieser Rede der greise Feldmarschall Mackensen und der ganz jung wirkende vormalige Kronprinz. Sie applaudieren.

Doch würde ausgerechnet Wilhelm das energetische Element sein, um sich für solche Kriegsziele zu rüsten? Wohl kaum. Über den Status eines goldenen Aushängeschildes scheint er auch mit diesem Auftritt nicht hinausgelangt zu sein. So sah das jedenfalls die demokratische Tagespresse: „Der deutsche Staat gerät bestimmt nicht dadurch in Gefahr, dass an den Stahlhelmdemonstrationen ein halbes Dutzend Hohenzollernprinzen und andere Mitglieder ehemals regierender deutscher Häuser teilnehmen."[35] In der Tat: Über das engere Stahlhelmmilieu hinaus wurde diese Selbstinszenierung realistisch eingeschätzt. Und selbst bei den Hurrarufern unter den Stahlhelmkameraden dürfte es sich mehrheitlich um Claqueure gehandelt haben, weniger um enra-

Selbstinszenierung und Markenzeichen: In seiner Husarenuniform mit dem Totenkopfemblem setzte Wilhelm auf die anhaltende Wirkkraft autoritärer Bildrhetorik – und sorgte damit auch für Spott (Karikatur aus dem sozialdemokratischen *Generalanzeiger für Dortmund* vom 5. Juni 1931 mit der Bildunterschrift „In Verkennung der Bedeutung des Stahlhelmtages betrachtet man ihn in England bereits als den künftigen Reichspräsidenten.")

gierte Monarchisten. Es war die Faszination gegenüber der royalen Prominenz, die mit den tatsächlichen Führungsfähigkeiten unseres Protagonisten herzlich wenig zu tun hatte. Nicht zuletzt auch deshalb, weil der Exkronprinz für keine Zukunftsvision stand. Selbst Schulenburg riet dringend davon ab, sich einseitig auf die „aggressive" Politik des Stahlhelms zu kaprizieren, mit der jetzt Wilhelm identifiziert würde: „Es zeugt von keinem staatsmännischen Instinkt, dass er sich öffentlich so einseitig orientiert hat und sich im Gegensatz zur nackten Wirklichkeit von Märschen, Trommelwirbel, flatternden Fahnen und der Scheinstellung eines Generalissimus der alten Frontsoldaten berauschen lässt. Bisher", so beschwor er Schleicher, „zog er doch mit Ihnen an einem Strange! Beides ist unvereinbar und für den Kronprätenten, der er doch sein und bleiben will, ist es geboten, sich überparteilich aus jedem Schuss zu halten und sich nicht einseitig festzulegen."[36]

Vermutlich war der Breslauer Auftritt aber auch schon von einem Hintergedanken inspiriert, der erst in der zweiten Jahreshälfte zur Entfaltung kommen sollte. Und zwar: sich frühzeitig als möglichen Nachfolger von Reichspräsident Hindenburg in Stellung zu bringen. Von mehreren Seiten erreichen

Wilhelm seit dem Frühjahr 1931 Anfragen wegen einer eventuellen Präsidentschaft.[37] Auch in anderen politischen Milieus setzt bereits im Mai 1931 eine Erörterung über die künftige Besetzung dieses zentral wichtigen Staatsamtes ein, das im kommenden Jahr erneut zur Wahl steht. Schon Mitte Mai startet Hindenburgs Staatssekretär Meissner einen Versuchsballon mit dem Gerücht, der Reichspräsident wolle sich für Adolf Friedrich Herzog von Mecklenburg-Schwerin als Kandidat einsetzen.[38] Wenig später beantwortet „Hausminister" Kleist die Anfrage des Herausgebers der monarchistischen Zeitschrift *Der Aufrechte*, Ernst Pfeiffer, dahingehend, „dass eine Kandidatur des Kronprinzen aus prinzipiellen und dynastischen Gründen überhaupt und unter gar keinen Umständen in Frage käme". Selbst eine theoretische Erörterung dieser Thematik in der Presse halte er für „unratsam". Pfeiffer könne aber auf Anfragen gerne die Antwort erteilen, „dass der Standpunkt des Königlichen Hauses ein durchaus ablehnender ist".[39] Das konnte Wilhelm nicht von der Ansicht abbringen, die ihm gebotene Chance weiter zu ventilieren.

Dieses neue Wirkenwollen zeigt sich auch an einer Äußerlichkeit: der Verlegung seines Hauptwohnsitzes von dem entlegenen Schloss Oels in Schlesien nach Cecilienhof in Potsdam noch im Sommer 1931. Durch die Nähe zu Berlin kann er effizienter als bisher agieren, insbesondere auch in das tagespolitische Geschäft der Wilhelmstraße eingreifen – oder doch wenigstens Druck machen. So ermahnt er seinen Freund Schleicher am 6. August, Kanzler Brüning mehr in die Pflicht zu nehmen: „Du entsinnst Dich, dass Du mir gegenüber stets betont hast, dass der Reichskanzler Brüning, den ich persönlich für einen ehrlichen und tüchtigen Mann halte, zielbewusst darauf hinarbeite, eine starke nationale Rechtsregierung zustande zu bringen". Nun habe Brüning aber „in seiner letzten Rundfunkrede klar und eindeutig Stellung gegen den Volksentscheid [zur Auflösung des preußischen Landtags – eingebracht vom Stahlhelm und unterstützt von der NSDAP – LM] genommen. Er hat sich ganz offen in Gegensatz zu dieser nationalen Rechten gestellt, deren Sieg er doch eigentlich nach alledem, was Du mir gesagt hast, direkt erhoffen müsste, um diese haarsträubende sozialistische Preußenregierung, die ja auch der Reichsregierung ständig Knüppel zwischen die Beine wirft, zu beseitigen."[40] Schleicher, der sich gerade auf Hochzeitsreise befindet, reagiert prompt. Er fragt Erwin Planck, den Chef von Brünings Reichskanzlei: „Ich wüsste gerne, ob unsere Linie eingehalten wird und warum unser Freund [Brüning – LM] im Rundfunk gegen Volksentscheid gesprochen hat."[41] Doch Planck kann Schleicher beruhigen. Er brauche sich nicht zu sorgen, „dass die Linie verlassen" werde. „Die Entwicklung geht genau, wie wir es uns zusammen überlegt haben, weiter, und es bestehen gerade jetzt keinerlei ungünstige Einflüsse auf Brüning."[42]

Doch dem Kanzler schwant nichts Gutes. „Ich wusste", so Brünings spätere Erinnerung, „dass Schleicher nach Rückkehr von seiner Hochzeitsreise ernsthaft versuchte, weiter meine Regierung zugunsten der Nazis umzubauen."[43] Diese Befürchtung findet ihre indirekte Spiegelung in einem weiteren Brief, den Schleicher diesmal von Schulenburg erhielt[44]: Er wisse ja, schreibt der einflussreiche Hintermann etwas scheinheilig, dass selbst Schleichers „Einfluss seine Grenzen hat, aber Sie können doch einen Druck auf den Steuerkurs ausüben, namentlich dann, wenn Sie das ganze Gewicht der Wehrmacht, die hinter Ihnen steht, in die Waagschale werfen. Wenn wir wahr gegen uns selbst sind, hat das Kabinett Brüning sehr viel mehr versagt als seine Vorgänger, und wir befinden uns jetzt in einer Lage, aus der es nicht mehr viele Auswege gibt." Er schätze „Brüning ebenso hoch ein wie Sie. Er ist aber kein Mann von ganz großem Format". Und schon gar kein „überragender Führer, der mit diktatorischen Mitteln in rücksichtsloser Härte durchgreift". Deshalb bedürfe es jetzt eines „Direktoriums" und keines förmlichen Kabinetts, „um die unerlässlichen diktatorischen Maßnahmen durchzusetzen". Für solch ein Revirement sind aber weder Schleicher und noch viel weniger sein Vorgesetzter Groener empfänglich. Gerade der Reichswehrminister baut fest auf seinen Regierungschef, „der mir immer wieder fabelhaft imponiert. Ich habe keinen Staatsmann, Kanzler, Minister, General erlebt, der in seinem Gehirn so viel politisches Wissen mit politischer Klarheit und Biegsamkeit verbindet wie Brüning. Ich bewundere ihn restlos."[45] Und auch Schleicher macht aus seiner bis in den Winter anhaltenden Sympathie für den Kanzler kein Hehl.[46] Dagegen hat auch Schleichers Freund Wilhelm inzwischen die Notwendigkeit erkannt, zusammen mit dem Stahlhelm „an der großen deutschen Freiheitsbewegung mitzuwirken", will heißen: an der „Einheitsfront der im Nationalsozialismus und im Stahlhelm vorhandenen nationalen Kräfte".[47] So zeichnet sich jetzt eine gewisse Entfremdung zwischen den beiden Alliierten ab.

Opposition von rechts

Unabhängig von allen regierungsinternen Loyalitätsbekundungen intensivieren sich im Spätsommer die Versuche, Brüning nach rechts zu drängen und ihm nahezulegen, ein parlamentsunabhängiges Präsidialkabinett zu bilden. Die Nazis sind noch radikaler, sie wollen Brüning zur Aufgabe zwingen. Wie sie sich das vorstellen, verrät ein Brief, des freikonservativen Ministers Gottfried Treviranus an Schleicher:[48] „Ich war gestern Nacht auf Aufforderung mehrere Stunden bei Hitler und Göring nebst Auwi. Scharfes Säbelrasseln und -fechten. Lief hinaus auf Appell, um der Nation willen solle ich die Brocken hinwerfen [will sagen: vom Ministeramt zurücktreten – LM] und damit den Weg freimachen für ‚Ihn' [Hitler – LM]. Dafür würde mir ein

Platz in jedem künftigen Kabinett der Rechten sicher sein." Hitler habe „zweifellos zugelernt. Starker Hass gegen Kirche, sehr siegesgewiss, eindrucksvoller wie beim Herbst- und Februarbesuch. Er hat wieder Geld bekommen." Der Parteichef der Deutschnationalen Alfred Hugenberg scheine „dagegen kleinere Brötchen zu backen".[49] Tatsächlich hat Hugenberg inzwischen die Kröte geschluckt, dem Führungsanspruch der Nazis im Lager der nationalen Opposition Rechnung tragen zu müssen. Mehr noch, er ist zu Kreuze gekrochen und hat sich nicht entblödet, Brüning zu sagen, dieser könne ihn nicht mehr „mit Herrn Hitler auseinandermanövrieren". Um der „nationalen Sache willen" würde er jetzt mit den Nationalsozialisten gehen.[50] Wie denn auch Hitler auf Nachfrage versichert: Es könne „gar keine Rede davon sein, dass er sich von Hugenberg trennt" oder „dass er dulden wird, dass irgendwelche Konzessionen dem System Brüning gemacht werden". Er sei mit Hugenberg und dem Stahlhelm darin einig, den Weg zum Sturz der Weimarer Demokratie gemeinsam zu gehen und sei „bereit, die Verantwortung zu übernehmen". Das berichtet Levetzow als Quintessenz seiner Aussprache mit Hitler am 24. August in Berlin, an der auch sein Mitstreiter Kleist teilnahm. Besonders gefreut haben wird die beiden Hohenzollern-Agenten, „dass Hitler sich sehr schön in monarchischer Hinsicht äußerte", was immer das im Einzelnen heißen mochte.[51]

Nicht allein Levetzow drängt sich jetzt der Eindruck auf, „dass Deutschland das reine Tollhaus geworden sei". In der Tat, die Erosion der parlamentarischen Republik ist in ein neues Stadium getreten. Die Rückkehr zu einer funktionsfähigen Demokratie scheint kaum mehr möglich. Dafür hat sich die Regierungsmacht bereits zu sehr verselbständigt. Doch wo liegt die Alternative zu Brüning? Über diese Frage bricht jetzt bei den Rechtspolitikern ein Kampf auf Biegen und Brechen aus. Zwar redet Hitler großsprecherisch daher, er wolle das verhasste System im Schulterschluss mit Stahlhelm und Deutschnationalen „stürzen", doch die nationalkonservativen Kräfte folgen ihm nur verbal, wirkliches Vertrauen haben sie nicht. Sie haben eigene Interessen und wollen Hitler nicht die Verantwortung für das Schicksal des Deutschen Reiches überlassen. Auch Brüning und seine Leute möchten nicht ohne Weiteres das Handtuch werfen. Und schließlich existiert da noch eine veritable Eigenmacht im Staate: die Hindenburg-Clique nebst Reichswehr. Und alle Insider wissen: An seiner Zentralstellung will der Reichspräsident von niemandem rütteln lassen. Das machtpolitische Chaos ist damit einprogrammiert.

Dabei wird jetzt gleich von mehreren Seiten eine neue Trumpfkarte ins Spiel gebracht, nämlich die Option, die Staatskrise eventuell „monarchiepolitisch" zu bewältigen. Das schwebt als Erstem Brüning vor, der dafür schon im Spätsommer 1931 Unterstützung sucht. Seinen Memoiren zufolge ist Hugenberg sein erster Ansprechpartner. Dem sagt er: Er betrachte sich „als

Treuhänder des Reichspräsidenten". Er wolle Hindenburg „als Staatsoberhaupt erhalten mit dem Ziel, die friedliche Wiedereinführung der Monarchie vor seinem Ableben zu ermöglichen". Das sei jetzt der „Angelpunkt meiner ganzen Politik" gewesen, so Brüning im Rückblick.[52] Ob diese Idee überhaupt kompatibel war mit Hindenburgs Vorstellungen, hat er nicht geprüft. Den Reichspräsidenten treiben im Herbst 1931 ganz andere Vorhaben um. An seinen eigentlichen „Treuhänder" Schleicher gewandt, verlangt er kategorisch eine „Umstellung des Kabinetts, damit Zusammenarbeit mit rechts möglich und tiefste Depression unmöglich". Schleicher lässt sich nicht lange bitten. Er werde, so eröffnet er am 20. September 1931 seinem Freund Planck, morgen Brüning zusammen mit Hindenburgs Sohn Oskar „die Pistole auf die Brust setzen". Denn die Staatsautorität müsse „mit allen Mitteln gestärkt werden". Wenn Brüning dies nicht wolle, so müsse es eben „ein Mann mit stärkeren Nerven und besserer Befehlstechnik machen".[53]

Das lässt an Klartext nichts zu wünschen übrig. Nach seinem Eindruck, so Brüning später, habe Schleicher bereits damals Groener auf das Reichsinnenministerium abschieben wollen, um dann selbst das Reichswehrministerium zu übernehmen. Jedenfalls begann für ihn jetzt „die kritische Zeit des gegenseitigen Argwohns zwischen Groener und mir auf der einen Seite und Schleicher und Planck auf der anderen".[54] Kurz darauf erfolgt die Umbildung des Brüning-Kabinetts nach rechts. Damit rückt die Möglichkeit einer reaktionären Überwindung der Weimarer Demokratie einen weiteren Schritt näher. Eine autoritäre Neuordnung der Machtverhältnisse deutet sich an. Noch handelt Schleicher mehr oder weniger als verlängerter Arm Hindenburgs. Und mit einem Rest von Loyalität gegenüber Brüning.

Wie anderen Rechtsradikalen geht auch Schulenburg das alles nicht weit genug, ja sogar in eine falsche Richtung. Für ihn bleibt in erster Linie Hindenburg höchstselbst für „die Krise, in der in der wir stehen" verantwortlich. „Jeden Tag könnte er Brüning zum Teufel jagen", und ein „Aufruf von ihm zur Bildung eines nationalen Kabinetts würde seine Wirkung nicht verfehlen. Aber es geschieht nichts." Für Schulenburg steht jetzt „nur noch die Frage zur Entscheidung: Bolschewismus oder Nationalsocialismus. Auch die Masse der Wehrmacht steht auf Seite der Letzteren."[55] Dieser Umstand macht Reichswehrminister Groener tatsächlich große Sorgen. Gerade die hohen Offiziere würden „mit den Nazis liebäugeln, ohne viel darüber nachzudenken, sie tun es gefühlsmäßig".[56] Auch Hitler dürfte das hintertragen worden sein. Ist doch die Reichswehr jetzt überhaupt mehr denn je das Objekt seiner Begierden. Kein Wunder, dass er dessen Führung verstärkt antichambriert. Anfang Oktober 1931 kommt es tatsächlich zu den ersten vertraulichen Begegnungen zwischen Hitler und Schleicher.[57] Seinen fanatischen Machtwillen hat Hitler bei dieser Annäherung ebenso zu zügeln, wie Schleicher sein Bestreben tarnen muss, einen Durchmarsch der Nazis an die Schalthebel der

Macht nach Kräften zu erschweren. Man findet einen modus vivendi. Erst recht, nachdem Hitler durch Schleichers Vermittlung am 10. Oktober 1931 erstmals von Hindenburg persönlich empfangen wird.[58]

Die ruhige freundliche Art der Behandlung, die er dabei erfuhr, hat Hitler sichtlich goutiert, wie sich Goebbels' Tagebuch entnehmen lässt. „Wir sind hoffähig", hält er als das wichtigste Resultat dieser Begegnung fest. „Der alte Mann kennt uns von Angesicht zu Angesicht. Chef nennt ihn verehrungswürdig."[59] In Hindenburgs Achtung ist Hitler vor allem durch seine theatralisch performierte Vaterlandsliebe gestiegen. Ein Insider wusste: „Hitler hat dem Reichspräsidenten in langer vorzüglicher Rede erklärt, dass die alten Frontsoldaten die gegenwärtigen Zustände des Regierens einer unverantwortlichen Sozialdemokratie nicht länger ertragen könnten. Sie, die ihr Leben zur Rettung des Vaterlandes an der Front aufs Spiel gesetzt hätten, verlangten, nachdem alle Regierungen bisher versagt hätten, die Zügel selbst in die Hand zu nehmen." Als Hitler dann auch noch „völlige Legalität" sowie Verzicht auf Gewalt versichert habe, „war das Eis gebrochen". So seien „beide voneinander recht beeindruckt" gewesen.[60] Schleicher hat durch diesen Gefälligkeits-Coup bei Hitler nun einen dicken Stein im Brett. Er gewinnt sein Vertrauen.

Unterdes macht unser Protagonist fleißig privatpolitische Werbung in eigener Sache. Präzise Informationen darüber sind kaum auf die Nachwelt gekommen. Das liegt in der heiklen Natur der Angelegenheit. Aber an ein paar Stellen lässt sich der Mantel des Schweigens doch lüften. So hat der Schriftsteller Hanns Heinz Ewers seiner Frau über ein zweieinhalbstündiges Gespräch berichtet, das er am 1. Oktober 1931 mit Wilhelm im Golf-Club-Berlin hatte. Es ging um die Chancen des Hohenzollern bei den nächsten Reichspräsidentenwahlen. Sollten die Nazis ihn als Kandidaten akzeptieren und er deren Bedingungen, so könnte daraus ein erfolgversprechendes Projekt werden.[61] Ewers war ein bekannter Künstler mit weitreichenden Beziehungen auch ins rechte Milieu hinein. Er beschreibt sich selbst als guten Bekannten des Kaisersohns, durchaus vorstellbar also, dass sich dieser bei Ewers Schützenhilfe holte. Man möchte sogar vermuten, dass es zu diesem Zeitpunkt bereits zu einer ersten persönlichen Fühlungnahme mit Hitler in Sachen Reichspräsidentenwahl gekommen war. Das legt auch ein Brief nahe, den Cecilie einige Tage später an ihren in den USA weilenden Sohn Louis Ferdinand („Lulu") schreibt.[62] Dort berichtet sie über den Empfang Hitlers bei Hindenburg und nennt den Naziführer liebevoll-spöttisch „Don Adolfo". Diese pikante Namensgebung lässt darauf schließen, dass Hitler Eingang in den intimen Sprachschatz der Familie gefunden hat. Ob das eine Anspielung auf den mexikanischen Rebellenführer Don Adolfo de la Huerta war oder die Metapher für ein Rennpferd, das wissen wir leider nicht. „Heute ist nun Harzburg", schrieb Cecilie noch. „Gebe Gott, dass das der erste Schritt zur Rettung wird."

NSDAP-Führer Hitler, DNVP-Führer Hugenberg und Stahlhelmführer Duesterberg am 11. Oktober 1931 in Bad Harzburg.

In Bad Harzburg marschiert am 11. Oktober 1931 ein breites Bündnis von Rechtsextremisten zu einer feindseligen Machtdemonstration gegen die Regierung Brüning auf.[63] Wilhelm ist nicht zugegen, wohl aber drei seiner Brüder. In der hier verabschiedeten Hauptresolution wird Hindenburg, der „durch uns gewählte Reichspräsident", beschworen, „dem stürmischen Drängen von Millionen vaterländischer Männer und Frauen, Frontsoldaten und Jugend" zu entsprechen „und in letzter Stunde durch Berufung einer wirklichen Nationalregierung den rettenden Kurswechsel" herbeizuführen.[64] Praktisch-politisch bleibt dieses spektakuläre Hervortreten der Nationalopposition jedoch eine Eintagsfliege. Die Exponenten der angeblichen Einheitsfront sind sich eben alles andere als grün. Insbesondere Hitler macht kein Hehl daraus, dass allein ihm der Vorrang gebühre, man sich gefälligst hinter ihm und sonst niemandem einzureihen habe. War also eigentlich Zwietracht und nicht Einheit das Markenzeichen dieses Events, so hatte es doch ein hohen strategischen Stellenwert. Zumindest der Idee nach war es die erste große lagerübergreifende Initiative zur Abwicklung der parlamentarischen Republik und zur Errichtung eines autoritären Führerstaates in Deutschland: Der Zusammenschluss aller nationalistischen Republikfeinde mit dem Ziel, die parlamentarische Demokratie so schnell wie möglich aus den Angeln zu heben.

Zu dieser Sammlungsbewegung will auch unser Protagonist beitragen – durch Vereinheitlichung. Mehr noch, diesem Kräftestrom will er zum machtpolitischen Durchbruch verhelfen. Den „Geist von Harzburg" hat er deshalb tief inhaliert. Er wird fortan seinen politischen Willen beseelen. So wie den seiner Gemahlin, die im Herbst 1931 fest davon ausgeht, dass sich jetzt „allerhand ereignen kann".[65] Wenig später meldet sie nach Amerika: „Es spitzt sich alles mehr und mehr zu. Don Adolfo schickt sich an, finish zu reiten."[66] Nur müssen Kronprinzens dabei vorerst zuschauen. Das Heft des Handelns haben andere in der Hand. Nicht zuletzt auch wieder Brüning, der seinerseits ein neues Pferd ins Rennen schickt, ein königlich-preußisches Paradepferd sogar.

Brünings Überlebensversicherung

Noch im November 1931 versucht der Kanzler das greise Staatsoberhaupt für *sein* Monarchiemodell zu gewinnen, ein Modell, das exklusiv auf die Söhne des vormaligen Kronprinzen zugeschnitten ist.[67] „Ich erklärte ihm", so Brüning in der Rückschau, „ich sei stets Monarchist gewesen und geblieben, und glaube nun allmählich die politische Konstellation so weit vorangetrieben zu haben, dass die Wiederherstellung der Monarchie in den Bereich des Möglichen rücke." Allerdings sei weder eine Zurückberufung Wilhelms II. möglich noch gar eine Einsetzung des Kronprinzen. Vor allem Letzteres „könne zu Komplikationen führen, die die Stellung der Monarchie auf ein Jahrzehnt hinaus erschwere, ja unmöglich mache". Er plädiere deshalb für eine verfassungskonforme „Kombination": Hindenburg solle „mit einer Zweidrittelmehrheit des Reichstages und des Reichsrates als Reichsverweser die Regentschaft für einen der Söhne des Kronprinzen übernehmen". Doch Brünings Erwartungen werden bitter enttäuscht. Er mochte „über diesen Punkt mit Engelszungen reden, ohne auch nur den geringsten Eindruck auf den Reichspräsidenten zu machen". Über die Motivation, aus der heraus Hindenburg so überaus kalt auf die Avancen seines Kanzlers reagierte, gibt es kaum Zweifel[68]: Er wollte sich die Hohenzollern ein für alle Mal vom Leibe halten. Denn auch als sogenannter Ersatzkaiser hat sich Hindenburg niemals als Statthalter der abgedankten kaiserlichen Familie verstanden, sondern als Herrscher aus eigener Wurzel und mit eigenmächtiger Autorität. Auch hätte eine Rückkehr der Hohenzollern auf eine symbol- oder gar machtpolitisch bedeutende Position womöglich ein rasches Verblühen seiner eigenen Legende zur Folge gehabt. Deshalb mag sich Hindenburg mit dem schlauen Brüning gar nicht erst auf eine inhaltliche Erörterung der Pläne einlassen. Es geht ihm einfach contre cœur! Doch diese mehr intuitive als rationale Abneigung will der überzeugte Monarchist Brüning nicht wahrhaben. Und noch nicht einmal andeutungsweise lässt er seine Mitakteure wissen, wie hohenzollernfeindlich Hindenburg eingestellt ist und bleibt. Bis Februar 1932 verfolgt er seinen geheimen Masterplan in der einen oder anderen Weise – ohne darüber allzu viele Mitwisser einzuweihen. Eine undankbare, ja unschaffbare Herausforderung.

Demgegenüber hat sich der von Brüning ungeliebte ehemalige Thronerbe für einen ganz anderen Weg zurück zur Monarchie entschieden, nämlich einen, der zunächst auf seine Person zugeschnitten ist. Er will das Reichspräsidentenamt selbst besetzen. Für Hindenburg ebenfalls keine rosige Perspektive – aber vielleicht für Hitler? Freund Ewers geht mit Wilhelms Kandidaturvorhaben Anfang November in der Münchener Nazizentrale hausieren. Was dem späteren Rosenberg-Mitarbeiter Gotthard Urban, den er dort anspricht, sichtlich gegen den Strich geht, da er die Unterstützung solcher royalen Allüren durch seine „Arbeiter"-Partei für undenkbar hält. Deshalb denunziert er das, was er von dem Schriftsteller zu hören bekam, wie folgt: Ewers habe behauptet, „dass er mit dem Kronprinzen Wilhelm von Preußen gut bekannt sei, er hielte ihn für einen ‚zuverlässigen, durchaus beeinflussbaren Menschen, der, würde er Reichspräsident mit Billigung Hitlers und Hugenbergs, stets das tun würde, was die beiden vorschreiben würden'."[69] Was Don Adolfo von dieser Verlautbarung hielt, wissen wir nicht genau. Denn Hitler blieb im Herbst 1931 eine Sphinx und vor allem auf eines fixiert: so schnell wie möglich ans Regierungsruder zu gelangen, koste es, was es wolle.

Für die diversen Unterhandlungen, die er zu diesem Zweck führte, hat Hitler offenbar so viel Kreide geschluckt, dass man manche seiner Äußerungen wohl kaum zum Nennwert nehmen kann. Etwa die, er wolle bei einer Übernahme der Regierung Brüning zum Außenminister nehmen.[70] Oder die, er wolle mit der Regierung Brüning erst einmal „gut stehen" und denke „nicht daran, dem Hugenbergvolk etwa zur Macht zu verhelfen".[71] Bei einer Soiree mit „Kaiserin" Hermo am 18. November in Berlin schlägt Hitler dann wieder ganz radikale Töne an[72]: „Er will alle Novemberverbrecher vogelfrei machen, wenn die Nazis zur Herrschaft kommen, will sie öffentlich strangulieren lassen." Auch vom Zentrum spricht er „mit einem geradezu fanatischen Hass", es sei „mit diesen infamen Burschen nichts anzufangen". Brüning sei zwar „kein Spitzbube", aber als Staatsmann „ungeeignet, und ein unfähiger Staatsmann sei politisch immer ein Verbrecher". Levetzow lernt an diesem Abend noch einen weiteren Gedanken Hitlers kennen, nämlich: „Hindenburg in seinem Amte weiter zu belassen, um hinter seinem monumentalen Schirm eine nationale Regierung aufzubauen, die imstande wäre, Deutschland wieder rein zu machen für Krone und Szepter". Aber auch hier scheint mehr Rhetorik und Taktik im Spiel gewesen zu sein als eine ernsthafte politische Strategie. Goebbels' Interpretation lautete: Hitler „war bei der Kaiserin. Beseitigt überall letzte Hindernisse."[73]

Als der DNVP-Politiker Quaatz wenig später bei Hermine im Kronprinzenpalais zum Tee geladen ist, findet er heraus, dass diese eine „starke Schlagseite zu Nazis hat". Er habe sie gewarnt und danach sogar noch einen entsprechenden Brief geschrieben, der aber „wohl kaum auf Verständnis stoßen wird".[74] Während die Deutschnationalen also im Begriff stehen, sich wieder deutlicher von den Nazis abzusetzen, scheinen nicht allein die Hohenzollern immer besser mit Hitler klarzukommen. Sogar der misstrauische Schleicher erklärt jetzt seinen Leuten, Hitler habe „sich beträchtlich gewandelt". Als Kurt von Lersner dies erfährt, ist ihm klar, „dass ziemlich viel Fäden zwischen Regierung und Nazis gesponnen werden"; er „höre vertraulich, dass sie meist in Schleichers Hand zusammenlaufen. Hitler soll mit dem General recht gut auskommen."[75] Für Schulenburg gibt es nun kein Halten mehr. Schließlich gehe es um die Frage, „ob wir rettungslos dem Bolschewismus verfallen, oder ob es den Nationalsozialisten gelingt, Volk und Staat zu retten. Das Vertrauen zu ihnen als dem letzten Hoffnungsanker wächst in riesigen Ausmaßen, und ich meine, jeder national gesinnte Deutsche sollte sich ihnen zur Verfügung stellen." Er, Schulenburg, sei jedenfalls entschlossen, genau dies zu tun. Denn es „wird allerhöchste Zeit, dass sie in die Macht kommen, um das herrschende System zum Teufel zu jagen, denn der Zusammenbruch geht mit Riesenschritten vorwärts".[76]

Sand im Getriebe

So ungefähr könnte auch Wilhelms Auffassung gewesen sein, als er nach „einigen netten Jagdtagen" in Österreich Anfang Dezember 1931 nach Potsdam und Berlin zurückkehrt und sich über die Lage zu orientieren beginnt.[77] Dort ist auch Hitler gerade wieder aufgeschlagen, um auf Menschenfang zu gehen. Was er da im Einzelnen treibt, entgeht sogar Goebbels, der seinen „Chef" nicht zuletzt wegen des eigenen Wohnungsumzugs und bevorstehender Vermählung mit Magda Quandt weniger zu Gesicht bekommt als sonst. Es liegt nahe, auf diese Zeit, also Mitte Dezember 1931, eine erneute Begegnung von Hitler mit Kronprinzens zu datieren.[78] Denn inzwischen ist die Frage nach Hindenburgs politischer Zukunft unübersehbar aufs Tapet gebracht worden. Und Brüning hat begonnen, Unterstützer für seinen Plan zu gewinnen, die Amtszeit des Reichspräsidenten auf parlamentarischem Wege zu verlängern. Außerdem tritt am 9. Dezember eine neue Notverordnung des Reichspräsidenten in Kraft, die politischen Verbänden reichsweit das Tragen von Uniformen und militärischen Abzeichen verbietet. Vor allem der Stahlhelm, als dessen Hauptprotektor sich Wilhelm inzwischen versteht, fühlt sich durch diese Maßregelung mit der Unterschrift seines Ehrenmitglieds schwer düpiert.[79] Genügend Stoff mithin für eine persönliche Erörterung zwischen dem Hohenzoller und Hitler, für die es allerdings keine Quellenbelege gibt.

Was es aber gibt, ist ein geharnischtes Protestschreiben von Wilhelm gegen Hindenburgs Notverordnung, mit dem er Hammerstein, dem Chef der Heeresleitung, noch vor Weihnachten zu Leibe rückt.[80] Er sei vor ein paar Tagen schon bei „unserem Freunde Schleicher" gewesen, um ihm zu sagen, „welche tiefgehende Empörung in allen nationalen Kreisen, speziell aber in denen des Stahlhelms das neueste Uniformverbot hervorgerufen hat". Er „persönlich" habe sich nun „seit Jahren bemüht, die Stahlhelmführung zu einer vertrauensvollen Zusammenarbeit mit den Herren des Reichswehrministeriums zu bewegen". Durch das Uniformverbot sei es jetzt aber wieder zu einer „Vertrauenskrise gegenüber der Reichswehrleitung gekommen", die „zu den schlimmsten Folgen führen" könne. Deshalb habe er Schleicher „dringend geraten, alles zu tun, was in seiner Macht steht, um diese Verordnung in irgendeiner Form wieder rückgängig zu machen". Hammerstein hält dagegen[81]: Durch das Verbot von Uniformen und Abzeichen würden weitere Schlägereien und Mordüberfälle verhindert. Solche Verbote würden generell erlassen, so dass er die Schädigung eines einzelnen Verbandes wie dem Stahlhelm nicht anerkennen könne. „Ich stehe grundsätzlich auf dem Standpunkt, dass die Uniform das Kleid des aktiven Staatsdieners ist und bin ein Gegner der in überreichlichem Maße nach dem Kriege erfolgten Verleihung von Uniformen des alten und jetzigen Heeres, die ohne die nötige Auswahl erfolgte." Solche Widerworte ist Wilhelm nicht gewohnt, umso weniger, als ihn der letzte Satz auch noch in seinem eigenen speziellen Uniform-Fetischismus provozieren musste.

Da widerspricht Schleicher schon wesentlich moderater – und fügt auch noch ein Gran Anbiederung hinzu[82]: „Eurer Königlichen und Kaiserlichen Hoheit – danke ich gehorsamst für die Übersendung der Abschrift des Briefes an Hammerstein. Ich glaube und hoffe, dass die Unterredung der Stahlhelmführer mit dem Minister Groener, eine Unterredung, die nach Neujahr fortgesetzt werden soll, eine gute und verständige Basis ergeben hat, auf der wir im Sinne Deiner Anschauungen aufbauen können." Im Übrigen sollten die Stahlhelmleute doch wissen, „dass sie keinen treueren und besseren Protektor und Anwalt ihrer Interessen haben können wie Dich, der den Verein aus einer ziemlich festgefahrenen Position auf einen Kurs geführt hat, der von allen maßgebenden Stellen rückhaltlos anerkannt wird". Hammerstein gegenüber beharrte Wilhelm in barschem Ton auf seinem „diametral entgegengesetzten Standpunkt" in der Verbotsfrage. Es werde „die Zeit kommen, in der Sie selbst einsehen, wie verfehlt diese Maßregel gewesen ist".[83] Schleicher antwortet er schon etwas gnädiger, nichtsdestotrotz vorwurfsvoll[84]: „Lebhaft bedauere ich, dass in den letzten Tagen des alten Jahres durch die unüberlegten Maßregeln der jetzigen Regierung, die Du nicht hast verhindern können, ein Schatten auf unsere Freundschaft gefallen ist. Ich bedauere dieses umso mehr, als wir doch in den vergangenen

Jahren in den großen politischen Fragen uns stets einig gewesen sind. Ich hoffe, dass dieser Schatten bald wieder weichen möge, möchte aber an dieser Stelle noch einmal mit vollem Ernst darauf aufmerksam machen, was für Folgen es haben kann, wenn die Regierung die wertvollsten Teile des deutschen Volkes in dieser Weise vor den Kopf stößt, wie es durch das Uniformverbot der Fall gewesen ist. Ich bin überzeugt, dass Du viel zu klug bist, das nicht einzusehen, vermisse aber leider andrerseits jedes psychologische Verständnis für diese so wichtige Frage bei Deinem Kollegen Hammerstein." Schleicher möge gefälligst alles tun, um den „unmöglichen Zustand" zu beseitigen.

Ich habe diese Korrespondenz so ausgiebig zitiert, weil sie ein interessantes Licht auf die politische Dimension dieser sogenannten Freundschaft zwischen dem „lieben Schleicher" und „Seiner Kaiserlichen Hoheit" wirft. Obwohl Wilhelm an Schleichers realpolitische Kompetenz und Stellung nicht entfernt heranreicht, ist das Gefälle zwischen ihnen genau umgekehrt. Schleicher macht sich kleiner als er ist, er katzbuckelt. Das lässt besonders schön die Schlusspassage seines obigen Briefes erkennen, wo es heißt: „Darf ich diesen mehr dienstlichen Brief benutzen, um Dir beim Ablauf des Jahres 31 meinen herzlichsten und ehrerbietigsten Dank zum Ausdruck bringen für die große persönliche Güte, die Du mir im alten Jahr erwiesen hast und für Dein unverrückbar treues Eintreten für einen so angegriffenen Mann, wie ich es bin." Für das neue Jahr habe er „nur den Wunsch, dass mir Deine Freundschaft und diese starke Stütze erhalten bleiben". – „Dein allzeit getreuer und gehorsamer …" – Echte Freunde reden anders miteinander, auch vor neunzig Jahren schon.

Dass Schleicher so herumlaviert, hat einen Grund darin, dass er immer noch mit wenigstens einem Bein auf dem Boden der Weimarer Verfassung steht und durch vielerlei Loyalitätszwänge an die Brüning-Regierung gebunden ist. Aber wenn selbst einem Politiker vom Format eines Schleicher der Mut oder Charakter fehlt, mit einem abgedankten Fürsten politisch auf gleicher Augenhöhe zu verkehren und dessen Übergriffen auf staatliche Funktionsträger einen Riegel vorzuschieben, so zeigt das, wie marode die politische Kultur in der Reichsspitze geworden war. Zwar kriecht Schleicher nicht auf dem Bauch, wie es manche Minister im Wilhelminischen Kaiserreich taten, doch er lässt sich gefallen, gleichsam in moralische Mithaftung genommen zu werden für die Politik seiner Vorgesetzten, nur weil sie für den ehemaligen Kronprinzen zum roten Tuch geworden ist. Auch dass ihm Wilhelm tendenziell mit Freundschaftsentzug droht, macht klar, dass der keinen Respekt vor dem Menschen Schleicher hat. Wenn nicht alles täuscht, so war er von Schleicher einfach enttäuscht – trotz aller Unterwerfungsgesten. Das bringt ihn auf Distanz zu ihm.

Da liegt die Frage nahe: Hat ihn diese Verstimmung noch ein wenig mehr an die Vorstellung herangeführt, dass letztlich wohl doch nur ein halbgenialer Fanatiker wie Hitler die Zeitläufte zwingen und in die richtige Richtung biegen könne? Oder hält er sich selbst für prädestiniert, die Aktivposten des radikalen Deutschnationalismus auf einer übergreifenden Linie zusammen und an die Macht zu führen? Letzteres, so kann man vorwegnehmen, musste auf eine völlige Überschätzung seiner Führungsqualitäten und seiner Massenwirksamkeit hinauslaufen. Wartet doch sein politisches Gewicht nach wie vor auf Zuwachs. Die Ordnung von Weimar radikal in Frage zu stellen, ist einfach, sie durch etwas anderes zu ersetzen, wesentlich schwerer. Und für die Lösung schwerer Aufgaben ist Friedrich Wilhelm Prinz von Preußen nicht geschaffen. Neuen Schwung kann er der nationalistischen Bewegung mit dem Nimbus seiner „Kaiserlichen Hoheit" kaum verleihen. Er besitzt kein politisches Profil, geschweige denn Aura oder Charisma.[85] Symbolisches Kapital müsste er sich erst einmal „erwirtschaften". Auch seine widersprüchlichen Bedürfnisse als prinzlicher Bonvivant und respektabler Politiker kann er kaum in Einklang bringen. Doch er will an Bedeutung wachsen, will eine ernst zu nehmende Rolle übernehmen und wenigstens die Fliehkräfte der nationalen Opposition bannen. Seine Parole heißt: gemeinsame Übernahme der Staatsführung durch die Nationale Front. Aber wie? Durch ihn als vereinigende Kraft?

Am ersten Weihnachtstag 1931 schreibt Ilsemann, der sich seit Anfang Dezember in Berlin aufhält, in sein Tagebuch: „In Doorn hört man seit Monaten nur noch, dass die Nationalsozialisten den Kaiser auf den Thron zurückbringen würden; alles Hoffen, alles Denken, Sprechen und Schreiben gründet sich auf diese Überzeugung. Und wie sieht es in Wirklichkeit aus?" Er habe „den Eindruck gewonnen, dass etwa 50% aller Nazis die Monarchie als solche prinzipiell nicht wollen, 25% sie jetzt und in nächster Zukunft nicht wollen, und dass, wenn der Rest gefragt würde, wen sie denn als Monarchen haben wollten, die Ansichten sehr geteilt wären".[86]

Das war das eine, was es zu beherzigen galt. Das andere Memento stammt aus der Feder von Schulenburg, der einen Tag später mit Blick auf Hindenburg räsoniert: Es fehle „noch, dass der Alte sich seine Amtszeit von der jetzigen [Regierungs-]Koalition verlängern lässt". – „Groener als Innen= Wehr=Minister *ist* die Militär Diktatur, die mit den Linken den Ruck nach rechts verhindern will. Ich habe die Machthaber in Berlin darauf aufmerksam gemacht, dass es auch für die Gefolgschaft der Wehrmacht eine Grenze gibt. Hindenburgs Regiment kann damit enden, dass die Wehrmacht ihm den Gehorsam verweigert, wenn sie gegen rechts, gegen die besten Elemente im Volk Front machen soll."[87]

Unter diesen Auspizien geht die Karriere unseres Helden in das Jahr 1932 – das Jahr vor Deutschlands Absturz, wie wir heute wissen. Dabei sollte es erst einmal nicht das Jahr Adolf Hitlers werden. Es wurde das Jahr des Kurt von Schleicher.

Exkurs 2
Zyniker der Macht: Kurt von Schleicher

Die brutale Ermordung Kurt von Schleichers durch Nazischergen im Sommer 1934 trübt den Blick darauf, dass wir es hier mit einer echten Verhängnisgestalt der neueren deutschen Politikgeschichte zu tun haben. Die umfassende wissenschaftliche Biografie über ihn fehlt bis heute.[1] Dabei liegen unzählige Indikatoren seiner enormen politischen Wichtigkeit vor – insbesondere im Schicksalsjahr 1932.[2] Bevor wir Schleichers Agieren als Kollaborateur unseres Titelhelden näher untersuchen, sollten wir also vorab einen separaten Blick auf diese Schlüsselfigur werfen.

Geboren wurde Kurt von Schleicher 1882 in Brandenburg. Nach klassischer Offiziersausbildung in einem der renommiertesten Potsdamer Garderegimenter fiel er schon vor dem Ersten Weltkrieg im preußischem Generalstab als hervorragende Kraft auf. Im Sommer 1917 holte die Oberste Heeresleitung den inzwischen zum Hauptmann aufgestiegenen Generalstabsoffizier nach Spa. Dort kam er in engere Berührung mit den militärischen „Halbgöttern" Erich Ludendorff und Paul von Hindenburg, die ihn ein Jahr später im Stab ihres Generalintendanten platzierten. Dort leitete er die militärpolitische Abteilung. Eine Beurteilung aus jener Zeit lautet: Schleicher sei „fabelhaft klug, vielseitig gewandt und gebildet, gerissen". Er „könne sehr viel" und beherrsche in seinem Stabe die Situation, auch seinen Vorgesetzten. Er sei „kaum zu ersetzen", deshalb habe man ihm eine Stellung eingeräumt, die ihm sonst „eigentlich nicht zukäme". Kurzum: „Ein überragend tüchtiger Mensch" mit einer „großen Zukunft".[3] Aber noch etwas anderes fiel diesem Offizierskollegen auf, nämlich Schleichers Berliner „Kubikschnauze" und seine „übermütige Zunge". Auch sein „anmaßender Ton" mache ihn nicht besonders „sympathisch".

Als Wilhelm Groener Ende Oktober 1918 Ludendorffs Nachfolger in der Obersten Heeresleitung wurde, zog er Schleicher – inzwischen zum Major befördert – in seinen engsten Mitarbeiterkreis. Damit war er den epochalen Geschehnissen um Abdankung, Waffenstillstand und Ebert-Groener-Pakt sehr nahe.[4] Dieses Arkanwissen sollte zu einer wichtigen Machtressource für ihn werden. Denn es gab Leute, die sich davor fürchteten: Hindenburg und der ehemalige Kronprinz Wilhelm zuvörderst. Nach dem Systemwechsel von 1918/19 verblieb Schleicher in der radikal dezimierten Armee, wo er sich bei der Heeresleitung unter Hans von Seeckt so profilierte, dass er gleich eine leitende Stelle im sich neu bildenden Reichswehrministerium erhielt.

Mit Groeners Ernennung zum Reichswehrminister Anfang 1928 begann Schleichers Einfluss hochpolitische Dimensionen anzunehmen. Denn sein väterlicher Freund machte ihn 1929 zum Chef des neu etablierten Ministeramtes und gab ihm so etwas wie eine Generalvollmacht. Schleicher, inzwischen zum Generalmajor ernannt, erhielt nun Einblick in alle Kabinettsvorgänge der Reichsregierung, während er sich informell ein immer dichteres Netzwerk einflussreicher Verbindungen in die politische Klasse knüpfte. Bald wurde ihm nachgesagt, er dominiere nicht allein seinen Minister, sondern auch den formell unabhängigen Chef der Heeresleitung Wilhelm Heye. Ein Überflieger also – dieser Schleicher. Und ein Unikat, ohne „die geringste Veranlagung zur Heldenverehrung und zum Personenkult". Vielmehr habe, so seine Selbstbeschreibung weiter, „meine entsetzliche Nüchternheit und Skepsis von Jahr zu Jahr zugenommen", umso mehr, als er in einer „Zeit der Hässlichkeit, Intrige und Unsachlichkeit" wirken müsse.[5]

Um 1930 steigt Schleicher zum vielleicht einflussreichsten Berater von Reichspräsident Hindenburg auf, was er nicht zum wenigsten seinem alten Kameraden und Freund Oskar von Hindenburg verdankt, mit dem er einst als junger Offizier im 3. Garderegiment in Potsdam gedient hatte. Oskar leistet seinem großmächtigen Vater Adjutantendienst und ist damit in alle wichtigen Prozesse der Entscheidungsfindung eingebunden. Er soll damals „immer zu Schleicher herausgelaufen sein, um ihn zu fragen, wie er dächte und was der alte Herr tun solle".[6] Selbst der eigensinnige Groener nennt Schleicher jetzt seinen „Kardinal in politicis", der „ausgezeichnete Arbeit hinter den Kulissen" leiste „und den Boden für die zukünftige Entwicklung vorbereitet. Ich sitze mit den besten Trümpfen in der Hinterhand, ein angenehmer Zustand, nicht nur beim Skatspiel."[7] So ähnlich mag das auch der greise Reichspräsident gesehen und Schleicher entsprechend viel Vertrauen geschenkt haben. Umso mehr, als er den Geist und den Witz des jüngeren „Kameraden" schätzte.

Im Sommer 1930 gibt der Aufsteiger eine erste Probe seines enorm gestiegenen Machtbewusstseins, als er seinen Vertrauten Kurt von Hammerstein zum neuen Chef der Heeresleitung macht. Eigentlich hatte General Joachim von Stülpnagel fest mit seiner Ernennung gerechnet und zeigte sich entsprechend vergrätzt über die Ausbootung: „Ich war erschüttert", schreibt er in seinen Erinnerungen, „und glaubte jetzt mit Sicherheit, dass Schleicher ein falsches Spiel mit mir getrieben habe." Und warum? Weil „meine selbständige Entwicklung und meine Haltung als Befehlshaber in ihnen [Groener und Schleicher – LM] die Sorge auslöste, ich könnte für sie eine Gefahr für ihre politische Führung werden". Schleicher, so Stülpnagel weiter, „spielte jetzt sein politisches Spiel allein und wollte für die Zukunft einen ihm hörigen und bequemen Chef der Heeresleitung haben". Mehr noch, Schleicher „strebte in seiner Selbstüberschätzung von nun ab die Macht an".[8] Es sollte aber noch einige Monate dauern, bis er tatsächlich „mächtig" war. Erst im Winter 1931/32 konnte Schleicher es an Nimbus, Ansehen und Einfluss mit fast allen aufnehmen, die im politischen Berlin Geltung beanspruchten.

Bei alledem war der politische General nie als staatsfrommer Asket oder gar als sittenstreng in Erscheinung getreten, als einer, der sich rastlos in seinem Dienst verzehrte. Im Gegenteil. Nach allem, was wir wissen, scheint er eher ein Lebemann und Genussmensch gewesen zu sein.[9] Ein begeisterter Reiter und Pferdenarr war er schon immer. Er besitzt ein Rennpferd und spielt in Wannsee Golf. Obwohl unverheiratet, unterhält er seit den späten 1920er Jahren in seiner großen Wohnung am Matthäikirchplatz ein ausgesprochen gastfreies Haus. Vor allem seine Herrendiners mit gepflegtem Essen und viel Champagner, aber auch seine Tanzgesellschaften erfreuten sich großer Beliebtheit. Unter der Zahl seiner vielen Freundinnen soll er nachgerade gestöhnt haben. Nach den Erinnerungen seiner Schwester Thusnelda[10] war Schleicher „von Frauen im allgemeinen sehr verwöhnt, tat auch das Seinige dazu, Eroberungen zu machen und als eleganter Kavalier[,] Charmeur und Salonlöwe zu gelten". Hans-Otto Meissner, der Sohn von Hindenburgs Staatssekretär, zählt den „Zauber", den Schleicher auf Frauen ausübte, sogar zu dessen „wichtigsten Eigenschaften". In den „eingeweihten Kreisen Berlins" sei viel von Schleichers „Eskapaden und wechselnden Amouren" zu hören gewesen. Er habe sogar „ohne Rücksicht auf Verluste die Ehefrauen und die Töchter aus politisch und militärisch maßgebenden Kreisen bedrängt".[11]

Auf Männerfreundschaften scheint Schleicher ebenfalls Wert gelegt zu haben. Namentlich der zehn Jahre jüngere Erwin Planck, Sohn des berühmten Physikers, hing sehr an ihm. Und das nicht allein, weil er Schleicher seine berufliche Karriere verdankte. „Es gibt keinen Menschen, mit dem ich mich so unauflöslich verbunden fühle, wie mit Ihnen", schrieb er ihm noch 1933 und nannte ihn seinen „liebsten und besten Freund".[12] Schleicher hatte mithin auch seelische, zwischenmenschliche Qualitäten. Auch Erich Marcks, der militärisch ambitionierte Sohn des bekannten Historikers, stand ihm nicht nur in seiner Eigenschaft als pressepolitischer Mitarbeiter im Reichswehrministerium nahe.[13] Allerdings soll Schleicher seinerseits durch Freunde wie Planck oder Marcks beeinflussbar gewesen sein.[14] Liebenswürdig, jovial, derb und humorvoll wird er im persönlichen Umgang geschildert, wenn auch etwas salopp, ja schnodderig in seiner Einstellung zu Menschen und Dingen. Eine offenbar reizvolle „Mischung aus Soldat, Politiker und gesellschaftlichem Chameur".[15] Seine spezielle Anziehungskraft hat ihm ein persönliches Beziehungsgeflecht jenseits des streng Politischen erschlossen – Verbindungen, die er übrigens durch eine ausgesprochen launige Korrespondenz hegte und pflegte.[16]

In diesem halbprivaten Setting kann man seit 1928 etwa auch unseren Hohenzollernprinzen verorten. In Ilsemanns Tagebuch ist erstmals im März des Jahres davon die Rede, dass der Kronprinz mit Schleicher „sehr intim stehe".[17] Dabei wird sicherlich das gemeinsame Ausleben von Lebensfreuden dieser beiden Bonvivants eine nicht unbeträchtliche Rolle gespielt haben, aber natürlich auch die Politik. Doch wegen dieser Verquickung hatte ihre sogenannte Freundschaft immer einen Pferdefuß, der größer wurde, je mehr die Politisierung des Hohenzollern voranschritt. Schon dass der vormalige Kronprinz den hohen republikanischen Staatsbeamten unentwegt mit Zuschriften und Zeitungsartikeln bombardierte, „mit denen er", wie Wilhelms Adjutant Müldner einmal ganz richtig sagte, „Sie zu belehren glaubt"[18], dürfte Schleicher genervt haben. Selbst Müldner scheint das allmählich peinlich geworden zu sein, aber er tat, was ihm befohlen wurde. Auch 1931 noch, als Schleicher bereits eine Autorität war: „Wie immer beauftragt mich der Hohe Herr mit allen möglichen Bestellungen an Ihre Adresse, trotzdem neulich eigentlich Zeit genug gewesen wäre, alles zu besprechen."[19] Doch damit nicht genug. Denn Schleicher wurde auch ständig angezapft, um vertrauliche Informationen und Berichte oder womöglich gleich elaborierte Stellungnahmen zu diversen politischen Fragen abzugeben, nicht selten direkt telefonisch über eine Geheimleitung. All dies, so möchte man meinen, hätte das Maß des Heilsamen für eine Freundschaft über kurz oder lang überstrapazieren müssen. Doch dem war nicht so. Bis Ende 1931 ist von Misshelligkeiten zwischen den beiden Duzfreunden nichts zu erkennen. Schleicher ließ es sich gefallen, von seinem Freund als eine Art informeller Mit- und Zuarbeiter in der Wilhelmstraße traktiert zu werden – mit Auskunftspflicht, selbst was Regierungsinterna anbelangt. Er gab sein Bestes, um den Hohen Herrn zu bedienen und ihm jederzeit für Gespräche zur Verfügung zu stehen. „Mit dem Ausdruck treuester Gesinnung und Ehrerbietung" als „Dein gehorsamster SCHLEICHER".[20] Warum?

Die nächstliegende Antwort wäre, Schleicher für einen eingefleischten Monarchisten zu halten, dem nichts heiliger war, als den Interessen des vormaligen Kaiserhauses selbstlos und devot zu dienen. Und der den ehemaligen Kronprinzen des Deutschen Reiches immer noch in unerreichbaren gottbegnadeten Höhen wähnte. Doch so war es nicht. Das geht bereits aus einer Denkschrift hervor, die Schleicher Ende 1926 verfertigte.[21] Dort hat er die Behauptung, die Reichswehr sei monarchistisch eingestellt, „eine bewusste Lüge" genannt. Dass dies kein opportunistisches Lippenbekenntnis war, hat Schleicher zwei Jahre später bewiesen. Und zwar bei einem Festessen des Vereins ehemaliger Offiziere des legendären 3. Garde-Regiments zu Fuß, das in einem Reichswehrkasino in Potsdam zelebriert wurde. Ein verabschiedeter General hatte eine Festrede gehalten, in der er die ungebrochene Anhänglichkeit dieses Vereins an das alte Regime und den ehemaligen Obersten Kriegsherrn Kaiser Wilhelm II. beschwor und sogar eine Art Treugelöbnis für den Exilkaiser deklamierte. Derartige Äußerungen hat Schleicher, der einst auch in dem Regiment gedient hatte, schon während und dann auch nach der Feier zu einem Ding der „Unmöglichkeit" erklärt. Er hat sich sogar dafür stark gemacht, solche „Entgleisungen" seitens der Reichswehrführung prinzipiell zu verbieten, weil das Bekanntwerden derartiger Manifestationen „eine geradezu katastrophale Wirkung in Presse und Parlament haben würde".[22] Jedenfalls ist Schleicher alles andere als ein Romantiker des Monarchismus gewesen.

Schleichers langjähriger Mitarbeiter Hermann Foertsch hat nach dem Krieg denn auch bestritten, dass sein früherer Chef „monarchistische Restaurationspläne" verfolgt habe. Schleicher habe sogar „oft davon gesprochen", dem Kronprinzen da immer wieder „abgewunken" zu haben.[23] Eines wollte der politische General also ganz sicher nicht, als sich sein Kontakt zu Wilhelm um 1930 immer stärker politisch einfärbte: den spezifischen Interessen der Hohenzollern selbstlos dienen. Schließlich war er inzwischen zu einer Zentralfigur im Berliner Politikbetrieb aufgestiegen. Er stand im Begriff, die Zügel der Reichspolitik mehr und mehr in die Hand zu bekommen. Schleicher ist wesentlich gerissener als „Seine Kaiserliche Hoheit". Auch seine Bewusstseinsschärfe übertrifft die des Hohenzollern bei Weitem. Deshalb drängt sich die Vermutung auf, dass er seinen prominenten Duzfreund vorzugsweise als eine Art Schachfigur im eigenen Spiel um Macht einsetzen wollte. Um dabei aber keinen Argwohn zu wecken, musste er sich duldsam und rhetorisch auf die präpotente Kronprinzennatur Wilhelms von Preußen einlassen. Also Hinnahmebereitschaft bis nahe zur Selbstverleugnung. Das war der Preis, um über den jetzt gelegentlich schon als heimlichen Regenten gehandelten Kaisersohn genuin Schleichersche Politik machen zu können. So wurden Kurt und Wilhelm zu „ziemlich besten Freunden". Wobei freilich auch bei Letzterem immer ein Rest Skepsis über das bestehen blieb, was der andere machtpolitisch wirklich im Schilde führte. Es ist schwer zu ergründen, welche Rolle sich die beiden wechselseitig zugedacht haben. Nur der Exkaiser meinte Bescheid zu wissen: „Schleicher, der ihm weit überlegen sei, nutze den Kronprinzen nur für seine Zwecke aus."[24] Dabei fragt sich natürlich, was dem Kaiserthronfolger a. D. mit seinen speziellen Machterfahrungen überhaupt als Politik galt? Ein inneres Verständnis von Schleicher und Wilhelm hat es in dieser Hinsicht wohl nie gegeben, auch keine programmatische Allianz. Die beiden Freunde aus Kadettentagen kämpfen nicht nur miteinander oder nebeneinander gegen die Weimarer Demokratie, sie ringen auch gegeneinander um persönliche Macht – der eine als Parvenu, der andere als Epigone. Gemeinsam ist ihnen, dass sie beide Ichspieler sind, die sich keiner großen Sache opferfreudig hingeben, sondern nur ihre Person wollen – so wie die beiden Hauptprotagonisten in Heinrich Manns Roman *Der Kopf*. Ihr „Projekt" scheiterte gleichsam an sich selbst – an mangelnder Aufrichtigkeit und fehlendem Klartext im kommunikativen Austausch. Ein strategisches Zentrum haben die beiden nie gebildet.

Die eigentliche Frage lautet deshalb, was Schleicher wirklich gewollt hat, welche letzten politischen Ziele er verfolgte. Die zeitgenössischen Mit- und Gegenspieler geben keine eindeutige Antwort. Sein Ziehvater Groener, ein äußerst kluger Beobachter, sagt, Schleicher sei zwar „ein zäher und zielbewusster Mensch" gewesen, aber auch „sprunghaft, er *wechselt* seine Ziele".[25] Goebbels charakterisiert Schleicher nach der ersten längeren Begegnung als „sehr klug, etwas eitel, skrupellos, ohne Gefühl, schmeichlerisch, willensstark. Der Mann muss ewig an der Kandare gehalten werden".[26] Der konservative monarchisch angehauchte Journalist Edgar von Schmidt-Pauli vertrat die Ansicht, Schleicher würde weniger politisch denken als handeln: „Wo andere resignieren, weiß er immer noch einen Ausweg, und aus dem Ausweg wieder einen Ausweg."[27] Der erzkonservative Politiker Wilhelm von Gayl wiederum, der Schleichers „raschen Aufstieg zur rechten Hand aller parlamentarischen Wehrminister" aus der Nähe verfolgte, „sah ihn, sich zu einem genialen Intriganten entwickeln, dem jedes Mittel recht war" und der es geliebt habe, „sich als starken Mann aufzuspielen".[28]

War Schleicher mithin nur ein Perpetuum mobile des Berliner Politikbetriebs? Eine quirlige graue Eminenz, die unbedenklich mal mit diesem, mal mit jenem paktierte, um sich überall unentbehrlich zu machen? Das könnte man meinen, wenn man hört, wie er seinen Sturz Brünings damit rechtfertigte, ihn doch schließlich auch „zum Kanzler gemacht" und „2 Jahre lang durch Dick und Dünn unterstützt" zu haben. Brüning solle sich also nicht über ihn beschweren.[29] Ein selbstgefälliger und selbstsüchtiger Intrigant der notorischen Sorte also? Ja, das war er auch, wie ein Zeitzeuge aus dem Arkanbereich der Berliner Politik bestätigt: „Als Freund und Verbündeter war er unzuverlässig. Bei der Verfolgung seiner Ziele ging er skrupellos auch über seine Freunde und alte Mitarbeiter hinweg, wenn sie seinen Zwecken im Wege standen."[30]

Dennoch scheint dieser Schleicher nicht gänzlich prinzipienlos gewesen zu sein. Jedenfalls war er unzufrieden mit dem machtpolitischen Status quo, jener halbparlamentarischen Regierungsform, in der er sein umtriebiges Wirken entfaltete. Und so fixierte er Ende 1931 – um hier etwas von dem nachfolgenden Kapitel vorwegzunehmen – einen neuen strategischen Fluchtpunkt, nämlich: die nachhaltige Etablierung einer autoritären Staatsführung, gestützt auf den Gewaltapparat von Militär und Polizei sowie eine überparteiliche Bürokratie, und – das vor allem – weitestgehend unabhängig von aller partei- sowie parlamentspolitischer Einwirkung. Insbesondere „seine" Reichswehr sollte zumindest latent eine Kontrollinstanz der zivilen Macht sein. Schleicher blieb immer ein Gefangener seiner Faszination des Autoritären. Rechtstaatlichkeit, Pluralismus im politischen Wettbewerb, Achtung vor Andersdenkenden – alle diese demokratischen Errungenschaften waren ihm nicht wichtig.

In der konkreten Ausmalung seines machtstaatlich ausgerichteten Herrschaftsmodells ist der politische General freilich auffallend blass geblieben; als einen konstruktiven staatsmännischen Gedanken hat er dieses neue Ziel nie ausformuliert, geschweige denn propagiert. Auch die Rolle, die er sich dabei zuschrieb, verschwamm im Ungefähren. Wollte er selbst der entscheidende Faktor sein? Oder reichte ihm ein privilegierter Zugang zur Macht? Dazu hat er sich selbst nie geäußert. Allein Otto Meissner, der Chef des Reichspräsidentenamtes, hat in seinen Erinnerungen klar und deutlich dargelegt, Schleicher habe danach gestrebt, nach Hindenburgs Tod „Reichspräsident und (damit) Oberbefehlshaber der Wehrmacht zu werden".[31] Ich halte diese Annahme für zutreffend. Richtig ist aber auch, was ein anderer Insider gesagt hat: „Sein Schwanken, seine Intrigen, sein ruheloser Geist und seine vor der Wirklichkeit nicht standhaltenden Illusionen und Wunschgebilde waren keine eigentliche Politik."[32] In dieser bizarren Mischung war Schleicher nun ein Jahr lang in einer tragenden Rolle auf der politischen Theaterbühne zu sehen: als eine Sphinx mit Abenteuer-Manie, ein übermotivierter Akteur, der überall Gefahren und verborgene Pläne wittert und hektisch seine Mitspieler wechselt, der fördert und durchkreuzt, Verwirrung stiftet – und sich am Ende in seiner angemaßten Hauptrolle verheddert. Immer weniger wurde mit der Zeit erkennbar, welche konkrete politische Zukunft Deutschlands er eigentlich im Blick hatte.

Maßgeblich dazu beigetragen hat die ihn überfordernde Konfrontation mit seinem politischen Korrelat: Adolf Hitler. Im Sinne von „Guter Mann, nur schade, dass er verrückt ist" soll er den Naziführer seinen Leuten anfangs annonciert haben. Doch mit zynischem Witz war diesem „Verrückten" ab 1932 nicht mehr beizukommen. Umso weniger, als Schleicher den Anti-Hitler-Affekt einer anderen Zentralfigur der Berliner Politik überschätzte: den des anhaltend machtbesessenen Hindenburg.

Schleicher wollte eine Präsidialdiktatur errichten, keine totalitäre Gewaltherrschaft wie Hitler. Doch selbst der autoritäre Staat bedurfte einer festen Verbindung zum Volk. Deshalb arbeitet Schleicher seit 1931 auf ein Bündnis der Staatsmacht mit den Nationalsozialisten hin, und insbesondere mit Hitler. Er unterstützt sogar dessen Anspruch auf die Kanzlerschaft. Nur die Alleinherrschaft, die konnte und wollte er ihm nicht überlassen. Politisches Gravitationszentrum und autonome exekutive Instanz sollte Schleichers Reichswehr bleiben. Deshalb galt es für ihn, eine totale Auslieferung der Staatsgewalt an Hitler zu verhindern. Nichtsdestotrotz musste er auch um Hitler „ringen", denn er wusste, dass der Nationalsozialismus zum politischen Glauben immer größerer Teile der Bevölkerung geworden war. Insofern sah er in Hitler sowohl einen gefährlichen Rivalen als auch einen unvermeidlichen Mitspieler. Schleicher glaubte, er könne die in seinen Augen an und für sich politisch durchaus wertvolle Nazibewegung in ein wesentlich von *ihm* gesteuertes autoritäres Herrschaftssystem einbauen und den fanatischen Machtmenschen Hitler womöglich – zähmen. Noch waren die beiden Mit- und Gegenspieler gleichermaßen. Todfeinde waren sie noch nicht.

Im Winter 1931 hatte Hitler ein gewisses Vertrauen zu Schleicher gefasst, den er für den Berliner Königsmacher hielt. Vielleicht besaß der Weltkriegsgefreite auch Respekt vor dessen Generalsrang. Bis weit in das Jahr 1932 hinein ist Schleicher für Hitler sakrosankt geblieben. Er wäre mit ihm unter Umständen sogar eine Regierungskoalition eingegangen, hätte ihm das Reichswehrministerium in einem Kabinett Hitler reserviert. Als Rivalen spielten beide natürlich niemals mit offenen Karten. Jeder wollte sich des anderen bedienen. Aber Schleicher merkte nicht, dass er mehr dem Spiel Hitlers diente als dieser seinem. So wurde Schleicher noch 1932 zu einem Akteur, dem sich die Zeiten und Zustände zunehmend versagten. Seine Regieanweisungen griffen zu kurz. Selbst im preußischen Militär mehrten sich jetzt die Stimmen, die erklärten, nur Hitler könne Deutschland noch retten. Noch bevor er im Dezember nolens volens Reichskanzler wurde, war Schleichers Hauptrolle auf der politischen Bühne Berlins ausgespielt.

Seiner Fähigkeit zu genialem Ränkespiel sollten Koryphäen wie Brüning oder Groener 1932 zum Opfer fallen. Nur der Skrupellosigkeit eines staatspolitisch eher mediokren Hindenburg zeigte Schleicher sich nicht gewachsen. Eigentlich hätte er wissen müssen, wie wichtig dem Alten die Eigenregie bei der Regelung der zentralen politischen Geschäfte war. Er hätte sich bei seinen diversen Winkelzügen – gleichsam in vorauseilendem Gehorsam – um mehr vorherige Absprache bemühen, ja, hätte sich die Beaufsichtigung durch das Staatsoberhaupt gefallen lassen müssen. Schließlich blieb seine Ausnahmestellung in existenzieller Weise von dem Wohlwollen und Vertrauen Hindenburgs abhängig. Deshalb hätte er alles vermeiden müssen, was dessen notorisches Misstrauen wecken oder fördern konnte. Dazu dürfte nicht zum wenigsten Schleichers intime Nähe zum ehemaligen Kronprinzen gezählt haben, der für den Reichspräsidenten bekanntlich ein rotes Tuch war.

Vermutlich war es Schleichers Machtfantasie, die seine Einschätzung des Möglichen verklärte. Er wurde nicht nur von anderen überschätzt – auch er selbst hat das getan, vielleicht sogar am meisten. Seine unverbesserliche Egomanie sollte ihm zum Verhängnis werden. Auch als er nach seiner Ausbootung Anfang 1933 auf den Scherbenhaufen blickte, den Papen und Hindenburg mit der Lancierung von Hitlers Kanzlerschaft angerichtet hatten, blieb er bei seiner Selbstgerechtigkeit: „Man hat sämtliche Torheiten gemacht, die möglich waren. Es kam darauf an, die Nazis in die Verantwortung zu bringen in einer Form, in der sie nichts schaden konnten. Jetzt hat man ihnen gerade die Machtmittel des Staates ausgehändigt."[33] Doch Schleichers Illusion, Hitler in Regierungsverantwortung einzubinden, ohne die strategische Kontrolle aus der Hand zu geben, hatte immer etwas von dem Kuchen, den man essen und gleichzeitig behalten will. Hitler verhindern konnte man damit nicht – auch Schleicher nicht. Dennoch blieb er im Bannstrahl dieser Idee verhaftet.

Kapitel 3

Eine neue Krone?

Deutschlands Schicksalsjahr

1932 erreicht die Dramatisierung des Politischen in Deutschland ihren Höhepunkt. Das Klima kippt endgültig. Die politische Ordnung ist vergiftet, ihre Kultur degeneriert. Der Kampf um Macht gerät an den Rand eines Bürgerkriegs und die Zerfahrenheit der Staatszustände wird notorisch. Ein Kontrollverlust setzt ein. Ängste gehen um – und Gespenster. Flagranter Mangel an Wirklichkeitssinn wird jetzt zur Signatur des Geschehens. Die Übermalung der tatsächlichen Probleme durch propagandistische Farben, die dem Pinselbrett einer erträumten Zukunft entstammen, erreicht immer bizarrere Ausmaße. In diesem „flirrenden" Ausnahmezustand mit seinen mentalen Auswirkungen auch auf die Hauptakteure erscheint auf einmal alles möglich. Diese Luftspiegelungen müssen wir stets mitdenken, wenn wir die irrationale Logik der politischen Ereignisse halbwegs angemessen erfassen wollen. Ebenso wie die unverantwortlichen Einflüsse im politischen Machtzentrum des Reiches, ausgeübt von einer demokratiefeindlichen Ingroup. Schließlich die enorme Beschleunigung des Geschehens. Kaum einer der Akteure war darauf vorbereitet, was jetzt kam.

Auch zu Beginn dieses Schwellenjahres ist die extreme Rechte noch immer ziemlich weit von staatspolitischer Machtgeltung entfernt, während ihre Verketzerung der Weimarer Demokratie immer höhere Wellen schlägt. Die Kräfte verteilen sich in zwei Hauptgruppen: auf der einen Seite die Nationalsozialisten, auf der anderen die Deutschnationale Volkspartei mit Stahlhelm. Diese epigonale Harzburger Front beherrscht das Feld jenseits des staatstragenden Lagers. Sie will den Sturz des Weimarer „Systems", ist sich aber in strategischer Hinsicht untereinander nicht einig. Auf der Bühne, die sich hier bietet, kommen Vertreter der alten wilhelminischen Eliten noch einmal zu tragenden Rollen. Und werden bald zeigen, wie wenig zukunftsfähig die von ihnen erstrebte Neuformierung des machtpolitischen Szenarios ist. Dass sich die Staatsgewalt unter ihnen selbstständig und selbstherrlich macht, ist das Einzige, was sie bewirken. Unser Protagonist steht bereit, die von ihm seit Ende 1931 erträumte Rolle zu spielen, nämlich: die gesamte nationalistische Rechte unter seinem Protektorat zusammenzuführen. Er zeigt sich ernsthaft bemüht, die (Ver-)Handlungsspielräume zwischen den divergierenden Akteuren dieser nationalen Front zu erweitern, ja überhaupt zu öffnen. Sein Ideal ist die Verschmelzung von nationalkonservativer und nationalsozialistischer Gesinnung. Damit emanzipiert er sich ein Stück weit von seinem politischen Türöffner Kurt von Schleicher. Zeitgleich bemüht sich Reichskanzler Brüning, den Exkronprinzen für seine speziellen Zwecke einer monarchischen Restauration einzuspannen. Ganz oben auf der Agenda steht aber zunächst einmal die Reichspräsidentenwahl. Das Gerangel um die Kandidatur wird zum Auftakt der nun einsetzenden Dauerintrige um die Macht.

Wer kann Reichspräsident?

Am 4. Januar 1932 entwickelt Wilhelm erstmals in einem vertraulichen Brief an seinen „treuen Freund und Berater" Louis Müldner konkrete Vorstellungen über seine Zukunft, genauer: zur „Frage der Reichspräsidentschaft".[1] Er fragt ihn allen Ernstes, ob es nicht das Richtige sei, „wenn ich Reichspräsident würde, um auf diesem Wege für Deutschland die Monarchie zu erreichen". Er glaubt, dass die Monarchie „bei den bestehenden Verhältnissen, die wir nicht ändern können, nur auf diesem Wege" möglich sei. Er sei sich völlig im Klaren darüber, dass er diese schwierige Aufgabe nur „meistern" könne, wenn er als Reichspräsident „die rechten Männer an die richtige Stelle setzen würde, und darauf allein kommt es an!" Dass sein Vater noch einmal auf den Thron kommen wird, hält er für ausgeschlossen. Und er ist sich auch bewusst, „dass es bei einer Bejahung der Reichspräsidentschaft durch mich zu großen Schwierigkeiten mit Doorn kommen würde". Doch letzten Endes könne er sein Leben „nicht mit Rücksicht nur auf seine Majestät beschließen". Natürlich müsse man die Sicherheit haben, „dass solch ein Wahlvorschlag nicht aussichtslos verläuft. Dazu bedarf es der Zustimmung aller großen Parteien, insbesondere der Nationalsozialisten, der Deutschen Volkspartei und des Zentrums. Der Zustimmung der Deutschnationalen Volkspartei und des Stahlhelm glaube ich sicher zu sein." – „Dass ich von mir aus etwas tue, ist natürlich ausgeschlossen. Aber ich sage so: Wer wird sonst Reichspräsident? Und seien wir uns doch klar darüber, gelangt Hitler [als gewählter Reichspräsident – LM] zur Macht, und es sollte dann noch zu einer Monarchie kommen, so wird dieser Monarch lediglich ein Kaiser oder König von Hitlers Gnaden sein. Dagegen anders, wenn ich zum Beispiel vorher zum Reichspräsidenten gewählt würde, und ich letzten Endes Hitler zum Reichskanzler mache. Dann habe ich das Heft in Händen. – Und würde bei der Erörterung der Frage der Monarchie meine Stimme ausschlaggebend und bestimmend sein."

In der heutigen Terminologie würde man das „eine Ansage" nennen. Wilhelm bekennt mutig Farbe, wenigstens seinem Vertrauensmann gegenüber. Er hat sich in den Kopf gesetzt, auf verfassungsgemäßem Weg zu reüssieren:

als neue Staatsspitze des Deutschen Reiches. Ohne Rücksicht auf den abgedankten Vater, den er für erledigt hält. Offenkundig hat er auch Politik als Familienbetrieb, wie sie der Exkaiser allein in eigener Sache praktiziert, gründlich satt. Hindenburg will er ebenfalls in den Ruhestand zwingen. Der Impuls, jetzt eigene Wege zu gehen, ist unverkennbar. Auch wähnt er, Hitler in sein Monarchiekonzept einbinden zu können, indem er verspricht, ihn zum Reichskanzler zu machen. Er traut sich sogar zu, als neues Staatsoberhaupt des Reiches so etwas wie politische Souveränität zu erlangen, wenn auch nur mit den „rechten Männern" an seiner Seite. Mit einem Wort: Er wünscht sich, zu einer politischen Zentralgestalt werden, und als solche traut er sich zu, die Nazis in Schach halten zu können.

Als Option klingt das auf den ersten Blick einleuchtend[2], wenn da nicht einige substanzielle Dinge gefehlt hätten: Vor allem anderen die Bereitschaft, hier *von sich aus* etwas zu tun. Wilhelms Weigerung offenbart nicht allein die Arroganz apokryphen Herrscherstolzes, sondern auch seinen Hang zu Selbstherrlichkeit. Gab es doch selbst im Lager der – ihm angeblich sicheren – national-konservativen Opposition kaum jemanden, der ihm spontan das Zepter in die Hand hätte geben wollen. Von den bürgerlichen Parteien gar nicht zu reden. Ein öffentlich erklärter Wille zur Macht wäre mithin die unabdingbare Voraussetzung für eine halbwegs aussichtsreiche Kandidatur gewesen. Und die Beantwortung der Frage, was ihm da überhaupt vorschwebte. Nicht einmal Müldner gegenüber lässt er erkennen, woran er sich eigentlich orientiert. An dem kollabierten Bismarckschen Monarchiemodell von 1871 etwa? Also an der Hohenzollernmonarchie wie gehabt? Oder etwas Neuem? Sein beredtes Schweigen zu diesen Fragen ist symptomatisch dafür, wie wenig er seine Ansage bis zu Ende gedacht hatte.

Anders wäre er dagestanden, hätte er offen erklärt, der Zersplitterung der nationalistischen Bewegung Einhalt gebieten und sie unter seiner Führung einigen zu wollen. Und zwar gegen Hindenburg! Gestützt auf seine königliche Geburt und geweiht durch den Nimbus, der erste Repräsentant einer nur ruhenden Kaisergewalt zu sein. Dann hätte aus ihm ein politischer Protagonist aus eigenem Recht werden können. Dafür hätte er aber eine Agenda, einen Politikstil und zu einem Politikverständnis finden müssen, mithin zu einer Potenz, die halbwegs zur politischen Kultur des Deutschen Reiches Weimarer Prägung passte – und nicht allein zu seinen persönlichen Vorstellungen. Er hätte einen Stab hochmotivierter Mitarbeiter und Mitkämpfer jenseits der Generalverwaltung engagieren müssen, die willens und in der Lage waren, ihn als Hoffnungsträger zu etablieren. Gewiss auch das eine Herkulesaufgabe angesichts des nicht sonderlich konditionsstarken politischen Monarchismus und der Herausforderungen einer „Neuen Rechten", die nichts mit der alten Kaiserherrlichkeit am Hute hatte. Schließlich hätte er auch selbst über sich hinaus- und in die Rolle eines glaubwürdigen Entscheidungsträgers wachsen müssen. Was freilich eine Einsicht in die eigene bisherige Unzulänglichkeit vorausgesetzt hätte. Das alles unterblieb, sodass erst einmal nicht viel mehr als ein voluntaristischer Akt zustande kam. Denn das, was der Exkronprinz da zu Papier gebracht hat, war so nicht vermittelbar. Ganz offenbar hat er die Größe der Aufgabe verkannt.

Reichskanzler Brüning und Groener wollen überhaupt keinen Nachfolger von Hindenburg. Deshalb schlagen sie eine Verlängerung seiner Amtszeit per Reichstagsbeschluss vor. Wohl oder übel müssen sie darüber auch mit Hitler verhandeln.[3] Der will sich das teuer vergüten lassen, gibt sich aber äußerlich bescheiden und schöpft aus den vielen Sondierungsgesprächen hauptsächlich wertvolles Erfahrungswissen. Eigentlich will er nur das eine: Brüning als Reichskanzler ablösen. „Der alte Herr als Schacherobjekt", wie Goebbels ganz richtig in seinem Tagebuch vermerkt. „Alles ist wie ein Ameisenhaufen."[4] Drei Tage später trifft Goebbels wiederum ins Schwarze mit dem Eintrag: „Tausend Kräfte schalten sich ein, aber wir haben die Trümpfe in der Hand. Meißner, Schleicher, alles wankt im Winde, den wir blasen." Hitler sei „sehr optimistisch".[5] Das konnte er auch sein, denn er war jetzt im politischen Berlin Hahn im Korbe. Und sichtlich bemüht, sich als Einheitskandidat der nationalen Opposition (mit Einschluss der Reichswehr) für die nächste Kanzlerschaft in Stellung zu bringen.[6] Ob Stahlhelm, DNVP oder Reichswehr – allen streckt er die Hand entgegen.[7] Da fehlen nur noch die Hohenzollern.

Für die in Doorn hatte Hausminister Kleist bereits von sich aus das Terrain bereitet: „Den eventuellen Besuch von Hitler in Doorn glaube ich in zwei Unterredungen mit dem hohen Herrn in unserem Sinne leidlich vorbereitet zu haben."[8] Aber wiederum hatten Kronprinzens die Nase vorn mit einer Einladung nach Schloss Cecilienhof, der Hitler am 10. Januar wohl auch gerne gefolgt ist. An diesem Tag, so wissen wir aus einem Brief von Cecilie an ihren Sohn, „hat Don Adolfo bei uns Tee getrunken. Er macht einen sehr sympathischen, klugen und gebildeten Eindruck. Er fühlte sich anscheinend sehr wohl bei uns. Die Atmosphäre war auch sehr günstig. Er hat die Verhandlungen in Berlin *glänzend* geführt. Nun kommt es darauf an, dass die Harzburger Front sich in den Wahlen *einigt*. Papa ist sehr am Werk. Gott gebe es."[9] Ein weiteres Detail über diesen Privatbesuch ist überliefert, nämlich Hitlers Ausspruch: „Sollte ich zum Reichskanzler ernannt werden, wird es meine erste Aufgabe sein, dem Hause Hohenzollern zur Rehabilitierung zu verhelfen."[10]

Man darf die politische Bedeutung dieser privaten Teestunde nicht zu hoch hängen.[11] Im Vordergrund werden Hitlers Avancen auf die nächste Kanzlerschaft gestanden haben – und nicht die mögliche Bewerbung des Exkronprinzen für das höchste Staatsamt. Dennoch dürften sich beide Seiten – wie verklausuliert auch immer – ihrer wechselseitigen Unterstützung versichert haben. Denn sie brauchten einander mehr denn je. Zu diesem Zeitpunkt hat ja nicht einmal Hitler selbst erwartet, dass ihm die Macht ohne fremde Mithilfe in den Schoß fallen würde. Insofern gab sich Wilhelm nicht unbedingt einer Illusion hin, wenn er glaubte Hitler *handeln* zu können. Übrigens soll dieser am Tag zuvor bei Brüning erklärt haben, er sei „für eine Änderung in der Stellung des Reichspräsidenten. Sein Ziel sei die Schaffung eines Reichsverwesers auf Lebenszeit."[12] Gut möglich also, dass diese vielsagende Option auch Gegenstand des Cecilienhofer Teegesprächs war. Ob es mit einem politischen Deal oder überhaupt mit einem greifbaren Ergebnis endete, wissen wir nicht.

Als sich kurz darauf abzeichnete, dass Hindenburg nicht „einseitig Kandidat der Harzburger oder der Nazis" sein[13] und dass er sich für eine solche Schilderhebung schon gar nicht sein verbrieftes Recht abkaufen lassen wollte, den nächsten Reichskanzler zu bestimmen, war das für die Hitlerpartei eine herbe „Niederlage" – Hitler sei „ziemlich herabgestimmt", notiert Goebbels.[14] Damit war zugleich Brünings Plan gescheitert, die Amtszeit Hindenburgs durch ein verfassungsänderndes Gesetz zu verlängern. Andererseits drohte auch das hartnäckige Bestreben der Harzburger zu misslingen, noch vor dem Auslaufen von Hindenburgs Amtszeit wenigstens eine entschiedene Rechtsregierung im Reich zu erzwingen. Folgerichtig kam der Kanzler jetzt noch einmal auf seinen Plan B zurück, nämlich den alten Hindenburg zu bestimmen, sich doch bitte zur Umwandlung der Präsidentschaft in eine Regentschaft bereitzuerklären, womöglich für einen der Söhne des ehemaligen Kronprinzen. „Ich würde mich", so beschwor Brüning am 14. Januar das deutsche Staatsoberhaupt seinen Memoiren zufolge, „im Laufe der nächsten 14 Tage darum bemühen, eine Aussprache mit dem Kronprinzen herbeizuführen. Ich hoffe, dass er für diese meine Politik Verständnis habe. Vor allem glaubte ich dem Kronprinzen ausreden zu können, sich irgendwie in die Präsidentenkampagne einzumischen oder Lockungen seitens gewisser Kreise der NSDAP zu folgen, die ihn als Gegenkandidaten für den Reichspräsidenten aufstellen wollten. – Das ganze Ergebnis dieser Unterhaltung war eine fast barsche Erklärung des Reichspräsidenten. Die Frage einer Aufstellung des Kronprinzen als Gegenkandidaten sei in einem Briefwechsel mit Seiner Majestät geklärt [sic! – LM], und es sei nicht notwendig, dass ich mich in diese Angelegenheit einmische."[15]

Er habe eben damals ganz „ernsthaft an die Wiederherstellung einer Monarchie unter neuen Formen" geglaubt, so rechtfertigte Brüning auch noch nach dem Krieg seine Initiative.[16] Aber er hatte die Risiken und Nebenwirkungen nicht bedacht. Der monarchische Geist war jetzt aus der Flasche. Fast ohne eigenes Zutun erfährt unser Titelheld Mitte Januar 1932 eine enorme Aufwertung. Auch ex negativo durch den Reichspräsidenten, der diesen vermeintlich gefährlichen Konkurrenten schon im Vorfeld seiner endgültigen Entscheidung über eine erneute Kandidatur ausgeschaltet wissen will – durch Denunziation ausgerechnet beim ungeliebten Kaiser in Doorn.[17] Doch der Zweck heiligte auch bei Hindenburg stets die Mittel. Dabei hätte er eigentlich sicher sein können, dass Wilhelms Format und Ansehen nicht im Entferntesten an das seine heranreichten. Dass er ihn als Mitbewerber ernsthaft nicht zu fürchten hatte. Aber, so wird er sich gesagt haben, eine öffentliche Wahlschlacht birgt so viele Risiken für einen Ansehensverlust, dass er bedenkenlos zu diesem Präventivschlag griff – offenbar mit Erfolg. Und der Reichskanzler? Er ist naiv genug zu glauben, er könne den vormaligen Kronprinzen in seine verfassungsloyale Politik einbinden, mit Restaurationsversprechen und womöglich durch das Mandat, ihm bei der Moderation und Vermittlung seines Planes zu helfen.

Genau an diesem Angelpunkt macht sich wieder einmal die Ironie der Geschichte bemerkbar. Wenn nicht alles täuscht, war es Brünings monarchiepolitische Impertinenz, die dem greisen Hindenburg den letzten Ruck gab, trotz seines hohen Alters noch einmal in die präsidiale Verantwortung auf dem Boden der Weimarer Verfassung zu treten. Es ist der letzte Kampf um das Überleben seines Mythos. Damit nicht genug. Weil sich Brüning trotz seiner Abfuhr nicht dazu durchringen konnte, seinen Plan zu beerdigen, hat er den Hohenzollern zu einem Gewicht verholfen, das diese Herrscherdynastie auf der Waage der Wähler- oder Publikumsgunst schon längst nicht mehr besaß. Überspitzt gesagt, hat Brüning die Hohenzollern gleichsam exhumiert. Wenn auch nur etwas von der denkwürdigen Kontroverse zwischen Reichskanzler und Reichspräsident in ihr engstes Umfeld durchgesickert ist, dann öffnete sich jetzt jedenfalls die Tür zu einer neuen Hintertreppe im Vorhof der Macht. Und der Vorhang für einen surrealistischen Akt auf der politischen Theaterbühne. Eine neue Metaebene der Politik war da.

Dass es dazu kam, hatte viel damit zu tun, dass alle Akteure hinsichtlich ihrer Optionen das Licht der Öffentlichkeit oder gar ein transparentes Vorgehen scheuten wie der Teufel das Weihwasser. Dabei war es insbesondere für Wilhelm höchste Zeit, sich endlich erkennbar zu profilieren. Doch davon kann keine Rede sein. Als neues Gesicht oder gar Galionsfigur des antirepublikanischen Lagers bleibt er unsichtbar. Weil er so nicht wahrgenommen werden will? Wohl kaum. Denn die politische Farce einer gleichsam überparteilichen Kandidatur wäre unglaubwürdig gewesen, dafür war seine notorische Nähe zum reaktionären Stahlhelm bereits zu offenkundig. Um seine Ambitionen gleichwohl nicht zu begraben, fiel ihm wohl nichts Besseres ein, als sich hinter einem – womöglich selbstgeschmiedeten – geheimen Bündnis zu verstecken und darauf zu warten, von diesem gerufen zu werden. Umso ungestörter kann Hitler mit dem nun einsetzenden bildpolitischen Kult um seine Person eine Monopolstellung erobern und zu dem Gesicht systemverändernder Politik in Deutschland schlechthin werden. Für eine Kandidatur als Reichspräsident entscheidet er sich wohlweislich noch nicht.

Regierungsintern ist jetzt die Parole ausgegeben: „Es muss mit allen Mitteln erreicht werden, dass die Nazis nicht an die Posten des Reichspräsidenten und Reichskanzlers herankommen."[18] Dafür wird von Brüning eine neue Operation konzipiert, die auf die Unterstützung der SPD bei der Wiederwahl Hindenburgs zielt.[19] Damit stößt er die nationale Rechte erwartungsgemäß vor den Kopf. Umso härter, als er erklärt, auf gar keinen Fall zugunsten von Hugenberg oder gar Hitler zurückzutreten. Bei Stahlhelm, DNVP und NSDAP ist nun guter Rat teuer. Gerüchte durchschwirren den politischen Raum. „Es wird davon gemunkelt", schreibt die *Vossische Zeitung*, „dass die Deutschnationalen die Absicht hätten, bei der künftigen Reichspräsidentenwahl ihr monarchisches Bekenntnis dadurch zum Ausdruck zu bringen, dass sie einen Hohenzollern nominieren. Und es wird hinzugefügt, dass sie durch einen solchen Schachzug Hindenburg in Verlegenheit bringen wollten."[20] Die Highsociety-Journalistin Bella Fromm hört von ihrem Freund Conrad von Frankenberg, auch der Kronprinz sei gewillt, „als Präsidentschaftskandidat aufzutreten". Er würde aber auf jeden Fall Hitler unterstützen, „da Hindenburg einem Hohenzollern nicht als vertrauenswürdig erscheine".[21]

In diese Zeit, wo es nach Ansicht von Groener so „verteufelt schlimm in der politischen Zauberkiste aussieht"[22], muss auch eine Begegnung gefallen sein, die der Schriftsteller Robert Neumann seinen Lebenserinnerungen zufolge in Berlin mit dem Exkronprinzen hatte. Es ist derselbe Neumann, den er schon zwei Jahre zuvor in Neapel gesprochen hatte.[23] „Weiß Gott, wie er erfuhr, dass ich auf der Durchreise dort war. Er lud mich, einen ihm ja doch kaum Bekannten, dringend zu sich, um mir verblüffenderweise anzuvertrauen, er habe einen Besuch gehabt: Herrn Hitler, der ihm vorgeschlagen habe, sich von den Nazis als Reichspräsidentschaftskandidat aufstellen zu lassen, gegen Hindenburg. Und was würde nun also ‚die deutsche Judenheit' davon halten, wenn er das täte?" Schweigen. Dann habe er noch gefragt: „Und was schlagen Sie vor, Herr Neumann – zur Rettung Deutschlands?"[24]

Ob es eine solche Avance Hitlers tatsächlich gegeben hat, lässt sich quellenmäßig nicht belegen. Ausschließen kann man das nicht. Ist doch eine spätere Aussage unseres Probanden überliefert, wonach *er selbst* „seinerzeit Herrn Hitler gesagt hätte: ‚das Richtigste ist doch, wenn ich (der Kronprinz) zur Reichspräsidentenwahl aufgestellt werde, dann würden Sie mein Kanzler werden'".[25] Das würde auch Brünings hektische Reaktion auf die umlaufenden Gerüchte hierüber besser erklären. Bei seinem militärischen Berater Wilhelm Willisen, der gut mit Schleicher und wohl auch Kronprinzens konnte, holt sich Brüning schon Ende Januar Rat über die Möglichkeit einer

„Einwirkung auf den Kronprinzen zum Ziele einer stillen Förderung der Kandidatur Hindenburgs und einer Sicherung gegenüber den Angriffen der Monarchisten". Und erst jetzt erklärte er sich „einverstanden, mit dem Kronprinzen in seinem [Willisens – LM] Hause die schon längst gewünschte Unterhaltung zu führen."[26] Sofort schaltet sich auch Schleicher ein und arrangiert ein gemeinsames Frühstück in seinem Hause, das Brüning gerne geheimgehalten hätte.

Dort entwickelt der Kanzler am 2. Februar tatsächlich noch einmal seinen Reichsverweserplan, mit dem er erst vor Kurzem bei Hindenburg abgeblitzt war. Seinen Memoiren zufolge soll Wilhelm „nicht sonderlich entzückt" davon gewesen sein. Hindenburg denke doch gar nicht daran, „den Platz für einen Monarchen frei[zu]machen". Er würde Brüning „ebenso verraten, wie er alle anderen verraten hätte". Um zu verstehen, was damit gemeint war, muss man etwas wissen, das Brüning in seinen Memoiren natürlich nicht zugeben durfte: dass er nämlich dem ehemaligen deutschen Kronprinzen selbst das Amt des Reichsverwesers (natürlich erst bei Hindenburgs Tod) versprach. Das hat ein Mitarbeiter der Reichskanzlei, deren kurz darauf ernannter Staatssekretär Planck, einige Zeit danach in einem vertraulichen Gespräch zugegeben.[27] Deshalb muss den Kanzler die abermals schroffe Abweisung schwer düpiert haben. Später sind noch einige weitere Details dieser für Brüning im Nachhinein peinlichen Unterredung zur Sprache gekommen. Zum Beispiel, dass der Hohenzoller den Reichskanzler mit der Anmutung konfrontiert habe: „‚Was würden Sie sagen, wenn ich Kandidat würde'? Brüning: (betreten) ‚Das wäre allerdings die gefährlichste Komplikation für uns und ein schwerer Schlag gegen unsere Gedanken einer Hindenburgkandidatur'."[28] Seinem Vater gegenüber hat Wilhelm sogar behauptet, er habe Brüning bei dem Gespräch „nur nahelegen wollen, abzudanken".[29] Das hat er aber vermutlich erst nach diesem Treffen getan.

Dass die delikate Unterhaltung dann auch noch an Berliner Journalisten durchgestochen wurde, muss Brüning besonders bitter aufgestoßen sein. Hatte doch etwa die *BZ am Morgen* nicht einmal so falsch gemutmaßt, als sie schrieb: „Der politische Sinn dieser Zusammenkunft war – die Verhinderung einer Reichspräsidentschaftskandidatur des Kronprinzen." Denn die Deutschnationalen hätten „den Kronprinzen als ihren Präsidentschaftskandidaten auf das Schild heben wollen". Und auch die Nationalsozialisten „würden mit Begeisterung mitmachen, wenn es um die Wiederaufrichtung der alten Hohenzollernflagge geht. – Die Aufstellung dieser Kandidatur ist begreiflicherweise eine schwere Belastung der Hindenburgianer, denn es ist wahrscheinlich, dass Hindenburg sich gegen den Hohenzollernkandidaten gar nicht aufstellen ließe. Aus diesem Grunde ist der Wunsch Brünings begreiflich, den Kronprinzen dazu zu bewegen, die ihm von den Harzburgern angetragene Kandidatur nicht anzunehmen. Das war der Sinn des sensationellen politischen Essens bei Schleicher."³⁰ Auch das amtliche Dementi, wonach „der Reichskanzler mit dem ehemaligen Kronprinzen über die Präsidentschaftskandidatur eines Hohenzollernprinzen überhaupt nicht gesprochen habe"³¹, dürfte schon damals keinem politischen Beobachter eingeleuchtet haben. Und die Angelegenheit herunterzuspielen, wie es das renommierte *Berliner Tageblatt* versuchte, wird auch nicht viel gebracht haben. Sichtlich bemüht wurde die „Harmlosigkeit dieser Zusammenkunft" betont. Schließlich verfolge die „exkaiserliche Hoheit" keinerlei Thronambitionen, „trotz einer gelegentlichen Neigung, sich populär zu machen". So, wie man ihn kenne, fügte das Blatt noch augenzwinkernd hinzu, dürfte er auch seine „Bewegungsfreiheit für eine Reichspräsidentschaft kaum hergeben" wollen, sondern lieber „Privatmann" bleiben.³²

Nein, ganz im Gegenteil. Wie aus dem Nichts waren die Hohenzollern seit Februar 1932 wieder da im politischen Berlin – vor und hinter den Kulissen. Dank Brüning. Der hatte darauf spekuliert, klammheimlich seinen Reichsverweserplan zur Überwindung der demokratischen Vertrauenskrise einsetzen zu können. Doch weder Hindenburg noch die Hohenzollern wollen sich auf diese Bauernfängerei einlassen. So war Brüning mit seinem Latein schnell am Ende. Und die Geister, die er aus der Flasche gelassen hatte, entfalteten sogleich ein munteres Eigenleben. Als am 4. Februar 1932 Kronprinzens zu einer großen Wohltätigkeitsveranstaltung zugunsten ihrer Cecilienhilfe ins Berliner Luxushotel Esplanade einladen, gleicht das fürstliche Spektakel schon wieder in vielen Zügen dem, was man früher einen königlichen Hofball nannte.

Und die Presse schreibt darüber auch im Stil früherer Hofberichterstattung: „Der Kronprinz unterhielt sich lebhaft mit dem Präsidenten der italienischen Handelskammer Major Renzetti, Vertrauter und naher Freund Mussolinis, und Frau Renzetti, während seine hohe Gemahlin sich in den anstoßenden Saal begab, um dort mit der ihren eigenen Liebenswürdigkeit Cercle zu halten." – „Im Laufe des Abends ließ die hohe Frau noch verschiedene andere Persönlichkeiten an ihren Tisch bitten. So die junge Frau Dr. Goebbels, deren erstes Erscheinen in der Gesellschaft lebhaftes Interesse erregte. Frau von Dirksen stellte sie der Kronprinzessin vor."³³ Sichtlich erfreut notierte der Ehemann: Magda war „bei Kronprinzens und hat da Eindruck geschunden".³⁴ Nach dem gemeinsamen Treffen mit Brüning soll nun übrigens auch Schleicher seinem kronprinzlichen Duzfreund zugesagt haben, „dass er alles unternehmen würde, um so bald wie möglich zu erreichen, dass dem Kronprinzen die Reichsverweserschaft angetragen würde".³⁵

In diesen Tagen interpelliert Leopold von Kleist, der Generalbevollmächtigte der Hohenzollern in Berlin, erstmals im Auftrag seines Herrn den Naziführer über die Angemessenheit eines Engagements der Hohenzollernprinzen

Die royalen Gastgeber bei der Wohltätigkeitsgala der Cecilienhilfe
im Februar 1932.

für seine Bewegung. Für Hitler ist das keine Frage: "Wie im Kriege, gehörten auch jetzt die Kaisersöhne in die vorderste Kampflinie." Im Übrigen, so erfährt Ilsemann kurz darauf von Kleist in Doorn, sei Hitler "sehr bescheiden und vernünftig" gewesen. Er habe sich "für die Monarchie ausgesprochen, ja sogar für die Legitimität, soweit sie das Haus Hohenzollern betreffe. Auf Schwierigkeit sei Kleist erst gestoßen, als er den Kaiser und den Kronprinzen nannte. Als Monarchen habe Hitler gegen beide Bedenken, da sie von der Masse abgelehnt würden."[36] Ob Hitler sich tatsächlich so dezidiert über Wilhelm junior geäußert hat, sei einmal dahingestellt. Sein – wohlgemerkt verbales – Bekenntnis zur Hohenzollernmonarchie dürfte gleichwohl authentisch sein. Auch Hitler hatte inzwischen begriffen, dass die monarchische Option zu einer Trumpfkarte im Pokerspiel um die Macht geworden war, mithin in seinen Ärmel gehörte. Exkaiser Wilhelm muss Hitlers Bekenntnis – oder sagen wir: Kleists Darlegung desselben – zum Nennwert genommen haben. Sonst hätte er seinem Enkel Louis Ferdinand nicht folgende sichtlich wohlwollende "Ansicht" über den Nazichef geschrieben: "Hitler ist der Führer einer starken, nationalen Bewegung, gleichgültig, ob uns diese Bewegung in allen Einzelheiten gefällt oder nicht. Das, was er führt, verkörpert nationale Energie. Was einmal daraus werden wird, das wissen wir nicht, aber wir wissen, dass nur nationale Energien uns Deutsche wieder aufwärts führen werden."[37] Allein Ulrich von Sell, politischer Berater des Exkaisers und ein ausgesprochen kritischer Geist, warnte früh, Hitler wäre wahrscheinlich gar nicht in der Lage, das durchzuführen, „was er Kleist – unbedingt bona fide – zugesagt hat". Schon weil er kein Preuße sei. Außerdem bezweifelte er, dass Hitler „die monarchische Idee" in seiner Partei überhaupt „zur Verwirklichung zu bringen imstande ist".[38]

They are all a little Hitler-mad

Mitte Februar 1932 wurde amtlich, dass Hindenburg noch einmal zur Wahl antreten würde – ungeachtet seiner nunmehrigen Unterstützung durch die demokratische Linke, die Brünings unermüdlicher Einsatz ermöglicht hatte. „Gelingt die Wiederwahl Hindenburgs, so kann sich bei dieser Wahl vielleicht der Übermut Hitlers brechen"[39], so die die Hoffnung des Reichskanzleichefs Pünder. Damit steht er nicht allein, darauf hoffen alle weimarrepublikanischen Helfer dieser wahrlich schweren Geburt. Immerhin ging es darum, die politische Basis des greisen Kandidaten nach links umzuschichten.[40] Auf der anderen Seite mussten sich vor allem die nationalkonservativen Hindenburgianer vor den Kopf gestoßen fühlen. Der Reichspräsident selbst hat sich engen Vertrauten gegenüber auf folgenden sibyllinischen Standpunkt versteift: Er müsse „diesen Pflichtweg gehen, um innen- und außenpolitisch Schwerstes zu verhüten."[41] Welche Gefahren er da konkret im Verzug sah, werden wir weiter unten zu erörtern haben. Im politischen Berlin rief Hindenburgs Kandidatur bei den nicht unmittelbar Eingeweihten jedenfalls großes Erstaunen hervor. Man hatte nicht damit gerechnet, dass Brüning sich mit seiner Politik so erfolgreich beim Reichspräsidenten durchsetzen würde. Für die Rechte war damit die Chance dahin, über die Präsidentenwahl an die Regierung zu gelangen. Jetzt musste sie wohl oder übel gegen Hindenburg antreten – doch mit welchem Kandidaten? Das einzig Positive, das ein halbwegs neutraler Beobachter der Lage wie Lersner in dem Gezerre sieht, ist, „dass unser Volk die Parteiwirtschaft nun allmählich gründlich satt bekommen wird. Dann wird endlich der Weg für eine Nationalregierung völlig parteiloser Männer frei."[42] Auf genau diesen Weg hat sich nun namentlich Schleicher gemacht. Sein Ziel: die baldige Ablösung des Kabinetts Brüning durch eine stramm autoritäre Rechtsregierung. Doch zunächst sieht Schleicher seine Aufgabe darin, Hindenburg im Wahlkampf zu unterstützen. Denn „Hindenburg ist der einzigste Kandidat, der in der Lage ist, Hitler zu schlagen". Schleicher ist der „Überzeugung, dass Hitler zum Reichspräsidenten geeignet ist wie der Igel zum Handtuch, und weil ich fürchte, dass seine Präsidentschaft zum Bürgerkrieg und letzten Ende zum Bolschewismus führt".[43]

Während in Berlin die politischen Köpfe rauchen, verlustiert sich unser Protagonist in den Schweizer Alpen. Aus dem Grandhotel Suvretta House in St. Moritz schickt er an Schleicher sonnige Grüße. Verbunden mit der Frage: „Was hältst Du von den Wahlchancen von Hindenburg-Hitler?" Was zeigt, dass sein Rückzug aus der Metropole nicht allein hedonistische Gründe hatte. Er möchte die Geschehnisse in Berlin erst einmal aus der Distanz betrachten, um zum gegebenen Zeitpunkt vielleicht selbst einzugreifen. Er werde „wohl Anfang März zurück sein, bis dahin alles Gute. Wann fällt das Uniformverbot? Herzlichen Gruß und Frontheil – Dein – WILHELM"[44] Bevor der Urlauber wieder zurück ist, haben sich DNVP und Stahlhelm darauf geeinigt, mit einem eigenen Kandidaten in den Wahlkampf zu ziehen: Theodor Duesterberg. Der Co-Vorsitzende des Frontsoldatenbundes soll es richten. Duesterberg ist freilich alles andere als eine Integrationsfigur der nationalistischen Opposition.

Hitler bekommt eine „Sauwut"[45], denn man hat ihn vor vollendete Tatsachen gestellt. Bis dato hatte er einen – wie es schien – erfolgreichen Werbefeldzug im Geiste der Harzburger Front mit dem Ziel eines von Hindenburg gebilligten Regierungswechsels geführt. Jetzt aber war Hindenburg selbst Kandidat jenes „Systems" geworden, das die Harzburger erklärtermaßen stürzen wollten. Und mit der Eigenmächtigkeit seiner vermeintlichen Partner stand Hitler plötzlich allein da. So blieb ihm nicht viel anderes übrig, als nunmehr auf eigene Faust – gestützt auf seine Bewegung und den SA-Faschismus – zu kandidieren. Auf Sieg konnte er dabei kaum setzen. Aber vielleicht auf Stimmenfang im nationalkonservativen Lager. Er geht in die Vollen. Schon am 27. Februar schreit er im Sportpalast seine Kampfansage heraus. Die Politik seiner Partei könne und werde auf gar nichts anderes hinauslaufen als die „Vernichtung" der Novemberrevolution und ihrer „Folgeerscheinungen". Denn man sehe ja, „dass das heutige System nur einen einzigen Gedanken hat, sich selbst zu erhalten und nicht zu gehen". Diesem System gegenüber gebe es „nur einen einzigen Gegner, und das sind wir. Unsere Parole: Wir stürzen euch auf alle Fälle!"[46]

Stürzen und Vernichten – das sind und bleiben für jedermann sichtbar die Eckpfeiler von Hitlers politischem Fanatismus. Doch mit radikaler Propaganda allein ist es nicht getan, das weiß der Demagoge nur zu gut. Nicht minder wichtig ist jetzt, für die Wahlkampagne einflussreiche Unterstützer jenseits der eigenen Bewegung zu gewinnen. Wie Hitler das anstellte, hat der Beauftragte des Exkaisers Levetzow an seinen Freund Donnersmarck kommuniziert. Levetzow berichtet, man habe ihn im Anschluss an das Sportpalast-Spektakel ins Hotel Kaiserhof zu einer Besprechung in Hitlers Zimmer gerufen. Das Ergebnis sei die Unterzeichnung eines „Wahlbekenntnisses" gewesen, das die Nationalsozialisten zusammen mit den Namen von Fritz Thyssen, dem Großindustriellen, und Hjalmar Schacht, dem Bankier, „nebst denen zweier Arbeiter" veröffentlichen würden. „Von Hitler", so Levetzow weiter, „hatte ich einen vortrefflichen Eindruck. Ich kann wirklich nur empfehlen, ihn jetzt zu wählen, er hat für Deutschland in all diesen Jahren unendlich viel getan, das sollte ihm das Volk jetzt danken."[47]

Eine Woche später präsentiert sich sein Mitbewerber Duesterberg dem Wahlvolk – ebenfalls im Sportpalast, mit pompösem Stahlhelmaufmarsch und tosender Militärmusik in einem schwarz-weiß-roten Fahnenmeer. Hauptredner Hugenberg propagiert den „Sturz des Systems", der ja im Bewusstsein der Masse des deutschen Volkes ohnedies schon längst vollzogen sei. Im Anschluss bekennt sich Duesterberg recht blumig zur Notwendigkeit einer „Regierung des nationalen Widerstandswillens", überhaupt bleibt seine Rede zahn- und farblos.[48] Einzig der Berliner Stahlhelmführer Stephani spickt seine Ansprache mit deutlichen Spitzen gegen die Nazis.[49] Auch unser Held, der gerade aus St. Moritz zurück ist, lässt sich den Massenauflauf im Sportpalast nicht entgehen, ist es doch nachgerade ein politisches Heimspiel für ihn. Mit 20.000 Zuschauern. Entsprechend enthusiastisch feiert das die Hugenberg-Presse: „Plötzlich geht ein jubelndes Grüßen von Rang zu Rang. Der Kronprinz ist gekommen, um Duesterberg zu seinem guten Kampfe die Hand zu drücken."[50]

Auch nüchternere Beobachter des Szenarios fanden den „tosenden Jubel" bemerkenswert, mit dem der Exkronprinz bei Erscheinen und beim Weggang von der Masse bedacht wurde.[51] Hitler und Hindenburg dürfte dies nicht gefreut haben. Dennoch war es eine Fehlspekulation, nun Duesterberg als „Kandidaten des Kronprinzen" aufzuwerten, wie etwa die *Vossische Zeitung* dies tat. Vielleicht wollte Wilhelm den alten Hindenburg vergrätzen mit seinem Auftritt, doch ganz bestimmt nicht Hitler. Dafür waren die Sympathien, die die Hohenzollern den Nazis entgegenbrachten, bereits zu groß geworden. Selbst der eher hitlerkritische Müldner, der sich viel lieber einen Einheitskandidaten der nationalen Opposition gewünscht hätte, ließ sich davon anstecken: „Sollte im zweiten Wahlgang Hitler durchkommen, so wird es natürlich eine ganz grundlegende Änderung auf allen Gebieten geben", schreibt er an den Kaiserenkel Louis Ferdinand. „Auch ich habe bei aller Sympathie für die nationalsozialistische Bewegung Bedenken, ob sie nicht hier und da etwas über das Ziel hinausschießen wird und die innerpolitische Situation sich nicht unliebsam verschärfen kann. Ich nehme aber alles schließlich in Kauf, wenn wir nur vom Marxismus loskommen. Für mich bleibt das das A und O."[52] Auch sein noch etwas kritischerer Kollege Sell hielt Hitler „nicht nur für den besten dieser Leute" – gemeint sind die Nazis –, „sondern für eine ganz besonders hervorragende Persönlichkeit". Immerhin warnte er davor, „uns dem Nationalsozialismus in die Arme zu werfen".[53]

Genau das scheint aber im Frühjahr 1932 bereits in vollem Gange gewesen zu sein. Als die beiden Geschwister Oskar und Viktoria Luise Anfang März ihren Vater in Doorn besuchen, äußert Viktoria Luise vertraulich gegenüber Ilsemann: Sie habe „den Eindruck, der Papa setze seine ganze Hoffnung auf Hitler, der, wenn er die Wahl zum Reichspräsidenten gewinnt, ihn zurückrufen werde". Doch, so fügte sie, offenbar gut informiert, hinzu, „die Nazis dächten gar nicht daran, den Kaiser zu rufen. Niemand würde ihn rufen."[54] Das konnte seine zweite Frau Hermine nicht davon abhalten, noch vor dem Wahltermin in Berlin ihr Quartier zu beziehen, um bei Bedarf politikfähig zu sein. Und natürlich, um Kronprinzens nicht das Feld zu überlassen. Auch den Wittelsbachern bleibt nicht verborgen, wie die preußischen „Vettern" immer stärker nach rechts außen driften. „Der Kaiser und die Hohenzollern", notiert Ruprecht von Bayern, „scheinen ihre Hoffnung auf Hitler zu setzen, aber die Enttäuschung wird nicht ausbleiben".[55] Da passt ins Bild, was die Schwiegertochter von Reichsgründer Otto von Bismarck ebenfalls im März an ihre Mutter geschrieben hat: „They are all a little Hitler-mad, especially Ann Mari [ihre Schwiegertochter – LM], but Gottfried & Otto [ihre Söhne – LM] are also quite on his side, and we are all going to vote for him." Philipp Prinz von Hessen sei zu Besuch gewesen „and cannot find enough praise for Hitler himself. Of course we all agreed that some of his friends & followers are not quite up to the mark, but that can't be helped."[56] Ja, hitlerverrückt!

Bei der Abschlusskundgebung der NSDAP im Berliner Sportpalast mit Göring und Goebbels am Vorabend der Wahl ist Exkronprinz Wilhelm zur Stelle, und den Wahlabend selbst am 13. März 1932 verbringt er in Görings Berliner Wohnung in der Badenschen Straße.[57] Für Hindenburg werden fast 50 Prozent der Stimmen gezählt, für Hitler nur 30 Prozent, während Duesterberg mit nicht einmal 7 Prozent unter ferner liefen bleibt. Es kommt damit zur Stichwahl Hindenburg-Hitler. Während Hugenberg sich nun noch „weiter von Hitler absetzen will"[58], hört Lersner unter der Hand, „dass eine größere Anzahl der Besiegten sich nicht mit der Niederlage abfinden, sondern durch Aufstellung des Kronprinzen Wilhelm dem Feldmarschall ein Paroli bieten will. Wenn auch der monarchische Gedanke in Preussen nicht unbeträchtlich wächst, so glaube ich, dass der Kronprinz zu klug ist, jetzt eine Kandidatur anzunehmen, falls die Parteien nicht schon selbst auf den Plan verzichten."[59] Schulenburg rät dringend ab davon: „Der monarchische Gedanke", sagt er Ilsemann, „macht fraglos Fortschritte, scheitert aber an dem Mangel eines Kandidaten, da das Haus Hohenzollern versagt."[60] Er hofft vielmehr, „dass sich die Nationale Front auf einen Kandidaten einigt, um Hindenburg vor Augen zu führen, wie groß die Masse der Besten im Volk ist, zu denen er früher gehört hat und die heute in schärfster Opposition zu ihm stehen und ihn anklagen, nicht nur eine nationale Kandidatur um den Erfolg gebracht, sondern auch während seiner 7 Jahre das deutsche Volk in Grund und Boden regiert zu haben."[61]

Zur Klärung genau dieser Frage lädt der ehemalige Kronprinz Vertreter von NSDAP, DNVP und Stahlhelm am 17. März in sein Berliner Büro in der Generalverwaltung. Mit dabei ist auch Mussolinis politischer Beauftragte in Berlin Giuseppe Renzetti.[62] Dessen Mission bestand schon seit Längerem darin, zur Einigung der nationalen Opposition in Deutschland beizutragen. Nun aber will er mithelfen, Hitler als Führer dieses Lagers zu etablieren. Denn auch der Duce baut jetzt stark auf Hitler und dessen baldige Machtübernahme. Doch ein Aktionsbündnis kommt nicht zustande. Weder Renzetti noch Wilhelm gelingt es, die eingeladenen Harzburger geschlossen hinter Hitler zu bringen.[63] Nicht einmal eine Empfehlung für den zweiten Wahlgang wollen sie sich abringen lassen. Eine Einheitskandidatur der gesamten Rechten scheint nunmehr ausgeschlossen. Am 22. März kommt es zu einer vertraulichen Besprechung von Wilhelm mit Göring über das weitere Vorgehen. Das Ergebnis sind zwei Reklameschreiben des Hohenzollern, die es verdienen, hier ausführlicher wiedergegeben zu werden.[64]

Das eine, datiert vom 23. März, richtet sich an den Vorsitzenden der DNVP Alfred Hugenberg: „Aus Ihrer Erklärung zur politischen Lage habe ich mit Bedauern entnommen, dass für die Deutschnationale Volkspartei eine aktive Beteiligung am 2. Wahlgang für die Reichspräsidentenwahl nicht in Frage kommen soll. Meines Erachtens steht dies in einem unvereinbaren Widerspruch mit dem in der gleichen Erklärung von Ihnen abgelegten Bekenntnis der Harzburger Front. Dieses Bekenntnis in die Tat umzusetzen, ist das Gebot der Stunde. Dazu müssen Sie als Führer der Deutschnationalen Volkspartei helfen. Ich halte das auch nach Ihrer Erklärung immer noch für durchaus möglich, wenn Sie jetzt die Angehörigen Ihrer Partei aufrufen, im zweiten Wahlgang, unter Hintanstellung aller Bedenken und alles Vorgefallenen, ihre Stimme für Hitler abzugeben. Mehr denn je kommt es auf ein geschlossenes Zusammenstehen der gesamten nationalen Front an, ganz gleich, ob der zweite Wahlgang den Sieg bringt oder nicht. Mit besten Grüßen – Ihr – ergebener – WILHELM."

An Seldte, den Vorsitzenden des Stahlhelm, schreibt er am gleichen Tag mit der Anrede: „Lieber Kamerad Bundesführer!" Er habe zu seinem „Bedauern ersehen, dass der Stahlhelm sich von einer Beteiligung am zweiten Wahlgang der Reichspräsidentenwahl fernhalten will. Ich halte diesen Entschluss sowohl im Interesse der nationalen Bewegung im allgemeinen wie des Stahlhelm im Besonderen für unglücklich. Mehr denn je kommt es jetzt auf eine geschlossene nationale Front an, und dazu muss der Stahlhelm unter Hintanstellung aller Bedenken und alles bisher Vorgefallenen mit ganzer Kraft beitragen. Ich gebe mich der Hoffnung hin, dass mit dem gestrigen

Beschluss des Bundesvorstandes in dieser Frage noch nicht das letzte Wort gesprochen ist, dass vielmehr, sobald als möglich, eine Aufforderung der Bundesführer an die Angehörigen des Stahlhelm folgen wird, im zweten Wahlgang ihre Stimme Adolf Hitler zu geben. – Mit bestem Gruß und Frontheil – Ihr – ergebener – WILHELM".

Ebenfalls am 23. März veröffentlicht Wilhelms Standesgenosse Carl Eduard Herzog von Coburg unter der Überschrift „Schließt die Reihen" einen Aufruf zur Wahl Hitlers. Die entscheidende Frage sei jetzt: „Wer erringt die Macht für das nationale Deutschland." Es gehe „nicht um den Führer einer Partei, sondern um den Durchbruch einer Bewegung, die alle Gegensätze in sich überbrücken und damit die nötigen Kräfte zu den kommenden Aufgaben haben wird."[65] Warum hat der frühere deutsche Kronprinz sein innerliches Bekenntnis und seine faktische Nähe zu Hitler nicht ebenso sichtbar werden lassen wie sein Coburger Vetter[66]? Offenbar weil er bis zuletzt mit dem Gedanken gespielt hat, vielleicht doch noch selbst als Kandidat ins Rennen zu gehen. Dafür musste er sich alle Türen offenhalten und sich sehr genau überlegen, wen er in seine Hintergedanken einweihen sollte. Schon seit Februar kursieren in ganz Deutschland formelle Einschreibelisten für eine Kandidatur des Hohenzollern, die eine sogenannte Reichsbewegung für Kronprinzenkandidatur auf den Weg gebracht hat.[67] Ihr geografischer Schwerpunkt ist Schlesien, wohin sich unser Prinz denn auch Ende März auf sein Schloss Oels zurückzieht, überraschenderweise diesmal mit seiner Frau, deren Nähe er sonst eigentlich nicht sucht. Dort erreicht ihn ein Antwortschreiben Hugenbergs auf seinen oben zitierten Brandbrief. Hugenberg lehnt es ab, eine politische „Mitverantwortung für die aussichtslose Hitler-Kandidatur zu übernehmen". Eine solche Unterstützung würde seine potenziellen Wähler bei den anstehenden Preußenwahlen abschrecken. Nach Hugenbergs Ansicht hätten schon beim ersten Wahlgang selbst eingeschworene Gegner der Weimarer Republik Hindenburg gewählt, weil sie einen Reichspräsidenten Hitler partout nicht wollten.[68] Ein Wahlsieg der Nazis wird damit immer unwahrscheinlicher – zumal auch der Stahlhelm kneift.

Halb zog man ihn, halb sank er hin

In ihrer Ausgabe vom 25. März 1932 veröffentlicht die Wochenzeitung *Friedericus*[69] einen flammenden Aufruf. Man möge Kronprinz Wilhelm zum neuen Reichspräsidenten küren, und zwar als gemeinsamen Kandidaten einer neuen Harzburger Front. Diesem publizistischen Startschuss für die sofortige Eröffnung einer entsprechenden Wahlkampagne waren hinter den Kulissen diverse Sondierungen vorausgegangen, bei denen sich vor allem die alten Weltkriegsheerführer Karl von Einem und August von Mackensen engagierten. Den für die Aktion notwendigen Draht zu Hitler sollte ein etwas obskurer NSDAP-Propagandaleiter aus Westfalen herstellen: Joachim von Ostau. So wurde wenige Tage vor dem Auslaufen der Frist für die Einreichung von Wahlvorschlägen eine Initiative gestartet, die darauf zielte, in einer Art Handstreich Hindenburgs absehbaren Wahlsieg noch in letzter Minute zu verhindern. Auch Wilhelms alter Freund Eberhard von Selasen-Selasinsky wurde gleichsam als Türöffner miteinbezogen.[70]

Am Nachmittag des 29. März 1932 empfängt das Kronprinzenpaar in seinem Schloss Oels das provisorisches Wahlkomitee, bestehend aus Ostau, Selasen-Selasinsky und Günther von Einem, dem Sohn des Weltkriegsgenerals. Halb zog man ihn, halb sank er hin – dann zeigte sich Wilhelm zu einer „spontanen" Kandidatur für die Reichspräsidentenwahl bereit. Unter drei Voraussetzungen: Zustimmung seines kaiserlichen Vaters, Unterstützung durch Hitler, der persönlich kontaktiert werden soll, sofortiges Einwirken der Generäle von Einem (senior) und von Mackensen auf Hindenburg mit dem Ziel, ihn zum Verzicht auf eine erneute Kandidatur zu bewegen. Unverzüglich wird ein Brief an Hitler aufgesetzt, dessen Wortlaut wir nicht kennen. Wir wissen nur, dass Wilhelm dem Adressaten – im Falle seiner erfolgreichen Kandidatur – die feste Zusage machte, „ihn mit dem Posten des Reichskanzlers zu betrauen".[71] Von dem Brief an seinen Vater wiederum, der vom gleichen Tag datiert, hat sich der Überbringer eine Abschrift genommen, so dass wir dessen Wortlaut kennen[72]: „Lieber Papa! – Es wird mir nicht leicht, diesen Brief zu schreiben. Der Ausgang der Wahlen hat leider mit einem Fortfall der Harzburger Front geendet. Um noch einmal alle nationalen Kräfte zu einigen, ist man an mich herangetreten mit der Bitte, als Präsidentschaftskandidat in den Wahlkampf einzutreten. Man hofft, auf diese Weise Hindenburg-Brüning so manche Stimme zu entziehen. Prinzipiell bin ich entschlossen, diesem Rufe zu folgen, wollte aber erst auf diesem Wege Deine Genehmigung zu diesem Schritte einholen. Läge ich nicht bewegungslos mit einem Hexenschuss fest, wäre ich selbst zu Dir gekommen. Unser Freund Sela kann Dir alles Nähere erklären. – Mit den allerherzlichsten Grüßen, auch an Hermo stets Dein getreuer Sohn – Wilhelm".

Und noch ein drittes Dokument muss hier angeführt werden. Das ist der Aufruf, mit dem die Kandidatur von Berlin aus in die große Öffentlichkeit kommen sollte, versehen mit der Unterschrift des in nationalen Kreisen hochangesehenen Generals von Einem. Aufgesetzt hatte den Text dessen Sohn Günther in enger Absprache mit dem Schlossherrn von Oels. „Als einer der ältesten Mitkämpfer der nationalen Freiheitsbewegung in Deutschland fordere ich zur Gründung eines Ausschusses zur Präsidentschafts-Kandidatur des Kronprinzen Wilhelm für den zweiten Wahlgang am 10. April auf. In der ernstesten Stunde der deutschen Geschichte soll durch die Wahl des Kronprinzen Wilhelm die Geschlossenheit aller nationalen Führer und deren Gefolgschaft wiederhergestellt werden. Das Ziel ist die Einsetzung einer nationalen Regierung als einzige Möglichkeit zur Beendigung eines Systems des Niederganges und zum Ausgangspunkt einer Erneuerung des deutschen Vaterlandes."[73]

Aus alldem geht hervor, dass Wilhelm seit Jahresbeginn mehr oder weniger hartnäckig ein großes Ziel verfolgte, nämlich seine und Hitlers politische Ambitionen zu synchronisieren. Idealerweise hätte dies eine Kombination von Reichsverweser- und Reichskanzlerschaft bewerkstelligen können. Wäre es allein nach den beiden Protagonisten gegangen, so hätte sich eine solche Allianz wohl ohne größere Probleme schmieden lassen. Aber da waren auch noch zwei unterschiedliche Rattenschwänze, die das Projekt einer solchen Kollaboration unweigerlich nach sich zog. Zum einen: Wilhelm musste auf seine Familie Rücksicht nehmen, insbesondere auf die ganz anders gelagerten Interessen seines Vaters, der immer noch am längeren Hebel saß. Er musste Rücksicht nehmen auf seine Widersacher und Neider in der Generalverwaltung, auf seine „Kameraden" vom Stahlhelm, auf die (vermeintlichen) Monarchisten in der hohen Staatsbürokratie, auf seinen jüdischen Bekanntenkreis, und nicht zuletzt musste er sich vor der Skandalisierungslust der linken Presse hüten. Zum anderen: Sein Pendant Hitler durfte den radikalen „sozialistischen" Flügel seiner Bewegung nicht verprellen, der durch Goebbels, Gregor Strasser oder Alfred Rosenberg bedeutende Repräsentanten besaß, von Aristokratie und Monarchie wollten diese Männer nichts mehr wissen. Und er musste sein Image wahren, allmächtiger Führer aus eigener Wurzel zu sein, das heißt: autonom handeln und siegen zu können, der Schützenhilfe eines abgedankten Herrscherhauses also gar nicht zu bedürfen. So konnten die beiden Politikverwandten nicht zueinanderkommen, geschweige denn sich formell verbrüdern. Sie durften nur *diplomatische Beziehungen* unterhalten und nach entsprechenden Sprachregelungen *offiziell* interagieren. Alles andere ging nur im Verborgenen, spielte sich im „Uneigentlichen" ab. Wie genau dies im vorliegenden Fall aussah, ist kaum durchschaubar. Was sich allerdings erkennen lässt: Der ehemalige Kronprinz wollte im Frühjahr 1932 gerne mit Hitler gehen. Seine persönliche Wertschätzung dieses Mannes war echt, und sie war im Steigen begriffen. Was Hitler damals von seinem allianzwilligen Mitbewerber um staatliche Macht gehalten hat, darüber gibt es indes kein belastbares Quellenmaterial.

Den Aufzeichnungen Selasen-Selasinskys über seine Doorner Mission kann man nun Folgendes entnehmen: Die Kaiserin Hermine habe ihn dort am 30. März im Vorfeld abgefangen. Der Empfang sei von Anfang an frostig und „Hermo" auf Krawall gebürstet gewesen. Für sie war der Plan einer eventuellen Kandidatur ihres Stiefsohns „nicht neu" und Herr von Ostau überdies „eine zweifelhafte Persönlichkeit". Doch „Sela" lässt sich nicht abwimmeln. Mit Engelszungen erläutert er ihr eingehend den Gedanken „einer Art Reichsverweserschaft durch den Kronprinzen bis zur Klärung der politischen Verhältnisse, und die Möglichkeit einer Restauration der Monarchie. Die Präsidentschaft sei als Übergang zu werten." Er betont auf Nachfrage, „dass nichts Abschließendes unternommen würde, wenn nicht eine absolute Gewissheit betreffs der Haltung Hitlers und seiner Gefolgschaft vorläge". Hermine wollte nicht verstehen, „wie der Kronprinz sich jetzt so den Nazis verschreiben kann und will, die er doch bisher schärfstens verurteilt hat". Was Selasen-Selasinsky mit dem Argument zurückwies, dass sich sein Absender „schon *vor* der jetzigen Erörterung der Frage der eigenen Kandidatur aus eigener Überzeugung für die Wahl Hitlers einsetzen wollte". Er habe ihm in Oels sogar schon eine vorbereitete „Erklärung betreffs seiner Stellungnahme gezeigt". Weiter erklärt er ihr, „dass Hitler der Mann sei, der als Reichskanzler eventuell die Lage Deutschlands mit seiner Bewegung meistern könne." Deshalb sei ihm auch „zuzubilligen", wenn er die „Bedingung stelle, Reichskanzler zu werden". Aus seiner gestrigen Unterredung in Oels wisse er, „dass der Kronprinz sich sicherlich sofort trennen wird von Groener und Brüning" und „dass er betreffs seines Verhaltens gegenüber dem General von Schleicher, der ja ein persönlicher Freund von ihm ist, sich etwaigen Forderungen der NSDAP betreffs dessen Person nicht widersetzen wird". – „Also", habe Hermine erwidert, „Sie halten den Kronprinzen für den Mann der rettenden Tat? Er selbst hat sich nicht dafür gehalten, sondern Brüning als solchen angesehen. Und nun stellt er sich gegen ihn."

Mit seinen Kandidaturplänen stößt unser Exkronprinz also vor allem bei seiner Stiefmutter auf schärfsten Widerstand. Er hatte sie natürlich zu keinem Zeitpunkt über seine vertraulichen Beziehungen zu Hitler & Co. ins Bild gesetzt, sondern eher Nebelkerzen benutzt, wenn er mit ihr in Berlin politisierte. Nun war, wie allgemein bekannt, Hermine[74] bereits selbst „eine überzeugte Anhängerin des Nationalsozialismus" (Selasinsky) geworden und wollte sich durch Kronprinzens auf gar keinen Fall den vermeintlich exklusiven Rang ablaufen lassen, die entscheidende Verbindungsfrau zwischen ihrem Mann und Hitler zu sein. Sie setzte auf die baldige „legale" Machtergreifung des Führers, mit der denknotwendigen Folge einer Restauration der „legitimen" Monarchie preußischer Provenienz. Deshalb war es der *worst case* für Selasinskys Mission, zuallererst an diese Frau zu geraten, die dann auch nichts Besseres zu tun hatte, als zu verhindern, dass der Exkaiser den Emissär überhaupt zu Gesicht bekam. Selasinsky wurde ungnädig entlassen und durfte mit der Botschaft abreisen, der Vater befehle seinem Junior den Verzicht auf die Kandidatur.

Ganz anders erging es dem anderen Agenten von Kronprinzens, Herrn von Ostau, in München.[75] Schon in Hitlers Privatwohnung in Berchtesgaden erhielt der dort gerade zu Besuch weilende Goebbels am 30. März morgens von Hitler persönlich die „Nachricht, dass der Kronprinz kandidieren wolle. Tolle Groteske. Wir erwägen alles Für und Wider. Hitler sieht die Sache günstig an, ich weniger." Sofort nach München ins Braune Haus. „Kurier kommt vom Kronprinzen. Mit Brief. Erbittet Hitlers Unterstützung bei seiner Kandidatur. Harmloser Irrer. Wir überlegen. Ich muss weg."[76]

Seinem brieflichen Rapport[77] zufolge wurde Ostau tatsächlich am 30. März nach München ins Braune Haus beordert, wo ihn Hitler in Anwesenheit von Strasser und Goebbels empfing und den Brief von Wilhelm durchlas. Anschließend hätten die drei Ostaus Vortrag „mit außerordentlich großem Interesse" zugehört. Darin habe er ausgeführt, dass die Kandidatur „vor allem" darauf ziele, „der Hindenburgfront einen starken Stoß zu versetzen". Und dass es nach Ansicht des Kandidaten „geradezu selbstverständlich sein müsste, bei einem etwaigen positiven Ausgang der geplanten Aktion den Reichstag aufzulösen und Hitler mit dem Amte des Reichskanzlers zu betrauen, während dann nachfolgend das [Wahl-]Volk ein Urteil über die Tätigkeit des neuen Reichskanzlers abzugeben haben würde". Hitler habe sich nach Ostaus Vortrag zu einer anderthalbstündigen Beratung mit seinen Vertrauten zurückgezogen. Anschließend habe er gesagt: Die geplante Aktion könne nur erfolgreich sein, wenn Hindenburg vorher seinen Rückzug erklärt. Dazu sollten ihn insbesondere auch Schleicher und Hammerstein bewegen. Der Kronprinz möge seine Bewerbung in Gestalt eines Wahlvorschlags der DNVP ruhig einreichen. Er selbst „würde dann seine Kandidatur zunächst einmal angemeldet lassen, um abzuwarten, ob Hindenburg zurückzöge". Wenn ja, dann würde auch Hitler unter der Voraussetzung der vorherigen Einigung mit Wilhelm bereit sein, seine Kandidatur definitiv zurückzuziehen. Sollte dieser Plan tatsächlich aufgehen, so stünde Hitler sofort und „gerne zu einer persönlichen Besprechung" mit dem ehemaligen Kronprinzen in Berlin zur Verfügung.

Die Empfänglichkeit des Naziführers für die – nennen wir sie einmal – „Aktion Kronprinz" ist unverkennbar. Was tiefere Ursachen gehabt haben muss. Vielleicht sogar eine geheime Vorabsprache? Über die lässt sich mangels Quellen nur spekulieren. Für Hitler stand die Überlegung im Raum, dass sich mit der Person des preußisch-deutschen Thronfolgers a. D. bei den Reichspräsidentenwahlen womöglich doch mehr Stimmen einfangen ließen als mit dem Prestige, das er selbst verkörperte.[78] Und ob sich damit bei Hindenburgs Rückzug sogar die Wahl gewinnen ließe. Er war deshalb ernstlich interessiert, die Option auszutesten und mit dem Kandidaten verbindliche Absprachen zu treffen. Dafür eine Restauration der Hohenzollernmonarchie erst einmal verbal in Kauf zu nehmen, das schien ihm kein zu hoher Preis zu sein. Schließlich hatte Wilhelm durch seinen Emissär deutlich genug zu erkennen gegeben, wie weit er sich bereits dem Hitlerschen Machtergreifungsplan verschrieben hatte: Kanzlerschaft, Neuwahlen, abgestimmtes Personalrevirement etc. Da schien doch schon eine erstaunliche Affinität erreicht. Dem amerikanischen Journalisten Edgar Mowrer soll Hitler sogar eingeräumt haben, er habe sich „bereitgefunden, des Kronprinzen wegen [von seiner Kandidatur – LM] zurückzutreten".[79]

Ostau meldet das positive Ergebnis seiner Münchener Unterredung noch in der gleichen Nacht telefonisch nach Oels. Dort werden im Anschluss bereits Vorbereitungen für die sofortige Rückreise nach Berlin getroffen. Den Aufzeichnungen Günther von Einems zufolge hat Ostau ihn noch zweimal aus München angerufen und den Mitverschwörer instruiert, am kommenden Tag gegen Mittag nach Berlin zu kommen, um gemeinsam mit DNVP-Politikern den „Wahlvorschlag Kronprinz" publizistisch vorzubereiten. Der ehemalige Kronprinz würde auch dorthin kommen und sogar persönlich „Hindenburgs Rücktritt zu erwirken suchen". Kurz nach Mitternacht habe der Sekretär Seiner Kaiserlichen Hoheit, Arthur Berg, aus Oels angerufen, das Eintreffen seines hohen Herrn in Berlin bestätigt und für 13 Uhr zu einer Konferenz im Niederländischen Palais eingeladen.

Doch bevor es dazu kommt, macht ein Telegramm aus Doorn allen Hoffnungen ein Ende. Den Wortlaut kennen wir wieder einmal nicht[80], aber die Reaktion des Adressaten. „Ich habe", so telefoniert Wilhelm noch in der Nacht an von Einem, „aus Doorn den *Befehl* erhalten, auf unsere Pläne zu verzichten." Einem habe auf Nichtbeachtung dieser Ordre plädiert. Wilhelm: „Ich kann nicht anders!" Vergeblich stachelt ihn auch seine Frau an, sich über den kaiserlichen Ukas hinwegzusetzen. Das sei doch gar nicht der Wille seines Vaters, sondern nur der Wille der eifersüchtigen Möchtegernkaiserin.[81] Cecilie war anscheinend zu einer Palastrevolution bereit. Doch in der Rolle eines echten Frondeurs fühlte sich ihr Mann überfordert. Er schaffte es einfach nicht, gegen seine inneren Grenzen anzukämpfen. Um es nur zum Biegen, aber keinesfalls zum Brechen kommen zu lassen, schreibt er seinem Vater sogar noch einen Rechtfertigungsbrief[82], der dem Doorner Exilanten umgehend folgende, reichlich prätentiöse Erwiderung eingab: „Der Kreis, der es, in seinen unklaren Schädeln unverdaute Gedanken wendend, sich leistete, Dir diese Unternehmung zu suggerieren, hat sich nicht darüber klar werden können, dass die Wiedereinführung der *Monarchie* mit Hilfe von *Republikanischen* Methoden – über den *Präsidentenstuhl* – ein absoluter Blödsinn, eine Utopie ist." – „Durch meine Ablehnung der Genehmigung zu diesem Schritt Deinerseits habe ich – dessen bin ich fest überzeugt – Dich vor einer schweren Blamage und die Kaiseridee vor einer empfindlichen Niederlage bewahrt."[83]

In den Kategorien von Realpolitik gedacht, widersprach es freilich aller Vernunft und jedem Weitblick, dass Wilhelm II., der rechtsverbindlich abgedankt hatte und von links bis rechts in Deutschland unerwünscht, ja ein toter Mann war, seinem Ältesten eine solche Kandidatur stante pede verbot. Denn damit wurde eine echte Chance für die Hohenzollern vertan, noch einmal zu reüssieren – wie wir heute wissen: die letzte Chance! So musste auch die Frage offenbleiben, ob dieser Kaisersohn die Rolle eines auch nur halbwegs souveränen Reichspräsidenten oder gar Reichsverwesers überhaupt hätte ausfüllen können. Und wie er die Obliegenheiten eines solchen Amtes wohl wahrgenommen hätte. Jedenfalls zeigte sich: Mit seinem Willen zur Kandidatur war keine ausreichende Entschlossenheit einhergegangen.

Am 1. April 1932 unterzeichnet der verhinderte Kandidat in Schloss Oels folgende lang vorbereitete Erklärung: „Wahlenthaltung im zweiten Wahlgang der Reichspräsidentenwahl ist unvereinbar mit dem Gedanken der Harzburger Front. Da ich eine geschlossene nationale Front für unbedingt notwendig halte, werde ich im zweiten Wahlgang Adolf Hitler wählen. – gez. WILHELM, Kronprinz". Mit dieser Empfehlung macht er sich willentlich zum Resonanzverstärker des Nationalsozialismus und ist dadurch nicht mehr Hauptprotagonist seines politischen Lebens. Am gleichen Tag versucht „Wilhelm, Kronprinz" in einem Schreiben an „Freund Sela" dem unerwünschten Verlauf seines Kandidaturvorstoßes doch noch einen „positiv erfreulichen" Sinn abzugewinnen, und zwar den, „dass die Beziehungen von mir zur Führung der N.S.D.A.P. speziell durch das außerordentlich gewandte und energische Handeln des Herrn von Ostau entschieden eine Festigung erfahren hat, wozu die Kundgebung, die ich nunmehr am Sonntag loslassen werde, bestimmt noch beitragen wird. Das ist ein Aktivum für die Zukunft. Aufgeschoben ist nicht aufgehoben!"[84]

Er glaubt also, mit dem Pfund seines Allianzangebots wuchern zu können. Ein Arrangement mit Hitler steht weiterhin ganz oben auf seiner Agenda. Deshalb hat er sich nicht nehmen lassen, wenigstens das öffentlich auszusprechen, was er für das Gebot der Stunde hielt. Mit der Selbstbezeichnung „Wilhelm, Kronprinz" reklamiert er überdies mehr oder weniger offen seine „unveräußerlichen" Anrechte auf den Thron – immerhin ein Affront gegen die Reichsverfassung, die keinen Kronprinzen mehr kennt. Für die eingefleischten Monarchisten war seine Empfehlung und Selbstverpflichtung, Hitler zum Reichspräsidenten zu wählen, ein unverzeihlicher Fauxpas.[85] In der Hohenzollernfamilie bleibt äußerlich alles beim Alten, doch der Haussegen hängt weiterhin schief: Die Entscheidungsmacht, die der Exkaiser als Familienchef auch und gerade in politischen Dingen für sich allein reklamierte (und mit Zähnen und Klauen verteidigte), war ja nur das eine, war die formelle Seite der Hohenzollernagenda, das faktische Handeln seines Ältesten hinter dieser Fassade, ja hinter seinem Rücken, war die andere.

Schon in den ersten Apriltagen wird das kronprinzliche Eintreten für Adolf Hitler öffentlich. Der Wahlaufruf entfacht einen Sturm im deutschen und europäischen Blätterwald.[86] Der sozialdemokratische *Vorwärts* schreibt: „Wir sind mit der öffentlichen Parteinahme dieses Mannes vollständig zufrieden. Sie ist ein Stempel für Hitler."[87] Die konservative *Deutsche Allgemeine Zeitung* bedauert das Hervortreten des Kronprinzen: Er werde sich „durch diese Kundgebung viele Angriffe zuziehen, und zwar ausgerechnet für eine Sache, der selbst Geheimrat Hugenberg die sichere Niederlage prophezeit hat". Schon jetzt sei erkennbar, „dass dieser öffentliche Schritt den Gegnern des monarchischen Gedankens besonders willkommen ist".[88] In der Tat. So spießt das linkssozialistische *8 Uhr Abendblatt* sarkastisch die bekannte Tatsache auf, dass sich der „allerhöchste Parteizuwachs" der Nazis „mit Vorliebe unter ‚die schönen Töchter Judas' mischt." – „Wird Herr Hitler auf einen Anhänger stolz sein dürfen, der so durch und durch ‚verjudet' ist wie des Doorner ältester Sproß?"[89] Wilhelm selbst redet sich indes ein, die Wirkung seines Aufrufs sei „eine durchaus erfreuliche. Ich erhalte täglich eine Unmenge Zuschriften aus ganz Deutschland."[90] Doch da hat er sich etwas vorgemacht.

Aus dem Munde Groeners wissen wir zum Beispiel: Als Wilhelm „die Erklärung veröffentlichte, dass er für Hitler stimmen würde, war Schleicher tief beleidigt. Er hat das Bild des Kronprinzen, das auf seinem Schreibtisch stand, davon entfernt und mehrere Wochen jede Beziehung abgebrochen."[91] Auch Levetzow sah sich über die kronprinzliche Aktion „beunruhigt". Er hielt es jetzt „für doppelt geboten, Hitler *baldigst* dem Kaiser näher zu bringen". Etwaige Bedenken „treten in den Hintergrund, verglichen mit den *Gefahren*, die von Seiten des kronprinzlichen Lagers drohen. Sie können durch nichts besser paralysiert werden als durch einen Besuch Hitlers in Doorn". Dem Kronprinzen, so schärft er dem Generalbevollmächtigten des Hauses Preußen ein, müsse endlich die Überzeugung beigebracht werden, dass er mit solchen Aktionen „in unverantwortlichster Weise das Ansehen und die Autorität der Krone" schädige.[92]

Keine Frage, die Wahlempfehlung von Wilhelm junior war ein politisches Momentum. Sowohl als Verneigung der Hohenzollern vor den staatsmännischen Fähigkeiten Adolf Hitlers wie auch als demonstrative Abstrafung und Brüskierung Hindenburgs. Erstmals nach dem Epochensturz von 1918 waren die Hohenzollern in der politischen Öffentlichkeit wieder voll präsent und in aller Munde, wenn auch als – Zankapfel.

Von Hitler ist nur eine Reaktion auf das kronprinzliche Wahlgeschenk überliefert. Der englische Journalist Sefton Delmer hat ihn am 5. April 1932 in einem Interview gefragt, ob ihm Wilhelms Erklärung gefallen habe. „Ja", sagt Hitler mit einem Lächeln, „ich wertschätze diese Aktion des Exkron-

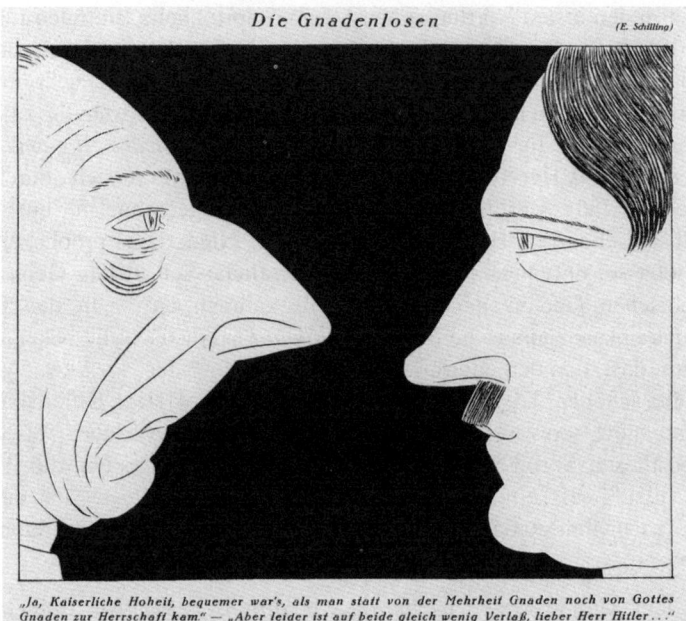

Das Tête-à-Tête von Wilhelm Kronprinz und Adolf Hitler wurde im Frühjahr 1932 zum offenen Geheimnis in der Welt der Politik.

prinzen sehr. Das war eine vollkommene spontane Kundgebung von seiner Seite. Und damit hat er sich öffentlich eingereiht in die Phalanx der Hauptarmee der deutschen Nationalisten." Auf die Frage, ob der Hohenzoller dafür Gegenleistungen von ihm erwarte, etwa in Form von Zugeständnissen zu monarchischen Prinzipien, antwortet Hitler nicht ganz wahrheitsgemäß: „Es hat keinerlei Bedingungen gegeben. Auch keine Verhandlungen. Auch wäre ich zu derlei Zugeständnissen nicht bereit". In Deutschland müssten „derzeit wichtigere Fragen entschieden werden als die nach Monarchie oder Republik."[93] Wenngleich Hitler diplomatisch abwiegelt – die Wahlempfehlung von „Wilhelm Kronprinz" ist für ihn ein Zugewinn, der sein Selbstbewusstsein stärkt. Überdies hat er sich damit eine neue Ressource erschlossen, aus der er nun weiter schöpfen kann. Ob sich mit diesem Votum ein breiter Strom an Wählerstimmen auf seine Mühlen leiten lassen würde, scheint fraglich, für Hitler aber auch nicht so entscheidend gewesen zu sein. Wichtiger war ihm die deutschlandweite Aufmerksamkeit, die die Nachricht erlangte.

Kap. 3: Eine neue Krone? 101

Und weiter mit Hitler ...

Beim zweiten Wahlgang am 10. April 1932 verfehlen die Nazis erneut ihr erklärtes Ziel, Hindenburg aus dem Felde zu schlagen. Hindenburg erhält 19,4 Millionen Wählerstimmen, das ist ein Anteil von 53 Prozent. Die Nazis bekommen rund sechs Millionen weniger. Was die Wahlempfehlung von Wilhelm Kronprinz zu dieser Stimmverteilung beigetragen hat, steht in den Sternen. Er selbst erklärt seinem zweitältesten Sohn die Lage am Wahltag so:

Für die Wahl Hitlers zum Reichspräsidenten im April 1932:
Wilhelm am Tag der Stichwahlen.

„Politisch ist augenblicklich eine Schweinerei", weil die Harzburger Front „augenblicklich zerbrochen" sei. „Ich habe alles getan, was in meinen Kräften steht, die Führer zu einigen, bin aber gescheitert. So habe ich mich entschlossen, öffentlich für die Wahl Hitlers einzutreten. Wenn man auch viel an den Nationalsozialisten aussetzen kann, so sind sie doch tatsächlich die einzige große Volksbewegung, die den Kommunisten und Marxisten entgegengestellt werden kann. Alle nationalen Menschen hätten die Veranlassung, in derselben Front wie die Nationalsozialisten zu kämpfen."[94] In diese Front fühlt er sich fest eingereiht. Und er kämpft. Sofort nach seiner Rückkehr aus Oels sucht er die Reihen wieder zu schließen und schreibt an Hugenberg: „Wenn ich in der Frage der Stimmabgabe beim zweiten Wahlgange für die Reichspräsidentschaft einen anderen Standpunkt vertreten habe als Sie als Führer Ihrer Partei, so möchte ich nicht unterlassen, Ihnen jetzt meine große Freude und vollste Zustimmung aus[zu]drücken, dass Sie in Ihrem Aufrufe für die Preußenwahlen so klar und eindeutig das große Ziel der nationalen Front betont haben, das in der *gemeinsamen Machtübernahme mit den Nationalsozialisten*[95] besteht. In der Führung des Wahlkampfes kommt jetzt alles darauf an, dass beide Parteien unentwegt dieses gemeinsame große Ziel im Auge behalten und den Streit über manche wirtschaftspolitischen und kulturellen Gegensätze zurückstellen. Dann werden sie auch siegen."[96] Interventionen wie diese bezeugen, dass er seinem Eintreten für Hitler eine nachhaltige, die „nationale Front" tief beeindruckende Signalwirkung nicht zugetraut hat.

Am 13. April 1932 wird im Hause Göring das schon seit Längerem im Raum stehende Treffen Hitler-Wilhelm realisiert – unter besonderen politischen Umständen. Denn an diesem Tag soll das von Innenminister Groener auf den Weg gebrachte reichseinheitliche Verbot von SA und SS in Kraft treten. Groeners Begründung reflektiert auf die politische Gewalt in Deutschland: „Die Ereignisse der letzten Wochen lassen keinen Zweifel mehr, dass der psychologische Augenblick zur Auflösung der militärähnlichen Organisationen der NSDAP gekommen ist." Jedes weitere Zögern „vergrößert das Übel und bringt den Herrn Reichskanzler und die Reichsregierung in eine schiefe Lage".[97] In dieser brisanten Situation treffen Kronprinzens am Nachmittag in der Badenschen Straße ein, wo kurz darauf auch Hitler erscheint. Über die nun folgende mehrstündige Begegnung gibt es einen Bericht von Levetzow, der allerdings selbst nicht zugegen war. Was er überliefert hat, stützt sich auf das, was ihm Göring zwei Tage später erzählte, und es ist seine subjektiv eingefärbte Version davon. Das ist bei der Interpretation dieser Überlieferung zu berücksichtigen, umso mehr, als Levetzow erklärtermaßen „das Blut vor Scham und Empörung in die Schläfen gestiegen" sei, als er Görings Darstellung hörte.[98] An seine Freundin Marie Freifrau von Tiele-Winkler berichtet er am 17. April 1932 diese Einzelheiten: „Das bewusste

Frühstück der Beiden bei unserm dicken Freunde" habe von 14 bis 16 Uhr gedauert. „Der Sohn [Wilhelm] hat sich zwar etwas ‚bekniffen' ob seiner gescheiterten Aktion gezeigt, was ihn aber wiederum nicht abhielt, seine Ansicht zu verfechten: Die Legitimität sei mit dem 9. November [19]18 endgültig erledigt, der Weg über den Reichspräsidenten sei der einzige Weg, die Krone, eine neue Krone wiederherzustellen, die mit der Legitimität gar nichts zu tun habe. Es sei also ein reiner Zufall, wenn gerade er, als Hohenzollernerbe, auf dieser Leiter emporklettere." Darüber hinaus habe er „die völlige Ungeeignetheit des Kaisers nachzuweisen versucht". Außerdem habe Wilhelm, „um sich Liebkind bei der NSDAP zu machen, seine Schergendienste angeboten, um mit Hilfe von Schleicher und Hammerstein den Groener zu stürzen; und dieses Angebot hat offenbar der NSDAP nicht ganz unwillkommen geschienen." Wilhelms Frau Cecilie habe „ihren ganzen Charme spielen lassen, offenbar daneben! Sie scheint dem Dicken nicht zu liegen, was ja ein Segen ist wenigstens."[99]

Wie Kleist dann noch in einem Schreiben an „Kaiserin" Hermine ergänzte, habe der Kaisersohn Göring „auseinandergesetzt, dass sein Vater ungeeignet sei, die Zügel der Regierung noch einmal zu ergreifen. Der Weg zur Monarchie führe nur über den Präsidentenstuhl, das sei der für ihn vorgeschriebene Gang.[100] Auch wenn er *nicht* die geschichtliche Stellung als ehemaliger Kronprinz hätte, wäre er der geeignete Mann für die Nachfolge Hindenburgs. Die Unterhaltung sei immer wieder gestört worden durch Telefongespräche wegen des bevorstehenden S.A.-Verbots. Der Kronprinz habe das Verbot noch verhindern wollen und zu diesem Zweck Schleicher und Groener angerufen, hätte aber keinen der Herren erreichen können." Im Übrigen hätten sowohl Wilhelm als auch Cecilie nicht nur Göring, sondern auch Hitler „sehr den Hof gemacht".[101] Es gibt noch eine dritte Quelle, die auf dieses Treffen Bezug nimmt. Es ist das Tagebuch der früheren Oberhofmeisterin in Schloss Cecilienhof, Gabriele von Alvensleben, die bei einem Besuch bei ihrer vormaligen Herrin im Sommer aus deren Mund hörte: In den Tagen des SA-Verbotes seien Kronprinzens zum Frühstück bei Göring gewesen, um dort Hitler zu treffen. „I[hre]. K[aiserliche]. H[oheit]. die einzig anwesende Dame". Sie habe Hitler sogar selbst Tee gemacht. „Es scheint, als ob Hitler ihnen in Aussicht gestellt hat, wenn er erst Ordnung im 3. Reich gemacht, dem Kronprinz dann Platz zu machen."[102] Der wars zufrieden. „Wir hatten neulich", schreibt er eine Woche später an Selasen-Selasinsky, „ein sehr interessantes Frühstück bei Goering, wo ich Gelegenheit hatte, Adolf Hitler zu sprechen, der mir wieder ausnehmend gut gefallen hat".[103]

So scheint es also tatsächlich noch im Frühjahr 1932 zu einer direkten, wenn natürlich nur informellen Absprache zwischen den beiden gescheiterten Kandidaten für das höchste Staatsamt gekommen zu sein. Wilhelm und Hitler wollen jetzt zusammenarbeiten, wobei beide einen ähnlich „legalen" Kurs verfolgen – mehr oder weniger auf dem Boden der Weimarer Verfassung, die sie à la longue gemeinsam abschaffen wollen. Ihre jeweiligen Nahziele sind jetzt die diktatorische Kanzlerschaft Hitlers und die Ablösung von Hindenburg durch Wilhelm. Dafür wollen sie sich wechselseitig nützlich sein. Die persönlichen Beziehungen verfestigen sich, man hat einen guten Draht zueinander. Dass dies auch einen ideologischen Hintergrund hat, offenbart ein Brief, den Cecilie am Tag darauf ihrem Sohn in den USA schrieb. „Ich glaube ja nun einmal", heißt es da, „dass die Auffassung der Nazis in *reinster* Fassung unsere Rettung und Zukunft bedeutet". Und sie sei sich sicher, „dass wenn du wieder hier bist, Du bei den Nazis vieles findest, was Dir zusagt". Der Nationalsozialismus kämpfe sich jetzt „in zähem Ringen im Inland durch. Preussen ist ja viel wichtiger als die R[eichs].P[räsidenten]. Wahl. Dafür müssen alle Kräfte eingesetzt werden."[104]

Und sie *werden* eingesetzt. Als Erstes mit Blick auf das SA-Verbot. Hier unternimmt der Exkronprinz schon am 14. April einen energischen Vorstoß bei Groener, dem er seine „ernsten Sorgen für die Zukunft unseres Vaterlandes" ins Gewissen schreibt. „Das Uniformverbot des Stahlhelm und die Auflösung der SA und SS muss in den nationalen Kreisen das Vertrauen zum Reichswehrministerium auf das schwerste erschüttern." Er könne Groeners Verbotserlass deshalb „nur als einen schweren Fehler ansehen und für eine außerordentliche Gefahr für den inneren Frieden. Es ist mir auch unverständlich, wie gerade Sie als Reichswehrminister das wunderbare Menschenmaterial, das in der SA und SS vereinigt ist, und das dort eine wertvolle Erziehung genießt, zerschlagen helfen". Sein eigenes festes Bestreben sei und bleibe, „ein Vertrauensverhältnis zwischen dem Reichswehrministerium und den nationalen Verbänden – speziell auch der NSDAP – herzustellen".[105] Ein weiteres Geschenk an Hitler und eine Empfehlung. Denn Groener wagt es nicht, diesen eigentlich unmöglichen Vorstoß durchzustechen. Stattdessen zieht er es vor, sich in einem eingeschriebenen Privatbrief an die „Kaiserliche Hoheit" mit dem Argument zu rechtfertigen, das oberste Ziel des Verbots sei „die Sicherung der Staatsautorität" gewesen.[106]

Während „Wilhelm Kronprinz" also weiter in der nationalen Front (nicht zuletzt auch für sein persönliches Ziel) kämpft, verteufeln die Widersacher in der Generalverwaltung sein „Treiben" bereits als „Hoch- und Landesverrat".[107] Sie alarmieren den Familienchef, der umgehend eine „Allerhöchste Order" für seinen Clan erlässt. „Verschiedene Vorfälle der letzten Zeit geben Mir Anlass zu folgender Klarstellung: Die Hohenzollern-Monarchie hat als unerschütterliche Grundlage die *Legitimität*." Jede Abweichung davon „rüttelt an den Grundfesten Unseres Königlichen Hauses und an denen des Königreichs Preußen und Deutschen Kaiserreichs. Nur die legitime Thronfolge sichert den Bestand Unseres Hauses, des Staates und des Reiches. Dem legitimen Monarchen [will sagen: ihm selbst – LM] steht bei seinen Lebzeiten allein das Recht auf die Krone zu. Erst nach seinem Ableben tritt der Thronfolger in seine Rechte, und zwar einzig und allein auf dem festen Grunde seiner Legitimität. Jeder andere Weg ist unmöglich und führt zum Verderben. Nur auf dem geraden und festen Wege der Legitimität kann die durch Verrat gestürzte Preußisch-Deutsche Monarchie wieder hergestellt werden, auf keinem anderen Wege und auf keine andere Weise, vor allem nicht auf dem Wege republikanischer Einrichtungen oder gar mit republikanischer Mitwirkung (Reichspräsident)."[108] Das war ein weiterer Schuss vor den Bug seines ambitionierten Sohnes. Außerfamiliär ist mit dieser ostentativen „Klarstellung" freilich wenig gewonnen. Kronprinzens lassen sich davon jedenfalls nicht abhalten, weiterhin Politik auf eigene Rechnung zu machen.

Zunächst mit Blick auf die unmittelbar bevorstehenden Landtagswahlen in Preußen am 24. April. Hier bleibt Wilhelm „nach wie vor bestrebt, die Führer [der Nationalen Front – LM] von der Notwendigkeit zu überzeugen, jetzt jede Stänkerei untereinander zu unterlassen".[109] Deshalb empfängt er den Vorsitzenden der DNVP-Fraktion im Preußischen Landtag Friedrich von Winterfeld und den Vorsitzenden der DNVP-Fraktion im Reichstag Ernst Oberfohren in seinem Schloss Cecilienhof, um ihnen noch einmal die Gründe der Wahlempfehlung zu erläutern. Dabei möchte er den Eindruck erwecken, er sei in erster Linie Stahlhelmer und nicht Nationalsozialist.[110] Zeitgleich propagiert aber sein Bruder Auwi als Wahlkandidat und -redner die Affinität seines ganzen Hauses mit den Nazis. Auf einer Veranstaltung in Schneidemühl lobt Auwi beispielsweise „die Erklärung seines Bruders, des Exkronprinzen gegen Hindenburg und für Hitler", und fügt hinzu, dass er selbst „in vollem Einvernehmen mit seinem Vater für die Nazi-Partei agitiere".[111] Dass Letzteres keine Prahlerei war, wissen wir aus Ilsemanns Tagebuch. Dort ist von einem „saugroben" Brief die Rede, den der Exkaiser um den Wahltermin herum an seinen Sohn Oskar geschrieben hat, der als Stahlhelmer und Deutschnationaler Politik machte. Diese beiden Organisationen, so der Vorwurf des Vaters, würden viel zu wenig für seine Rückkehr arbeiten, „im Gegensatz zu den Nationalsozialisten! An denen sollten sie sich ein Beispiel nehmen."[112] Im Einklang mit solchen Bekundungen verfestigt sich bei kritischen Journalisten der Eindruck, Hitler „neige zu monarchischen Tendenzen". Weswegen er auch „von Doorn unterstützt werde".[113] So kommt es zu Schlagzeilen wie die in der *Welt am Abend*: „Hitler verspricht Exkaiser den Thron. Hohenzollern sollen wieder herrschen – Gegenleistung für den Naziführer".[114]

Den Durchbruch bei den preußischen Landtagswahlen schaffen die Nationalsozialisten aller Hohenzollernfreundlichkeit zum Trotz nicht. Mit 37 Prozent der Stimmen verzeichnen sie zwar sehr große Zugewinne, aber die absolute Mehrheit verfehlen sie weit. Selbst zusammen mit der DNVP, die mit nur knapp 7 Prozent der Wählerstimmen kräftig verliert, sind sie weiterhin nicht mehrheitsfähig. Damit geht der Plan – mitgetragen und gefördert durch das ehemalige Herrscherhaus –, über Preußen die Macht im Reich zu erobern, nicht auf. Wieder einmal müssen neue Lösungen her. Was schwierig ist, denn Hugenberg schmollt mehr denn je. Auch Wilhelm gegenüber bringt er das zum Ausdruck. Dessen „Interpretation" der Wahlempfehlung gegenüber Winterfeld und Oberfohren sei ja schön und gut. Aber: „Die Nationale Front würde heute besser dastehen, wenn die Nationalsozialisten sich nicht in den hoffnungslosen zweiten Wahlgang [bei der Reichspräsidentenwahl – LM] hätten verstricken lassen." Dem „einseitigen Parteiinteresse der Nationalsozialisten" sei dies „vielleicht dienlich" gewesen, der Preußenwahl ganz sicher nicht.[115]

Von der eigenen Familie wird Wilhelm noch schärferer Wind ins Gesicht geblasen. Angefacht von seinem Bruder Auwi, der ihn Anfang Mai in Doorn kräftig anschwärzt. Wilhelm trachte, so Auwis Botschaft, weiterhin danach, „Hindenburg nach dessen Tod zu ersetzen". Was ihm aber nicht gelingen werde, gebe es doch „zu viele Leute, die sich nicht damit abfinden würden, dass er als Reichspräsident seine Frauengeschichten fortsetze, und das würde er ganz gewiss tun. Außerdem habe ihm sein Eintreten für die Juden zu sehr geschadet. Schließlich wechsle er zu schnell in seinen politischen Ansichten und habe dadurch viele vor den Kopf gestoßen. Gegen ihn (Auwi) hetze er in unberechtigter Weise, ginge ihm außerdem aus dem Wege".[116] So erhält das notorische Misstrauen namentlich der „Kaiserin" Hermine wieder neue Nahrung.

Doch den schlecht Beleumundeten ficht das alles nicht an. Mehr denn je ist er erpicht, ganz oben mitzumischen. Schnell regeneriert sich auch die etwas eingetrübte Freundschaft zu Schleicher. Schließlich führt im politischen Berlin kein Weg mehr an diesem Mann vorbei. Stolz berichtet Cecilie ihrer mütterlichen Freundin Gabriele von Alvensleben am 18. Mai von einem „netten Diner", das sie neulich mit ihrem Mann bei Schleichers hatte, um „alles gemütlich einmal wieder durchzusprechen. Wir haben viel Interessantes und Aufregendes in der Politik erlebt! Mein Mann steht Hitler sehr sympathisch gegenüber und nimmt überhaupt einen sehr viel aktiveren Anteil an Allem."[117] Bahnt sich da ein neues Machtdreieck an: Schleicher-Wilhelm-Hitler? Oder ist das nur der fromme Wunsch unseres Protagonisten?

... aber auch mit Schleicher

Gleich nach den Preußenwahlen deuteten sich im Zentrum der Macht bemerkenswerte Verschiebungen an. Hindenburg wünschte jetzt „eine noch mehr nach rechts orientierte Regierung" – für Groener eine „kritische" Situation. Denn der hielt es jetzt für möglich, dass der Reichspräsident ihn und

Kanzler Brüning nun „bald hinauswerfe".[118] Auch von einem „Bruch Schleichers mit Groener" war schon im April unter Insidern die Rede.[119] Brüning scheint Anfang Mai seine Felle davonschwimmen gesehen zu haben. Sonst wäre er sicher in seiner vertraulichen Unterredung mit Schleicher am 2. Mai diesem nicht ausgerechnet damit gekommen: Er überlasse Schleicher gern den „letzten Schritt" zur Wiedereinführung der Monarchie, für die er ja den Weg gebahnt habe. „Ich verstehe", so stichelt Brüning, „dass Sie als Jugendfreund des Kronprinzen den berechtigten Ehrgeiz haben können, mit Ihrem Namen vor der Geschichte die Wiedereinführung der Hohenzollern zu verknüpfen."[120]

Für Schleicher, der jetzt in der Tat auf den Sturz der Regierung Brüning hinsteuert, ist die Möglichkeit einer Wiedereinführung der Hohenzollernmonarchie eher ein Drohmittel zur Sicherung der Staatsautorität gegenüber Hitler. Mit dem ist er nämlich jetzt mehr denn je im Gespräch.[121] Allenthalben wird über eine große Intrige gemunkelt, in die auch unser Protagonist involviert sein soll.[122] Erst im Nachhinein wird klar, was da gelaufen ist: die Anzettelung eines gemeinsamen Vorstoßes zur Ablösung der Regierung Brüning. Der Plan ist, zunächst ein autoritäres Präsidialkabinett mit Schleicher als Reichswehrminister und politischem Kopf zu lancieren. Das könnte dann die Vorstufe für Hitlers Machtergreifung sein. Des Weiteren sollen der Reichstag baldmöglichst aufgelöst und Neuwahlen ausgeschrieben werden. Jetzt muss Schleicher nur noch einen lenkbaren Übergangskanzler finden, der gleichsam als Platzhalter für ein demnächst folgendes Kabinett Hitler fungiert. Und er muss erreichen, dass Hitler erneut von Hindenburg empfangen wird. „Die Gedanken der deutschen Menschheit drehen sich um Hitler und seine Bewegung", schreibt August von Mackensen, einer, der es wissen musste.[123]

Als Hugenberg von diesen Machenschaften erfährt, zeigt er sich „völlig niedergeschlagen". Ebenso sein engster Mitarbeiter Quaatz, der verzweifelt in sein Tagebuch schreibt: „Auf der Rechten zieht das Hitlertum alles an sich. Aber alles ist blind, anscheinend auch gerade die Hohenzollern, Kronprinz usw."[124] Hitler dagegen ist ganz „ausgelassen lustig", wie Goebbels am 9. Mai in sein Tagebuch schreibt. „Brüning soll diese Woche noch fallen: Der Alte wird ihm das Vertrauen entziehen. Schleicher macht sich stark dafür." Dann komme ein „Präsidialkabinett" und der Reichstag werde aufgelöst. Das SA-Verbot würde fallen und „wir haben Agitationsfreiheit", um bei den kommenden Reichstagswahlen „unser Meisterstück" abzuliefern. Schleicher „ist ganz Feuer und Fett. Will Dampf dahinter setzen."[125] Schon richtig, Schleicher ist jetzt als mächtiger Drahtzieher im Einsatz. Im Auftrag von Hindenburg will er die Reichspolitik scharf nach rechts rücken. Dafür muss er seinen Ziehvater Groener aufs Altenteil und Brüning in die Wüste schicken. Und irgendwie mit Hitler zusammenarbeiten. Mehr aber auch nicht, denn er ist und bleibt bestrebt, einen machtpolitischen Durchmarsch der Nazis zu verhindern. Schließlich will Schleicher selbst ganz nach oben – später. Dafür braucht er seinen Duzfreund Wilhelm. Der soll jetzt sein Spiel mitspielen und sein politisches Kapital vermehren. Und zwar möglichst in dem Glauben, dass Schleicher dies mit der Unterstützung seiner Avancen auf den Reichspräsidentenstuhl belohnt. So wird Schloss Cecilienhof noch im Mai 1932 zu einer wichtigen Neben- und Probebühne des Berliner Polittheaters.

Schon Anfang des Monats hatte es dort eine Art Premiere in Gestalt eines großen Empfangs zu Wilhelms 50. Geburtstag gegeben.[126] Ein Teilnehmer schreibt in seinen Aufzeichnungen: An der Geburtstagstafel sei die Kandidatur bei der Reichspräsidentenwahl noch einmal „lebhaft in unseren Reihen erörtert" worden. „Die Mehrzahl bedauerte den Ausgang. Nach Tisch erschien auch Göring in Zivil mit einigen Potsdamer führenden Genossen und zog sich mit den hohen Herrschaften in eine Ecke zurück, – wobei ich der Kronprinzessin Hoffnungen ansah bei den Erläuterungen, die ihr offenbar Göring machte."[127] Für die Öffentlichkeit hatte Sell dem Jubilar ein staatstragendes „Interview" verfertigt, von dem auch die Tagespresse Notiz nahm. Darin äußert er sich landesväterlich besorgt über „die entsetzliche materielle und seelische Not meines Volkes", über „das Diktat von Versailles, unter dem die ganze Welt leidet" und über die „brennende deutsche Schmach" der Beschneidung seiner Hoheitsrechte.[128] Mit konkreter Politik hatte diese aufgesetzte Rhetorik wenig bis nichts zu tun. Die blieb für die Hinterzimmer der Cecilienhofer Schlossanlage reserviert.

Am 18. Mai 1932 kommt es dort zu hochvertraulichen Beratungen mit Schleicher und anderen Köpfen über die Zukunft der deutschen Politik nach Brüning. Eine Aussprache „in aller Offenheit über die Lage unseres Vaterlandes", nannte sie der Gastgeber wenig später.[129] Auch Franz von Papen, den Schleicher gern zum neuen Kanzler machen möchte, war eingeladen, konnte zu seinem großen Bedauern aber nicht erscheinen.[130] Ein Protokoll über die Verhandlungen gibt es selbstredend nicht, nur ein Schreiben von Müldner an Schleicher, in dem er das Diner als „sehr nett" qualifiziert. Und: „Unserer gestrigen Verabredung gemäß schicke ich Ihnen heute mit der Bitte um Rückgabe und der selbstverständlichen Bitte um lediglich persönliche und vertrauliche Kenntnisnahme meine Denkschrift über die Reichspräsidentschaft des Kronprinzen, in der wir beide, glaube ich konform gehen." Daraus kann wenigstens geschlossen werden, dass es nicht zuletzt um Wilhelms machtpolitische Avancen ging. Auch dass Müldner dem General am Schluss „All Heil für Ihre Kämpfe" wünscht, lässt tiefer blicken.[131] Aus der Sicht von Goebbels: „Aktion Schleicher steht gut. Schleicher wühlt weiter. Die ganze Presse tappt im Dunkeln."[132]

Kap. 3: Eine neue Krone?

Wilhelm bei der Feier seines 50. Geburtstages vor dem Schloss Cecilienhof im Kreise von Heerführern des Ersten Weltkriegs. Rechts von ihm Feldmarschall August von Mackensen.

Während die Nazis denken, Schleicher „wühle" vorzugsweise für sie, wissen es die Eingeweihten besser. Zum Beispiel Papen, der Kanzler designatus. Ihm hat Schleicher bereits anvertraut, er wolle verhindern, „die Position der NSDAP ganz unnötig und über die Maßen durch Zauderpolitik [zu] stärken". Und dass er sich deshalb auch nicht habe „breitschlagen lassen, als Fassade in dieses völlig delabierte Cabinet einzutreten. Heute kommen wirklich nur ganze Entscheidungen in Frage." Dazu gehört eine neue Regierung, aber zugleich eine taktisch kluge Behandlung der Nazifrage. Schleicher, so der nahe Beobachter Groener, „traut es seiner Geschicklichkeit zu, die Nazis an der Nase herumzuführen. So hofft er auch mit Hugendubel [gemeint ist DNVP-Führer Hugenberg – LM] fertig zu werden. Der Mann nimmt etwas viel auf seine Hörner, aber er wagt es, weil er Hindenburg in der Tasche hat." Schleicher schwebe schon „längst vor, mit Hilfe der Reichswehr ohne den Reichstag zu regieren. Aber seine Pläne sind recht undurchsichtig, und vielleicht sind die Nazis ihm in Gerissenheit und Lügenbeutelei doch noch über." Jedenfalls wolle er nicht den Nazis zur Macht verhelfen, sondern „er selbst strebt zur Macht".[133] Deshalb interessiert ihn auch Müldners Denkschrift zur Reichspräsidentenfrage.

Wir kennen den Inhalt der Denkschrift.[134] Grundsätzlich hält Müldner die Aussichten auf eine Rückkehr zur Monarchie für schlecht. Bei den bürgerlichen Parteien sei für diese Option derzeit „weder eine absolute noch relative Mehrheit zu erwarten". Die Gegnerschaft würde geradezu „eine ungeheure" sein. Und diese Ablehnung könnte sich in Form einer nie dagewesenen Hetze gegen das gesamte Königshaus äußern. Gegen den Kronprinzen als Prätendenten gebe es überdies starke „hauspolitische Bedenken". Die Übernahme der Reichspräsidentschaft durch einen Hohenzoller sei für ihn aber nicht prinzipiell ausgeschlossen. Sie wäre allerdings „nur dann gerechtfertigt, wenn man diese Reichspräsidentschaft als einen Übergang zur legitimen Monarchie betrachten könnte". Diese Option funktioniere freilich nur, wenn man die republikanische Verfassung erst einmal akzeptiere, um sie dann zu beseitigen. Das wäre eine Art „Vexierspiel". Auch müsste die Abschaffung der Adelstitel und Hoheitsbezeichnungen rückgängig gemacht werden. Müldner hält eine Konstellation für denkbar, bei der man die Frage einer Hohenzollernkandidatur „ernsthaft in Erwägung ziehen müsste", ihm schwebt eine breite politische Bewegung unter Einschluss der Nationalsozialisten vor, die „Gewähr leistet, dass die Wahl mit großer absoluter Mehrheit erfolgt". Auch die Etablierung [autoritärer – LM] Regierungen im Reich und in den Ländern, hinter denen „ein großer nationaler Block" stünde, könnte für die Initiative zur Nominierung eines Hohenzollernprinzen sorgen, der dann „in der Eigenschaft als Reichsverweser an die Spitze des Reiches treten" würde. Diese Überlegungen findet Schleicher „im Grundsatz ausgezeichnet". Und er lobt Müldner für seine Vermittlerdienste. „Gerade in dieser Zeit" sei es ihm „eine besondere Freude, festzustellen, dass es doch noch Menschen mit Charakter gibt, auf die man sich verlassen kann".[135]

Die Achse Schleicher-Wilhelm ist geschmiedet, und es wird kolportiert, dass auch die jeweiligen Ehefrauen an dieser freundschaftlichen Beziehung regen Anteil nehmen. Ob und inwieweit Wilhelm in Schleichers machtstrategische Hintergedanken eingeweiht wurde, ist indes schwer zu beurteilen. Wahrscheinlich hat Schleicher seinen kaiserlichen „Freund" in einem Zustand von Halbwissen gelassen. Wie dem auch sei. Von Wilhelm aus gedacht, scheint er jetzt erst einmal zwei Bundesgenossen im Angebot zu haben: Hitler und Schleicher. Und wenn nicht alles täuscht, dann hat er sich jetzt für eine ganze Weile auf eine politische Ménage à trois eingelassen. Mit allen Risiken und Nebenwirkungen, die solchen intimen Versuchsanordnungen auch in anderen Lebensbereichen innewohnen.

Am 30. Mai 1932 trennt sich Hindenburg von Brüning. Schleicher hat dem Reichspräsidenten inzwischen insinuiert, dass eine neue Präsidialregierung mit der Unterstützung der NSDAP fest rechnen könne. Das lässt sich Hindenburg noch einmal ausdrücklich aus Hitlers Mund bestätigen, den er in der Wilhelmstraße empfängt und ihm baldige Neuwahlen verspricht.[136] Nun steht Papens Ernennung nichts mehr im Wege. Zum Zeitpunkt seiner Inaugurierung ist das Kabinett Papen einzig und allein Schleichers Erfindung. Oder in Groeners Worten: Papen ist Schleichers „Puppe. Seine Verdienste sind noch nicht entdeckt".[137] Auch sein Erfinder selbst hat die Papen-Regierung damals als eine Übergangslösung angesehen. Übergang entweder zu einer Diktatur Schleicher oder einer Diktatur Hitler, entweder Militär- oder totalitäre Diktatur. Der neue Kanzler weiß, dass Schleicher in seiner Regierung das Sagen haben wird. Das scheint ihm aber zunächst nichts auszumachen. Am 1. Juni 1932 tritt Schleicher als Reichswehrminister in das Kabinett Papen ein. Damit wird er nun auch zur Schlüsselfigur der offiziellen Macht. In der Reichskanzlei löst Schleichers Freund Erwin Planck den eher republiktreuen Pünder als Staatssekretär ab. Mit Erich Marcks wird ein weiterer Schleicher-Vertrauter Reichspressechef mit täglichem Vortrag beim Reichspräsidenten. Beide haben nicht zuletzt die Funktion, Papen zu kontrollieren und womöglich zu steuern. Dessen erste Amtshandlung ist die Aufhebung des SA-Verbots.

Ohne Schleicher scheint nun im politischen Berlin nichts mehr zu laufen. Eine klar definierte Rolle für unseren Protagonisten gibt es hingegen noch nicht. „Die Macht im Reiche", sagt Hammerstein, der Chef der Heeresleitung, „haben Schleicher und ich. Wir werden sie wahren."[138] Einen ähnlichen Reim auf das Revirement macht sich der vormalige bayerische Kronprinz mit folgender Aufzeichnung: „Im Bestreben, Reichskanzler mit diktatorischer Macht zu werden, duldet Schleicher vorerst noch seine Kollegen, und Papen schlug er wohl nur deshalb zum Reichskanzler vor, weil er voraussieht, dass dieser auf seinem Posten nicht lange sich wird behaupten können; äußerte er doch vor dessen Ernennung zum Reichskanzler in spöttischem Tone zum Fürsten Oettingen-Wallerstein: ‚Wird Fränzchen (das ist Papen) es wohl machen?' ".[139]

Und Hitler? Noch vor Brünings Abgang hat er Göring abermals nach Doorn geschickt. So kommt es dort am 20./21. Mai zu weiteren vertraulichen Gesprächen mit Wilhelm II. und Hermine, die Ilsemann zufolge nach wie vor „ihre Karten auf die Nazis setzen". Die Einzelheiten dieses Austausches sind nicht überliefert. Aber nicht ganz falsch liegen dürfte Ilsemann mit seiner Vermutung: „Besonders viel wird Göring über den Kronprinzen und die Kronprinzessin zu hören bekommen haben."[140] So verfügt Hitler, den „Hausminister" Kleist unbedingt als Nächstes bei seinen allerhöchsten Herrschaften sehen will, jetzt über drei direkte Zugangswege in das Hohenzollernhaus: Auwi, Wilhelm Kronprinz und Hermine nebst Ehemann. Womit er sich in den Stand setzt, die divergierenden Interessen und Neigungen im inneren Kreis dieser Dynastie realistisch einzuschätzen und seinem eigenen Kalkül dienstbar zu machen. Offenbar beschäftigt ihn diese Frage sehr.

Das wissen wir auch aus Goebbels' Tagebuch. Da berichtet er von einer „erregten Debatte", genauer: „einem Disput über Monarchie", den er mit Hitler Ende Mai, Anfang Juni hatte. Der „Chef" sei für „eine geläuterte Monarchie", doch Hitler „überschätzt die Hohenzollerninstinkte im Volk. Meint, er würde in einem [Wahl-]Kampf zwischen Kronprinz und Hitler unterliegen." – „Ausgeschlossen!", protestiert Goebbels, sichtlich irritiert. Als sie zwei Tage später den Diskussionsfaden wieder aufnehmen, reflektiert er das so: Hitler „ist sehr klug. Schätzt den Kronprinzen hoch ein. Ein Lichtblick! Nur nicht Auwi! Aber zuerst das Reich stabilisieren. Das dauert 15 Jahre."[141] Richtig schlau werden kann man aus diesen kryptischen Aufzeichnungen eher nicht. Weder lässt sich erahnen, was eine „geläuterte Monarchie" sein soll, noch worin Hitlers hohe Wertschätzung des Kronprinzen konkret bestanden haben könnte. In dessen persönlichen oder politischen Qualitäten? Sinnvoller als hierüber weiter zu spekulieren, ist es zu fragen, in welcher Lage sich der Naziführer damals befand. Antwort: zwischen Baum und Borke. Eben erst hat er sich damit abfinden müssen, dass ausgerechnet jetzt, wo die ersten Ansätze zu einer Transformation der politischen Ordnung gemacht werden, nicht *er* der starke Mann der Stunde ist, sondern der neue Reichswehrminister Schleicher. Er selbst muss im Vorraum der Macht Platz nehmen und warten. Warten auf die wohlwollende Förderung seiner Machtergreifung durch die alten wilhelminischen Eliten, die jetzt wieder vor und hinter den Kulissen agieren. Da war es für ihn naheliegend, die Frage nach der Aktualität der Monarchie zu stellen.

Auch der amerikanische Botschafter in Berlin Frederick M. Sackett warf damals diese Frage auf, die Kurt von Lersner sofort an Kanzler Papen weiterleitete. „Er frug mich, ob Ihr ein militärisches Kabinett wäret, das militärische Politik treiben und die Hohenzollern jetzt auf den Thron setzen will. Ich bewies ihm den Unsinn solcher Gerüchte, betonte aber auch, dass wir doch Schufte wären, wenn wir, die wir unter den Hohenzollern gedient und gekämpft hätten, sie jetzt verleugnen wollten."[142] Nur eine Woche zuvor hatte der Staatssekretär im Auswärtigen Amt Bernhard Wilhelm von Bülow mit dem französischen Botschafter André François-Poncet über dieselbe Problematik konferiert. In Paris, so der französische Diplomat, befürchte man tatsächlich „eine baldige Wiederherstellung der Monarchie, da die politische Aktivität des früheren Kronprinzen [in französischen Regierungskreisen – LM] großen Eindruck gemacht hätte".[143] Kein Wunder, dass auch Hitler unseren Protagonisten jetzt ganz oben auf seinem Zettel hatte.

Indem er Schleicher als Briefträger benutzt, tut Wilhelm gleich Anfang Juni mit persönlichen Glückwunschschreiben an Papen und den neuen Außenminister Konstantin von Neurath kund, wie sehr er diesen Regierungswechsel begrüßt.[144] Er bietet sich damit gleichsam als inoffizielles Kabinettsmitglied an, und es wäre aufschlussreich zu wissen, wie die Adressaten diese

Offerte goutiert haben. Doch hier lässt uns die Überlieferung wieder einmal im Stich. Da ist es gut zu erfahren, wie sich Wilhelms Frau Cecilie die Situation darstellte. Das hat sie in einem aufschlussreichen Brief an „Lulu", ihren Sohn Louis Ferdinand, artikuliert.[145] „Wir können nicht wissen, was alles noch geschieht, aber wir stehen in einer großen Wende unseres Schicksals, und auf dass diese Krisis zum *Wohle* des Volkes sich vollziehe, gehört jeder Mann auf seinen Posten, früher oder später." Von diesem Grundgedanken ausgehend, begrüßt sie den Regierungswechsel. „Hoffentlich werden diese Männer, die den besten nationalen Willen haben, auch noch Gutes schaffen können in der kurzen Zeit ihrer Amtsdauer." Die ausgeschriebenen Neuwahlen für den Reichstag „müssen nun endgültig umgestaltend wirken. Papa schiebt in Richtung mit Don Adolpho. Fabelhaft ist es, dass der alte Herr [Hindenburg – LM] sich doch noch zu solchen Taten [Präsidialkabinett Papen – LM] aufgerafft hat!!" Auch die eigenen Avancen spricht sie an und verbindet sie mit einer Aufforderung: „Kannst Du nicht einmal bei Deinen Leuten herumforschen, was eine ev[entuelle] Präsidentschaft oder Reichsverweserschaft eines Dir ‚nahe stehenden' Herrn für einen Eindruck [in den USA – LM] machen würde. Aber bitte vollste *Diskretion*." Der Konditionierung für dieses Projekt dienen offenbar auch die Personalveränderungen in der kronprinzlichen Hofhaltung. Sie sollen „dazu beitragen, frische Luft und viel Schaffensfreude in unseren Laden zu bringen". Doch eine gewisse Skepsis bleibt: „Alles ist in der Schwebe, niemand weiß, was wird. Ich fürchte Don Ad[olpho]. wird noch manche Nuss zu knacken haben!!" Kronprinzens sind jetzt von Kopf bis Fuß auf Politik eingestellt – getragen von ihrer anhaltenden Hoffnung auf Deutschlands höchstes Staatsamt. Sie wollen eine Rolle spielen, fühlen sich in sie hinein. Und Wilhelm Kronprinz macht Druck, er „schiebt", nicht allein in „Richtung mit Don Adolpho", sondern auch in Richtung Schleicher und Papen. Aber er geht kein volles Risiko dabei. Er bleibt in Deckung und hält sich Hintertüren offen.

Insidern ist Wilhelms gewachsenes politisches Gewicht natürlich nicht verborgen geblieben. So glaubt der Geschäftsführer des deutschnational orientierten Scherl-Verlags, Eugen Zimmermann, sicher zu wissen, der Kronprinz halte sich „bereit, gestützt auf Reichswehr und Nationalsozialismus, als Reichsverweser und dann als Wilhelm III. helfend einzuspringen".[146] Und Brüning erklärt nur wenige Tage nach seiner Demission, Schleicher wolle mit dem Regierungswechsel „auf die spätere Wahl des Kronprinzen [zum Reichspräsidenten – LM] hinaus". Wilhelm habe „in der ganzen Sache überhaupt seine Hände drin. Ein großer Teil der Besprechungen hat draußen in Cecilienhof stattgefunden."[147] Brünings langjähriger Staatssekretär Pünder, der zusammen mit seinem Chef den Hut nehmen musste, blickt noch schwärzer in Deutschlands Zukunft: Er sieht in der Papen-Schleicher-Regierung „nur eine Vorstufe zum Dritten Reiche. Die Menschen glaubten zwar vielleicht, eine Herrschaft der Nazis verhindern zu können. Sie irrten sich aber darin ganz sicher. Die Männer, welche den Reichspräsidenten in diesem Sinne beraten hätten, hätten eine schwere Verantwortung auf sich geladen."[148]

In der Tat: Mit Schleichers Papen-Regierung der „nationalen Konzentration" gerät die Politik des Deutschen Reiches auf die schiefe Bahn, zunächst einmal in Richtung Halbdiktatur. Im „Kabinett der Barone" nimmt ein autoritäres Machtgefüge erstmals staatliche Gestalt an. Hinter ihm standen als Machtfaktoren: Reichspräsident Hindenburg, die Reichswehr, die nationalistische Presse, Teile der Schwerindustrie und der Stahlhelm. Das war nicht wenig – was fehlte, war das Volk. Und ob die politisch ausschlaggebende Persönlichkeit in der Regierung Papen, ob Schleicher mit seinem Machiavellismus und seiner Kaltschnäuzigkeit ausreichen würde, Hitlers Machtansprüche tatsächlich zu zügeln, das war im Frühsommer 1932 ebenfalls alles andere als gesichert.

Nur eines bezweifelte kein Kenner des politischen Szenarios mehr: dass „der Monarchismus zu einem politischen Machtfaktor geworden" war.[149] Verschiedene Kombinationen werden durchdekliniert – auch von ganz nüchtern-rational denkenden Köpfen wie etwa Groener, der einem Freund schreibt: „Die Politik Schleichers geht vielleicht – er hat mir nie ein Wort davon gesagt – auf die monarchische Restauration über den Reichspräsidenten Kronprinz. Er war außer sich, als der Kronprinz öffentlich erklärte, er werde Hitler wählen. Durch diesen hofft er, Hitler zu schlagen. Die Kronprinzessin steht ganz im Hitlerlager und beeinflusst auch Schleicher."[150] Am Tag zuvor hat sich Groener in einem Gespräch noch dezidierter dazu geäußert. Sein Gesprächspartner hat das protokolliert. Groener: „Jetzt ist es möglicherweise der Gedanke Schleichers, bei einem etwaigen Kampf um die Präsidentschaft den Kronprinzen gegen Hitler auszuspielen. – ICH: Würde denn der Kronprinz das machen? Ich habe gehört, dass ein Abkommen zwischen Hitler und dem Kronprinzen bestehen soll, wonach Hitler in Zukunft nicht gegen den Kronprinzen kandidieren wird. – GROENER: Das kann sein, aber wer weiß, ob Hitler sich in einem Ernstfalle an ein solches Abkommen halten will. – ICH: Würde aber Schleicher den Kronprinzen dazu bringen, gegen Hitler aufzutreten? GROENER: Der Kronprinz tut alles, was Schleicher bei ihm anregt. Nur ist noch nicht sicher, ob Schleicher das wirklich will und ob er es dann wollen wird."[151] In der Tat: Schleicher hat sich gerade in der Monarchiefrage wie ein Tintenfisch verhalten und eine Nebelwand aufgebaut, um den diversen investigativen Nachstellungen zu entkommen. Dazu gehörten auch entschiedene Dementi wie das gegenüber dem Ullstein-Manager Stein, dem er Ende Juni in die Feder diktierte: „Stein könne die Menschen vollkommen darüber beruhigen, dass Schleicher keine Restauration der Monarchie plane." Er habe dem Kronprinzen auch „niemals die Reichspräsidentschaft oder die Regentschaft oder gar die Krone angeboten. Er halte eine Präsidentschaft des Kronprinzen auch für ganz ausgeschlossen, weil dieser niemals ohne Genehmigung seines Vaters eine solche Stelle annehmen würde."[152] Typisch Schleicher eben – aber mehr auch nicht. Diese Sprachregelung hat er denn auch gleich seinem Freund und nunmehrigem Staatssekretär in der Reichskanzlei Planck eingeimpft.[153]

Allein die DNVP schließt sich dem neuen monarchiefreundlichen Trend unverhohlen an. Schon Anfang Juli tritt sie mit einem sogenannten Freiheits-Programm an die Öffentlichkeit, in dem sie „ein neues deutsches Kaisertum fordert". Dieses Kaisertum eines „erneuerten" Deutschen Reichs „soll ein vollverantwortliches, dem Volksganzen dienendes Kaisertum sein".[154] Politisches Ziel sei, so der DNVP-Stratege Otto Schmidt-Hannover, ein Umbau der Verfassung im Sinne eines schwarz-weiß-roten Nationalstaats, dessen „Spitze wieder vom deutschen Volks-Kaisertum gebildet werden" müsse. „Nur die erbliche Monarchie verbürgt die Stetigkeit der Reichsführung."[155] Auch wenn dies noch keine Carte blanche für die Wiedereinführung der alten Hohenzollernmonarchie war, so war es doch ein weiteres Anzeichen dafür, welche Kreise der Stein bereits gezogen hatte, den Brüning ins Wasser geworfen hatte. Nur: Mit der Monarchiefrage hat die Politik ein Problem aufgegriffen, für das sie überhaupt keine Strategie in petto hatte, geschweige denn eine Lösung. Einen „Volkskaiser" schon gar nicht.

... und bei sich selbst

Die alles beherrschende Frage der deutschen Politik lautet im Sommer 1932: Wird Hitler über die Mehrheit von Wählerstimmen an die Macht kommen und dann seine Alleinherrschaft errichten? Oder gibt es Mittel und Wege, einer solchen Entwicklung durch andere Optionen zuvorzukommen? Da die demokratische Linke so schwach geworden war, dass sie für eine Regierung ausfiel, kamen für eine Lösung der Problematik nurmehr autoritäre Modelle in Betracht.

Allen an dem regierungspolitischen Revirement vom Mai Beteiligten dürfte klargewesen sein, wie sehr das neue Reichskabinett in seinem Wirken von der Loyalität Hitlers und seiner rasant um sich greifenden Bewegung abhängig sein würde. Mit der Wiedereinsetzung der SA hatten Schleicher & Co. eine erste Abschlagszahlung an die Nazis erbracht. Aber das würde allein nicht ausreichen, um das Papen-Kabinett an der Macht zu halten. Auch die Versicherung des Reichskanzlers, er betrachte es nun als seine „Pflicht", die „wertvollen Elemente" der Hitlerbewegung „an den Staat heranzubringen"[156], kann man noch keine Strategie nennen. Das hat auch unser Protagonist erkannt. Deshalb drängt er, über Schleicher, zu weiteren energischen Schritten – in Richtung Don Adolfo. „Deine Verdienste um das Zustandekommen des Kabinetts, so schreibt er ihm Ende Juni, „werden hoch anerkannt." – Aber: „Um dem Kabinett in dieser oder jedenfalls ähnlicher Form eine möglichst lange Lebensdauer zu geben und um zu erreichen, dass eine ähnliche Regierung, wenn es möglich ist, auch in Preußen die Zügel ergreifen wird, wird Folgendes unerlässlich sein": Außenpolitisch müsse die Regierung „alle Tributzahlungen ablehnen". Und innenpolitisch sei es „notwendig, mit fester Hand durchzugreifen und wirklich zu regieren!" So müssten die Länder „zum Gehorsam gezwungen werden, wenn sie auf ihrem Widerstand gegen die Aufhebung des Uniformverbots beharren". Weiter fordert er „schärfste Maßnahmen" gegen die Kommunisten: „rücksichtsloses Einsetzen der Waffengewalt" und am besten „*Verbot der KPD!*" Schließlich plädiert er für ein „energisches Durchgreifen gegenüber der Linkspresse", und zwar „durch rücksichtslose Verbote, auch der großen Linkszeitungen, für mehrere Monate. Auch darin darf das Kabinett nicht zu ‚anständig' sein." Nur wenn es „nach obigen Grundsätzen regiert, die das deutsche Volk erwartet", sei der Bestand dieses Kabinetts „gesichert".[157] Dass diese unverhohlene Aufforderung zu einer radikal-repressiven Staatspolitik ganz im Sinne Hitlers war, kann man unschwer erkennen. Fraglich ist nur, ob es sich hier um ein weiteres Geschenk an den Naziführer – also ein zuvorkommendes Entgegenarbeiten – handelt oder gar um eine regelrechte Auftragsarbeit. Allem Anschein nach zieht Wilhelm jetzt mehr mit Hitler an einem Strang als mit Papen.

Weil er das sieht, will Schleicher sich von der politischen Hektik seines Freundes nicht anstecken lassen. Er spielt auf Zeit und lässt Wilhelm in eine Falle laufen. Indem er ihm den Ratschlag erteilt, sich mit seinem Anliegen direkt an Reichspräsident Hindenburg zu wenden. Den hatte der Hohenzoller erst kurz zuvor wissen lassen, „wie dankbar alle Nationalgesinnten im Volke sind, dass Sie vermocht haben, in dieser Notzeit ein Reichskabinett von rechtsgerichteten, überparteilichen Männern aus unserer alten – trotz mancher früherer Fehler – hochbewährten Führerschicht zu berufen, die einmal wieder Herren im besten Sinne sind."[158] Trotzdem greift er die Anregung von Schleicher auf, nun auch explizit politisch zu werden. Am 4. Juli, dem Tag der Reichstagsauflösung, ist das Schreiben an Hindenburg fertig, wird von Schleicher approbiert und geht hinaus.[159] Wilhelm wiederholt darin im Wesentlichen die Ratschläge in seinem Brief an Schleicher vom 24. Juni – nur vergreift er sich im Ton. Man höre: „Außenpolitisch werden der von Ihnen berufene Kanzler, dessen Auftreten, wie ich es nach langjähriger Kenntnis seiner Person nicht anders erwartet habe, mein vollstes Einverständnis hat, ebenso wie der mir wohlbekannte und von mir gleichfalls hochbewertete Reichsaußenminister in Lausanne und Genf ganz fest bleiben müssen." – „Innenpolitisch ist es notwendig, mit fester Hand durchzugreifen und wirklich zu *regieren*. Ich habe da das größte Vertrauen sowohl zu der großen politischen Klugheit meines Freundes Schleicher wie zu seiner Konsequenz und Festigkeit." Nur an den Qualitäten des neuen Innenministers, Wilhelm von Gayl, zweifele er etwas. Jetzt müssten aus den Reichsministerien „alle Elemente baldmöglichst verschwinden, deren politische Einstellung dem neuen langersehnten nationalen Kurs nicht entspricht". Weiter plädiert er für „schärfste Maßnahmen gegen die kommunistischen Unruhestifter", insbesondere dafür, dass bei Ausschreitungen „mal eine Anzahl Kommunisten aufs Pflaster gelegt werden". Auch mit seiner Forderung nach einem baldigen Verbot der KPD sei es ihm „bitterernst". Schließlich habe er schon einmal „Einblick gewonnen in die Minierarbeit unserer Linkspresse zur Unterwühlung der Staatsautorität". Wie Hindenburg ja wisse, habe er das „Unheil" des Novemberumsturzes „früh vorausgesehen". „So ungern ich Sie mit dieser Parallele heute belaste, so sehr liegt es mir am Herzen, Ihnen mit obigen Ausführungen gesagt zu haben, was ich für erforderlich halte. Ich bitte Sie, sich nicht mit einer schriftlichen Antwort zu bemühen, sondern es genügt mir, wenn Sie Müldner Ihre Stellungnahme mündlich sagen."

Hindenburgs Reaktion auf diesen Brandbrief ist leider nicht überliefert. Aber man kann sich lebhaft vorstellen, wie sehr das deutsche Staatsoberhaupt die arrogante Einmischung einer unverantwortlichen Privatperson in seine „Prärogative" verärgert haben wird. Schon der ebenso aufdringliche wie überhebliche Ton musste Aversionen erzeugen. Seine negativsten Vorurteile gegen diesen Kaisersohn findet er einmal mehr bestätigt. Ein kluger Kopf hätte das Desaster einer solchen Ansprache des machtstolzen Reichspräsidenten antizipiert. Doch Wilhelm ist mal wieder blauäugig in die Falle seiner selbst gelaufen – ein Hinterhalt, den diesmal Schleicher präpariert hat. Über die Folgen seiner unbotmäßigen Bedrängung des Reichspräsidenten macht Wilhelm sich weiter keine Gedanken. Die Vergeblichkeit seines Vorstoßes hat ihn lediglich in der Meinung bestärkt, „dass in der heutigen Regierung vor allem Gayl und Papen nicht viel taugen, daher würden sie sich auch nicht lange halten und voraussichtlich bald einer Militärdiktatur Platz machen müssen." Ja, es sei sogar möglich, „dass es demnächst zum Bürgerkrieg in Deutschland komme".[160]

Im Sommer 1932 ist Gabriele Freifrau von Alvensleben zu Besuch bei ihrer Schwester Sophie, einer verheirateten Gräfin Yorck von Wartenburg, deren Schloss im schlesischen Klein-Oels liegt – in unmittelbarer Nachbarschaft des kronprinzlichen Domizils. Die frühere Oberhofmeisterin von Cecilie hat sich detaillierte Aufzeichnungen über diesen Aufenthalt gemacht. Zum Beispiel, dass ihr Neffe Paul (genannt „Bia") „jetzt ein ganz überzeugter Nazi geworden, der das [Yorcksche] Schloss während meiner Anwesenheit zu einer ‚Tagung' von 600 Unterführern der S.A. zur Verfügung gestellt hatte." Es scheint Alvensleben, „dass nahe Beziehungen zwischen der Reichswehr und der S.A. bestehen, und sie sich militärisch unterstützen wollen. Überhaupt il se trame allerhand hinter den Kulissen, auch eine Annäherung an den Kronprinzen. Hauptmann Röhm äußerte sich ganz begeistert Bia gegenüber über ihn: ‚Dös is en Borsch', rief er immer wieder. Und der Grund seines Entzückens?! Ein paar nicht salonmäßige Ausdrücke, die der Kronprinz in Gegenwart von I. K. H. [Ihrer Kaiserlichen Hoheit] und anderen Damen gebraucht. So wird man populär!" Natürlich macht die gewesene Hofdame auch einen Abstecher nach Schloss Oels, wo ihr Cecilie das Herz ausschüttet. „Sie sprach von all den Schwierigkeiten, mit denen sie zu kämpfen habe, von ihren Hoffnungen, doch noch zur Regierung zu kommen, von den Verhandlungen mit den Nazis. – Sie hatte Hitler allein auch einmal zum Tee im Cecilienhof und war sehr angetan von ihm. Er sei klug, gebildet, absolut anständig und ganz Idealist, während einige seiner Führer ihr keinen sympathischen Eindruck machen. Ich fühlte während dieses Gespräches deutlich durch, wie heiß sie eine ‚Restauration' ersehnt, und wie sie alles, was in ihren Kräften steht, dazu tut, um sie herbeizuführen." Ihr Mann „interessiere sich jetzt glühend für Politik, was früher nicht der Fall und höre auch auf ihren Rat. Sie ‚arbeiteten jetzt gemeinsam', und das wäre sehr beglückend für sie."[161]

Etwa um die gleiche Zeit macht sich Ruprecht von Bayern folgende Aufzeichnung: „Mein Schwager Ernst Heinrich von Sachsen erzählte mir, dass Kronprinz Wilhelm mit seiner Frau in Sibyllenort, dem Schlosse seines Bruders, zu Besuch war, die Kronprinzessin in einer Art hellgrauer Uniform, die sie für den von ihr gegründeten Luisenbund einführte. Echt preußisch! Der Kronprinz sagte, Hindenburg sei amtsmüde. Sollte dieser zurücktreten, wolle er als Reichspräsident kandidieren. Er baut auf Schleichers Unterstützung, mit dem er per Du. Offenbar gibt er sich der übereilten Hoffnung hin, über die Reichspräsidentschaft Kaiser zu werden. Wer ihn vorwärts treibt, ist seine Frau, zwischen der und der Kaiserin Hermine, die selbst regierende Kaiserin werden möchte, eine ausgesprochene Gegnerschaft besteht. Da der Kaiser völlig unter dem Einfluss seiner 2. Gemahlin steht, lässt sich denken, dass er mit dem Plan seines Sohnes nicht einverstanden ist. Die ganze Sache ist höchst albern, und ich hege keinen Wunsch mit dem Kronprinzen zusammenzukommen, der eine Zusammenkunft mit mir wünscht."[162]

Diese beiden ungewöhnlichen Einblicke hinter die Kulissen lassen erkennen, wie intensiv Kronprinzens inzwischen politisiert sind, wie sie ihre Hoffnungen auf Schleicher setzen und dennoch ihre persönlichen Kontakte zu Hitler pflegen und ausbauen. So dürfte es durchaus keine Aufschneiderei gewesen sein, wenn der spätere Reichswirtschaftsminister Kurt Schmitt Mitte Juli bei seinem Besuch in München Ruprecht von Bayern erzählt, der frühere Kronprinz sei „bereits zehnmal" mit Hitler zusammengekommen.[163] Offenkundig hat sich Wilhelm den konspirativen Politikstil von Schleicher zu eigen gemacht. Er versucht, sich als selbstständigen Machtfaktor in der

Konstellation Schleicher/Papen-Hindenburg-Hitler zu etablieren. Oder sagen wir besser, er geriert sich so. Diesem Zweck dient auch sein Kurzbesuch in Doorn Mitte Juli.

Dort hat er dem Exkaiser noch einmal „auseinandergesetzt[,] dass er ihn nicht verdrängen wolle, dass er sich bei seinen Zielen und Bestrebungen von dem Gedanken leiten lasse, nur als Platzhalter für den Vater zu dienen, also gewissermaßen als Reichsverweser auftreten wolle". Doch Wilhelm senior bleibt bei seinem strikten Nein zu allen Bestrebungen, die Hohenzollernmonarchie über den „republikanischen Präsidentenstuhl" wiederherzustellen. Wenigstens der Form nach soll diese Kontroverse „friedlich" vor sich gegangen und der Vater mit seiner autoritativen „Klarstellung" durchaus zufrieden gewesen sein.[164] Dass dies auch für seinen Ältesten galt, kann bezweifelt werden. Der reist von Doorn direkt nach München weiter, um sich von dort aus zu seinem Jagdfreund Graf Almeida nach Schloss Mondsee bei Salzburg zu begeben. Ob es auf seiner Zwischenstation in der bayerischen Metropole zu weiteren Kontakten politischer Art gekommen ist, entzieht sich unserer Kenntnis. Überliefert ist nur ein Eintrag im Tagebuch von Harry Graf Kessler über ein Gespräch, das er Anfang August mit dem früheren Reichsfinanzminister Peter Reinhold hatte. Der erzählte ihm, „dass ein Abkommen zwischen Hitler und Schleicher oder dem Kronprinzen a. D. bestehe, in dem Hitler sich verpflichtet, bei einer nötig werdenden Reichspräsidenten-Wahl die Wahl des Kronprinzen zu unterstützen, und selbst dann als Duce neben ihm zu funktionieren. Schwierigkeiten mache nur noch S[eine].M[ajestät]., der sich nicht ausschalten lassen wolle."[165]

Bis Ende August 1932 bleibt der Kronprinz a. D. von der politischen Bildfläche verschwunden. Den eigentlichen Kampf um die Macht führen indessen seine beiden „Kompagnons" Schleicher und Hitler. Damit hat er seine Wirkungschancen noch weiter verringert. Um überhaupt noch etwas erreichen zu können, hätte er selbst initiativ werden und einen Anspruch erheben müssen. Das mochte er aber nur unter vorgehaltener Hand tun. Von außen konnte er nichts erwarten. Niemand aus der Welt der Politik will echte Macht in seine Hände legen. Auch Papen und Schleicher nicht. In der sich nun abzeichnenden neuen Tektonik der politischen Landschaft ist für ihn kein Schauplatz reserviert.

Exkurs 3
Schleichers „Fränzchen": Franz von Papen

Die Vita des Franz von Papen ist hinlänglich bekannt und auch das Urteil der Forschung über sein doch eher mediokres politisches Format einhellig.[1] Trotz seiner „abnormen Beschränktheit" (Konrad Adenauer) können wir aber nicht achtlos an seiner Erscheinung vorübergehen. Seine besondere Bedeutung für unsere Geschichte liegt in zweierlei. Zum einen, dass er nach der trefflichen Bemerkung eines Zeitzeugen „in dem Gewirr von Intrigen, Heimlichkeiten und politischem Versagen am Ausgang der ersten deutschen Republik eine Zentralfigur" war, „auf der ein großer Teil der Verantwortung für das tatsächliche Geschehen" geruht habe.[2] Und zum anderen in dem Alleinstellungsmerkmal, dass er zwischen Sommer 1932 und Januar 1933 wohl der einzige Spitzenpolitiker war und blieb, der nicht nur das persönliche Vertrauen Hindenburgs, sondern auch dessen herzliche Sympathie genoss. Der langjährige Adjutant des Reichspräsidenten bringt es auf den Punkt: Hindenburg habe Papen „von allen seinen Mitarbeitern am meisten geliebt. Der Ausdruck ist hier nicht übertrieben."[3]

Als preußischer Berufsoffizier und ultrakonservativer „Herrenreiter" mit großem Privatvermögen war der gebürtige Westfale bis 1932 in der Welt der Politik über einen Platz in der zweiten Reihe nie hinausgelangt. Immerhin verfügte er über hervorragende Beziehungen zu industriellen und landadeligen Kreisen, als deren Lobbyist er sich verstand. Seit 1930 saß er „rechtsaußen" für das katholische Zentrum im Preußischen Landtag. Mit seinem alten Offizierskameraden Schleicher verbanden ihn langjährige freundschaftliche Beziehungen. Sie verdichteten sich seit 1930. Aus dieser Zeit hat sich ein Brief erhalten, in dem Schleicher dem „lieben Fränzchen" für ein Weihnachtsgeschenk dankt. „Ein ehrlicher Reitersmann hat eine schöne Regimentsgeschichte geschrieben, und aus einem ehrlichen Reitersmann wird meist auch ein guter Politiker. Hoffentlich werden Sie zum Nutzen des Vaterlandes im Jahre 31 diese meine Behauptung besonders kräftig unter Beweis stellen."[4] So ungefähr muss man sich die privaten Umgangsformen der beiden vorstellen, bevor Schleicher auf die Idee kam, Papen als seinen Erfüllungsgehilfen in die Reichskanzlei einziehen zu lassen.

Dort ist Franz von Papen quasi nur geschäftsführend im Amt – als Interimskanzler von Hindenburgs und Schleichers Gnaden. Und zunächst auch weit entfernt von Souveränität bei seinen Entscheidungen. Die Richtlinienkompetenz haben die beiden Letztgenannten. Doch schon relativ früh versucht der Eleve, sich der Lenkung durch Schleicher zu entziehen und an Eigengewicht zuzulegen. Und zwar dadurch, dass er sich einen direkten und geheimen Zugang zu seinem Wilhelmstraßen-Nachbar Hindenburg verschafft. Schon bald ist er dort *persona gratissima* und im Vergleich zu Schleicher alsbald sogar der Bevorzugte. Das hat ihn in den Augen seiner Umwelt nicht in ein besseres Licht gerückt. Meissners Sohn kennzeichnet Papen als „die Blasiertheit in Person".[5] Auch erzkonservative Beobachter wie Ewald von Kleist-Schmenzin konnten Schleichers Kanzler weder charakterlich noch politisch etwas Positives abgewinnen. Papen wirke „sprunghaft, dilettantisch und zerfahren" und sei ein Akteur, der hauptsächlich „von den Anregungen anderer lebt".[6] Sein praktisch-politisches Unvermögen scheint Papen aber nicht weiter gestört zu haben. In der Wahrnehmung eines bürgerlich-konservativen Weimarer Republikaners, des Reichstagsabgeordneten Walter Lambach, war er eben „der flotte, das Leben genießende, in kurzen Arbeitsstunden forsch darauf losentscheidende Diplomat. Immer noch munter, trotz schon wackelnder Knie, ganz die letzte Vorkriegsgeneration. Selbstsicher. Mir kann keiner!"[7]

Wohl wahr, Papen und seine Minister symbolisierten die Rückkehr der Vergangenheit. Das gilt nicht nur für den Inhalt, sondern mehr noch fast für den herablassenden Stil ihres Politikmachens mit Zügen von reaktionärer Boshaftigkeit. Die Schwere und Gefährlichkeit der Situation wollte einer wie Papen einfach nicht in den Blick nehmen. Um Lambach noch einmal zu zitieren: „Böse Rückwirkungen sieht er nicht, oder wo er sie sieht, nimmt er sie nicht tragisch. So schreitet er mit einer nachtwandlerischen Sicherheit am Rande des Abgrundes." Oder in den Worten des schon eher nationalsozialistisch angehauchten Journalisten Reventlow: „Herr von Papen hatte immer alle Taschen voll von Vorschlägen und Projekten, auf sehr verschiedene Art. Wird einer nicht angenommen, so kommt er gleich mit etwas Neuem, und immer noch einmal." Innenpolitisch habe er bis zum Schluss die Hoffnung nicht aufgegeben, „doch schließlich die NSDAP noch für sich zu gewinnen, das heißt: einzuwickeln".[8]

Doch prinzipienlos war dieser aalglatte, oft im Trüben fischende und von großem persönlichem Ehrgeiz geleitete Funktionsträger keineswegs. Als entschiedener Gegner, ja Feind der parlamentarischen Demokratie kämpfte er überzeugt und entschlossen für die Verankerung einer autoritären Herrschaftsform, womöglich mit monarchischer Spitze. Hier kannte er keinerlei Skrupel und schreckte auch vor staatsstreichartigen Methoden nicht zurück. Sein Husarenstück lieferte er noch im Sommer mit dem sogenannten Preußenschlag ab, als er im einwohnerreichsten Staat des Reiches mit Brachialgewalt einen Machtwechsel erzwang.[9] Diese Maßnahme sollte sich als ein veritabler Beitrag zur weiteren Unterhöhlung des Systems von Weimar erweisen. Zumal sich bei der SPD jetzt ein lähmendes Gefühl der Machtlosigkeit festsetzte. Überhaupt hat Papen zur weiteren Polarisierung der Weimarer Gesellschaft und zum Kollaps ihrer Demokratie nach Kräften beigetragen. Er zählt zu den Akteuren, die ein Überleben der Weimarer Republik aktiv vereitelt haben.

Bei seinen Machenschaften haben ihn immer auch Gedanken an seine eigene Person geleitet, an den möglichst langen Erhalt seiner Stellung an der Staatsspitze. Und die war 1932 alles andere als gesichert, weil hinter ihm weder eine Partei noch eine Parlamentsmehrheit stand und weil er selbst auch zu wenig darstellte, um sich aus eigener Kraft behaupten zu können. Deshalb fehlte ihm auch der Mut, sich auf das Ziel eines autoritären Obrigkeitsstaates wilhelminischer Prägung und gegen Hitler festzulegen. Er schreckte davor zurück, sein Verhältnis zu den Nazis zu Bruch gehen zu lassen. Dies sollte sich als die größte Schwachstelle seiner politischen Existenz erweisen. Noch im Juni hielt der bayerische Ministerpräsident Heinrich Held als Fazit einer Besprechung beim Reichspräsidenten fest: „Es stellte sich dabei heraus, dass Herr von Papen keine richtige Vorstellung von den Schwierigkeiten seines Kabinetts hat, phantasievolle Hoffnungen auf Hitler und seine Loyalität setzt und daran glaubt, dass sein Kabinett auch das Kabinett der Zukunft nach den Reichstagswahlen sein werde."[10] Das war das eine Manko. Das andere bestand darin, dass von Anbeginn an seinem Kanzlerstuhl gesägt wurde. Offenbar auch mit Schleichers Billigung, wenn nicht sogar Beteiligung. In Goebbels' Tagebuch findet sich schon Anfang Juli eine Notiz, wonach Hitler bei Schleicher war. „Ganz einig geworden. Kabinett muss fallen." Nur die Reichswehr solle unbedingt unabhängig bleiben.[11] Ganz gleich, ob dies ernst gemeint war oder eine von Schleichers Leimruten, um Hitler zu ködern: Der Reichswehrminister war an solchen Störmanövern von Anfang an beteiligt. Sie sollten Papen verunsichern. Jedenfalls hat Schleicher seinem „Fränzchen" sein Vertrauen notorisch vorenthalten, ja ihn darum durch krumme Touren immer wieder betrogen.

Das machte Papens Politik schließlich immer undurchsichtiger, ließ ihn selbst komplottieren und schon bald in einer Sackgasse landen. Aus der fand er nur noch heraus, indem er die Kanzlerschaft Hitler in die Hände spielte – leichtfertig und gewissenlos. Wie seine ganze Politik, die hauptsächlich von Irrationalität und Voluntarismus bestimmt wurde. Was sicher nicht allein an seinen persönlichen Defiziten lag. Vielmehr gab sich in seinem Profil die reaktionäre Zeitströmung ein erstes staatspolitisches Gesicht. Doch blieb das eine ephemere Erscheinung, wie bald auch die mit ihm sympathisierenden preußisch-konservativen Eliten erkennen. „Es geht nur noch drakonisch und diktatorisch", sagt beispielsweise Graf von der Schulenburg im Herbst 1932, wozu aber ausgerechnet „Papen, den ich seit 30 Jahren genau kenne, weder Nerven und guter Wille wohl aber die staatsmännischen Qualitäten fehlen."[12]

In seiner Ausgabe vom 7. August 1932 druckt der *Simplicissimus* eine Karikatur von Th. Th. Heine ab, die Papen und Hitler mit identischer Mussolini-Maske vor dem Gesicht zeigt: „Zwei Diktatoren sind unmöglich. Wir müssen uns endlich entscheiden, wer nun eigentlich den Mussolini spielen soll." Die Entscheidung ist bekannt. Oder in Papens eigenen Worten: „Seit-

Kap. 3: Eine neue Krone?

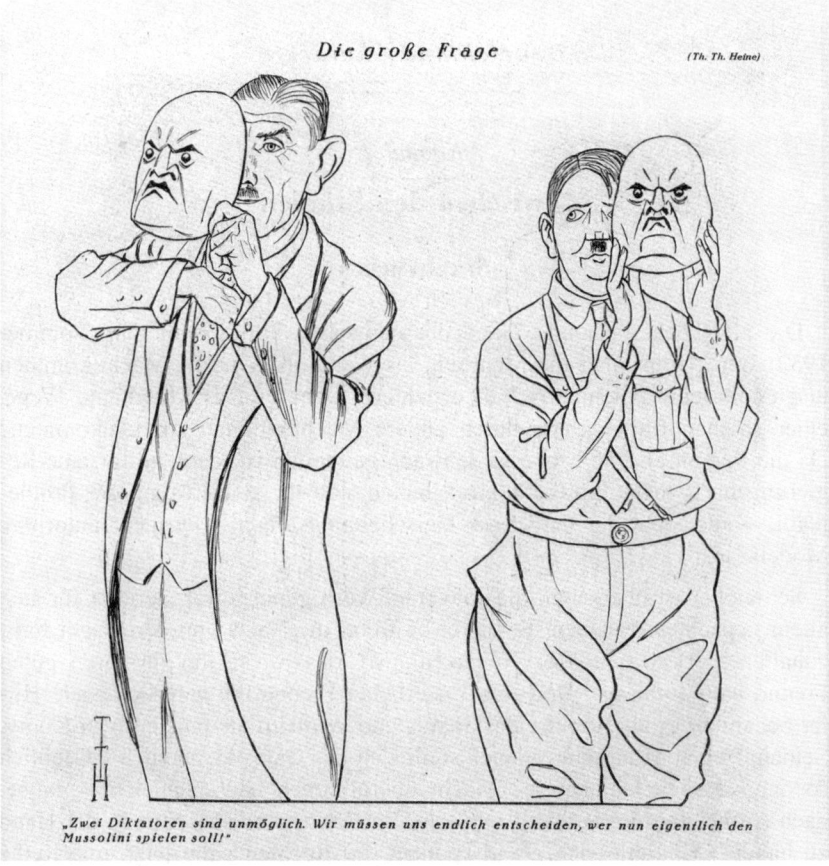

Die große Frage (Th. Th. Heine)

„Zwei Diktatoren sind unmöglich. Wir müssen uns endlich entscheiden, wer nun eigentlich den Mussolini spielen soll!"

dem die Vorsehung mich dazu berufen hatte, der Wegbereiter der nationalen Erhebung und der Wiedergeburt unserer Heimat zu werden, habe ich versucht, das Werk der nationalsozialistischen Bewegung und ihres Führers mit allen meinen Kräften zu stützen."[13]

Kapitel 4
Zwischen den Stühlen

Stühlerücken

Die alles beherrschende Frage der deutschen Politik lautet im Sommer 1932: Wird Hitler über die Mehrheit des Wahlvolkes an die Macht kommen und dann seine Alleinherrschaft errichten? Oder gibt es Mittel und Wege, einer solchen Entwicklung durch andere Machtoptionen zuvorzukommen? Da die demokratische Linke so schwach geworden ist, dass sie für eine Regierung nicht mehr infrage kommt, bieten sich für eine Lösung der Problematik – aus Sicht der damaligen Entscheidungsträger – nurmehr autoritäre Modelle an.

Schleicher ist überzeugt, die souveräne Verfügungsgewalt darüber für sich allein gepachtet zu haben. Er bleibt bestrebt, die Nazis von der Macht fernzuhalten, geriert sich aber gleichzeitig so, dass diese ihn für ihren guten Freund halten müssen. Und sein kaiserlicher Freund ihn natürlich auch. Hitler behandelt er als Kanzler designatus und Wilhelm als präsumtiven König. Seinem treuen Mitarbeiter Planck stellt sich das Ganze denn auch tatsächlich so dar, „dass Schleicher die Macht übernommen hat". Schleicher glaube, nach Aufhebung des SA-Verbotes „die Reichswehr wieder ganz in der Hand zu haben". Er fühle sich als „Exponent der Rechten", die jetzt eine Reihe von Jahren regieren muss, „bis sich die Nazi-Gefahr verlaufen hat". Zugleich zeige sich Schleicher fest davon „überzeugt, dass er auf Hitler einen großen Einfluss hat, ja, dass Hitler richtig für ihn schwärmt und nichts gegen ihn und die vom ihm geführte Reichswehr tun wird."[1]

Um diesen Zustand zu festigen, mussten aber die Nazis aus ihrer latenten Opposition gegen die Reichsregierung herausgeholt und in irgendeine Form von Mitverantwortung gebracht werden. Spätestens nach den nächsten Reichstagswahlen. Das hat Schleichers Mittelsmann Werner von Alvensleben zehn Tage vor dem Wahltermin bei einem politischen Essen in Berlin ausgeplaudert. „Hitler wird in die Regierung kommen, vielleicht schon in vierzehn Tagen! Je länger wir warten, desto schwieriger wird es sein, ihn unter Kontrolle zu behalten, je früher er drankommt, desto abhängiger wird er bleiben." – „Wir werden ihn zu einer Art von Stabschef des Reiches machen, der uns seinen Heerbann mitbringt, den Feldherrn und die Offiziere stellen wir."[2] So der schlaue Plan. Wenige Tage vor der Wahl gibt sich Schleicher dessen ungeachtet in einer Rundfunkrede zur Lage der Nation ausgesprochen staatstragend neutral und verfassungskonform.[3] Er betont, dass die Reichswehr „keine Parteitruppe" sei und neben sich auch keine zweite bewaffnete Formation im Reich dulde. Letzteres habe auch Hitler akzeptiert. Im Übrigen sei Schleicher „kein Freund irgendeiner Militärdiktatur". Die Regierung müsse „von einer breiten Volksströmung getragen werden". Für die demokratische Presse ist diese Rede gleichwohl „die erneute Bekräftigung des Paktes Hitler-Schleicher, auf dem das neue Regime ruht". Worte eines Mannes, „der die stärkste lenkende Kraft dieses Reichskabinetts darstellt".[4] Wenige Tage vor der Wahl haben Schleicher und Hitler erneut ein Tête-à-Tête.[5] Was die beiden da im Einzelnen ausgekungelt haben, ist nicht protokolliert, doch ganz sicher wird es um die Bildung der nächsten Regierung gegangen sein, genauer: um Hitlers Anspruch auf die Führung derselben.

Bei den Reichstagswahlen am 31. Juli 1932 feiert die NSDAP den allgemein erwarteten furiosen Sieg und wird mit über 37 Prozent stärkste Partei im nationalen Parlament. Hitler fühlt sich jetzt als der vom Volk berufene Autokrat des Reiches. Er will sofort Reichskanzler werden, womöglich mit diktatorischen Befugnissen. Genau das aber muss Schleicher verhindern – schon deshalb, weil er selbst maßgeblich an der Machtausübung beteiligt bleiben will. Schleicher lässt sich etwas einfallen. Da die Entscheidung über den Umgang mit Hitlers Machtansprüchen allein bei Hindenburg liegt, setzt er sich dort für die Berufung des Naziführers zum Regierungschef ein. Es scheint sich hier allerdings um ein vergiftetes Eintreten gehandelt zu haben.[6] Eine hypokritische Fürsprache, die eher darauf zielt, den Reichspräsidenten misstrauisch zu machen über das, was Hitler nach dem Arkanwissen von Schleicher so alles im Schilde führt.[7] Hitler sei politisch wie persönlich nicht berechenbar, das dürfte Schleichers Kernbotschaft gewesen sein. Möglicherweise hat er auch umgekehrt Hitler so „gebrieft", dass dessen Unterredung mit Hindenburg am 13. August mit einem beiderseitigen Affront enden musste – aus Hitlers Sicht ein politisches Desaster. Über diesen Ausgang, so notiert Goebbels am 14. August in sein Tagebuch, sei Schleicher „unglücklich. Ob in Wahrheit? Wer kennt sich noch aus?"[8] Planck zum Beispiel. Der sagt nämlich: „Schleicher ist nun obenauf und tatenfroh."[9]

Verunsichert hat Schleicher mit diesem Manöver nicht nur die Nazis, sondern auch Papen und seine Ministerkollegen. Der Regierungschef, so erfuhr Hugenberg, „fühlt sich nicht mehr sicher, weiß nicht, was Schleicher plant".[10] In einer Ministerrunde fragt der Kanzler sichtlich verzweifelt, ob man nicht „einen Mittelweg finden könne zwischen der Beibehaltung eines Präsidialkabinetts und den Wünschen der Nationalsozialisten auf Übernahme der Staatsführung". Innenminister Gayl ist schon beruhigt über die Versicherung Schleichers, „dass die Wehrmacht nicht einseitig den Nationalsozialisten zur Verfügung stehe".[11] So war die Lage Mitte August 1932 einmal wieder heillos verfahren. Vordergründig gab es nur Verlierer – außer Schleicher. Doch wenn man näher hinschaut, erkennt man noch mehr als das. Zwar wollte der Reichspräsident die Exekutive zu diesem Zeitpunkt noch nicht einem Parteiführer ausliefern, den er in seinen politischen Hintergedanken für kaum steuerbar hielt. Doch nach der Aufzeichnung seines Stabschefs Meissner soll Hindenburg im Anschluss an die Unterredung mit Hitler seiner engsten Umgebung gesagt haben: „er habe nun doch eine bessere Meinung von Hitler [als die, die ihm Schleicher eingeredet hatte? – LM]; er sei zwar feurig und leidenschaftlich, aber ein vaterländischer Mann mit großen Plänen und besten Absichten".[12] Vermutlich ist es sogar die Hitler unterstellte Liaison mit den Hohenzollern, die Hindenburg letztendlich davon abgehalten hat, ihn zum Reichskanzler zu ernennen!

Gleichviel, Hitler fühlt sich düpiert. Sein Bemühen, die sichtlich gewachsene Stärke seiner Bewegung endlich auch in Staatsmacht umzumünzen, ist krachend gescheitert. Und das wird in der Öffentlichkeit hämisch ausgeschlachtet. Der Einzug in die Wilhelmstraße bleibt ihm verwehrt, so dass er sich immer noch nicht als leitender Staatsmann profilieren kann. Einzig Hindenburg hat echte Herrscherqualitäten gezeigt. Doch bleibt dem nun nicht viel anderes übrig, als an der Papen-Regierung festzuhalten. Einen besseren (ihm hörigen) Kanzler hat er nicht. Er macht damit aus dem ursprünglichen Provisorium seines Präsidialkabinetts ein Definitivum. Für diese „Entfristung" muss nun aber eine Agenda her – eine, die die dauerhafte Ausschaltung des Reichstags als eigenständigen Machtfaktor zur Voraussetzung hat. Führungspolitisch hat der Reichskanzler durch das Machtwort Hindenburgs ja nichts hinzugewonnen. Das sagt Papen auch ganz offen in einem Interview mit der Nachrichtenagentur *Reuters*: Wie die Dinge liegen, „steht das deutsche Volk jetzt wieder geschlossener denn je hinter seinem obersten Führer, dem Generalfeldmarschall von Hindenburg, und ist voller Vertrauen in seine weise Führung."[13] Will sagen: *nicht* in Papens Führung. Der kluge Hans Schäffer, ehemaliger Staatssekretär im Reichsfinanzministerium und ein genauer Beobachter des politischen Berlins, hat diese Konstellation sehr treffend auf den Begriff gebracht: Die Regierung Papen, so lesen wir in seinem Tagebuch, sei „errichtet worden, um die Nazis in die Verantwortung zu zwingen". Das sei misslungen. Damit „ist die Leistungsmöglichkeit dieser Regierung erschöpft. Sie bleibt nur noch, weil keiner die schlimmere Regierung Hitler will".[14] Keiner in der Wilhelmstraße, wie man dazusagen muss.

Während Hitler und die Nazis sich getäuscht fühlen, ist Schleicher innerlich froh über die Abfuhr, die sich Hitler bei Hindenburg geholt hat.[15] Nun ist auch er für ein (vorläufiges) Weitermachen „seiner" Papen-Regierung. An Hitler kommuniziert er, Hindenburgs Widerstand gegen den braunen Parteiführer sei einfach unüberwindlich. Damit ändert sich schlagartig die gesamte politische Wetterlage. Die Sonne der Macht bescheint weiterhin Schleicher – nebst Papen, der auch ein paar Strahlen einheimst –, während Hitler im Schatten steht. Und dann scheint die Regierung jetzt auch noch eine Art Hitlerkurs *ohne* Hitler zu planen – eine Provokation sondergleichen. Hitlers Hauptzorn richtet sich sofort gegen dieses neue Rechtskartell. Ein Putsch kommt für ihn nicht infrage. Er weiß, dass die Reichswehr auf seine Leute schießen würde. Dennoch: Hitler und Schleicher stehen sich jetzt im Wege. Bis dato waren die jeweiligen Erwartungen an den anderen die Basis ihrer Beziehung gewesen. Die sind jetzt maßlos enttäuscht worden, für Hitler. Jedenfalls sind die Zeiten, wo sich der Naziführer noch als Sphinx präsentiert hat, vorbei. Er will jetzt Zähne zeigen. Die Papen-Regierung wird zum neuen Feindbild der Nazipropaganda. Der Übergang zu schärfster Opposition gegen die Herrschenden wird noch im August vollzogen.

Dass Papen weiter im Amt bleibt, ist für Schleicher zwar eine gesetzte Größe. Gleichwohl ist nicht davon auszugehen, dass er und der Reichskanzler fortan solidarisch an einem Strang ziehen. Im Gegenteil, schon im Spätsommer 1932 beginnt hier der von Carl Schmitt so genannte „Kampf unter denjenigen, die den Vorraum der Macht besetzt halten und den Korridor kontrollieren" – der „Kampf im Nebel indirekter Einflüsse".[16] Am 30. August 1932 konferieren sie noch einmal gemeinsam in Neudeck beim Reichspräsidenten: Die Regierung erhält von Hindenburg Carte blanche für eine erneute Auflösung des Reichstags bei gleichzeitiger Verschiebung von Neuwahlen. Mit einer weiteren Notverordnung wird die preußische Polizei dem Reichsinnenminister unterstellt.[17] Doch unmittelbar danach beginnen Papen und Schleicher, separat um Hindenburgs Gunst zu buhlen. Und um die Unterstützung unseres Protagonisten, den beide Konkurrenten in ihre Politik hineinziehen möchten. Den Nazis bleibt nur ein schwacher Trost: Mit Göring stellen sie jetzt den Präsidenten des Reichstags. Wozu Wilhelm Kronprinz mit einem fürstlichen Geschenk gratuliert, einem goldenen Zigarettenetui mit aufgelegtem Monogramm und Rubinbesatz.[18]

Was tun?

Im August 1932 war Wilhelm von seinem Jagdurlaub im Schloss Mondsee direkt in sein Sommerhaus nach Bad Hopfreben (Vorarlberg) weitergereist. Dort verlebt er zusammen mit seiner Frau Cecilie bis Ende des Monats weitere Ferientage. Doch auch in der Sommeridylle scheint die Berliner Politik allgegenwärtig. Politik, das sind für Cecilie „die großen nationalen Aufgaben, wie sie jetzt durch das derzeitige Kabinett verkörpert und *hoffentlich* auch durchgeführt werden".[19] Wilhelm wird etwas konkreter: „Wir müssen abwarten, wie sich die Dinge weiter entwickeln werden", schreibt er seinem Freund Sela. „Dass man A[dolf].H[itler]. nicht an die Regierung gelassen hat, bedauere ich, enthalte mich aber jeder Kritik, da ich die Zusammenhänge nicht kenne."[20] Um Näheres zu erfahren, macht Wilhelm auf der Rückreise Station in München, wo er eine Besprechung mit Hitler hat, an der auch Röhm teilnimmt.[21] Einzelheiten dieser Unterredung kennen wir nicht. Doch dürfte ihn die Naziführung nicht im Unklaren darüber gelassen haben, dass sie jetzt zu schroffster Opposition gegen die Papen-Regierung blasen und den *reaktionären Klüngel* in diesem Kabinett nicht schonen wird.[22]

Schon in Hopfreben waren Kronprinzens davon in Kenntnis gesetzt worden, dass die Nationalkonservativen den bevorstehenden Reichsfrontsoldatentag in Berlin nutzen wollen, um ihren Willen zu einer Präsidialdiktatur, wie sie Papen jetzt augenscheinlich anstrebt, massenwirksam zu demonstrieren. Und dass sie bei diesem Spektakel auch dem Hohenzollernpaar eine tragende Rolle zugedacht haben. „It is to be a great affair", wusste Cecilie bereits im Vorfeld.[23] Dass jetzt in Berlin ein neues Rad gedreht werden soll, stellt Wilhelm vor das Problem, sich anders positionieren zu müssen. Angesichts der Fundamentalopposition der Nazis gegen eine Regierungsform, die viele seiner Freunde durchaus goutieren, scheint es ratsam, sich nun etwas breiter aufzustellen. Sollte am Ende doch Papen zum erfolgreichen Exponenten des zu errichtenden autoritären Regimes werden, das ihm dann später die Krone sichert?

Papen möchte jetzt den Stahlhelm zur machtpolitischen Reserve seiner Regierung machen. Brüning behauptet sogar, Papen wolle „im Zusammenhang mit dem Stahlhelmtag eine neue Partei gründen und hinter sich bringen".[24] Auch von Plänen für die Wiedereinführung der Monarchie durch Verfassungsumbau ist die Rede. Gleichzeitig verschärft die Regierung ihren Kampf gegen alle linken Parteien. Es geht klar in Richtung Autoritarismus. Nur Schleichers Reichswehr will sich dafür nicht so ohne Weiteres hergeben, denn deren politischer Kopf hat Sorge vor einem Bürgerkrieg. Und eine Diktatoren-Rolle traut er Papen ohnehin nicht zu beziehungsweise missgönnt er sie ihm. Der hat immerhin verstanden, dass er größere „Massen" hinter seine Regierung bringen muss. Deshalb umwirbt er den Bund der Frontsoldaten, auch wenn der von Hitlers SA an politischer Schlagkraft und (jugendlicher) Massenbasis längst überflügelt worden ist. Solange er die Autorität und Popularität Hindenburgs als Stütze hinter sich weiß, stört ihn das weiter nicht.

Papen erreichen allerdings auch warnende Stimmen aus dem nationalkonservativen Lager, die ihm „die dringende Bitte ans Herz legen, es doch in irgendeiner Form zur Einigung mit den Nationalsozialisten kommen zu lassen". Denn „über den jetzigen Zustand der Spaltung im nationalen Lager freut sich niemand mehr als die Linke und das Zentrum, die schon damit rechnen, die Erben zu sein."[25] Auch Levetzow hofft sehr auf eine Verständigung Papens mit den Nazis, und zwar in der „Erkenntnis, dass sie [die Papen-Regierung – LM] auf die Dauer jene völkische Kraft nicht entbehren kann, um Deutschland frei zu machen".[26] Doch Papen wähnt, auf diese völkische Resonanz erst einmal verzichten zu können.

Unter diesen politischen Auspizien kommt es vom 1. bis 5. September 1932 in der Reichshauptstadt zum großen Stahlhelmspektakel mit Massenaufmärschen, Großkundgebungen, Appellen und sonstigem Programm. 150.000 Teilnehmer. Mittendrin und exponiert Kronprinzens. Daneben noch zahlreiche andere Fürstlichkeiten, die sich diese aufsehenerregende Selbstinszenierung des nationalkonservativen Lagers nicht entgehen lassen. Auch die Reichsregierung ist fast vollzählig vertreten. Doch die Hohenzollern bekommen den meisten Jubel ab – und unzählige Ehrerbietungen, als hätte man die Uhr zurückgedreht.

In ihrer Bewertung dieses hochpolitischen Ereignisses legt die demokratische Presse vor allem auf zwei Aspekte großes Gewicht. Erstens, dass sich der Stahlhelm als eine von Haus aus „monarchistische und reaktionäre Organisation" jetzt „zum Hausregiment des gegenwärtigen Kurses gemacht" habe. Und zweitens: „Mit dieser Zusammenarbeit zwischen Regierung und Stahlhelm ist der Trennungsstrich zwischen Stahlhelm und Nationalsozialisten vertieft worden."[27] Für die englische Presse hat das Berliner Massenschauspiel indes erwiesen, „dass das Ziel der Papen-Schleicher-Regierung die Wiederherstellung der Hohenzollern-Monarchie ist".[28] Von Papen aus gedacht, dürfte der wichtigste Zweck aber darin gelegen haben, Hitler zu imponieren, ihm den eigenen Willen zur Macht zu demonstrieren. Goebbels' Tagebuch ist zu entnehmen, dass dies seine Wirkung wohl nicht gänzlich verfehlte.[29] Der Regierungschef scheine tatsächlich entschlossen, Hitler nicht an die Macht kommen zu lassen. „Das wäre ja geradezu furchtbar", soll Papen seinen Gästen bei einem Empfang von Stahlhelmführern in der Reichskanzlei gesagt haben.[30] Er versucht nun gleichsam in Eigenregie den politischen Raum der nationalistischen Rechten zu besetzen und Hitler ganz offen Konkurrenz zu machen. Er begreift sich jetzt als Exponent einer Machtbastion, beseelt von dem festen Willen, die Zügel nicht mehr aus der Hand zu geben. Die Herrschaft der konservativen Machteliten soll nachhaltig restauriert werden.

Und Wilhelm Kronprinz? Der hat während der Berliner Stahlhelmtage diverse Politiker zu einem Arbeitsessen nach Schloss Cecilienhof eingeladen. Darüber hat ein Teilnehmer, Otto Schmidt-Hannover, am nächsten Tag einen „streng vertraulichen" Bericht an den DNVP-Vorsitzenden Hugenberg geschickt. Darin stehen die „persönlichen Absichten" des Gastgebers in der Frage der Reichspräsidentenwahl im Mittelpunkt – für Schmidt-Hannover „*der*" entscheidenden Frage der weiteren Zukunft". Er habe nun den Eindruck

Das Kronprinzenpaar mit ihrem Sohn Friedrich bei einer Veranstaltung im Sportpalast aus Anlass der Berliner Stahlhelmtage im September 1932.

gewonnen, dass der ehemalige Kronprinz „damit rechnet, nach dem Tode Hindenburgs selbst zu kandidieren und dass seine verschiedentlichen, auch jetzt noch anhaltenden Bemühungen um die Nazis aus diesem Zweckgrunde zu erklären sind. Im Übrigen machte er sowohl mir gegenüber als auch, wie ich zufällig hörte, einigen Regierungsmitgliedern gegenüber, einige wenig freundlichen Bemerkungen über Haltung und Disziplin der Nazis. Bezüglich der von der Regierung jetzt einzuschlagenden Taktik bekannte er sich mehrfach zu der These: Landgraf werde hart."[31] Man sieht, dass sich an der politischen Einstellung unseres Hauptprotagonisten im Prinzip nichts geändert hat: Er möchte sich die Unterstützung des gesamten nationalistischen Rechten einschließlich der Nazis für den Fall einer vorgezogenen Wahl des Staatsoberhauptes sichern. Gleichzeitig geht er aber auch auf kritische Distanz zur aktuellen Politik Hitlers, während er die Papen-Regierung drängt, noch autoritärer, sprich diktatorischer zu Werke zu gehen.

Sein bayerischer Vetter Rupprecht kann darüber nur den Kopf schütteln, insbesondere auch über den Umstand, dass der „deutsche Kronprinz, obwohl er bei der Wahl für Hitler eingetreten war, bei dem Berliner Stahlhelmtag in Uniform erschien". Er sei eben „wie sein Vater das Rohr im Winde, und es behält bei ihm immer der Recht, der ihn zuletzt gesprochen hat".[32] Auch Hitler findet diesen Schwenk nicht gut. Und findet sich bestärkt durch Auwi, seinen treuen Gefolgsmann. Der beschwert sich lebhaft über die „Papen-Clique" und den Opportunismus des Stahlhelm, sich wieder einmal „rückhaltlos" auf dieses „Kabinettshäufchen" umgestellt zu haben. „Das Gemeinste von allem" sei, „dass diese Gesellschaft das erstarkende Gefühl für die Monarchie auch noch zu höchst durchsichtig-egoistischen Zwecken missbraucht, wodurch es in unserer Bewegung in Misskredit gebracht wird." Dass man im Sportpalast in Gegenwart seiner Brüder und seiner Schwägerin *Heil Dir im Siegerkranz* spielte, sei „eine Ohrfeige" gewesen „und so beleidigend, wie ich es gar nicht ausdrücken kann". Er werde nun auf diese „Blase" keine Rücksicht mehr nehmen, ihr vielmehr „ihre betrügerische Maske" vom Gesicht reißen. An Hitler gleite das alles ab. Er habe ihn selten „so kampfesmutig" erlebt. Er „war 2 Abende hier [in Auwis Villa Liegnitz in Potsdam – LM] in nettem Kreis bei Musik und hat es sehr genossen, diese Entspannung".[33] Dass Hitler nun demonstrativ bei Wilhelms Bruder gastiert und den Cecilienhof meidet, kann man als ein Signal deuten. Seine Entschlossenheit zu einem Frontalangriff auf die „Papen-Clique" und deren Klientel ist unüberhörbar.

So wettert er am 7. September 1932 in einer programmatischen Rede in München gegen den Blutsadel, „der mit einer internationalen Judenclique die Nation um alles wieder bringen will". Er könne „den Herren nur sagen, was in der Geschichte einmal vergangen ist, kommt nicht wieder. Das Rad der Geschichte rollt vorwärts, niemals wird man dieses Rad an den Ausgangspunkt zurückdrehen." Auch vor einem deutlichen Hieb auf die Hohenzollernmonarchie schreckt er nicht zurück. Im November 1918 sei das monarchische System in Deutschland nicht zuletzt deshalb „zusammengebrochen", weil es selbst „tiefste Fehler besaß".[34] Den Schlüssel zur Macht scheint Hitler demnach nicht mehr in der Gewinnung der Hohenzollerndynastie zu sehen. Offenbar bastelt er schon an einem ganz anderen machtstrategischen Konzept. Dafür gibt es in der Tat ein zeitnahes Indiz. Am 12. September 1932 entwickelt er nämlich (seinem zeitweiligen Begleiter und Gesprächspartner) Kurt Lüdecke gegenüber seine neuesten strategischen Überlegungen: Einen Staatsstreich nach dem Muster von Mussolini lehne er strikt ab, erklärte er Lüdecke. Und zwar hauptsächlich deshalb, weil er Hindenburg für sein Machteroberungskonzept unbedingt brauche. Dessen Prestige sei „unbezahlbar" – eine Reputationsressource, auf die er nicht verzichten könne und wolle. Bei einem Staatsstreich würde Hindenburg möglicherweise zurücktreten – und das könne sich ein Hitlerregime nicht leisten. Er brauche die Legitimation durch den Reichspräsidenten beziehungsweise durch den Hindenburgmythos, zumindest für eine Übergangszeit.[35]

Diese Neuorientierung zog die Notwendigkeit nach sich, nun verstärkt zu sondieren, wie er noch besser auf Hindenburg zugehen und dessen Wertmaßstäben gerecht werden konnte. Was ihn freilich nicht davon abgehalten hat, gegen die Präsidialregierung Papen weiterhin unerbittlich zu Felde zu ziehen. Auch alle Versuche, einen direkten persönlichen Ausgleich zwischen dem Kanzler und Hitler anzubahnen, misslingen. Dabei wäre dies doch eigentlich die Stunde eines Mediators vom Schlage unseres Hauptdarstellers gewesen. So dachte jedenfalls am 11. September der monarchisch-konservativ orientierte Journalist Edgar von Schmidt-Pauli nach eigenen vergeblichen Versuchen, eine Annäherung von Papen und Hitler einzufädeln. Seine Idee: Vielleicht könne noch einer helfen, der „den entscheidenden Männern auf beiden Seiten nahesteht. Der sie in aller Stille und Vertraulichkeit zusammenrufen kann, nachdem er sich für Hitler so stark eingesetzt hat und auch persönliche Beziehungen zu Papen und Schleicher pflegt: Der Kronprinz! – Am nächsten Morgen bin ich bei ihm." Doch Wilhelm ist vorsichtig. Er will sich nur als Moderator zur Verfügung stellen, wenn *andere* es vorher schaffen, Papen und Hitler zusammenzubringen.[36] Mit anderen Worten: Er kneift. So nimmt die Polarisierung ihren Lauf.

Am Nachmittag des 12. September 1932 kommt es durch einen Coup des neuen Reichstagspräsidenten Göring im Parlament zu einem hochnotpeinlichen Misstrauensvotum gegen Papen.[37] Der steht jetzt nicht nur ohne jede Basis da, sondern auch blamiert bis auf die Knochen. Die Nazis frohlocken, während Schleicher vor Wut schäumt über den „dummen" Papen, der im parlamentarischen Clinch mit Göring so jämmerlich versagt habe.[38] Als nun erheblich angeschlagener, aber nicht ausgezählter Regierungschef tänzelt er weiter durch den Ring. Noch am gleichen Tag versucht er mit einer Rundfunkrede zurückzukommen. Seine Regierung, sagt er, sei „festentschlossen", ihren bisherigen Weg weiterzugehen, „den Weg einer neuen unabhängigen Staatsführung, zu der der Reichspräsident sie berufen" habe. Ihre Aufgabe bestehe in der „Eröffnung einer neuen Epoche". Sie sei „der Ansicht, dass das System der Demokratie im Urteil der Geschichte und in den Augen der Nation abgewirtschaftet hat und dass es nicht mehr zu neuem Leben erweckt werden kann". Aber auch die Errichtung der „Diktatur einer Partei" (NSDAP) sei völlig verfehlt. Vielmehr bedürfe es einer entschlossenen Regierung, die sich stütze „auf die Macht und die Autorität des vom Volk gewählten Reichspräsidenten".[39] Der *Völkische Beobachter*, das Zentralorgan der Nazis hält dagegen: Man befinde sich jetzt in Deutschland mitten in einer – Diktatur. „Die Diktatur wird ausgeübt durch eine Kaste, die gegen das Volk regiert. Die Gewaltherrschaft wird gefördert durch die sogenannte deutschnationale Partei, die sich nunmehr willenlos dieser Kastenherrschaft zur Verfügung gestellt hat". Gegen „diese überlebten Gewalten geht der reißende Strom einer völkischen Wiedergeburt und eines leidenschaftlichen politischen Widerstandes durch die ganze Nation".[40]

Dessen ungeachtet will Papen weiterhin seinen Machtanspruch beherzt absichern. Doch hat er eine Agenda? Und würde er nach der Blamage im Reichstag überhaupt noch die Oberhand über das Geschehen behalten können? Er versucht es krampfhaft. Indem er sein Heil in dem Projekt eines reaktionären Umbaus der Reichsverfassung sucht. Der soll nicht zuletzt auch einer monarchischen Restauration den Weg ebnen.[41] Doch was für eine Monarchie schwebt dem bekennenden Katholiken da eigentlich vor? Und welche Prätendenten kommen in Betracht? Darüber möchte sich Wilhelm Kronprinz schon Mitte September baldmöglichst mit Rupprecht von Bayern „unter 4 Augen aussprechen".[42] Doch der vormalige Kronprinz der bayerischen Monarchie ist skeptisch und lässt den – wie er meint – „unverbesserlichen" Vetter[43] zappeln. Von seinen Zwischenträgern hat er nämlich wenig Erfreuliches über die machtpolitischen Ambitionen des Hohenzollern gehört: „In Mondsee sagte er als Gast des Grafen Almeida zum Fürsten Starhemberg, dem österreichischen Heimwehrführer, dass die Entwicklung des deutschen Reiches im Sinne eines Einheitsstaates vor sich gehen werde, und er als deutscher König an dessen Spitze zu treten hoffe."[44] Solche einseitigen Festlegungen ließen eine interdynastische Verständigung über Papens Verfassungsreformpläne wenig aussichtsreich erscheinen. Außerdem galt ihm Wilhelm seit deren Wahlempfehlung für Hitler als Anhänger der von Rupprecht stark beargwöhnten NSDAP. Doch was diesen Punkt anlangt, so wusste ein Vertrauter ihm jetzt aus Berlin zu berichten, sei der Hohenzoller inzwischen von den Nazis „merklich abgerückt". Er hatte wohl, so folgert Rupprecht, eine stärkere „Förderung seiner Wünsche erwartet", doch die Nationalsozialisten wollten „von ihm nichts wissen und gebrauchen ihn nur als Puppe für ihre Zwecke."

Um die gleiche Zeit klärt Wilhelm seinen Vater in einem langen Brief über die veränderte Lage auf. Auch über das tatsächliche Ausmaß und die Qualität seines Abrückens von den Nazis könnte uns diese Epistel Aufschlüsse liefern, wenn sie denn auf die Nachwelt gekommen wäre. Immerhin kennen wir den Antwortbrief. Daraus erschließt sich, dass es um die Beurteilung der Ereignisse in den letzten vier Wochen gegangen ist. Mithin auch über den scharfen Kurswechsel der Nazis nach Hitlers Abfuhr bei Hindenburg. Der Kaisersohn, so deutet sich an, beginnt auf zwei Schultern zu tragen. Bei Hitler hat er damit verspielt, denn so etwas duldet der „Führer" nicht. Dass Letzterer über die Vorgänge so genau im Bilde ist, verdankt er Auwi, seinem Liebediener. Denn der hat den Kaiserbrief, von dem er sowie alle seine Brüder eine Abschrift erhielten, gleich an Göring durchgestochen – und der an Hitler. Damit hatte die Parteiführung nun schwarz auf weiß, was die Hohenzollern familienintern so über sie dachten. In den Worten des Exkaisers: „Es erfüllt mich mit tiefer Betrübnis und Sorge, mit welcher *bodenlosen* Gewissenlosigkeit die *demagogischen* Führer der Nazis dabei sind, das in ihrer nationalen Bewegung gesammelte Kapital nationaler Energien zu verwirtschaften. Es kommt vor allem darauf an, heute mit allen Mitteln die *nationale Bewegung* zu *fördern*." Auch die starken nationalen Kräfte in der NSDAP müssten „aus einem ganz unverantwortlichen demagogischen Getriebe einiger Führer und Redner herausgerettet und hinter die nationale Regierung geführt werden". Hitler hätte den Posten des Ministerpräsidenten in Preußen annehmen und von dieser Machtposition weiter operieren müssen. Aber er sei eben „*kein* Staatsmann, darum unterliegt er dem Druck der Extremisten in seinem Gefolge und verpasst die Chance". Um diese Scharte auszuwetzen, müsse „Unser Haus" jetzt diesem „*Augenblicks*demagogentum" etwas entgegensetzen: „eine feste geschlossene Einheitsfront, die sich nach außen hin klar und unmissverständlich dokumentiert; an sie können sich dann die eventuell unsicher oder ratlos gewordenen nationalen Elemente aus allen Kreisen alliieren. Daher freue ich mich, dass Deine Ansichten mit den meinen übereinstimmen."[45]

Man darf diese Ansichten des früheren Monarchen gewiss nicht vollständig mit denen seines Ältesten identifizieren. Aber zwischen den Zeilen lässt sich schon herauslesen, dass für Wilhelm gerade eine neue politische Konfiguration im Entstehen begriffen ist. Seine Maxime scheint nunmehr zu sein: das eine tun, ohne das andere zu lassen. Will sagen, erst einmal auf den nationalkonservativen Mainstream um und mit Papen sowie dem Stahlhelm zu setzen[46], ohne Hitler dabei ganz abzuschreiben. Durch eine Art Revolution von oben, ein neues deutsches Staatsrecht und damit womöglich noch einmal neue Voraussetzungen für einen monarchischen Staat zu erzwingen – diese Vision dürfte für ihn durchaus verlockend gewesen sein. Nur hat er hier wieder einmal Entscheidendes übersehen. Nämlich erstens, dass Papen für seine reaktionären Pläne gar keine präsidiale Vollmacht besaß, also auf eigene Faust agierte – noch dazu ohne ein Aktionsprogramm. Dass er also zu kurz springen würde. Und zweitens, dass er sich gar nicht sicher sein konnte, ob Papen es überhaupt ehrlich mit ihm meinte. Ob der Kanzler nicht gar am Ende mit einem Prätendenten aus dem Hause Wittelsbach liebäugelte. Rupprecht notiert jedenfalls am 18. September 1932: „Obwohl Schleicher mit dem Kronprinz Wilhelm in steter Fühlung steht, soll er dessen Person in Übereinstimmung mit Papen für untragbar bezeichnet haben."[47] Völlig untragbar war Wilhelm im September aber zweifellos für Hitler geworden. Der durchgestochene Brief des Kaisers hat ihn schwer diskreditiert. Seine Beziehung zur Naziführung ist ab jetzt belastet, ja gestört. Auch die Nachhaltigkeit dieses Kollateralschadens dürfte er nicht antizipiert haben. Analytisch betrachtet, war die Lage so, wie der Historiker Friedrich Meinecke sie damals schon überaus treffend umrissen hat, als er schrieb: Die Papen-Regierung sei „durch die Triebkräfte einer irrationalen Volksbewegung ans Ruder gekommen, eines Sturmwindes, den sie zuerst zu benutzen und dann zu durchqueren versuchte. So fühlen sich die Nazis heute ingrimmig in der Rolle des Mohren, der seine Schuldigkeit getan hat und nun in die Ecke manövriert werden soll."[48]

Am 23. September 1932 sind Kronprinzens beim Ehepaar Schleicher zum Essen eingeladen.[49] Das sei „ein sehr interessantes und nettes Diner" gewesen, berichtet Cecilie eine Woche später ihrer mütterlichen Freundin Alvensleben. „Papens" und diverse Minister seines Kabinetts seien auch dabei gewesen – „alle riesig höflich, wir saßen in der Mitte, genau wie früher". In politischer Hinsicht sei die Runde „recht zuversichtlich" gewesen. „Papen sagte, er hätte die Absicht zu bleiben, bis man ihn totschösse". Über die Nazis sei man „betrübt"; wegen deren „schroffe Ablehnung" der Reichsregierung. Es sei ja auch schrecklich, fügt Cecilie hinzu, „wie Hitler und seine Leute jetzt einfach abrutschen, und wohin?"[50] Wenige Tage später sendet Wilhelm einen „halboffenen" Brief an Hitler, der bezeugt, dass man die Fühlung mit der Naziführung auf keinen Fall aufgeben wollte. Eine Eigeninitiative dürfte dies kaum gewesen sein – eher ein Auftrag der illustren Tischgesellschaft.[51] Und ein Versuchsballon.

„Sie wissen, wie ich persönlich Sie verehre", beginnt Wilhelms Brief, „Sie wissen auch, dass ich stets an einer Verständigung zwischen NSDAP, Stahlhelm und DNVP energisch mitgearbeitet habe." Deshalb fühle er sich verpflichtet, jetzt dazu beizutragen, dass „Sie Ihre so wundervolle Bewegung aus einer unfruchtbaren Oppositionsstellung" gegen die Regierung Papen wieder herausbringen. Er möchte eine Brücke schlagen und den Weg für Verhandlungen ebnen. „Im Interesse unserer nationalen Sache" möge Hitler doch seine „herrliche nationale Bewegung" wieder in die Harzburger Front einreihen. – Hitler nimmt den Ball sofort auf und antwortet umgehend. Indem er sich erst einmal aufplustert: „Ich selbst bin der Führer der nationalsozialistischen Bewegung. Dass diese Bewegung besteht, ist ausschließlich mein Verdienst." Er bedarf keiner Protektion von außen: „Was ich heute bin, bin ich durch mich und was ich in der Zukunft sein werde, desgleichen." Kraft seiner Einsicht und seinem Wissen habe er zu prüfen gehabt, „ob die Herren der derzeitigen Reichsregierung zu regieren fähig seien. Und ich beantworte diese Frage mit einem glatten Nein." Mehr noch: Er sehe „die Regierung Papen für das unheilvollste Verhängnis an". „So sehr ich daher den besten Willen Euerer Kaiserlichen Hoheit, hier zu helfen, anerkenne, so sehr gebietet mir meine Einsicht, den Kampf gegen dieses politische Husarenstück ohne jede Einschränkung und ohne jedes Zögern und ohne jede Halbheit durchzuführen. Würde ich anders handeln, wäre am Tage des Zusammenbruchs dieses lächerlichen Interims der Marxismus ausschließlich Sieger." Dessen „verderbliche Auswirkungen für unser Volk" würde „Kaiserliche Hoheit" ja „genauso beurteilen wie ich selbst". Er bedauere „aufrichtigst" die momentane Unterstützung der Regierung durch den Stahlhelm, was sich aber schon in sehr kurzer Zeit „als Wahnsinn" offenbaren würde. Er sei gerne bereit, „alles zu tun, um eine Fehde mit dem Stahlhelm zu vermeiden, fürchte aber, da nun einmal die Deutschnationale Volkspartei und der Stahlhelm das Kriegsbeil gegen mich ausgegraben haben, dass ein solcher Versuch an der Härte der Tatsachen scheitern wird. – „Euerer Kaiserlichen Hoheit in immer gleicher Ergebenheit und tiefster Verehrung".[52]

Selbstverständlich handelt es sich bei diesem Briefwechsel nicht um Privatkorrespondenz, sondern um den Austausch diplomatischer Noten. Hitlers Expektoration agitiert das gesamte Papen-Lager – schonungslos. Während er dessen Dolmetscher ausgesprochen höflich, ja respektvoll behandelt. Ein Rest von wechselseitiger Sympathie scheint geblieben, die will man sich nicht verscherzen. Doch die Belastbarkeit dieser Beziehung scheint an ihre Grenzen zu stoßen, zumal sich Hitlers Brieftext in kein monarchisch grundiertes Narrativ mehr einschreiben lässt. Auch wenn Wilhelm davor zurückschreckt, sich von Hitler in ähnlicher Weise abzugrenzen oder gar abzuwenden wie dieser von Papen, gehört sein primäres Vertrauen jetzt Letzterem beziehungsweise Schleicher – dem eigentlichen Macher der Wilhelmstraßen-Politik. Doch letztlich weiß er nicht, ob er das autoritäre Papen-Regime nun rückhaltlos unterstützen oder weiterhin die schnelle Übertragung der Regierung an Hitler favorisieren soll. Eine Zeit der Ungewissheit beginnt, die mit wendigem Opportunismus kaum mehr zu überspielen ist.

Unterdes startet Viktoria von Dirksen bei Schleicher einen anderen Versuch, die verfahrene Lage zugunsten von Hitler zu beeinflussen. Es sei doch ein „entsetzlicher Jammer, dass die beiden großen Menschen [Hitler und Hindenburg – LM] nicht so zusammenkommen könnten, wie wir es alle erhofften, ob es denn gar keine Möglichkeit gebe". Schleicher habe ihr doch gesagt: „nur der Sohn Hindenburg kann da helfen, nur er habe wirklichen Einfluss auf den Vater", und er sei „doch ein Freund des Sohnes, Sie sind ein solch kluger Mensch, mit Ihnen wird er ja doch alles besprechen. Darf ich noch einmal sagen, was ist denn Papen im Vergleich mit Hitler, und Hitler in der Zusammenstellung, wie sie doch wohl kommen soll, denken Sie welche Größe und Stärke dann in der Regierung, und damit in Deutschland."[53] Das reflektiert wohl auf eine Regierung Hitler-Schleicher. Der Reichswehrminister verspricht von Dirksen, eine solche Vieraugenunterredung Hindenburg-Hitler zu arrangieren. „Und zwar sehr bald", wie Goebbels in Erfahrung bringt. „Der junge Hindenburg soll dafür eingesetzt werden. Die ganze Sache mit der Macht ist vollkommen verfahren. Wir haben auch viele Fehler gemacht. Der Alte muss gewonnen werden. Wenn nötig durch Intrigue."[54] Doch Hitler „will nicht recht heran. Hält das für zwecklos."[55] Das war am 1. Oktober. Abends ist Hitler im Anschluss an den Hitlerjugendtag in Potsdam zum Essen bei Auwi in der Villa Liegnitz in Potsdam.[56] Ein paar Tage später beschwert sich der Gastgeber einmal mehr bei seinem Freund Presber über die „Papen-Stahlhelm-Clique", diesmal in schönstem Hitler-Sprech. Auwi nennt sie „volksfremd" und „so brutal dumm anzunehmen, man könne, ohne etwas zugelernt zu haben, wieder bei 1914 anknüpfen und *gegen* das Volk regieren. Spannen dazu auch noch die wiedererwachte Sehnsucht nach der Monarchie ein, als ob diese sich jetzt – und noch dazu durch solch' schwache Kräfte – wiedererrichten ließe. In wirklicher Verblendung helfen ihnen dabei die ehrgeizigen Absichten des Kronprinzenpaares, das Unverständnis meiner Brüder und meines Neffen Wilhelm."[57] Dass ihnen mit Auwi nun auch noch die eigene Familie ins Gehege brach, dürfte Kronprinzens *not amused* haben.

Der Flirt mit Papen

Ob verblendet oder nicht, unser Protagonist will auch nach seiner Abfuhr bei Hitler die Hoffnung nicht aufgeben, „dass zu irgendeinem Zeitpunkt die Fäden wieder geknüpft werden können und der unheilvollen Zerklüftung im nationalen Lager damit ein Ende bereitet wird".[58] An Schleicher schreibt er: Der „Fehlschlag" sei zwar „bedauerlich, aber die Einstellung Hitlers mir gegenüber, die in dem Brief doch zwischen den Zeilen zu lesen ist, wird vielleicht bei anderer Gelegenheit doch noch einmal nützlich gemacht werden können für eine Einigung aller nationalen Kräfte in Deutschland".[59] Diesem höheren Zweck dient wohl auch seine Einladung an Papen zu einem Besuch nach Rominten, seinem Jagdrevier im fernen Ostpreußen.[60] Bis dato hatte er den Reichskanzler wohl mit einer Mischung aus Achtung und Argwohn betrachtet. Doch die intimen Jagdtage, die er mit ihm in der weltabgewandten Rominter Heide verbrachte, scheinen eine Annäherung bewirkt zu haben, wie wir noch sehen werden. Fortan kooperieren beide zumindest *in nuce*.

Fragt sich nur: auf welcher Basis? Papen hat nämlich kein klar definiertes machtpolitisches Ziel – etwa die Wiedererrichtung des Wilhelminischen Kaiserreichs. Die Rückkehr der Monarchie ist auch bei ihm ein mehr oder weniger orakelhaftes Versprechen. Doch der amtierende Kanzler will wenigstens das monarchische Potenzial, das er in konservativen Teilen der reichsdeutschen Gesellschaft vermutet, gegen Hitler mobilisieren. Dazu muss er ihnen etwas anbieten. Etwa eine Gesetzesnovelle, die dem Reichspräsidenten das Recht zubilligt, seinen Nachfolger selbst zu bestimmen. Und das Versprechen, diese Entscheidung „entsprechend" zu beeinflussen. Innenpolitisch behauptet Papen, die Lage beherrschen, das Chaos bändigen zu können. Dass in Wahrheit er selbst der Getriebene ohne Exitstrategie ist, scheint seinen royalen Jagdkameraden aber nicht interessiert zu haben. Denn was Wilhelm wieder einmal vor allem anderen sucht, ist die Nähe zur aktuellen Macht. Wie viele Rechtsnationale ist er der Auffassung, dass Hitler mit seiner Fundamentalopposition gegen Papen sein Blatt überreizt hat.[61] Und dass ein weiterer Ansehens- und Gewichtsverlust der Nazis die unausweichliche Folge sein wird. Dies alles nährt seinen frommen Wunsch, am Ende vielleicht doch noch zum Kopf eines Kartells der nationalen Rettung zu werden und über diesen Reputationsgewinn dereinst auch deutsches Staatsoberhaupt. So weit, so gut. Nur wollte die große Masse des deutschen Volkes weder Wilhelm Kronprinz noch Franz von Papen zum politischen Führer haben. Insofern scheint die Wahlverwandtschaft von Rominten eher ein Schulterschluss zweier Möchtegern-Staatsführer gewesen zu sein, die ihre Unentbehrlichkeit gewaltig überschätzten – zweier Wichtigtuer und Wichtigmacher.

Dessen ungeachtet setzt im Frühherbst 1932 so etwas wie eine – auch medial befeuerte – „Monarchisierung" des machtpolitischen Diskurses in Deutschland ein. So bekennt sich die Reichsführertagung der DNVP am 6. Oktober nicht nur ganz offen zur Regierung Papen, sondern – erstmals so klartextlich – zur „Wiederherstellung des Hohenzollern-Kaisertums".[62] Auch der politische Vordenker des vormaligen Kronprinzen, Louis Müldner, ist jetzt ganz auf Papen-Kurs. An Louis Ferdinand schreibt er: „Wir alle, die wir gleicher Gesinnung und Weltanschauung sind, hoffen mit heißem Herzen, dass die Regierung Papen sich durchsetzt und bleibt. Ernstere, klügere, vornehmere Leute gibt es nicht für uns und auch keine besseren Fachleute." Außerdem gebühre ihr das Verdienst, dass sie „uns von dem bankerotten Parlamentarismus befreit" hat. Natürlich sei „der Weg ein ungeheuer schwerer, den die Regierung geht". Das liege vor allem an dem völligen „Versagen der Hitlerpartei in nationaler Beziehung und durch den Umstand, dass die Nazis ihr völliges Unvermögen erwiesen haben, staatspolitisch zu denken".[63] Diese kräftigen Seitenhiebe auf die NSDAP darf man aber nicht überwerten. Erst zwei Tage vor diesem Brief hatte Müldner in der Berliner Generalverwaltung des Hauses Preußen eine Zusammenkunft diverser Mäzene der von ihm mitbetreuten Arbeitsstelle für konservatives Schrifttum[64] orchestriert. Dort war natürlich auch die Restaurationsfrage erörtert und als nicht aktuell qualifiziert worden. Allerdings, so ein Teilnehmer, werde für den Fall von Hindenburgs Tod erwogen, „ob man dann nicht, um Hitlers Wahl zu verhindern, den Kronprinzen aufstellen solle, der dann Reichspräsident, nicht Kaiser werden würde".[65] Im Übrigen, so Müldner, „waren wir alle einig in der Betonung der Forderung auf einen baldigen Frieden mit Hitler, trotzdem die Schwierigkeiten für einen solchen Friedensschluss täglich größer zu werden scheinen".[66] Die Ambitionen sind prinzipiell die gleichen geblieben, auch wenn Hitlers „herrliche Bewegung" gerade schmollt. Deshalb heißt die aktuelle Aufgabe erst einmal: die Harzburger Front zu re-etablieren und mit dem autoritären Regierungshandeln zu verschränken.

Kaum von der Jagd zurück, tritt Wilhelm Kronprinz am 9. Oktober 1932 gemeinsam mit Papen bei einem Stahlhelm-Event in Berlin auf. In der Wahrnehmung der Öffentlichkeit outet er sich dabei als prominenter Mitstreiter des Kabinetts der Barone. Subjektiv gedacht, will er jedoch dem eigenen höheren Ziel dienen, nämlich seine Popularität steigern, um seine Wahlchancen zu verbessern.

Der Kanzler Papen gibt sich ausgesprochen kämpferisch. Und versichert den versammelten Kameraden: Dreizehn Jahre hätten sie nun schon mutig „für die Grundlagen des neuen Reichs gekämpft. Der Stahlhelm soll nicht umsonst gekämpft haben".[67] Die demokratische Presse fand es mehr als „bemerkenswert, wie sich der Reichskanzler zusammen mit Hohenzollernprinzen feiern lässt". Der Zusammenhang „mit den Bestrebungen nach Reform der Reichsverfassung" sei unverkennbar. Insofern habe es sich hier um eine Kundgebung gehandelt, „die gewissermaßen das Endziel der offiziösen Verfassungspläne vordemonstriere".[68] In die gleiche Kerbe schlägt der Kommentar der Sozialdemokratie. Es habe da „eine große Solidarisierung stattgefunden. Die in Gesinnungsgemeinschaft zusammengekommenen Partner heißen: Reichskanzler von Papen, die Familie Hohenzollern, Hugenberg und der Stahlhelm." Der tiefere politische Sinn des Ganzen sei: „Der Stahlhelm wird von der Papenregierung wie von den Hohenzollern als gemeinschaftliche Machtbasis angesehen. Wohin die Reise geht, kann sich demnach jeder ausrechnen."[69]

Diese reaktionäre Symbolpolitik musste die Nazis zusätzlich unter Druck setzen. Der nationalrevolutionäre Faschismus der Hitlerbewegung war ja erklärtermaßen an allem anderen interessiert als an einer solchen Reise in die Vergangenheit. Aber die nicht-nationalsozialistische Rechte auf Dauer einfach weiter zu verprellen, das konnte man eben auch nicht. Also stiftet man erst einmal Verwirrung. Wie der bekannte Berliner Publizist Ernst Feder Anfang Oktober 1932 erfährt, streuen die Nazis jetzt, „dass der Kronprinz selber Kaiser werden will, die Kronprinzessin das für ihren Sohn Wilhelm will, die Nationalsozialisten für August Wilhelm [Auwi]".[70] Damit verschärfen sie den innerfamiliären Konflikt im Hause Preußen. Gleichzeitig versuchen sie, Schleicher von Papen wegzuziehen. Schon Ende September 1932 hatte Hitler in einem Gespräch mit Ulrich von Hassel, Deutschlands neuem Botschafter in Rom, diese Taktik zu erkennen gegeben, als er mal wieder „leidenschaftliche Angriffe auf Papen" richtete. „Mit den Herren Baronen würde er kein Federlesen machen. Schleicher schonte er, aber auch nur bedingt: *Wenn* er die Zeit verstände, so könne man mit ihm vielleicht arbeiten, aber eben nur *wenn*."[71] Auch Hitler ist nicht entgangen, dass sich bei Schleicher immer wieder starke Stimmungen gegen Papen bemerkbar gemacht hatten.[72] Daran hofft er anknüpfen zu können. Denn wieder einmal möchte er so schnell wie möglich den amtierenden Kanzler ablösen. Über einen Vertrauensmann (Pfarrer Ludwig Müller) wird Hitler am 13. Oktober in der Bendlerstraße bei Schleichers Stabschef Ferdinand von Bredow vorstellig. Hitler, so notiert Bredow im Anschluss für seinen Chef, „hielte seine Berufung zur Regierungsbildung noch vor den Wahlen für erforderlich. Jetzige Regierung hätte gänzlich den Boden verloren. Alle Maßnahmen innen- und außenpolitischer Art würden erfolglos bleiben. Falls er jetzt beauftragt würde, wäre es ihm möglich, Herrn General, den er als Wehrminister behalten wolle, später zum Reichspräsidenten vorzuschlagen."[73]

Ganz unempfänglich dürfte Schleicher für solche Avancen nicht gewesen sein. Doch ihnen nachzugeben, das hätte ihn in Konflikt mit anderen Plänen gebracht, die er zeitgleich verfolgte. Sein Ziel, die Hitlerbewegung regierungspolitisch einzubinden und dadurch zu zähmen, hatte er zwar nicht erreichen können, „aber wohl die völlige ‚Entzauberung' der Nazis".[74] Diesen – vermeintlichen – Erfolg wollte er nicht aufs Spiel setzen. Und dann war da noch Schleichers Versprechen gegenüber seinem kaiserlichen Freund Wilhelm, das er nicht so ohne Weiteres desavouieren konnte. Der fühlte sich unter den Fittichen von Papen *und* Schleicher politisch gut aufgehoben; und so sicher, dass er damit begann, seinen Anspruch auf Karriere recht unverhohlen zu artikulieren – getreu dem Esel, der aufs Eis geht. Über Otto Braun, den durch die Reichsregierung gerade abgesetzten sozialdemokratischen Ministerpräsidenten im Land Preußen, gerieten solche Angebereien bis in die Redaktion des SPD-Zentralorgans *Vorwärts*, das dann umgehend mit der Schlagzeile „Hochverräterische Umtriebe des Exkronprinzen zur Wiederherstellung der Monarchie" Alarm schlägt.[75] Es könne, so schreibt das Blatt, „unter Beweis stellen", dass Wilhelm „im Gespräch mit politischen Persönlichkeiten" wiederholt Folgendes von sich gegeben hat: Zu einem „geeignet erscheinenden Zeitpunkt würde Hindenburg ihn zum Reichsverweser bestimmen und zurücktreten. Er werde sich dann auf die Reichswehr, die auf das Reich übergegangene [preußische – LM] Schutzpolizei und 400.000 bewaffnete Stahlhelmer stützen."

Doch hier hatte der *Vorwärts* einiges durcheinandergeworfen. Deshalb beeilt sich Rudolf Breitscheid, einer der führenden Köpfe der SPD, schon am nächsten Tag um eine Richtigstellung. „Wir wissen, dass Kräfte am Werke sind, die die Verfassung durch einen Staatsstreich zu ändern entschlossen sind. Das größte Hindernis stellt sich ihnen in der Persönlichkeit des Reichspräsidenten Hindenburg entgegen." Aber „wenn Hindenburg eines Tages erklären wird, ich mache nicht mehr mit, liegt der Weg frei für den Reichsverweser!"[76] Dass der *Vorwärts* mit seiner Unterstellung aber nicht gänzlich im Nebel gestochert hatte, erhellt indirekt ein Dementi der Reichsregierung, das die Kombination des sozialdemokratischen Organs vollmundig zum „reinen Phantasieprodukt" erklärte. Doch damit wurde die öffentliche Debatte nur weiter angeheizt. So entgegnete der *Vorwärts*: Was die Regierung schlechterdings nicht bestreiten könne, sei, „dass der Exkronprinz für solche Pläne Propaganda macht". Deshalb sei es mit einem Dementi nicht getan. Umso weniger, als einzelne Regierungsmitglieder „wiederholt ihre monarchistische Überzeugung" öffentlich bekundet hätten und zum Exkronprinzen „enge Beziehungen" unterhielten. „Wenn also der Exkronprinz der Meinung ist, bei der Verfolgung seiner hochverräterischen Absichten mit der Regierung einig zu sein, so ist die Reichsregierung an der Entstehung dieses von ihr als ‚Phantasieprodukt' bezeichneten Missverständnisses keineswegs unschuldig. Die Regierung trägt die volle Verantwortung dafür, wenn jetzt die monarchistische Propaganda dreister als je ihr Haupt erhebt, und wenn der Exkronprinz in seiner unüberwindbaren politischen Unreife aus dem Verhalten der Minister Schlüsse zieht, zu denen ihn eine objektive Würdigung der Tatsachen vielleicht nicht berechtigen würde".[77] Das linksliberale *Berliner Tageblatt* stieß in das gleiche Horn: „Dass der Exkronprinz von diesen Plänen gesprochen hat, muss man als Tatsache betrachten, wenn er sich nicht bald entschließt, sie einwandfrei zu widerlegen. Die republikanischen Kräfte im Volk haben ein Anrecht darauf zu erfahren, wie es um diese Machenschaften bestellt ist."[78] Und die gutbürgerliche *Vossische Zeitung* forderte: Es „sollte ein für alle Mal die Möglichkeit beseitigt werden, monarchistische ‚Phantasieprodukte' in irgendwelche Verbindung mit verantwortlichen Persönlichkeiten der Reichsleitung in Verbindung zu bringen."[79]

Mit dieser massiven Intervention der meinungsbildenden Tagespresse war einer weiteren Kungelei zwischen Wilhelmstraße und Cecilienhof schon mal ein kleiner Riegel vorgeschoben. Zu dessen Wirkkraft dürfte beigetragen haben, dass auch die Auslandspresse die Thematik aufgreift. In französischen Blättern wird sogar schon die Möglichkeit einer Hohenzollern-Restauration in Deutschland für wahrscheinlicher gehalten als eine Hitler-Diktatur.[80] In England zapft der *Daily Telegraph* „zuverlässige Quellen" an und berichtet, „dass der Exkronprinz davon überzeugt ist, selbst eine führende Rolle bei der Wiedereinsetzung der Hohenzollern zu spielen". Er habe „bei verschiedenen Gelegenheiten und in den verschiedensten Teilen Deutschlands seinen Freunden im Vertrauen mitgeteilt, dass er bald Reichspräsident oder Reichsregent [im Sinne von Reichsverweser – LM] sein werde. Es ist offensichtlich, dass er darüber mit anderen Personen geredet und deren Versprechen für die Unterstützung seiner Pläne erhalten haben muss."[81] Das Auswärtige Amt sieht sich gezwungen einzugreifen. Neurath bestellt Müldner ein, um ihm „den Kopf zu waschen über die Unruhe, die der Kronprinz hervorrufe".[82] Den Mut, den Verantwortlichen persönlich und direkt anzusprechen, hat Neurath bezeichnenderweise nicht.

Von bürgerlich-konservativer Seite lassen sich jetzt ebenfalls deutliche Stimmen gegen Papens hintersinnige Pläne vernehmen. So zeigt sich namentlich der Vernunftrepublikaner und Historiker Friedrich Meinecke so beunruhigt, dass er seinen Bedenken in einem programmatischen Zeitungsartikel öffentlich Ausdruck verleiht. Beim Bildungs- und Besitzbürgertum habe die Regierung Papen-Schleicher-Gayl „eine gewisse moralische Macht dadurch gewonnen, dass sie das offensichtliche Bestreben zeigt, Deutschland vor den Schrecken einer nationalsozialistischen Parteiherrschaft zu bewahren durch ein konservativ-autoritäres Regime". Aber sie besitze immer noch „eine viel zu schmale Basis, um daraufhin das Wagnis eines radikalen Umbaus unserer Verfassung im konservativen Sinne zu unternehmen. Dies Wagnis würde erst recht ins Abenteuer führen, wenn man etwa einmal daran denken sollte, gestützt auf die Reichswehr, eine Oktroyierung zu versuchen." Fatal sei außerdem, so Meinecke, „dass höchst merkwürdige, sogar monarchistisch gefärbte Verfassungspläne, die zwar nicht amtlichen, aber hinteramtlichen Ursprungs zu sein scheinen, in der Luft schwirren".[83] Auch der viel weiter rechts stehende frühere Reichsbankpräsident Hjalmar Schacht meldet sich regierungskritisch zu Wort. Eine „Revolution von oben" lehnt er entschieden ab. In der aktuellen Situation bleibe „nur der eine Ausweg, sich so schnell wie möglich mit Hitler über die Kanzlerschaft zu verständigen, damit wenigstens die seelischen Kräfte dieser großen Volksbewegung für die Regierung nutzbar gemacht werden".[84]

Die schwersten Geschütze gegen Papens Monarchie- und die damit verknüpften Hohenzollernallüren fährt aber ein Parteigänger der Nationalsozialisten auf, Ernst Graf zu Reventlow.[85] Seine Argumentation dürfte auch Hitler gefallen und vermutlich sogar die Richtschnur für seine nunmehrige Haltung geliefert haben. Deshalb verlohnt eine ausführliche Paraphrase. „Seit der Geburt des Kabinetts Papen wird die monarchistische Propaganda nicht nur unter Ausschluss der Öffentlichkeit wie bisher, sondern auch mit großem öffentlichem Aufwand betrieben. Bei jeder möglichen und unmöglichen Gelegenheit sieht man Prinzen des Hohenzollernhauses als monarchistische politische Tafelaufsätze. Offiziersverbände, nationale und völkische Bünde und Parteien erklären öffentlich, dass man nunmehr endlich auf dem Wege zur Wiederherstellung der Monarchie sei, es wird erörtert, wann und wie man Hindenburg zum Reichsverweser und damit Platzhalter des Hohenzollernhauses zu machen habe. Die Führer der monarchistischen Propaganda sind so tief in den Kreis ihrer subjektiven Vergangenheit eingesponnen, dass sie über diese romantische, subjektive Umwelt nicht hinausdenken können noch wollen. Sie sind weit entfernt auch vom bloßen Gedanken, dass das Ausrufen einer monarchistischen Restauration einen Erisapfel ins deutsche Volk werfen hieße, der ein Explosionsstoff von schwer zu überbietender Sprengkraft wäre. Das Spiel der Monarchisten ist schon deshalb unverantwortlich und ein Verbrechen nicht nur gegen den Gedanken der Volkseinheit, sondern gegen das ganze Volk. – Wer will denn heute bewusst die Monarchie? Das ist im Verhältnis zur Bevölkerungszahl ein winziger Prozentsatz.

Wir sind keine Anhänger des Mehrheitsprinzips, aber die Zeiten sind vorbei, da einem Volk von 60 Millionen Menschen eine Monarchie, die noch dazu derart vom Schauplatz abgetreten ist, von vielleicht einer halben Millionen Menschen aufgezwungen werden könnte. Ohne offene oder latente Gewalt ist weder eine solche Aktion denkbar, noch auch der nach einem etwaigen Gelingen eingetretene Zustand. Die monarchistische Propaganda ist sich dessen natürlich klar bewusst und rechnet mit der Reichswehr, mit dem Stahlhelm und mit der Polizei. Wir sind wieder davon entfernt, über Verfassungsbruch oder Absicht dazu zu zetern, die Verfassung ist uns nichts Heiliges, aber es handelt sich um die Vorbereitung von Gewalttaten gegen das deutsche Volk, um eine Verewigung der Zwietracht und die Eröffnung einer nicht absehbaren Reihe von blutigen Aktionen und Gegenaktionen. Alles in Allem um den Eintritt deutscher Zerrüttung." Mit einem Wort: Die monarchistischen Bestrebungen, wie sie gerade im Schwange sind, stellen ein überaus verwerfliches und unverantwortliches Spiel mit dem Schicksal des deutschen Volkes dar, ihre Verwirklichung würde eine politische Katastrophe bedeuten.

Angesichts dieser massiven Angriffe muss Papen zurückrudern – vor allem in der Monarchiefrage. Das dürfte auch Hindenburg veranlasst haben, dem natürlich nichts ferner liegt, als zurückzutreten oder sich zurückzuziehen. „Der Reichskanzler würde von allem Monarchistischen abrücken in einer für den Kronprinzen sehr unangenehmen Form", lässt Papens Staatssekretär Planck bereits am 19. Oktober Vertrauten gegenüber durchblicken. In der Reichsverweser-Frage bestünde „keine Gefahr", schon weil mit Rupprecht von Bayern und Wilhelm von Preußen „zwei Verweser gegeneinander stünden".[86] Den Vertreter der ausländischen Presse wird regierungsseitig versichert, dass die Regierung „den Bestrebungen, die auf Wiederherstellung der Monarchie gerichtet sind, durchaus fernsteht. Insbesondere wird erklärt, es sei keineswegs ein Gesetz geplant, das den Reichspräsidenten ermächtigen würde, während seiner Amtszeit seinen Vertreter selbst zu bestimmen. Es ist nämlich vor einiger Zeit behauptet worden, ein solches Gesetz, das Hindenburg natürlich auch die Möglichkeit geben würde, als seinen Vertreter den ehemaligen Kronprinzen zu designieren, werde an maßgebenden Stellen vorbereitet."[87] Von seinem eben noch vollmundig verkündeten Weg, „das Reich in seiner alten Herrlichkeit wiederherzustellen"[88], muss Papen abrücken. Jetzt ist nur noch von einer „Staatsführung jenseits der parlamentarischen Regierungsform" als Zielvorgabe die Rede.[89] Die Option, die Monarchie zu restaurieren, wird geflissentlich – dethematisiert.

Auch Wilhelm Kronprinz bläst weiter viel Wind ins royale Antlitz. Doch zunächst einmal entkommt er einer großen Gefahr. Der sozialdemokratische Pressedienst war nämlich in den Besitz seines Brandbriefes gekommen, mit dem er Mitte April bei Groener gegen dessen SA-Verbot protestiert hatte.[90]

Authentische Auszüge daraus bringt der *Vorwärts* am 15. Oktober zum Abdruck und beschwört damit einen veritablen Skandal herauf. Doch Groener kneift, indem er die Existenz eines solchen Schreibens öffentlich bestreitet.[91] Eine glatte Lüge, die aber auch von der Regierung seines Gegners Papen gedeckt wurde.[92] Privatim hat Groener einem Freund die Affäre so dargestellt: „Der Kronprinz hat mir mit seinem Brief vom April Ärger bereitet, ich habe ihn dementiert, um ihn etwas zu schützen. Natürlich glaubt Niemand an das Dementi. Der Brief liegt wohlverwahrt in meinem Schrank. Durch eine dumme Indiskretion ist eine Abschrift aus dem Ministerium des Innern an die Rheinische Zeitung gelangt."[93] Etwas später schob er noch diese Rechtfertigung nach: „Mein Dementi des Kronprinzenbriefs war natürlich eine grobe Lüge. Der Kronprinz hat das richtig aufgefasst und die Sozis haben darauf verzichtet, den Brief in der Wahlkampagne auszuschlachten." Der Verschonte werde „vielleicht eine Lehre draus ziehen".[94] Diese extreme Nachsichtigkeit, dieser nacheilende Gehorsam von an und für sich staatsloyalen Repräsentanten der Weimarer Republik gegenüber dem anmaßenden Gebaren eines erklärten Demokratiefeindes muss den heutigen Betrachter peinlich berühren. Doch gerade auch diese verständnisvolle Nachsicht bis hin zur Lüge und öffentlichen Irreführung gehört mit zu dem Ursachenbündel, das die Agonie der Weimarer Demokratie bewirkt hat. Weil sie unwillig waren, das von ihnen angetretene herrschaftspolitische Erbe konsequent abzuwickeln[95], haben viele Weimarer Republikaner den Epigonen des überwunden geglaubten Obrigkeitsstaat ein politisches Überleben ermöglicht, das gerade in der Staatskrise seit 1931 fröhlichste Urstände feiern durfte. Man fragt sich, welches Interesse intelligente Staatsmänner wie Groener, Neurath oder Planck daran haben konnten, politische Dilettanten wie unseren Hauptprotagonisten so zu schonen und zu schützen? Statt ihn in die Schranken zu weisen und damit Schaden vom System und seiner politischen Kultur abzuwenden. Diese nacheilende Ergebenheit hat es den Mächtigen von gestern erlaubt, die Grenzen des Gebotenen, ja Erlaubten immer wieder zu ignorieren. Dass sie mit ihren vermessenen Ansprüchen dennoch scheiterten, lag vorzugsweise an ihnen selbst, genauer: an den Fallen ihrer selbst, in die sie immer wieder liefen.

Apropos. Das nächste Fettnäpfchen für den Exkronprinzen hat sein Verehrer und Zuarbeiter Joachim von Ostau aufgestellt, jener Mann, der Ende März im Braunen Haus in München für ihn antichambrierte. Ob in Absprache oder aus eigenem Antrieb lässt Ostau Mitte Oktober einen Offenen Brief an Hitler vom Stapel, der sich auf seine „persönliche Bekanntschaft" mit dem Führer beruft und in der kategorischen Aufforderung gipfelt: „Sorgen Sie dafür, Herr Hitler, dass die Reibereien zwischen Stahlhelm und SA unter Androhung schwerster Strafen zu unterbleiben haben."[96] Zeitgleich sticht Wilhelm Kronprinz sein Zustimmungsschreiben an Ostau an den *Berliner*

Lokalanzeiger durch. Darin begrüßt er, dass Ostau „alles das, was die wirklich national eingestellten Kameraden des Stahlhelm und, wie ich mit Sicherheit annehme, auch die SS und SA schon die letzten Wochen hindurch auf das tiefste bewegt", seinem „Führer gegenüber offen zum Ausdruck gebracht" habe. Auch für ihn sei es ein „unhaltbarer Zustand, dass die wirklichen Träger des Wehrgedankens, die deutsche Jugend, die im Stahlhelm, in der SA und SS zusammengefasst ist, sich gegenseitig zur Freude von neidvollen Feinden im Auslande und der roten Front im Inlande bekämpfen". Einmal mehr plädiert Wilhelm ganz entschieden für „eine geschlossene Front gegen alles Undeutsche".[97] Seinen eigenen Ansprüchen als Vorreiter der „Nationalen Front" mag er mit diesem Vorstoß vielleicht gerecht geworden sein, nur ganz gewiss nicht den Erwartungen, die der eben noch verehrungswürdige „Herr Hitler" an Wilhelms Verhalten hatte. Denn das, was in den Zeitungen stand, war eine öffentliche Kritik an Hitlers Führung und damit eine ausdrückliche Distanzierung. Hitler musste sich angegriffen fühlen. Fragt sich nur, was unseren Mann da geritten hat. War das reaktionärer Attentismus? War es fehlender politischer Instinkt? Oder war es Hilflosigkeit?

Gewonnen hat Wilhelm mit seiner öffentlichen Hitler-Ermahnung eigentlich nichts. Er bleibt auf den Investitionskosten, die er mit seiner Spekulation auf den Übergang der Reichsregierung zur offenen Diktatur gezahlt hat, sitzen. „Hoffentlich hat Papen den Mut und die Kraft rücksichtslos durchzugreifen", schreibt er an Freund Sela. Und zu den Presseangriffen auf seine Person könne er nur sagen: „Die Hunde bellen, aber ruhig zieht die Karawane ihres Weges."[98] Doch diese Gelassenheit ist gespielt – oder Leichtfertigkeit. Gibt es doch wahrlich keine Veranlassung für ihn, sich gleichgültig gegenüber dem Machtkampf zu zeigen, der da gerade aus dem Ruder läuft. Eine eigene strategische Option hat er nicht mehr. Ein baldiger Rücktritt von Hindenburg ist ebenso unwahrscheinlich, wie dessen Selbstentmachtung durch Übernahme eines Statthalterpostens für die Hohenzollern ausgeschlossen war. Dass sich Papen tatsächlich trauen würde, eine Verfassungsänderung gewaltsam beziehungsweise gegen das Parlament zu erzwingen, scheint auch nicht mehr realistisch. Schon weil so ein kalter Staatsstreich kaum mit der Rückendeckung von Reichswehr und Reichspräsident rechnen konnte. Insofern ist Wilhelms Politik auf Sand gebaut. Dennoch versucht er unvermindert, Druck auf die Reichskanzlei auszuüben, wie ein Insider erfuhr: „Vom Kronprinzen gingen jeden Tag bei Papen große Mengen angestrichener und mit Bemerkungen versehener Zeitungen ein. Dazwischen würde immer telefonisch im Auftrage des Kronprinzen angefragt, was der Kanzler auf die Anregungen hin veranlasst habe. Diese Anfragen und diese Übersendungen würden aber überhaupt nicht beantwortet. Sie würden in der Regel dem Reichskanzler gar nicht vorgelegt."[99]

Bleibt noch zu ergänzen, dass Ostau wegen seines offenen Briefes an Hitler am 27. Oktober aus der NSDAP ausgeschlossen wird.[100] Und dass nur einige Tage später der Staatsrechtler Carl Schmitt von der Stornierung der Papenschen Verfassungsreformpläne erfährt.[101]

Fallengelassen

Informell ist schon Ende Oktober durchgesickert, dass Papen Angst vor der eigenen Courage hat. So sagt Staatssekretär Planck dem befreundeten Hans Schäffer vertraulich: „Ich kann Ihnen auf das bestimmteste versichern, dass Schleicher, Papen und [Innenminister – LM] Gayl sich völlig klar darüber sind, dass eine Änderung der Staatsform nicht in Betracht kommt. Wir würden alle eine Regierung oder Reichsverweserschaft des Kronprinzen für ein ganz großes Unglück halten. Es besteht völlig Einigung, dass man in dieser Hinsicht nichts tut." Von dem Gedanken an eine Wiederherstellung der Monarchie seien ohnedies „alle weit entfernt". Eine „Antastung" der republikanischen Staatsform sei „nicht beabsichtigt". Im Übrigen bleibe das Ziel der Papen-Regierung, „die Hitlerwoge zu brechen". Um aber den Zulauf zu den Nazis zu verringern, „müsse jetzt neue Kraft gezeigt werden". Schließlich erklärt Planck noch auf Nachfrage, dass Schleicher bei seiner Ablehnung einer Reichspräsidentschaft, die Hitler ihm angeboten hatte, bleiben würde, „weil er sich auf das Wort der Nazis nicht mehr verlässt".[102]

Dessen ungeachtet goutiert man bei Kronprinzens, „dass Herr v. Papen seinen Platz nicht so leicht verlassen will". Und verurteilt scharf die „rücksichtslosen Versuche" der Nazis, seine Regierung „zu stürzen". Gebe sich der Kanzler doch „alle Mühe, seine Ideen durchzusetzen".[103] Fragt sich nur, welche. „Es ist ein großer Jammer, dass die Rechte sich so entzweit hat", beklagt Cecilie und gibt sich skeptisch hinsichtlich der bevorstehenden Reichstagswahlen am 6. November 1932. „Sehr viel ändern werden sie nicht." Aber für den Abend davor steht dem Cecilienhof „ein offizielles Essen für Papen und Neurath" ins Haus – dann hofft man weiterzusehen.[104] Papen bleibt krampfhaft bemüht, nach außen jeden Eindruck von Schwäche zu vermeiden. In seiner Rundfunkansprache verkündet er am 4. November vollmundig: Es ginge in Deutschland jetzt „um die Herstellung einer neuen Staatsführung, die uns aus dem Sumpf der letzten Jahre heraus und der nationalen Wiedergeburt zuführen soll". Seine Regierung habe bis zum 13. August „in jeder Weise den Kampf unterstützt, den Herr Hitler gemeinsam mit uns zu führen schien". Doch „wenn man eine Zusammenfassung aller nationalen deutschen Kräfte wünscht und will", dann dürfe man die Regierung nicht derart skrupellos angreifen, wie die Nazis dies derzeit täten. Das liefe darauf hinaus, ihre Stellung „durch einen Dolchstoß in den Rücken zu schwächen".[105] Doch solch ein Lamento kommt nicht besonders gut an.

Karikatur aus der sozialdemokratischen Satirezeitschrift *Der Wahre Jacob* vom 19. November 1932.

Papens Rede, so der treffende Kommentar der *Vossischen Zeitung*, „war nichts anderes als eine einzige, von enttäuschter Liebe zitternde Auseinandersetzung mit dem Führer jener Partei, die der Reichskanzler so unverdrossen und so erfolglos umwirbt" – dieses Mal eben in Form einer „Kampfansage". Auch Hugenberg beklagt schon vor der Wahl „Papens schwindendes Prestige".[106]

Über das Diner für die Ehepaare Papen und Neurath im Cecilienhof am Vorabend der Reichstagswahlen hat der miteingeladene Diplomat Rudolf Graf von Bassewitz in einem Brief an Freifrau von Alvensleben berichtet, die in ihrem Tagebuch daraus ein paar knappe Informationen überliefert hat. „Papen besserer Herrenreiter, aber kein Reichskanzler, Politik in den Nebenzimmern." Nach Meinung des Diplomaten sei Papen „kein Mann von Format", er „habe zu wenig hinter sich" und wäre hoffentlich bald „erledigt". Cecilie habe Bassewitz zwar als Gastgeberin „liebenswürdig" gefunden, doch sei sie „jetzt zu ‚pushing' und von Ehrgeiz zerfressen". Ihr Mann „schnodderich wie immer, aber weiterer Entwicklung fähig".[107] Eine Weichenstellung scheint von der Begegnung eher nicht ausgegangen zu sein. Wie auch? Kronprinzens haben den Scheitelpunkt ihrer politischen Relevanz überschritten, auch wenn die anhaltende öffentliche Aufmerksamkeit und die informellen Kontakte mit den Regierenden etwas anderes suggerieren. Aufgrund realpolitischer Abwägungen neigt Wilhelm (oder nur seine Frau?) zu diesem Zeitpunkt wohl mehr zu Papen und dessen Utopie eines Kaiserreichs 2.0. Denn er hat Zweifel, ob Hitler ihn tatsächlich ganz nach oben würde bringen können – oder nicht eher tief hinunter in den machtpolitischen Keller. Doch eine Initiative zur zügigen Transformation des politischen Systems in eine monarchisch grundierte Diktatur gegen links geht vom Cecilienhof nicht aus. Denn auch die Regierungsvertreter wissen inzwischen, dass sich die Figur des Kaisersohns als Projektionsfläche für Massenbedürfnisse nicht eignet. Welche positiven Erwartungen sollte seine öffentliche Person noch erwecken? Und für einen Strategen im Hintergrund besaß er ohnedies weder die Disziplin noch die Persönlichkeit – von Intellekt gar nicht zu sprechen. An die Möglichkeit, mit ihm Hitlers totalitärem Machtanspruch politisch noch etwas entgegensetzen zu können, hat niemand mehr geglaubt.

Aber auch Papens Stern befindet sich im Sinkflug. Mit dem reinen Willen zur Vernichtung der Weimarer Demokratie ist es jetzt nicht mehr getan. Und ist er überhaupt noch der richtige Mann, um die ersehnte Wende zu erzwingen? Im Netzwerk diverser Möchtegern-Autokraten hat er einen zusehends schweren Stand.

Die Reichstagswahl vom 6. November 1932 wirft die Nazis zahlenmäßig erstmals zurück. Selbst der daueroptimistische Goebbels spricht von einer „schweren Schlappe".[108] Doch ihr politisches Rückgrat ist heil geblieben.

Zumal der Stimmenverlust nur sehr bedingt dem nationalkonservativen Lager zugutekommt. Hitlers Kurs bleibt der alte: „Er ist ganz auf Kampf eingestellt. Keine Versöhnung. Drauf! Papen muss weg. Kompromisse gibt's nicht."[109] Ein kühnes Manöver angesichts der zerrütteten Parteifinanzen und vielen innerparteilichen Zweifler an der Vision ihres „Führers", aber auch überaus typisch für den Drahtseilkünstler Adolf Hitler. Nationalkonservative Hardliner wie August von Mackensen hatten vergeblich „gehofft, dass die Entgleisungen und Taktlosigkeiten Hitlers und seiner Gefolgschaft seine Anhänger und Nachläufer aus gebildeten Kreisen in größerer Zahl zur Deutschnationalen Volkspartei führen würde, als dies am Wahltage geschah."[110] Die Fragen, die jetzt im Raum stehen, lauten: Wie kann die Regierung Papen die anhaltende Staatskrise überwinden? Und wird Hindenburg überhaupt weiter fest hinter ihr stehen?

Als sich die Ministerrunde am 9. November über diese Fragen zu verständigen sucht, wird sehr schnell klar, dass ihre Handlungsmöglichkeiten äußerst begrenzt sind. Schleicher nämlich ist „felsenfest davon überzeugt, dass die Nationalsozialisten sich nicht an der Regierung beteiligen würden". Auch die geplante Reform der Reichsverfassung muss „bei der außerordentlich gespannten Situation zurücktreten". Bleibt eigentlich nur die Diktatur. Fazit: „Der Reichskanzler wird insbesondere mit Unterstützung des Reichswehrministers [sic! – LM] alles versuchen, um eine Konzentration der nationalen Kräfte zu erreichen."[111] Das heißt: An Hitler kommen Papen und Schleicher einfach nicht vorbei. Zwar ist Schleicher immer noch der politische „Wille" dieser Regierung. Er bleibt der starke Mann im Hintergrund. Aber Papen steht im Begriff, nicht mehr der willige Vollstrecker seiner Direktiven zu sein. Mit einem Bittbrief an Hitler zeigt er letztmalig guten Willen: Er sei „der Ansicht, dass der Führer einer so großen nationalen Bewegung, deren Verdienste um Volk und Land ich trotz notwendiger Kritik stets anerkannt habe, sich dem augenblicklich verantwortlich führenden deutschen Staatsmann nicht zu einer Aussprache über die Lage und die zu fassenden Entschlüsse versagen sollte."[112] Als Hitler ablehnt, reicht Papen seinen Rücktritt ein. Er ist mit seinem regierungspolitischen Latein am Ende. Mit politischer Kabale allerdings noch lange nicht.

Und die Nazis? Die NSDAP hat sich als zu schwach erwiesen, um aus eigener Kraft legal an die Macht zu kommen. Aber die Parteiführung weiß auch, dass sich das „außerparlamentarische" Präsidialkabinett Papens nur mit ihrer Duldung halten kann. Und – traurig aber wahr – ein gutes Drittel der deutschen Wähler will Hitler weiterhin an die Macht bringen. Die noch Herrschenden kommen nicht drum herum, in dieser Willenskundgebung eine veritable Volkskraft zu sehen. Deshalb gibt es für Papen jetzt tatsächlich nur die Option, die Harzburger Front zu rekonstruieren. Schleicher hingegen be-

Th. Th. Heines Comic aus dem *Simplicissimus* vom 13. November 1932 spielt auf das politische Gerücht an, Papen und Schleicher wollten Deutschland gerade einen neuen Monarchen unterschieben.

treibt seine eigene Politik. Er will sich bei seinen Bemühungen um eine Einbindung der Nationalsozialisten mehrere Türen offenhalten. Sein größter Nebenbuhler ist dabei mittlerweile sein „Fränzchen", dem er wohl zu oft bedeutet hat, er sei ja nur ein Kanzler auf Abruf.

Im November 1932 heißen die vier Männer, die Deutschlands politisches Schicksal unter sich ausmachen werden: Schleicher, Hindenburg, Papen und Hitler. Wobei alle den Hauptschauplatz auf die Hintertreppe verlegen. Im Kern ist es eine verantwortungsfreie Intrigenwirtschaft à la Ancien Régime. Wobei allerdings Hitler die Trumpfkarte seiner Massenbewegung und der inzwischen Millionenstärke erreichenden Bürgerkriegstruppe der SA in der Hinterhand hat. Längst geht es nicht mehr um die Alternative „Monarchie oder Weimarer Republik", sondern um die Frage „autoritäre oder totale Diktatur". Für diese gefährliche Zuspitzung der Staatskrise ist Hindenburg der Hauptverantwortliche. Hindenburg hatte seine Präsidialgewalt immer mehr ins Zentrum des Staates gerückt und auf seine Person zugeschnitten. Legitimiert war diese Herrschaft nicht durch die Verfassung, sondern nur durch den wirkkräftigen Mythos seiner legendären Heerführerqualitäten. Das musste der politischen Kultur in Deutschland zum Schlechten ausschlagen, weil es die Staatslenkung einem charakterlich wie geistig mediokren Greis ausliefert, der sich in seinem selbstreferenziellen Politikstil durch keine institutionelle Gegenmacht mehr kontrollieren lässt. Und der sich in seinem Geltungsbedürfnis überaus empfänglich zeigt für alles, was seine spezielle Aura noch mehr zum Erstrahlen bringt. Vor diesem Horizont sieht man den Stern unseres royalen Helden weiter im Sinkflug. Auch arkanpolitisch sitzt er bald nicht mehr am Spieltisch. Ob er überhaupt noch bei irgendeinem Entscheidungsträger als stille Reserve gehandelt wird?

Nebenkriegsschauplätze

Zähneknirschend und doch weit klarsichtiger als im Cecilienhof hatte man im Haus Doorn erkannt, dass alle Pläne zur Änderung der Reichsverfassung durch Deutschlands Staatsoberhaupt abgesegnet werden mussten. Hindenburgs Plazet war gleichsam das Nadelöhr, durch das die Hohenzollern ihr Restaurations-Kamel bekommen mussten. Dieser bittern Erkenntnis Rechnung zu tragen, fiel bei der eingefleischten Animosität des Exkaisers gegen den „Verräter" im Reichspräsidentenpalais äußerst schwer. Doch als im Herbst 1932 die Frage der Monarchie noch einmal aufs Tapet kommt, führt kein Weg mehr daran vorbei, Hindenburgs Einstellung gegenüber den aktuellen machtpolitischen Bestrebungen verlässlich zu eruieren. Also wird Ende Oktober der „Hausminister" Kleist in die Wilhelmstraße geschickt, um eine klare Stellungnahme des Reichspräsidenten zu erwirken. Das ergibt zunächst wenig, wie der Exkaiser beklagt. Hindenburg, so schreibt er seinem politischen Berater Sell, habe nur über seine Verhandlungen mit Hitler im August gesprochen und dabei „allerhand Tatsachen" abgestritten. „Ich halte ihn für unaufrichtig."[113] So blieb Wilhelm senior erst einmal nichts anderes übrig, als weiterhin „die Augen offen zu halten" – und kräftig auf Hitler zu schimpfen. Dessen Verhalten sei ja „unqualifizierbar! Er entpuppt sich immer mehr als *Sozialist*, seit das *Nationale* auf die anderen übergegangen ist. Ich habe ihn aufgegeben und erwarte nichts mehr von ihm."

Da muss es ihn natürlich ganz besonders erzürnen, dass sich sein Sohn Auwi vor Berliner Massenpublikum in höchsten Tönen als treuer Diener seines Führers Hitler in Szene setzt und gleichzeitig scharf gegen die Papen-Clique und den Stahlhelm vom Leder zieht.[114] Was einen massiven, sehr persönlich gehaltenen hämischen Gegenangriff der feldgrauen Kameraden zur Folge hat. Die demokratische Presse frohlockt über den öffentlichen Streit, der da gerade „zwischen der Partei des früheren Kronprinzen und der Partei seines Bruders August Wilhelm" vom Zaune gebrochen wird und sofort große Kreise zieht.[115] Während die Generalverwaltung im Verein mit den Potsdamer Hohenzollern Auwi aufs Dach steigt, stärken ihm Goebbels und Hitler demonstrativ den Rücken. Den Nazis ist der unappetitliche Bruderkrieg im Hause Hohenzollern nur recht, denn die damit verbundene Selbstzerlegung des Monarchismus kann ihrem eigenen Machtanspruch nur nützen. Die Gräben zwischen den politisch Ambitionierten innerhalb der Hohenzollernfamilie werden nun immer tiefer.

Unmittelbar nach den Reichstagswahlen zitiert der Exkaiser seinen Sohn Auwi zu sich nach Doorn. Auslöser dafür ist der Brandbrief, den Stahlhelmführer Duesterberg am 8. November an Oskar Prinz von Preußen geschrieben hat – ein Sündenregister breit und lang. Vor allem macht Duesterberg Auwi zum Vorwurf, schon seit geraumer Zeit „einen ehrlichen Burgfrieden" zwischen Stahlhelm und Hitlerbewegung zu boykottieren und stattdessen „den heimtückischen und niedrigen Kampf seiner Partei" gegen den Stahlhelm zu unterstützen. Das habe bei den Stahlhelmern „bittere Empfindungen" ausgelöst. Er könne daher „nicht dringend genug bitten und raten, dass hier das Königliche Haus selbst mit allen ihm zur Verfügung stehenden Mitteln eingreift". Schließlich ginge es „nicht an, dass ein Königlicher Prinz sich als Parteipropaganda-Redner geriert, der jeden anders Denkenden grundsätzlich verächtlich macht, dann aber auf die Vorrechte des Königlichen Hauses Anspruch erhebt, wenn geantwortet wird. Das geht insbesondere nicht an, vom monarchischen Standpunkt, wonach die Krone unbedingt über den Parteien bleiben muss."[116] Diese Intervention hat zur Folge, dass Auwi tatsächlich politisch aus dem Verkehr gezogen wird. Sein Vater droht ihm mit einem Verbot, sich weiter für die Nazis einzusetzen und schickt ihn erst einmal nach Italien in einen Zwangsurlaub. Wie Auwi selbst seinem Freund Presber später offenbart, habe man ihm da „*sehr* übel mitgespielt". Das sei ein „konzentrischer Angriff (leider unter Führung des Kronprinzen und anderer meiner Brüder)" gewesen.[117] Aus der maßgeblichen Beteiligung von Wilhelm Kronprinz darf man schließen, dass der auf Auwis Partei weiterhin nicht gut zu sprechen ist, abgesehen davon, dass ihm die Ausschaltung einer nervigen Konkurrenz aus dem eigenen Hause auch nur recht sein konnte.

Freilich steht er selbst mit seiner politischen Umtriebigkeit in Doorn auch nicht unangefochten da. Insbesondere Hermine bleibt äußerst misstrauisch, wittert nach wie vor den Boykott, ja den Verrat ihrer eigenen Thronambitionen durch Kronprinzens. Deshalb schickt sie Anfang November einen Emissär zu August von Mackensen, den alten Hohenzollernfreund, dem man auch freundschaftliche Beziehungen zu Hindenburg nachsagt. Es geht bei dieser Anzapfung um Dinge „heikler Natur", wie Mackensen seinem Sohn etwas sibyllinisch schreibt, „sie berühren das Verhältnis des Kronprinzen zu seinem kaiserlichen Vater. Das Chaos in unserem staatlichen Dasein macht sich auch dabei geltend."[118] Als Hermine im Anschluss an die Reichstagswahl die Lage direkt vor Ort sondiert, bittet sie Mackensen zu einem persönlichen Gespräch in ihr Palais Unter den Linden. Dem schwant nichts Gutes: „Leider kriselt es nicht nur in unserem ganzen Volke, sondern auch und zwar merklich im Kaiserhaus."[119] Die Führer der Deutschnationalen hat Hermine ebenfalls kontaktiert, denn diese erörtern zeitgleich eingehend mit Parteichef Hugenberg „die Kronprinzenfrage, dessen Unzuverlässigkeit, Hermine pp.".[120]

Schon vor dem Eintreffen der Stiefmutter in Berlin hat sich unser Held nach Schlesien auf sein Schloss Oels abgesetzt. Von dort schreibt er seinem Vater am 13. November einen wichtigen Brief. „Die nächsten Monate werden für unseres Vaterlandes und unseres Hauses Zukunft wahrscheinlich in dem Sinne entscheidend sein, dass die Frage der Wiederkehr der Monarchie im Vordergrund der politischen Interessen und Notwendigkeiten bleiben wird." Dafür müsse sich die Dynastie neu aufstellen, mit einem anderen Generalbevollmächtigten. Deshalb fordert er die Entlassung von Kleist, denn „ein Mann mit diesen charakterlichen Eigenschaften ist für unser Haus als Hausminister unmöglich". Vor allem kritisiert er dessen „völlig verfehlte Handhabung der sogenannten Nazipolitik", die „Behandlung von Auwi" und „seine ewige Quertreiberei". Im Übrigen verpflichtet er sich gegenüber dem Vater zu größter Loyalität: „Ich will mit Dir fest und unverbrüchlich zusammenhalten und lehne es ab, mir das Vertrauen meines Vaters und Königs nehmen zu lassen." Er werde erst einmal wieder zur Jagd nach Schloss Mondsee reisen, könne aber von dort direkt nach Doorn kommen, „um den ganzen Fragenkomplex nochmals in Ruhe mit Dir durchzusprechen".[121] Trotz seiner Angriffe auf Kleist ist Wilhelm junior auf Frieden mit seinem Vater erpicht. Ihm schwant wohl, dass Papen Schiffbruch erleiden wird. Er braucht jetzt Abstand – von den Entscheidungsträgern in Berlin ebenso wie von der Chefetage seines Hauses. Er spielt auf Zeit. Weil er rat- und planlos ist.

Am gleichen Tag, an dem unser Held bei seinem Vater gut Wetter macht, ist Mackensen bei Kaiserin Hermine zur Entgegennahme ihrer Wünsche und trifft am nächsten Tag Hindenburg. Mit ihm hat Mackensen seinen brieflichen Angaben zufolge „eine Besprechung unter vier Augen". Sie betrifft die Rückkehr des vormaligen Kaisers nach Deutschland sowie „die von einer gewissen Clique betriebene Ernennung des Kronprinzen zum Reichsverweser auch noch zu Lebzeiten des Vaters (!) und unter gleichzeitigem Rücktritt Hindenburgs". Da sei Hindenburg ganz klar gewesen: Zu beiden Absichten werde er „niemals die Hand bieten". Von diesen, wie er meint, „positiven Antworten" hat Mackensen dann unverzüglich Hermine in Kenntnis gesetzt. Über deren Reaktion schreibt er leider nichts.[122] Doch es ist mit Händen greifbar: Hindenburg hat den Hohenzollern Schach gegeben.

Kurz nachdem die Möchtegernkaiserin von Hindenburgs Veto gegen eine Rückkehr ihres Mannes erfahren hat, trifft sie im Haus der Baronin Tiele-Winckler mit Hitler zusammen. Der hält ihr einen langen Vortrag über die „Reichspräsidentenfrage". Diesen Posten, den die „verbrecherische Revolution" geschaffen habe, strebe er auf gar keinen Fall an („unter seiner Würde"). Er hielte es für das Beste, „wenn Hindenburg ihn beauftragt mit der Bildung der Regierung, ihm gleichzeitig die Auflösungsorder gibt für den Reichstag, und dann der Alte zunächst das bleibt, was er jetzt nominell ist, also Reichspräsident. Das könnte er ruhig dann noch ein paar Jahre bleiben." Im Übrigen wolle er „alle Novemberverbrecher vogelfrei machen, wenn die Nazis zur Herrschaft kommen, will sie öffentlich strangulieren lassen". Auch von der Zentrumspartei habe Hitler „mit einem geradezu fanatischen Hass" gesprochen.[123]

Wer hätte gedacht, dass sich das Blatt für die Hohenzollern so dramatisch wenden würde? Mit der zwar informellen, doch zentral wichtigen Basta-Verlautbarung des Reichspräsidenten, dem zeitgleichen Rücktritt der Regierung Papen und mit Hitlers Reklamation einer Kanzlerschaft aus der Hand Hindenburgs liegt vor allem die Interessenpolitik unseres Protagonisten Mitte November 1932 in Scherben. Fortan kann der Kronprinz aus eigener Kraft nichts mehr bewirken, um aus der Sackgasse seiner Ambitionen wieder herauszukommen. Einmal mehr droht ihm das Schicksal, politisch überflüssig zu werden. Selbst die schützenden Hände über ihm sind weg. Ein gefundenes Fressen für die Nazipropaganda, die Wilhelms öffentliche Zweifel an Hitlers Alles-oder-Nichts-Kurs natürlich nicht vergessen hat. Der „Führer" gibt ihn zur öffentlichen Demontage frei.

Kap. 4: Zwischen den Stühlen

Die erfolgt schon am 18. November 1932, als Wilhelm Kube, Gauleiter und zugleich Fraktionsvorsitzender der NSDAP im Preußischen Landtag, im *Preußischen Pressedient der NSDAP* einen Artikel mit der merkwürdigen Überschrift „Moskau, Monarchie oder Nationalsozialismus" veröffentlicht. Der Artikel ist hauptsächlich gegen den „ehemaligen Kronprinzen" gerichtet. „Bekanntlich gibt es in Deutschland so weltfremde Menschen, die da glauben, Kronprinz Wilhelm, der ja nach dem 9. November [1918 – LM] ohne jeden Grund nach Holland ging, käme für eine politische Führerstellung in Deutschland je in Frage. Die außerordentlich ehrgeizige Kronprinzessin bemüht sich seit Jahren, ihrem Herrn Gemahl den Weg zu ebnen und mit der Geschäftigkeit, die der Badensche Blutanteil von mütterlicher Seite her der Kronprinzessin und ihren Kindern zu eigen ist[124], bemüht man sich in steigendem Maße, dem Volke in Erinnerung zu kommen. Wir Nationalsozialisten lehnen alle diese Kombinationen ab, weil wir in dem früheren Kronprinzen niemals den Mann sehen werden, der als Führerpersönlichkeit für das Dritte Reich in Frage kommt. Abgesehen von der peinlichen Vorliebe des ehemaligen Kronprinzen für die Mitglieder des jüdischen Volkes ist für uns die arrogante Art, in der das kronprinzliche Haus neuerdings gegen uns hervortritt, unträgbar." Das deutsche Blut sei „nicht von Besitz, Bildung und Namen abhängig, sondern ist ein besonderer Saft, der durch die Adern des deutschen Bauern und Arbeiters oft sauberer rollt als durch die verkalkten Stränge ‚blaublütiger' Volksverderber."

Das war ein vernichtender Angriff, den zu starten Kube auf eigene Faust kaum riskiert hätte. Will sagen: Goebbels und Hitler müssen davon gewusst und ihre Billigung gegeben haben. Gut möglich, dass sogar Hindenburg der heimliche Adressat der Invektive war. Denn mit diesem Hohenzollern-Verhinderer musste Hitler jetzt irgendwie ins Geschäft kommen. Dass Kubes „unerhörter Artikel" den Angefeindeten selbst „auf das Äußerste empört", verwundert nicht. Wie er reagiert, aber auch nicht: Er verschwindet nach Österreich und ist „froh, dem politischen Wirrwarr entrückt zu sein".[125] Das alte Muster: Weil er den offenen Kampf scheut, geht er lieber ins Risiko des – Nichtstuns.

Kapitel 5

Verwirrung und Ausweg

Zwei Reichsführer auf der Lauer

Papens Regierungspolitik hatte zu nicht viel mehr als einer improvisierten Semidiktatur geführt – ohne Massenbasis und ohne Eigenmacht. Auch als Präzeptor der Monarchie in Deutschland brachte der Mann es nicht weit. Grund für diesen doppelten Misserfolg war neben der mangelnden Akzeptanz seines Herrenreiter-Kabinetts in Gesellschaft und öffentlicher Meinung vor allem der Eigensinn des Reichspräsidenten gewesen. Der wollte weder eine richtige Diktatur mit Verfassungsbruch noch eine Rückkehr der Hohenzollernmonarchie. Politischen Erfolg konnte Papen nach seinem Rücktritt nicht mehr durch staatsmännische Leistungen erzielen, sehr wohl aber durch die Ausnutzung von Fehlern derjenigen, die zu seinem Fall beigetragen hatten – allen voran Kurt von Schleicher. Was dem Reichskanzler a. D. und Vizekanzler in spe vorschwebt, ist die Wiedergeburt der Harzburger Front. Dazu muss er aber die Diktaturwünsche von Hugenberg und Hitler unter Einschluss der Stahlhelmforderungen in Übereinstimmung bringen und dann Hindenburg als Koalitionsregierung der nationalen Rettung schmackhaft machen. In Papens weiterem Vorgehen kann man die politischen Folgen beleidigter Eitelkeit studieren; darüber hinaus Resultate der Selbsterkenntnis, mit seinem Regime kaum mehr bewirkt zu haben, als Hitlers Regierungsübernahme hinauszuzögern. Er hat gelernt, dass eine autoritäre Staatsführung ohne Hitler als deren Lenker zum Scheitern verurteilt ist.

Nach dem Rücktritt Papens bietet Hindenburg zunächst Hitler die Reichskanzlerschaft an – freilich nur, wenn er mit seinem Kabinett eine parlamentarische Basis findet.[1] Mit diesem Mandat hat er den Naziführer allen Kautelen zum Trotz erstmals vor aller Welt für kanzlerfähig erklärt. Und ihm abermals die Möglichkeit zu vertraulichen Aussprachen mit ihm gegeben.[2] Das hat die beiden – als Selbstanbeter durchaus seelenverwandten – Personen ein ganzes Stück näher zueinander gebracht. Womöglich ist bei ihren Gesprächen auch die Monarchiefrage berührt worden, und Hitler konnte glaubhaft machen, dass er keinerlei Restaurationspläne (mehr) verfolge, schon gar nicht den Hohenzollern hinterherlaufe. Jedenfalls soll Hindenburg im Nachgang zu diesen Verhandlungen Hitler zu einem „patriotischen und famosen Kerl" erklärt haben.[3] Auch wenn der Naziführer seinen Auftrag zur

Kap. 5: Verwirrung und Ausweg

Ziemliche beste Freunde, aber auch Rivalen:
Papen und Schleicher im Herbst 1932.

Regierungsbildung schon bald mangels Erfolg bei den Parteien und eigener Machtallüren wieder zurückgeben muss, ist er Ende November dem Ziel einer Regierungsübernahme ein ganzes Stück näher gekommen. Deshalb strotzt er jetzt vor Selbstbewusstsein, trotz Wahlschlappe und leerer Parteikasse. Die präsidiale Lösung der Machtfrage zu seinen Gunsten scheint für ihn nun prädestiniert – alles nur noch eine Frage der Zeit und der Nervenstärke.

Schleicher darf sich nur als zweiter Sieger fühlen. Er will Mittelpunkt des Geschehens in der Reichszentrale und zugleich möglichst autonom in seinen strategischen Entscheidungen bleiben. Doch das ist zu überheblich gedacht und mithin fehleranfällig. So muss er seine Geheimverhandlungen mit Hitler jetzt auf Augenhöhe mit dem unberechenbaren Rivalen führen und dessen Regierungsanspruch zumindest prinzipiell und verbal anerkennen. Eine eigene Kanzlerschaft lehnt Schleicher noch „scharf ab". Angeblich, weil Hindenburg ihn für ein eventuelles „Militärregiment aufsparen" will. Jedoch: „Schleichers Absichten sind ja immer unklar" – wie selbst seine intimen

Gesprächspartner wissen.[4] So kursiert denn in Berlin bereits das Gerücht, der Reichswehrminister solle/wolle per Gesetz zum Stellvertreter Hindenburgs gekürt werden.[5] Die Naziführung ist mit Schleichers obskurem Krisenmanagement höchst unzufrieden, insbesondere Goebbels, der den „General" in seinem Tagebuch als „ewigen Intriganten", als „Lügner", ja „Schuft" beschimpft. Das habe inzwischen auch Hitler erkannt.[6] Selbst bei Hindenburg stößt Schleichers Kalkül-Politik jetzt auf Misstrauen, ja Widerwillen. Die angemaßte Eigenmacht seines Ministers geht ihm zu weit.[7]

Dem analytischen Blick des Historikers erschließt sich Schleichers Wollen im Herbst 1932 aufgrund der sperrigen Quellenlage[8] auch nicht wirklich. Nur dass er mehrgleisig fuhr, lässt sich erkennen. Und dass er Kapriolen schlug. „Nur ein Mann wie Hitler [werde] für ein Präsidialkabinett einen ausgesprochenen Gewinn darstellen", sagt er seinen Ministerkollegen. Denn der „verfüge immerhin über einen Anhang von einem Drittel der Wählerschaft".[9] Gleichzeitig spinnt er erste Kontakte zu Gregor Strasser, einem anderen Naziführer, der sich gerade zu einem innerparteilichen Gegenspieler Hitlers mausert.[10] Dann wieder erklärt er intern, „er habe die Nase von dem Nazigesindel voll".[11] In Sonderheit von Hitler: Es sei „unmöglich, mit diesem Hohlkopf zu verhandeln".[12] Währenddessen befürchten die Deutschnationalen: „Schleicher wird uns alle an die Wand drücken und nach allen Seiten kokettieren."[13] Ende November sieht Goebbels einen „Ringkampf Papen/Schleicher. Wer wird Kanzler? Müßige Frage. Keiner wird bleiben. Schleicher wird nirgend gerne gesehen. Vor allem nicht bei der Industrie."[14] Schleichers alter Ziehvater und Vernunftrepublikaner Groener schließlich – immer noch etwas auf Kriegsfuß mit seinem Nachfolger – rät ihm, halb ironisch und halb ernst: „Werden Sie doch Kanzler; zeigen Sie, was Sie können, aber dabei ein großer und ganzer Mann sein, dem vollstes Vertrauen geschenkt werden kann. Wer hat denn jetzt ‚Vertrauen' zu Ihnen, fast niemand, man hält Sie für ungewöhnlich klug, gewandt, gerissen und erwartet von Ihnen, dass Sie Kanzler werden wegen Ihrer Klugheit und Gerissenheit. Meinen vollen Segen haben Sie. Aber arbeiten Sie nicht mit Forschheit, sondern mit Weisheit. Die Reitpeitschmanieren müssen aufhören. Das kann auch Hitler. Dazu braucht man Sie nicht!"[15]

Richtig. Nur hält sich Schleicher immer noch für den besseren Spieler als Hitler – ein verhängnisvoller Irrtum. Er glaubt, bei seinen riskanten Manövern ohne Rückhalt, ohne Flankenschutz auskommen zu können. Welch ein Übermut!

Kap. 5: Verwirrung und Ausweg

Was sollen Kronprinzens wollen?

Am 18. November 1932 schreibt der vormalige Großherzog von Mecklenburg-Schwerin Friedrich Franz IV. an Schleicher einen langen Brief zur politischen Lage. Diese habe sich durch Papens Rücktritt „völlig verändert". „Meiner Ansicht nach gibt es nur zwei Möglichkeiten zur Lösung der Krise, zur Bannung der ungeheuren Gefahr, in der unser Volk und Vaterland schwebt. Die eine: ein Kabinett Hitler – die andere: ein Kabinett Schleicher – ich muss aber gleich hinzufügen: es gibt *keine* Kabinettslösung *ohne* eine ‚Beteiligung Schleicher'!" Er persönlich gebe einem Kabinett Hitler den Vorzug. Denn Papens Misserfolg sei dadurch „prädestiniert" gewesen, dass er „gegen die große Hitlerbewegung" meinte regieren zu müssen. „Man kann über Hitler und sein Werk denken, wie man will, man muss natürlich äußerst betrübt sein über die Kampfesart der Bewegung in den letzten Monaten, eins ist sicher, Hitler hat das unwiderlegliche Verdienst, breite Schichten der Bevölkerung, die sonst dem marxistischen oder kommunistischen Lager verfallen waren, in ein nationales Denken getrieben zu haben – und er hat damit ein Bollwerk gegen den immer noch drohenden Weltbolschewismus errichtet." Außerdem sei Hitlers Partei bei den Sommerwahlen „zur größten Reichstagsfraktion mit überwältigendem Vorsprunge vor allen anderen Parteien" aufgestiegen; und trotzdem sei ihm der Auftrag zur Regierungsbildung „vorenthalten". Da dürfe man sich nicht wundern, dass „schärfster Kampf" gegen die Urheber dieser „höchst bedenklichen Handlungsweise" die Antwort war. Jetzt, nach dem „einzig möglichen Schritt des Rücktritts des Kabinetts Papen", sei die Situation wieder die gleiche wie im Sommer. Und hier setze seine „inständige Bitte" an Schleicher ein, denn er wisse: „Sie haben den allergrößten Einfluss auf unseren verehrten Herrn Reichspräsidenten, nützen Sie ihn in dem oben angedeuteten Sinne aus." Bei einer Beibehaltung des Außenministeriums durch Neurath und mit Schleichers „starker Hand" als Reichswehrminister sehe er „keinerlei Gefahr in einer Kanzlerschaft Hitler". Natürlich wäre auch eine Kanzlerschaft Schleichers „eine hervorragende Lösung". Aber „ich halte Ihre persönliche Stellung und die Möglichkeit der Ausübung eines bestimmenden Einflusses in einem Kabinett Hitler mit Ihnen als Reichswehrminister *für noch wichtiger*".[16]

Friedrich Franz war der Schwager unseres Helden, der Bruder von Cecilie, und vermutlich hat er hier das zum Ausdruck gebracht, was seine preußischen Verwandten jetzt auch oder so ähnlich gedacht, ihm vielleicht sogar eingeflüstert haben. Ein paar Monate später hat Wilhelm Kronprinz jedenfalls in einem Privatbrief an Ferdinand von Bredow daran erinnert, dass er selbst damals Schleicher „dringend vor der Annahme der Kanzlerschaft gewarnt habe, weil es für mich persönlich klar war, dass nachdem die Regierung Papen zurückgetreten war, es nur noch eine Lösung gab: nämlich die Beauftragung Adolf Hitlers mit dem Reichskanzler-Posten".[17]

So eindeutig scheint diese Meinung aber dann doch nicht gewesen zu sein. Wenn man etwa die Aufzeichnungen Rupprechts von Bayern über den Besuch Wilhelms bei ihm in München am 30. November nimmt, so liest sich das so: „Sehr bedauert Wilhelm Papens Abgang, er hält aber Schleicher für ebenso geeignet, ist jedoch der Ansicht, dass dieser unter den gegenwärtigen schwierigen Verhältnissen nicht bereit sein werde, das Amt eines Kanzlers zu übernehmen. Das richtigste wäre, die Nationalsocialisten als stärkste Partei zeigen zu lassen, was sie könnten. Dies wäre ja ganz recht, entgegnete ich, wenn sie nicht eingestandenermaßen eine Gewaltherrschaft und die völlige Unterdrückung aller Andersgesinnten erstrebten. Mir ist die Auffassung des Kronprinzen Wilhelm umso verwunderlicher, als ihm die Schwächen der nationalsocialistischen Partei bekannt sind, sprach er doch von dem Byzantinismus, der vom braunen Hause ausgehend Hitler umgibt und von den auf 14 Millionen sich beziffernden Schulden der Partei."[18] Wir erfahren nicht, was Wilhelm auf den gewichtigen Einwand seines bayerischen Vetters erwidert hat. Doch die Vermutung liegt nahe, dass die beiden Königskinder hier gar keinen politischen Meinungskampf ausgetragen, sondern nur standesgemäß parliert haben. Dass es ihnen nicht um die Verabredung einer gemeinsamen Politik zur Restauration ihrer jeweiligen Monarchien gegangen ist, sondern um die Wahrung wechselseitiger Handlungsfreiheit, so dass alles in Unverbindlichkeit enden musste.

Das, was Wilhelm Kronprinz nach seiner langen Abwesenheit von Berlin benötigt, ist Orientierung. Harte Kriterien für die Beurteilung der Aussichten eines neuen Präsidialkabinetts besitzt er nicht. Deshalb lässt er noch vor seiner Rückkehr seine rechte Hand Müldner bei Schleicher anklopfen, um mit dessen Adjutanten einen baldigen Telefontermin zu verabreden. „Aus dem Zimmer des Hohen Herrn [in der Generalverwaltung – LM] ist das auf dem Geheimapparat ganz unbedenklich. Vielleicht ist es möglich, dass der Minister auch einen Apparat benutzt, der nicht über die Zentrale geht". Müldners Einschätzung der Lage liegt die Hoffnung zugrunde, „dass der Kelch mit dem Kanzlerposten an dem General vorbeigeht. Damit hätten wir dann den letzten Mann verausgabt, und der Minister würde sich womöglich in diesem Kampf mit den +++ [vermutlich: „beschissenen" – LM] Parteien auch noch verbrauchen. Hoffentlich kommt Papen mit dem etwas umgestalteten Kabinett wieder. Es ist ja jetzt die einzige Lösung. Und dann müssen die Brüder von Rechts und Links eben mal scharf angefasst werden. So geht es ja nicht weiter."[19] Nach dem tatsächlich am Donnerstag, den 2. Dezember erfolgten Telefongespräch zwischen Schleicher und Wilhelm setzt Letzterer einen Brief an Hindenburg auf, für den er Staatssekretär Meissner als Briefträger benutzt. Leider ist der Inhalt nirgendwo überliefert, so dass wir darüber nur mutmaßen können. Warnt er den Reichspräsidenten, Schleicher zu „verheizen"? Hat er ihn zur Ernennung von Hitler zum Reichskanzler aufgefordert? Oder empfiehlt er eine militante Diktatur Papens? Dass Wilhelms Intervention einen konstruktiven Einfluss auf Hindenburgs Entscheidung genommen hat, ist kaum anzunehmen.

Einen Tag später hat Wilhelm sich dann noch einmal brieflich und ganz „persönlich" an Schleicher gewandt, um dem Freund zu dessen soeben erfolgter Ernennung zum Reichskanzler zu gratulieren. Er wolle aber „ganz offen gestehen", dass ihm die „Übernahme dieses so wichtigen, aber auch so dornenvollen Postens in einer für unser Vaterland so verwirrten politischen und wirtschaftlichen Zeit" nicht unbedenklich erscheine. Schon länger habe er „die Befürchtung gehabt, Du könntest Dich vielleicht in ähnlicher Weise vorzeitig verbrauchen, wie es mit unserem guten Papen ja nun leider geschehen ist. Ich habe in Dir immer den Mann gesehen, der als Reichswehrminister – von den Nazis bisher noch nicht angegriffen – in der Reserve gehalten, immer noch die wertvollste Brücke darstellt zu dieser großen, wertvollen, aber auch sehr schwierigen Volksbewegung. Ich habe diese Bedenken auch in einem Brief an den alten Herrn zum Ausdruck gebracht, den Dir ja wohl mittlerweile der Staatssekretär Meissner, den ich gestern zu mir gebeten hatte, schon gezeigt haben wird." Allerdings nehme er an, „„dass Du gewisse Sicherungen und Verabredungen hast, die mir vielleicht noch unbekannt sind, aber die Chancen in sich tragen, dass Du Deine Aufgabe für unser Vaterland zu einem glücklichen Erfolg durchführen kannst. – Ich bitte Dich nur, dass sich auch in Deiner neuen Stellung in dem offenen Freundschaftsverhältnis von uns Beiden nichts ändern möge und ich nach wie vor, wenn ich wichtige Dinge erfahre oder sehe, die für Dich von Wert sein können, sie Dir jederzeit zugänglich machen kann." – „In alter Freundschaft Dein WILHELM".[20]

Wieder haben wir es mit einem aufschlussreichen Dokument zu tun. Das uns Auskunft gibt über die anhaltende Illusion des Briefschreibers, gleichsam noch in letzter Minute in die Entscheidungsfindung eingreifen zu können. Einmal mehr ist es die Vorschubleistung von Leuten wie Meissner, die für die Hartnäckigkeit solcher Einbildungen verantwortlich zeichnet. Interessant ist aber auch die etwas zwischen den Zeilen versteckte Information, dass Schleicher seine machtpolitischen Hintergedanken selbst seinem Duzfreund gegenüber für sich behält – und wie erpicht Wilhelm darauf ist, diese zu erfahren. Schließlich seine Etikettierung Schleichers als „wertvollste Brücke" zu den Nazis, deren Bewegung ihm ebenso wertvoll erscheint wie diese Brücke. Hitler und er selbst kommen in dem Dokument *nicht* vor. Was bemerkenswert erscheint, wo er sich doch noch wenige Wochen zuvor als Mediator zwischen dem Naziführer und dem Rest der politischen Rechten gesehen hat. Seine geistige Entfernung von der Wirklichkeit des eskalierenden Berliner Machtkampfs hat mithin im Dezember 1932 deutlich zugenommen. Er wird zum fünften, wenn nicht sechsten Rad an der Staatskarosserie, die immer mehr auf die schiefe Bahn gerät.

Hitler selbst legt jetzt keinen Wert mehr auf gute Beziehungen zum früheren Kaiserhaus. Im Gegenteil, er macht kein Hehl aus seiner Abwendung. Dem britischen Journalisten Sefton Delmer sagt er am 27. November in Weimar: „Deutschland würde in Flammen aufgehen, wenn jemand versuchen sollte, die Hohenzollern zurückzuholen." Er habe ganz „bestimmt nicht die Absicht, als Rennpferd für einen kaiserlichen Jockey zu dienen, der ausgerechnet in dem Augenblick, in dem ich die Ziellinie passiere, auf meinen Rücken springen will".[21] Diese emotionale Bildsprache verrät, dass Hitler inzwischen Kenntnis von der despektierlichen „Don Adolfo"-Rhetorik von Kronprinzens hat und nun den Spieß umdreht. Sein latenter Argwohn gegen den Exkaiser und dessen Ältesten ist in demonstrative Ablehnung umgeschlagen. Überdies scheint er zu wissen, dass er damit bei Hindenburg punkten kann. Darauf lässt auch das Schreiben schließen, welches Hitler nur eine Woche später an Oberst Walter von Reichenau schickt, den Chef des Stabes von Werner von Blomberg, damals noch Befehlshaber des Wehrkreises Ostpreußen. Darin spricht er sich mit Blick auf Frankreichs Kriegsgelüste gegen eine „Reaktivierung des Hauses Hohenzollern" aus – „gleich in welcher Form". Auch die „Ausrufung einer Monarchie" wäre ein politisches Desaster. Indirekt warnt er damit zugleich Hindenburg als den Oberbefehlshaber der Reichswehr, man möge „nicht zu jenen Experimenten greifen".[22] Es ist Hitlers zweite Distanzierung vom Hause Hohenzollern innerhalb einer Woche! „Zu bestimmtem Zweck", wie Goebbels vielsagend in seinem Tagebuch vermerkt.[23] Kurz zuvor hatte das Zentralorgan der Nazis, der *Völkische Beobachter*, in einem Leitartikel in das gleiche Horn gestoßen, indem es die Gefahr einer reaktionären „Diktatur gegen die Nation" heraufbeschwor. Die Nationalkonservativen um Papen kaprizierten sich jetzt immer penetranter auf „die Sicherung der Nachfolgeschaft des Reichspräsidenten Hindenburg" – und zwar durch den „Statthalter des Hauses Hohenzollern". Sie wollten Hindenburg damit auf die Rolle eines „Platzhalters für die Erbmonarchie der Hohenzollern" reduzieren. Deshalb fordere Papen „den Staatsstreich von oben" und wolle anschließend „gegen die gesamte Nation eine Restauration durchführen".[24] Der „bestimmte Zweck" ist auch hier, das deutsche Staatsoberhaupt ins Gebet zu nehmen und ihn an seiner empfindlichsten Stelle zu reizen. Es sind Puzzleteile eines ausgeklügelten Machtspiels.

Ein Zeitzeuge aus dem inneren Kreis der Naziführung sagte nach dem Krieg aus, Hitler habe „bis 1932 zweifellos die Restitution der Hohenzollern beabsichtigt" und sei erst davon abgekommen, als der Kronprinz unter dem Einfluss des Papen-Regimes „erkennen ließ, dass er nicht mehr auf die NSDAP setze".[25] Das mag zutreffen, doch war hier noch ein anderer gewichtiger Faktor im Spiel: Hitlers Wissen um die Hohenzollernphobie des greisen Reichspräsidenten. Vor allem der glaubt er jetzt Rechnung tragen zu müssen.

Deshalb ist aus seinem Monarchieversprechen zu Jahresbeginn schon am Jahresende Asche im Wind geworden. Doch die Giftpfeile, die er da losließ, dienten einer wohlkalkulierten Eskalation. Sie konnten bei Bedarf auch wieder im Köcher verschwinden.

Kabale

Den „Ringkampf Papen/Schleicher" hat der politische General erst einmal für sich entschieden. Am 3. Dezember 1932 wird Kurt von Schleicher Deutschlands Regierungschef. Es war allerdings ein Pyrrhussieg. Denn nur weil Schleicher den Reichspräsidenten genötigt hat, Papen die diktatorischen Machtmittel für ein „Kampfkabinett" zu verweigern, konnte er den Rivalen ausstechen.[26] Dass Schleicher ihn in diese peinliche Zwangslage brachte, wird Hindenburg seinem neuen Kanzler zeitlebens nicht mehr vergessen. Auch Papen ist jetzt richtig über Kreuz mit seinem früheren Freund. Er fühlt sich durch ihn „gestürzt", hasst ihn dafür. Von Hindenburg wird Papen mit den Worten verabschiedet: „Sie dürfen nicht von mir gehen, auch wenn Sie nicht mehr mein Kanzler sind, ich brauche Ihren Rat! Bleiben Sie in meiner Nähe."[27] Seine Vorzugsstellung im Reichspräsidentenpalais hat der glücklose Kanzler mithin nicht eingebüßt. Er läuft auch nicht Gefahr, von Schleicher daraus wieder verdrängt zu werden, so schlecht wie Letzterer nun dort angeschrieben bleibt.

Das war für Papen Motivation genug, um nun Politik auf eigene Faust mit dem Fluchtpunkt eines Comebacks zu betreiben. Er übernimmt eine andere Rolle, indem er sich hinter den Kulissen zum Regisseur eines neuen Machtspiels aufschwingt. Dafür muss er auf Hitler zugehen und Abbitte leisten. Aber auch den alten Mann in der Wilhelmstraße in Sicherheit wiegen, was seine monarchistischen Allüren anlangt: „Ich stehe im Volk, ich stehe im Reich, ich weiß, dass dies Reich Republik ist", zitiert ihn die auch von Hindenburg gelesene *Vossische Zeitung* am 2. Dezember. So wird Papen zum Wendehals. Er umgibt sich mit einem Kreis robuster Reaktionäre, zu denen jetzt aber nicht mehr der Potsdamer Zweig der früheren Herrscherfamilie zählt. Von seinem eigenen spektakulär schlechten Krisenmanagement will er natürlich nichts mehr wissen. Seine selbst gemachten Fehler hat er sich längst verziehen.

Das politische Berlin weiß, dass die Regierung Schleicher eine letzte Notlösung ist – oder in den Worten von Goebbels' *Angriff* eine „Lösung, die keine Lösung bringt".[28] Über Hintertreppeneinflüsse hat sich das lädierte politische System abermals das Experiment eines Präsidialkabinetts verordnet. Dabei genießt Papens Erbschleicher gar nicht das Vertrauen des Präsidenten. Und dessen Sohn Oskar, Schleichers alter Freund und Türöffner, scheint nun auch von ihm abzurücken.[29] Hinter dem neuen Kanzler, der Reichswehrminister bleibt, steht nicht einmal die komplette Führungselite der Armee, die bereits in Teilen mit Hitler sympathisiert und in Schleicher auch nicht den erwünschten Führer der Nation sieht. Der Stahlhelm steht weiterhin zu Papen, ein wenig auch schon bei Hitler.[30] Schleichers Popularität, seine Wirksamkeit auf die Massen dürfte überdies sehr begrenzt gewesen sein. Und – ganz wichtig – seine Kernkompetenz als versierter Drahtzieher und Pokerspieler ist nun gar nicht mehr gefragt. Stattdessen muss er „liefern", ein erfolgreiches Krisenmanagement beweisen. Angesichts dieser denkbar schlechten Ausgangsbedingungen hätte man von ihm nun eigentlich vorsichtige Zurückhaltung erwartet. Doch Schleicher versucht es mit dem Gegenteil, einem großen Wurf: der Zerlegung der Nazidominanz durch eine Politik über Bande. Ein denkbar riskantes Unternehmen, das als sogenannte Querfront in die Geschichtsschreibung eingegangen ist.[31] Schon vorab erklärt Schleicher dem bayerischen Ministerpräsidenten Held „die nationalsozialistische Gefahr als überwunden".[32] Doch wie hatte einer der vielen Kommentatoren zu seinem Amtsantritt so tiefsinnig vermeint: „Schleicher hält sich für *noch* klüger, als er ist, und er hält manchmal andere für noch dümmer als sie sind."[33]

Schleichers vermeintlicher Geniestreich, seiner Regierung „durch unkonventionelle Kooperationen heterogener Kräfte" (Pyta) eine Massenbasis zu verschaffen, ist ein totgeborenes Kind. Das ergibt sich nicht aus der allwissenden Perspektive des heutigen Betrachters, sondern schon mit (historistischem) Blick auf die Geburt. Eine Parteiflügel-Koalition, wie sie dem General wohl vorschwebte, also eine Mesalliance von rechter SPD und linker NSDAP mit dem Segen der Gewerkschaften, findet von vornherein keine Akzeptanz bei den Adressaten. Und die Kollateralschäden seiner querfrontalen Bemühungen sind unübersehbar: Hitler fühlt sich provoziert, Hindenburg reagiert äußerst kühl, die Deutschnationalen lehnen jede Verantwortung für Schleichers Spiel ab, die rechte Presse wirft ihm Voluntarismus und einen Rückfall hinter das durch Papen bereits Erreichte vor und so weiter.[34] In die Enge getrieben, greift der General im Kanzleramt schließlich zu dem Mittel, das er am besten beherrscht: der Kabale. Mit Gregor Strasser in der Rolle eines *Brutus redivivus* plant er ein neues Ränkespiel.[35] Er will Strasser auf einen Ministersessel seines Kabinetts locken – oder jedenfalls so tun als ob. Vor allem aber will er Hitler irritieren, seinen größten strategischen Konkurrenten.

An dieser Stelle wird die Geschichte für unser Thema wieder interessant, weil es mehr oder wenige gute Bekannte unseres Titelhelden aus dem leicht monarchisch angehauchten Münchener Naziklüngel sind, die hier ihrerseits mitmischen. Diese Strasser-Freunde würden ihren Favoriten gern in einem Berliner Ministeramt sehen. Franz von Hörauf etwa wäre hier zu nennen, ein ehemaliger Militär in der Obersten SA-Führung, den Wilhelm Kronprinz als Informant engagiert hatte. Der schreibt ihm schon Ende Dezember im Nachgang zu seiner – übrigens ergebnislosen – Unterredung mit Schleicher: Wenn es möglich wäre, Strasser „an einen verantwortungsvollen Regierungsposten zu bringen, wo er zeigen kann, dass er etwas leistet, so wird er meines Erachtens zwangsläufig die Partei, ob mit oder ohne Hitler, hinter sich bringen. Und nur unter Strassers Führung wird auch das von Euer Kaiserlichen Hoheit angestrebte Zusammengehen der NSDAP mit den übrigen nationalen Kräften möglich sein."[36] Das sind erst einmal nur Behauptungen, die da in den Raum gestellt werden. Doch sie passen in Schleichers Kalkül. Wenige Tage später wird Wilhelm durch einen weiteren Nationalsozialisten aus München gewarnt. Der Bankier Heinrich Martin schreibt ihm: „In Berlin scheint sich eine Front zu bilden Stülpnagel[37]-Papen-Hitler mit dem Ziel, den Kanzler über den Präsidenten zu stürzen, und zwar noch vor Neuwahlen." Sein Freund Strasser sei übrigens „bei guter Verfassung und bei kühler, klarer Beurteilung der Dinge. Dieser Mann hat seine Rolle noch nicht ausgespielt[38], und ich möchte nur wünschen, dass auch Eure Kaiserliche Hoheit ihn kennen lernen. Aber es sind zunächst in ihm einige Widerstände vorhanden." Diesen Brief von einem „meiner Münchener Vertrauensleute" schickt Wilhelm abschriftlich an Schleicher „zur streng vertraulichen Kenntnisnahme. Der Inhalt wäre – wenn etwas Wahres dran ist – mehr als interessant." Außerdem fügt er seiner Sendung noch eine Abschrift des oben erwähnten Briefes von Hörauf sowie „einige Zeitungsartikel" bei.[39] Am Tag zuvor hatte er Schleicher erst mit guten Wünschen zum neuen Jahr bedacht, verbunden mit der Hoffnung, „dass ich in den ersten Tagen des neuen Jahres Gelegenheit haben werde, einmal mit Dir unter vier Augen ein paar wirklich brennende Fragen besprechen zu können. – In der Anlage übersende ich Dir einen von unserem 2. Bundesführer [des Stahlhelms – LM] Duesterberg geschriebenen Neujahrs-Artikel, den ich bitte aufmerksam zu lesen. Er hat mir außerordentlich gut gefallen."[40]

Wir kennen das Muster bereits: die unermüdliche Bombardierung verantwortlicher Staatsmänner mit unerbetenem Informationsmaterial (nicht selten Klatsch) nebst Kommentaren oder gar Ratschlägen. Den Mut zu einer eigenen Meinung lässt der Absender im Fall von Strasser freilich mit keinem Wort erkennen – ist er doch hier mehr Zwischenträger als Manipulator. Strasser scheint jedenfalls kein Interesse an einem direkten Kontakt mit dem Kaisersohn zu haben. Selbst Schleicher kann sich der Umarmungs- und Vereinnahmungsstrategie erst einmal ein Stück weit entziehen. Das legt Wilhelms Brief an seinen Freund Sela nahe, dem er Mitte Dezember geschrieben hatte: „Die politische Entwickelung muss man jetzt abwarten. Ich möchte hoffen, dass unser Freund Schleicher die Sache schaffen wird. Die Hauptsache ist, dass er zunächst Ruhe hat und Zeit gewinnt. In der N.S.D.A.P.

haben z. Zt. die radikalen Elemente unter Führung von Goebbels die Oberhand. Wenn sich Hitler von diesem Einfluss nicht frei macht, so gibt es Unheil."[41] Wilhelms politischer Ratgeber Müldner zeigt ebenfalls vollstes „Vertrauen zu Schleicher, zu seiner elastischen Hand und seiner politischen Nüchternheit".[42] Doch was Schleicher tatsächlich gerade im Schilde führt, das wissen sie nicht im Hause Preußen. Auch Papen scheint seine Seilschaften von vornherein unter Ausschluss des Hohenzollern angegangen zu sein. Im Klartext heißt das: Wilhelm ist und bleibt im Dezember ohne jeden Einfluss auf das Geschehen – dessen Herren bedürfen seiner nicht. Er kann seine eventuelle Nützlichkeit höchstens noch selbst andienen. Nachdem die Beziehung zu Hitler merklich erkaltet ist und Papen ihn meidet, hält er sich jetzt umso mehr an Schleicher.[43]

Doch das eine tun, bedeutet ja nicht unbedingt, das andere zu lassen. So hört der Chef des Hauses Wittelsbach von seinen Berliner Gewährsmännern Mitte Januar, dass der Exkronprinz bei Schleicher gut Wetter für Papen zu machen versucht habe.[44] Vielleicht hat er damit bewirkt, dass der General Reichskanzler sich breitschlagen ließ, am 15. Januar im Berliner Sportpalast zu erscheinen, wo der Kyffhäuser-Bund den 62. Jahrestag der Reichsgründung feiert. Neben Schleicher in der ersten Reihe: Hindenburg, Papen, Seldte und Wilhelm Kronprinz.[45] Gut zwei Wochen später wird sich Hitler anstelle von Schleicher in diesem Umfeld in Szene setzen. Nach Schleicher kräht dann kein Hahn mehr.

Der sich nun immer mehr zuspitzende „Krieg" zwischen der Papen-Clique, die auf eine „Regierung der nationalen Konzentration" unter einem Kanzler Hitler zielt, und Schleicher, der mit allen Tricks und Schlichen um sein politisches Überleben als Kontrollinstanz in der Staatsspitze kämpft, läuft an unserer Hauptperson vorbei. Wilhelm kann diesen Kampf nurmehr kommentieren. Und einige Anekdoten daraus zum Besten geben.[46] Das müssen wir hier im Detail nicht weiter verfolgen, schließlich zählt die hochintrigante Vorgeschichte von Hitlers Ernennung zum Reichskanzler zu den am besten erforschten und vielfach dargestellten Epochen der jüngsten deutschen Vergangenheit.[47] Jedenfalls nimmt der klandestine Prozess der Machtüberlassung an Hitler im Januar 1933 immer deutlichere Konturen an. Die Politik wird endgültig auf die Hintertreppe verlagert. In den Worten der *Vossischen Zeitung*: „Niemand kontrolliert, alles intrigiert."[48] Der Zusammenhalt der deutschen Gesellschaft wird dadurch weiter untergraben. Die Wilhelmstraße degeneriert zum Epizentrum der politischen Instabilität.

Unser Protagonist muss diesmal außen vor bleiben. Zur (später so genannten) nationalen Wende, die den 30. Januar 1933 ermöglichte, hat er mit eigenem politischen Kapital nicht beigetragen. Freilich nicht aus prinzipieller Abneigung gegen eine Regierung Hitler. Sondern weil er vom Schachbrett der Entscheidungsträger als Figur entfernt wurde. Er nimmt das hin, ohne es zu billigen. Und tut weiterhin, was er einfach nicht lassen kann, nämlich pausenlos neue Eingaben an die Berliner Machthaber vom Stapel zu lassen, die eigentlich nur zeigen, was für eine Nervensäge er geworden ist. Nehmen wir als Beispiel den Brief, den er Schleicher am 19. Januar 1933 geschrieben hat, als dieser bereits in einem Strudel von politischem Ungemach versank: Es sei „unbedingt notwendig", so bestürmt er ihn da, „dass schnell und durchgreifend der landwirtschaftlichen Bevölkerung geholfen wird. Zinssenkung, erhebliche Herabsetzung der Steuern und Schutz der landwirtschaftlichen Produkte." – „Ferner wurde mir von Stahlhelm-Führern wieder darüber geklagt, dass das vertrauensvolle Zusammenarbeiten der Reichswehr mit dem Stahlhelm noch erheblich zu wünschen übrig ließe". – „Unser Freund Hammerstein" bringe dem Stahlhelm gegenüber „nicht das notwendige Verständnis und Interesse auf". – Schließlich erbittet er noch für den Konstrukteur eines neuen Luftschiffes staatliche Fördermittel in Höhe von 20.000 Reichsmark „aus einem Deiner Fonds". – „Indem ich Dir für die nächsten schweren Kampfwochen von Herzen alles Gute wünsche, verbleibe ich in alter Gesinnung [eigenhändig] Dein Wilhelm" – PS: „Anbei noch eine Abschrift eines Schreibens einer meiner Münchener Verbindungsleute."[49]

Kein Handschlag der Versöhnung, nur höfliche Begrüßung:
Reichspräsident Hindenburg und der vormalige Kronprinz bei
einer Stahlhelmveranstaltung zum 18. Januar 1933.

Am Tag davor hatte er sich Papen, also Schleichers schärfstem Widerpart[50], als Staffage bei einer Reichsgründungsfeier des Berliner Stahlhelms im Sportpalast zur Verfügung gestellt. Nachdem der Kanzler a. D. nun schon seit Wochen dabei ist, Hitler neuen Wind unter die Flügel zu blasen, ruft Papen diesmal die Stahlhelmanhänger zu einer „einigen deutschen Rechten" auf. „Es sei keine Zeit zu verlieren, den Zusammenschluss zu vollziehen."[51]

Ein paar Tage später steht Stahlhelmführer Seldte „in geheimen Verhandlungen mit Hitler", und zwar hinter dem Rücken seines Ko-Bundesführers Duesterberg, der auf Distanz zu den Nazis bedacht ist.[52] Um die gleiche Zeit veröffentlicht die Reichstagsfraktion der DNVP eine offenbar schon länger vorbereitete Erklärung, in der sie „eine vollständige Neubildung des Kabinetts" verlangt. Sie verdächtigt die Schleicher-Regierung ganz offen einer „Liquidation des autoritären Gedankens, den der Herr Reichspräsident mit der Berufung des Kabinetts von Papen aufgestellt" habe. Auch sei die deutsche Politik in ein Fahrwasser zurückgeführt worden, „das dank dem Erstarken der nationalen Bewegung verlassen zu sein schien".[53] Der Vorstoß zielt darauf, Schleichers Vertrauen bei Hindenburg weiter zu untergraben. Beim Blick in den Abgrund der Wählergunst steht bei Hugenberg jetzt nicht länger Hitler, sondern dessen Erzrivale Schleicher im Mittelpunkt seiner politischen Neurosen. Schleicher wird jetzt tatsächlich politisch immer kleiner. Vor allem die Erzkonservativen wenden sich von ihm ab. Zum Beispiel Mackensen, der sich von ihm deshalb „enttäuscht" zeigt, weil er befürchtet, dass durch Schleichers Politik die demokratischen Kräfte „wieder zu sich kommen und sich sammeln".[54] Umso mehr bewundert er Papens Verhinderungsstrategie, die seinen Nachfolger Ende Januar an die Wand drücken wird. Diese Bemühungen, die Hindenburg am 30. Januar 1933 mit Hitlers Ernennung belohnt, bedeuten für Mackensen „den Beginn der nationalen Sammlung unseres Volkes zu einheitlichem Wirken". Das neue Ministerium zusammengebracht zu haben, rechnet er „Papen zu hohem Verdienst an. Der Hypnose Hitler ist Genüge getan und er [Papen] – wenn auch nur Stellvertreter – so doch der die Geschäfte führende Reichskanzler."[55]

Und Wilhelm Kronprinz? Hing er ähnlichen Vorstellungen an? Nicht ausgeschlossen, dass auch er Ende Januar 1933 von Schleicher abgerückt ist, ihn vielleicht sogar im Stich gelassen hat. Kunrath von Hammerstein, ein Sohn des damaligen Chefs der Heeresleitung, behauptet, er habe 1946 in Schleichers Nachlass einen Brief des Hohenzollern gefunden, in dem Wilhelm Freund Schleicher noch kurz vor dessen Fiasko beschworen habe, „entweder zur Diktatur zu schreiten oder – in Form einer sehr großzügigen Geste – Hitler die Kanzlerschaft zu übergeben".[56] Das würde sich mit dem berühren, was Wilhelm selbst anderthalb Jahre später in einem Brief an Lord Rothermere hat durchblicken lassen. Dass nämlich selbst Leute wie Schleicher „nie die Entschlossenheit gezeigt haben, die notwendig ist, um wirklich tiefgreifende Aktionen durchzuführen". Und dass er schon während dessen Kanzlerschaft den Freund zu einem freiwilligen Rücktritt zugunsten Hitlers zu bewegen versucht habe.[57] Auch für seinen bayerischen Vetter Rupprecht spitzt sich die Lage Ende Januar 1933 auf die Alternative einer Rechtskoalition unter Hitlers Kanzlerschaft oder einer Diktatur unter Schleicher zu. Ihm war damals eine „Diktatur Schleichers lieber" als eine „Kanzlerschaft oder gar Diktatur Hitlers".[58] Bei Wilhelm scheint es genau andersherum gewesen zu sein. Doch noch bevor Schleicher aufgibt, begibt sich der Hohenzollernprinz zu seinem Vater nach Doorn, wo für den 27. Januar der 74. Geburtstag des Exmonarchen ins Haus steht. Einen Tag später tritt in Berlin die Regierung zurück. Am 30. Januar 1933 ernennt Hindenburg Hitler zum Reichskanzler.

Die Wende

Als ihn diese Nachricht in Holland erreicht, sagt der Kaisersohn zu Ilsemann, „wie glücklich" es ihn mache, „dass in Deutschland jetzt eine nationale Regierung gebildet sei, für die er seit einem Jahr gearbeitet habe." Auch sein Vater zeigt sich „begeistert". Trotz einer Halsentzündung reist Wilhelm junior noch am Abend des 31. Januar nach Potsdam zurück.[59] Dort hatten in der Nacht zuvor Hitler und Goebbels seinen Bruder Auwi in der Villa Liegnitz mit einem privaten Besuch beehrt, um den Erfolg in Berlin zusammen mit dem Geburtstag ihres „Vorkämpfers für ein nationalsozialistisches Deutschland" in Anwesenheit zahlreicher Braunhemden zu feiern.[60] Auch für den großen Bruder ist die Ernennung Hitlers eine beglückende Fügung, der raumgreifende Schritt hin zu einem neuen Deutschen Reich. Das Kabinett der „nationalen Erneuerung" scheint ganz ungeahnte Möglichkeitsräume zu öffnen – vielleicht sogar für eine Wiederherstellung der Hohenzollernmonarchie. Schließlich proklamiert man jetzt ganz staatsoffiziell, den Epochenwechsel des 9. November 1918 rückgängig machen zu wollen, und zwar radikal.[61] Insofern hielt der 30. Januar 1933 auch für Wilhelm eine Art neues Versprechen bereit. Ein Versprechen, das ihm Hitler privatim im verflossenen Jahr bereits mehrfach gegeben hatte. Um diese Zusicherung erfolgreich einzuklagen, muss er nun aber sofort Loyalität demonstrieren. Daran hatte er es ja in den letzten Wochen eher mangeln lassen. Deshalb muss er den abgerissenen Kontakt zu Hitler und seinen Paladinen reparieren. Andernfalls, so seine Sorge, würden ihm die Felle davonschwimmen – immerhin sind die epochalen Ereignisse ohne sein Zutun erfolgt, ja gleichsam über ihn hinweggegangen. Dass er selbst dafür ein ganzes Jahr hart gearbeitet hat, kann er nur den Höflingen von Schloss Doorn weismachen. Hitler, Goebbels oder Göring wissen es besser.

Nur eins ist sicher: Das Deutsche Reich besitzt in Hitler und seiner Regierung nunmehr einen neuen politischen Fluchtpunkt. Die Entzweiung der in

Wilhelms Wunschdenken untrennbar verbundenen Teile der sogenannten nationalen Erneuerungsbewegung scheint endlich überwunden. Deshalb zögert er nicht eine Minute, Anschluss zu finden und einzuschwenken in die neue staatspolitische Linie, selbst wenn das nach Hinterherlaufen aussieht. Allerdings kann er zunächst einmal nur eine Politik im Ungewissen betreiben, da er nicht einzuschätzen vermag, ob seine öffentliche Person bei den neuen Machthabern überhaupt noch im Kurs steht, insbesondere bei Hitler. Seit Monaten ist ihr Verhältnis gestört, seit November 1932 sogar leicht vergiftet. Er beginnt also mit dem Naheliegenden, einem persönlichen Glückwunschbrief. Dessen Text würden wir gerne kennen. Wieder einmal lässt uns die Überlieferung im Stich. Doch wir haben Hitlers Antwort, und die dürfte unseren Protagonisten hoffnungsfroh gestimmt haben. Sie lautet: „Euer Kaiserliche Hoheit! Für das gütige Glückwunschschreiben bitte ich, meinen ehrerbietigsten Dank entgegennehmen zu wollen. – Ich bin glücklich, dass es mir vergönnt ist, in dieser Weise mitzuhelfen an dem Wiederaufbau eines großen und starken Deutschen Reiches. – In tiefer Verehrung *gez. Adolf Hitler.*"[62]

Der verbindliche Tonfall dieser Zeilen ist mehr als nur Ausdruck der protokollarischen Usancen des Reichskanzleramtes. Denn der neue Amtsinhaber ist noch längst nicht „Führer" des deutschen Volkes, geschweige denn unumschränkter Alleinherrscher. Er weiß nur zu gut, dass er zunächst auch noch andere Interessen und Sehnsüchte bedienen muss als die seiner fanatischen Gefolgschaft. Zugleich muss er seinen Politikstil sichtbar auf eine seriöse staatsmännische Linie bringen, um sich die Gönnerschaft Hindenburgs zu erhalten. Im Übrigen baut er auf die überkommene Schnittmenge mit den Rechtskonservativen. Die besteht im Wesentlichen in der gemeinsamen Entschlossenheit, der Weimarer Demokratie den Todesstoß zu versetzen und die gesamte Linke bis in ihre bürgerlich-liberalen Segmente hinein dauerhaft auszuschalten. Gerade in dieser Hinsicht ist Hitler auch Hoffnungsträger der alten Eliten. Nicht allein repressionspolitisch wird er diese Klientel nicht enttäuschen. Auch symbolpolitisch bekennt er sich zu seiner aktuellen Entente mit den Kräften der alten Ordnung. Durch seine Selbststilisierung zur Zentralfigur einer nationalen Erneuerung, die auf dem längst verblichenen Ruhm des alten Reiches preußischer Provenienz aufbauen will. Zumindest vorerst. Jedenfalls werden die ersten Monate der Regierung Hitler nicht zum wenigsten auch im Zeichen einer geschichtsideologischen Absicherung seiner Herrschaftsambitionen stehen.

Diesem politisch-kulturellem Setting verdankt Wilhelm, dass er im inneren Kreis der Machthaber seine „Gesellschaftsfähigkeit" zurückerlangt. Über den Preis, den er dafür zahlt, werden wir noch zu reden haben.

Die Wahrnehmung der Lage an der Jahreswende 1932/33 durch die kommunistische *Arbeiter-Illustrierte-Zeitung* (Montage von John Heartfield).

Kapitel 6

Zu Hause im Dritten Reich

Gelungener Wieder-Anschluss

Dass unser Protagonist gleich die erste Gelegenheit beim Schopfe ergreifen würde, um sich als „Gutheißer" des neuen Regimes ins Scheinwerferlicht zu stellen, kann nicht verwundern. Sie kam schneller, als er denken konnte, schon in der ersten Februarwoche. Und zwar in Form des Staatsbegräbnisses für einen ermordeten SA-Mann namens Maikowski im Berliner Dom. Maikowski sollte laut Goebbels „wie ein König beerdigt werden".[1] Für dieses Spektakel wurden 20.000 SA-Männer sowie 4.000 Stahlhelmer mobilisiert. Über den Verlauf des Aktes selber lesen wir in der *Vossischen Zeitung*: „Kurz vor 1 Uhr betrat Reichskanzler Hitler in S.A.-Uniform, begleitet von Minister Göring, den Dom, von seinen Anhängern mit erhobener Hand begrüßt. Er legt zwei Kränze bei den Särgen nieder, begrüßte den Exkronprinzen, der in Leibhusaren-Uniform erschienen war, und nahm dann vor dem Altar Platz." Die Trauerrede des Pfarrers war eine einzige Hommage an den „Führer des neuen Deutschlands".[2]

Der *Berliner Lokalanzeiger* war nicht das einzige Blatt, das seinen Bericht mit dem Titel versah: „Hitler, Göring und der Kronprinz im Dom". Die Begrüßung zwischen Hitler und dem Hohenzoller sei „von auffallender Zuvorkommenheit" gewesen.[3] Die Ausrichter der Veranstaltung wollten mit diesem Schaustück einen ersten Vorgeschmack von der umzukrempelnden staatspolitischen Festkultur geben. Für Wilhelm lag hierin vor allem die willkommene Gelegenheit, endlich wieder in persönlichen Kontakt mit Hitler und seinen Satrapen zu treten. Wahrscheinlich hat Göring das so eingefädelt. Für das neue Regime scheint er als Staffage noch nicht ausgedient zu haben. Und er lässt sich nicht zweimal bitten. Bei Goebbels hinterlässt Wilhelms Erscheinung freilich noch keinen nennenswerten Eindruck. Es sei „nicht viel los" mit ihm, notiert Goebbels nach seiner wohl ersten näheren Begegnung in sein Tagebuch. Auch als er wenige Tage später von ihm einen „freundlichen Brief" erhält, gibt er den Indignierten: „Ein Anschmeißer! Brechreiz!"[4] Für unsere Thematik ist das nicht zentral. Die Interpretation muss woanders ansetzen. Daran, dass es für Wilhelm nach dem 30. Januar 1933 ums „Überleben" geht. Ihn treibt die Sorge, abgehängt zu werden und damit in eine Ohnmachtslage zu geraten. Deshalb möchte er bei der Führung des neuen

Kap. 6: Zu Hause im Dritten Reich 173

Jetzt gibt Göring den Ton an. Hier mit Wilhelm am 6. Februar 1933
vor dem Berliner Dom.

Regimes von Beginn an gut angeschrieben sein. Er will zurück in den Vorraum der Macht. Sicher hat er auch seinen Glauben noch nicht ganz aufgegeben, den weiteren Verlauf der deutschen Geschichte in seine Richtung lenken zu können: durch Beeinflussung der Machthaber. Schließlich darf man auch Goebbels' patzigen Kommentar nicht für bare Münze nehmen. Das persönliche Schreiben des früheren Kronprinzen wird ihm geschmeichelt haben, nur zugeben durfte er das nicht. Ein Anfang ist jedenfalls gemacht.

Doch danach hält es Wilhelm nicht länger in Berlin. Die Schweizer Berge und das Highlife in St. Moritz reizen ihn mehr als die unmittelbaren Auswirkungen des Regierungswechsels auf die politische Kultur in Deutschland. Seine Frau weilt dort schon seit Wochen – übrigens auch sehr zukunftsfroh hinsichtlich des neuen Regimes. „Hoffentlich bleibt die Regierung und schafft endlich etwas", schreibt sie an ihre mütterliche Freundin Alvensleben.[5] Hochnäsig-distanzierte Kommentare wie diesen konnten sich Kronprinzens zu diesem Zeitpunkt eigentlich schon nicht mehr leisten. Dafür stand zu viel auf dem Spiel, und es fragt sich auch: Warum setzt sich insbesondere ihr Mann in dieser Schwellenzeit vom Zentrum des Geschehens ab? So viel Sorglosigkeit, ja Leichtsinn mag man selbst ihm nicht unterstellen. Denn er verpasst viel.

Zum Beispiel die Umtriebe seiner Stiefmutter, die seit Mitte Februar mal wieder in Berlin residiert, um aus berufenen Mündern zu erfahren, wie die Chancen für eine Rückkehr ihres Mannes stehen. Vizekanzler Papen versichert ihr am 19. Februar, dass er sich für die schnellstmögliche Restauration der Hohenzollernmonarchie verwenden werde. Einige Tage später trifft sie im Salon Dirksen auch den neuen Regierungschef, den sie mit „Heil Hitler, Herr Hitler" begrüßt, während dieser ihr höflich die Hand küsst. Wie der amerikanische Journalist Delmer weiter erfuhr, habe der Kanzler sich an diesem Abend zwar prinzipiell zu einer Restauration der Hohenzollernmonarchie bekannt, die Zeit dafür aber für „noch nicht reif" erklärt. Aktuell würden Bestrebungen in dieser Richtung nur für Unruhe sorgen und das Ausland verprellen.[6]

Hitlers Zurückhaltung geht nicht zuletzt auf beunruhigende Nachrichten zurück, die er gerade aus München erhält. Dort haben die monarchistischen Anhänger des Hauses Wittelsbach seine Kriegserklärung an die „Novemberverbrecher" allzu wörtlich genommen und wollen auf direktem Weg zur Monarchie in Bayern zurückkehren.[7] Möglichst mit dem Segen des Reichspräsidenten und dem Plazet des Hauses Preußen. Das löst in der Wilhelmstraße sofort lebhafte Reflexe aus, insbesondere beim neuen Reichskanzler. Himmel und Hölle werden in Bewegung gesetzt, um den bayerischen Monarchismus unverzüglich zur Räson zu bringen. Schon am 23. Februar hatte sich der neue Reichswehrminister Blomberg in München ganz entschieden gegen jedwede föderale Eigenständigkeit der Länder ausgesprochen.[8] Und in der Monarchiefrage äußerte er, „dass eine solche Restauration derzeit nicht für Preußen und deshalb auch nicht für Bayern in Frage käme".[9]

Wenig später zitiert Hitler den bayerischen Ministerpräsidenten Held nach Berlin und droht ihm an, die Einführung der Monarchie in Bayern würde zu einer Katastrophe führen. Falls Exkronprinz Rupprecht zum Staatspräsidenten oder König erhoben werden sollte, „hätte die SA im Verein mit der Reichwehr den Befehl, hiergegen einzuschreiten". „Von einer Aufrollung der Monarchischen Frage könne" laut Hitler „weder im Reich noch in Bayern die Rede sein". Auch Hindenburg habe gegenüber Held erklärt, die „Wiederrichtung einer bayerischen Monarchie sei nicht im Reichsinteresse".[10] Das war am 1. März. Da saß Vizekanzler Papen gerade in der bayerischen Hauptstadt beim Münchener Erzbischof Kardinal Faulhaber und kündigt diesem an, was er noch am gleichen Tag Rupprecht von Bayern ins Bewusstsein schreiben wolle: „Man möge doch bedenken, dass Hitler sofort seine Leute marschieren ließe und dass Reichswehr eingesetzt würde". Es würde „einen furchtbaren Bruderkampf" geben. „Das könne nur gleichzeitig gemacht werden mit Preußen und den größeren Ländern. Er sei selbst Monarchist und Legitimist, und für ihn lieber heute als morgen, aber doch abwarten."[11] Typisch Papen, der sich nicht festlegt und wieder einmal sein Fähnchen nach allen Richtungen zu drehen weiß.[12]

Offenkundig sind auch die Hohenzollern in das bayerische Restaurationsprojekt eingeweiht, wie Ilsemann am 25. Februar seinem Tagebuch anvertraut: „Sell unterbrach seinen Urlaub in der Schweiz und kam über Berlin nach Doorn, um S. M. zu berichten: die Führer der monarchischen Bewegung in Bayern hätten ihn persönlich dahin orientiert, dass man kurz vor der Einführung der Monarchie in Bayern stände. Der Kronprinz von Bayern halte sich zwar noch sehr stark zurück, sei aber einverstanden." Der Grundgedanke dieser bayerischen Restauration „sei vor allem der, ein Bollwerk gegen den Nationalsozialismus zu errichten, der nach wie vor danach strebe, die Macht in Deutschland allein in die Hand zu bekommen". In Berlin habe Sell versucht, dahin zu wirken, dass der Teil der Nicht-Nazis in der Reichsregierung „sich diesem bayerischen Plane nicht widersetzt. Ob ihm das gelungen ist, weiß er selber nicht. S. M. hat die Sache ziemlich ruhig hingenommen und seine wohlwollende Duldung zu diesen Plänen gegeben."[13] Um diesem dynastiepolitischen Spuk ein Ende zu machen, bittet Hitler den Anfang März nach Berlin zurückgekehrten Hohenzollernkronprinzen zu einer Besprechung. Das hat der Gerufene selbst überliefert. Hitler habe „große Sorge" vor der beabsichtigten „Wiederherstellung des bayerischen Königtums" gehabt und ihn beschworen, seinen Vetter Rupprecht vor einer Restauration der Wittelsbacher Monarchie zu warnen.[14] Wir wissen nicht, wie genau unser Held diesen Erwartungen entsprochen hat – aber er hat gewiss. Alles andere wäre seinem damaligen Hauptbestreben zuwidergelaufen, nämlich – frei nach Ian Kershaw – Hitlers Drittem Reich „entgegenzuarbeiten".

Dieses Dritte Reich nimmt jetzt, vier Wochen nach der Machtübertragung, bereits die hässlichen Züge eines Unrechtsstaates an – legitimiert durch die sogenannte Reichstagsbrandverordnung, die wesentliche Grundrechte der Weimarer Verfassung außer Kraft setzt und die Regierung ermächtigt, in den Ländern Regierungsgewalt auszuüben. Exekutiert wird die einsetzende systematische Unterdrückung und Terrorisierung aller NS-Gegner zumeist durch SA-Horden. Doch es gibt auch jede Menge Anpassungsbereitschaft, kollektives Weggucken und vorauseilenden Gehorsam – in allen Milieus der deutschen Gesellschaft. Die vorgezogenen Reichstagswahlen vom 5. März bescheren den Nazis einen großen Zuwachs an Stimmen, nur die absolute Mehrheit verfehlen sie mit 44 Prozent deutlich. Nolens volens bleibt Hitler auf seinen nationalkonservativen Koalitionspartner angewiesen, der unter dem Namen Kampfbund Schwarz-Weiß-Rot firmiert und immerhin 8 Prozent der Wählerstimmen erhält. Hitler ist jetzt ein gewählter Autokrat, ein mächtiger Diktator eher noch nicht. Konkurrierende Machtansprüche können ihm immer noch bedrohlich werden. Was er als Nächstes braucht, ist maximale Unterstützung für ein Ermächtigungsgesetz, das ihm endlich den Weg freiräumen soll.

Am 6. März 1933, einen Tag nach den Wahlen, äußert sich Wilhelm in einem sehr „persönlich" gehaltenen Schreiben an Ferdinand von Bredow, seinen „lieben Nante", erstmals rückhaltlos über den Regimewechsel in Deutschland. Er bedauert zunächst Bredows Entlassung aus dem Reichswehrministerium und erinnert in diesem Zusammenhang an ein gemeinsames Gespräch vom Vorjahr, „wo wir übereinstimmend zu der Ansicht gelangten, dass unser gemeinsamer Freund Schleicher, so wie er die Dinge anfasste, sich nicht würde halten können". Will sagen: „Hätte Schleicher damals auf mich gehört, er wäre heute noch Reichsminister." Doch das ist Schnee von gestern: „Jetzt heisst es, die Geschlossenheit dieser Regierung [Hitler – LM] in jeder Beziehung zu unterstützen und Jedem in die Fresse zu hauen, der versucht, in diese Geschlossenheit Unruhe und Misstrauen hineinzutragen. Dieses ‚in die Fresse hauen' habe ich bereits verschiedentlich mit der notwendigen Rücksichtslosigkeit in den letzten Tagen besorgt."[15] Ja, Skrupellosigkeit, das ist jetzt in der Tat das Autogramm der Epoche, und auch Kaiserliche Hoheit möchte diesem neuen Zeitgeist entsprechen – in Wort und Tat und Attitüde. Freund Schleicher ist längst abgemeldet, hätte ja nur auf ihn hören sollen … Die verrohte Sprache ist zugleich Symptom seiner Enthemmung. Und der Adaption an den Stil des neuen Regimes. War das schon „Nazifizierung" oder nur Anpassungsbereitschaft in hintersinniger Absicht?

Wir erleben Wilhelm fast euphorisiert. An Freund Sela schreibt er: „Die geradezu wunderbare Entwickelung der Dinge in den letzten Wochen kann uns nicht nur mit Stolz, sondern auch mit größter Freude erfüllen. Für mich ist es eine besondere Genugtuung, dass das Ziel, wofür ich mich seit Jahr und Tag mit meinem ganzen Herzen eingesetzt habe und was so viele Menschen, die klüger sein wollten als ich [Spitze gegen Schleicher! – LM], nicht verstehen konnten und wollten, nun endlich erreicht ist. Wir Alle müssen jetzt mithelfen, dass diese wundervolle Nationale Front nicht gestört, sondern weiter gestärkt und unterstützt wird. Zersetzungsversuche müssen – gleichgültig von welcher Seite sie auch kommen mögen – mit allen Mitteln unterbunden werden."[16] Dies wird er nun sich und anderen immer wieder einreden. Denn auch er will glauben, was er sich wünscht: die restlose Überwindung des verhassten Weimarer Systems, womöglich als Vorstufe einer Rückkehr zu des alten Reiches Herrlichkeit.

Wilhelms Glaubensbereitschaft geht wohl auf eine Mischung aus Autosuggestion und Faszinationskraft von Hitlers charismatischer Persönlichkeit zurück. Nicht die wirkungsvollen Bühnenauftritte des Naziführers sind es, die ihn beeindrucken, sondern mehr noch die zahlreichen informellen Begegnungen, die jetzt wieder möglich sind. Bekanntlich war Hitler auch privat ein begnadeter Überredungskünstler, der Zuneigung einflößen und bei anderen das Bedürfnis wecken konnte, sich für ihn einzusetzen. Besonders jetzt, wo er zu einer Staatsautorität geworden ist. Eine seiner stärksten Waffen, das Gegenüber zu manipulieren, war seine Sprache, seine Stimme – lebhaft unterstützt durch Gesten und Mimik, das ganze Repertoire seines Selbsttheaters eben. Im vertrauten Gespräch vermochte er, Stimmung für seine Ziele zu machen, setzte Humor, Pantomime und andere Mittel ein, wenn der Zweck diese heiligte, nämlich: sich bestimmte Persönlichkeiten zu verpflichten und für seine Politik einzunehmen.

Das wird auch bei Wilhelm Kronprinz der Fall gewesen sein, wenngleich wir nur über den kleineren Teil solcher privaten Begegnungen im Frühjahr 1933 im Bilde sind. Wie das nun sichtlich verbesserte Verhältnis Hitlers zu den Hohenzollern auch auf die Wahrnehmung von Hitlers Freunden abfärbte, lässt sich schön am Beispiel Goebbels beobachten, den eingeschworenen Antiaristokraten. Am 15. März 1933 lernt der soeben zum Propagandaminister Beförderte Kronprinzens im Salon Dirksen näher kennen: Cecilie findet er auf einmal „rührend. Unterhalte mich lange mit dem Kronprinzen. Klug und Filou. Jedenfalls eine Etage höher als Auwi. Doch der hat mehr Charakter." – „Hitler ist auch da und in bester Laune."[17] Kronprinzens scheint der enge Anschluss an die nun Herrschenden zu gelingen.

Wie Wilhelm seiner Anpassungsbereitschaft auch in seiner Eigenschaft als Rittergutsbesitzer Rechnung trägt, das belegt eine Verfügung „an den Chef meiner Verwaltungen Oels und Primkenau" vom 17. März 1933. Dort tut er seine „Einstellung zur jetzigen innerpolitischen Lage" kund und erklärt, dass mit der Hitler-Regierung das Ziel, für das er sich „seit Jahr und Tag mit ganzem Herzen eingesetzt habe, endlich erreicht" sei. Jetzt müsse sich „jeder nationale Deutsche mit aller Kraft ohne Rücksicht auf personelle Sonderinteressen dafür einsetzen, dass diese wundervolle Nationale Front unterstützt, erhalten und gestärkt wird". Von seinem gesamten Personal erwarte er, „sich im Sinne der nationalen Idee tatkräftig und ganz ein[zu]setzen, so wie ich es tue".[18] Dass solch ein „tatkräftiger und ganzer Einsatz" eine scharfe, gar kritische Wahrnehmung der brutalen Wirklichkeit in Hitler-Deutschland nahezu ausschloss, versteht sich. Dabei macht das Regime schon im März 1933 gar kein Hehl mehr aus seinen radikal-repressiven Absichten. In den (öffentlichen) Worten von Göring: „Wir haben gesäubert, wir werden weiter säubern unerbittlich! Und die Abrechnung für das fluchwürdigste Verbrechen der deutschen Geschichte, die Abrechnung für jenen fluchwürdigen 9. November 1918, sie muss und sie wird durchgeführt werden." Er „werde diesen Kreaturen so lange die Faust in den Nacken setzen, bis sie erledigt sind. Nicht nur ausrotten werden wir diese Pest, wir werden auch das Wort Marxismus aus jedem Buch herausreißen."[19] Konnten die Hohenzollern das als Wiedergutmachung der Novemberrevolution freudig begrüßen? Sie konnten.

Garnisonkirche und Ermächtigungsgesetz

Geschichtspolitisch sucht das Hitlerregime erst einmal den ideologischen Anschluss an das alte Preußen. Davon verspricht es sich den größten Distinktionsgewinn gegenüber der Erinnerungskultur der Weimarer Republik. Noch vor den Wahlen hat das Reichskabinett beschlossen, die Eröffnung des neuen Reichstags in der Potsdamer Garnisonkirche zu zelebrieren.[20] Diese Inszenierung sollte vor allem zu einer spektakulären Hommage auf Reichspräsident Hindenburg werden – mit dem Hintergedanken, den Mythos um den Feldmarschall der Staatsräson des Dritten Reiches einzuverleiben. Wie dies im Einzelnen vorbereitet und orchestriert wurde und welche symbolpolitische Wirkung das Ereignis zeitigte, ist inzwischen gründlich erforscht und braucht deshalb an dieser Stelle nicht noch einmal nacherzählt zu werden.[21] Hier gilt es, der Frage nachzugehen, ob Preußens letzter Kronprinz in dieses Szenario prominent involviert war, und wenn ja, *welche* Rolle man ihm dabei zugedacht hatte, und wie er sich selbst in dieses Polittheater eingebracht, wie er es perzipiert hat. Aus mehreren Quellen wissen wir, dass er ursprünglich gar keine Einladung zu dem Staatsakt in der Garnisonkirche erhalten hatte. Und dass die Generalverwaltung seines Hauses ihm auch abriet, dort in Erscheinung zu treten.[22] Was auch Sinn ergab, weil an eine Huldigung der Hohenzollern seitens der Veranstalter überhaupt nicht gedacht war. Es ging um Hindenburgs

Segen für die von Hitler propagierte Wiedergeburt der deutschen Nation aus dem gerade von Hindenburg verkörperten Geist des unverfälschten Preußentums. Was also hatte ein notorischer Hindenburgverächter wie Wilhelm dort verloren? Dass er nichtsdestotrotz am 21. März den *genius loci* mit seiner Präsenz anreicherte, bedarf mithin einer Erklärung.

Mein Erklärungsvorschlag lautet: Es ist Hitler, der seinen zurückgewonnenen Gönner überredet, sich der Huldigung gegenüber Hindenburg nicht zu verweigern. Auf diese Spur geführt hat mich die Information eines Zeitzeugen, wonach Hitler am Vorabend des großen Tages „im strengsten Incognito" in Potsdam gewesen sei und in der Garnisonkirche „alles ins Unreine geübt" habe.[23] Da lag ein Abstecher nach dem ihm inzwischen vertrauten Cecilienhof doch nahe. Und ein solcher Besuch ist von dem Schriftsteller Reinhold Schneider, einem Mann aus Kronprinzens' Bekanntenkreis, tatsächlich bezeugt.[24] Für meine Vermutung spricht auch, dass neben Hindenburg nur allein Hitler das ausgeklügelte Protokoll für diese Haupt- und Staatsaktion in letzter Minute ändern konnte. Und das hatte dem Hohenzoller bis zum 20. März nachweislich keinen Platz in der VIP-Zone des Kirchenschiffes zugewiesen. Bleibt noch die Frage zu beantworten, warum Hitler überhaupt ein Interesse an dem Erscheinen des früheren Kronprinzen haben musste. Erstens, weil bei diesem vor allem auf Imposanz ausgerichteten Aufmarsch der endlich vereinten nationalen Front der wichtigste Repräsentant des Hauses Preußen einfach nicht fehlen durfte. Zweitens, weil Hitler beabsichtigte, Reichspräsident Hindenburg einen Gefallen zu tun (worauf gleich noch näher einzugehen ist). Drittens, weil er mit seiner Rede speziell auch bei Wilhelm Eindruck schinden und ihn damit noch inniger an sich binden wollte. So gab am 21. März der älteste Sohn des früheren Königs von Preußen mit seinem Erscheinen an symbolträchtigem Ort sein Hohenzollern-Plazet zu Hindenburgs Machtübertragung an Hitler – im Schulterschluss mit zahlreichen anderen Symbolfiguren der alten preußischen Militär-Elite.

Wilhelm sitzt ganz vorne in der ehemals für seine Mutter bestimmten Loge, nur wenige Meter hinter Hindenburgs Sessel, der einen markanten Platz im Altarraum einnimmt. Davor und vis-à-vis dem Hohenzollernprinzen hat sich am vergoldeten Stehpult der Festredner Hitler aufgebaut. Würdevollfeierlich bekundet er die Entschlossenheit seiner sogenannten Regierung der nationalen Erhebung, „das große Werk der Reorganisation des deutschen Volkes und des Reiches durchzuführen". Dabei feiert er die nunmehr vollzogene „Vermählung zwischen den Symbolen der alten Größe und der jungen Kraft" seiner Bewegung. Der theatralische Höhepunkt des Auftritts ist das Finale der Ansprache. Der frühere Pfarrer der Potsdamer Garnisonkirche Johannes Kessler schildert es so: Als Hitler zum Schluss seiner Rede kam, „streckte er seine Rechte aus und rief: ‚Aufgestanden!' Und ebenso schnell wie das Emporstrecken seiner Hand standen die Tausende wie ein Mann auf.

Der „Tag von Potsdam" am 21. März 1933: Festakt in der Garnisonkirche während der Rede Hitlers. Schräg hinter Hindenburg in der Kaiserinnenloge ist schemenhaft Kronprinz Wilhelm zu erkennen.

Jetzt wandte der Reichskanzler sich an den Reichspräsidenten, und mit ergreifenden Worten legte er Hindenburg die ganze Dankbarkeit und Verehrung des deutschen Volkes zu Füßen."[25] Diese „ergreifende" Huldigung lautet in ihrem Kern: „Wir erheben uns vor Ihnen, Herr Generalfeldmarschall!" – „Ihr wundersames Leben ist für uns alle ein Symbol der unzerstörbaren Lebenskraft der deutschen Nation. So dankt Ihnen heute des deutschen Volkes Jugend und wir alle mit, die wir Ihre Zustimmung zum Werk der deutschen Erhebung als Segnung empfinden."[26] Die Wirkung auf das greise Staatsoberhaupt muss stark gewesen sein. „Hindenburg konnte seine Rührung kaum unterdrücken", schreibt ein naher Beobachter, „Tränen traten ihm in die Augen, als er Hitler dankte."[27]

Diese politische Panegyrik Hitlers ist der eigentliche Clou der ganzen Inszenierung: An einem zentralen Erinnerungsort der preußischen Monarchie bringt Hitler dem greisen Staatsoberhaupt die Ovation zu Gehör, die dieser am liebsten hört und die ihn in dem Wohlgefühl bestärkt, der einzig legitime Erbe verblichener Kaiserherrlichkeit zu sein – und bis ans Ende seiner Tage zu bleiben. Dass sich nun auch der eigentliche Thronerbe der Hohenzollerndynastie leibhaftig vor diesem Mythos verneigt, ist Hitlers Geniestreich an diesem Tag. Darüber hinaus zielen seine fast schon nationalkonservativen Pathosformeln natürlich auch auf politische Stimmungsmache. Seine Er-

Der „Tag von Potsdam" am 21. März 1933: militärische Prominenz vor der Ehrentribüne. Neben Wilhelm: von Mackensen, von Seeckt und Admiral von Schröder.

mächtigung, fortan ohne parlamentarische Kontrolle zu herrschen, steht an. Dafür braucht er nicht nur eine Zweidrittelmehrheit im Reichstag, sondern auch eine innerlich-mentale Bejahung dieser Ermächtigung im nicht-nationalsozialistischen Lager. Diese zu erwirken, ist Zweck seiner demagogischen Rede in der Garnisonkirche: die Weckung von Akzeptanzbereitschaft für seinen Anspruch auf Alleinherrschaft.

Der Plan geht auf. „Hitlers Rede hat alle Zuschauer gepackt", schreibt der alte Mackensen an seinen Sohn. „Die Gedanken, deren Aufbau und Vortrag haben meine Meinung von Hitler über alle früheren Bedenken erhoben. Auch sein ganzes Verhalten hat mich für ihn eingenommen."[28] Selbst das diplomatische Korps ist positiv beeindruckt, wie die Frau des italienischen Botschafters in ihren Memoiren festhält: „In der Garnisonkirche wurde jeder durch den zur Schau gestellten guten Willen des Reichskanzlers getäuscht. Alle Anwesenden waren gänzlich hingerissen."[29] Wilhelm Kronprinz schwärmt sogar noch nach dem Krieg von Hitlers rhetorischer Glanzleistung: „Ich habe selten in meinem Leben eine so schöne und durchdachte Darstellung der deutschen Geschichte gehört." Die „Begeisterung über die programmatische Rede war allgemein".[30]

Nach dem eigentlichen Staatsakt, so lesen wir in der Presseberichterstattung, habe sich Wilhelm zunächst an einem Portal der Garnisonkirche aufgestellt. „Zahlreiche Zuschauer, welche die Kirche verließen, begrüßten ihn,

Der „Tag von Potsdam" am 21. März 1933: ein Schnapsschuss, der damals nicht veröffentlicht wurde. Die Geschichte hinter diesem Bild harrt noch der Erforschung, prägt aber heute die Bedeutung, die wir dieser Begegnung geben.

und er erwiderte mit dem Faschistengruß durch Heben des Armes."[31] Anschließend stellt er sich zusammen mit Mackensen, Seeckt und anderen Generälen der alten Armee vor der Ehrentribüne auf, um Hindenburg zu empfangen, dem dort ein erhöhter Sitzplatz reserviert ist. „Unter den Heilrufen der Menge begrüßt der Kronprinz den Reichspräsidenten." Die sich nun anschließende Parade von Reichswehreinheiten, Stahlhelm, SA und anderen nationalistischen Verbänden dauert noch fast eine Stunde. Kurz nach 13 Uhr ist das Spektakel zu Ende.[32]

Während Hindenburg im Anschluss an die Parade mit einem Regierungskonvoi direkt zurück nach Berlin fährt, isst Goebbels noch in der Villa Liegnitz „bei Auwi zu Mittag". „Dann Berlin."[33] Und Hitler? Diverse Indizien legen die Annahme nahe, dass der sich am 21. März 1933 mit seiner Entourage zu einem Imbiss im Schloss Cecilienhof eingefunden hat. Das bezeugte später ein Diener namens Walter Weber, der am Tag von Potsdam im Schloss Cecilienhof Dienst tat. Weber hat auch den Monolog mitanhören können, den Hitler dort über seine langfristigen Ziele gehalten hat. Endend mit der wolkigen Versicherung: „Ich sehe als die Krönung meines Werkes die Wiederherstellung des deutschen Kaiserreichs unter Beseitigung der Bundesstaaten."[34] Auch Wilhelm selbst hat in seinem eben zitierten Erinnerungsmanuskript diesen Hitler-Besuch in unmittelbarem Zusammenhang mit dem Tag von Potsdam gebracht und Hitlers Restaurationsversprechen mit ganz ähnlichen

Worten wiederholt.[35] Schließlich spricht dafür auch noch die Angabe von Maria Fürstin von Hatzfeld, einer der besten Freundinnen von Cecilie, sie habe Hitler bei ihrem Besuch in Cecilienhof Ende März persönlich kennengelernt. Von ihrem Aufenthalt habe sie den Eindruck mitgebracht, bei Kronprinzens sei jetzt „der Wunsch nach dem Thron sehr groß".[36]

Rein handlungslogisch gedacht, ergibt Hitlers Abstecher in den Neuen Garten ebenfalls viel Sinn. Zunächst einmal als Belohnung und Gegengabe für Wilhelms Erscheinen in der Garnisonkirche und für die Kröte, die der Hohenzoller dort hatte schlucken müssen.[37] Sodann weil ihm der Besuch noch ein weiteres, ganz spezielles Forum für sein Demagogentum verschafft hat. Was Hitler in der Garnisonkirche wie im Cecilienhof an Programmatik zum Besten gab, diente vor allem der politischen Manipulation, nicht zuletzt mit Blick auf seine bevorstehende Ermächtigung. Dafür wollte er nicht allein ein parlamentarisches, sondern mehr noch ein politisch-moralisches Mandat durch die alten Machteliten. Um dies zu bekommen, ist er bereit, alle Register zu ziehen. De facto dürfte sein Restaurationsversprechen zu diesem Zeitpunkt bereits eine bewusste Lüge gewesen sein. Doch im Cecilienhof konnte er ungeniert mogeln, glaubwürdig so tun, als strebe er so etwas tatsächlich an. An diesem Ort und Tag galt es, die Monarchisten abzuholen und hinter seiner Person zu sammeln. Noch braucht er diese Allianz, so ungefestigt, wie seine Machtstellung im März 1933 war. Deshalb lässt er keine Gelegenheit aus, um Werbung für sich und seine Politik zu machen, selbst in exklusiven Zirkeln.

Der Erfolg, den er damit auch in diesem Segment einheimst, wird ihm Recht geben. Was Hitler in Potsdam sagte und versprach, bestimmt jetzt tatsächlich den politischen Blick der Adressaten, die seine Rhetorik unhinterfragt zum Nennwert nehmen. Und warum konnten Hitlers Avancen eine so unwiderstehliche Anziehungskraft entfalten? Weil auch die monarchische Rechte im Bann ihrer autokratischen Vision einer Revolution von oben verharrte und die Maskierung des Staatsschauspielers nicht erkannte. Jedenfalls hat die euphorische Perzeption des Tages von Potsdam durch die alten Eliten dazu beigetragen, deren Risikowahrnehmung weiter zu trüben. Ein wenig zu diesem Triumph von Hitlers demagogischem Talent dürfte auch sein wohlkalkulierter Besuch im Cecilienhof beigetragen haben. Namentlich für den Schlossherrn ist das ersehnte Dritte Reich nun offiziell proklamiert. Damit, dass das Ermächtigungsgesetz die Exekutive von jeglicher parlamentarischen Kontrolle entbindet, hat er kein Problem. Im Gegenteil, der nun ins Haus stehende Autoritarismus macht ihm Hoffnung. Er vertraut auf Hitler, Deutschlands neuen nationalen Führer. Und will dies sogleich zeigen.

Am Nachmittag des 21. März 1933 fährt Wilhelm – vielleicht sogar mit dem Hitlertross – von Potsdam nach Berlin, um auch bei der eigentlich bedeutungslosen formellen Eröffnung des Parlaments in der Krolloper dabei zu sein. Die Wochenschau filmt seine Ankunft am provisorischen Reichstagsgebäude wie die eines Spitzendiplomaten. Die Sitzung selbst dauert nur von 17 bis 18 Uhr.[38] Kurz vor Beginn sieht man in der früheren Kaiserloge „den Kronprinzen erscheinen, der einige Diplomaten, darunter den französischen Botschafter begrüßt." Als Reichstagspräsident kommt als Erster Göring in den Saal, dann Hitler, der durch Aufstehen empfangen wird. Göring: „Wir sind zurückgegangen nach Potsdam und haben damit bewiesen, dass der Geist von Potsdam in Zukunft auch uns erfüllen soll. Dieser Geist bedeutet Pflicht, Disziplin, Arbeit und Sauberkeit." Dann dankt Göring Hitler, „dass Sie heute das Wort zu uns gesprochen haben: *Deutschland wird seine Ehre zurückgegeben.*" – „Der Reichstag der nationalen Erhebung wird hinter Sie treten." Der Korrespondent der Wiener *Neuen Freien Presse* berichtet ergänzend: Bei Hitlers Erscheinen wird dieser „mit lauten Heilrufen seiner Parteifreunde begrüßt und durch Erheben von den Sitzen. Auch der Kronprinz in der Ehrenloge erhebt sich vom Platze." Der Rede Görings habe er lebhaft applaudiert. „Nach Schluss der Sitzung hielt er sich noch lange in dem Garderoberaum auf und sprach lebhaft mit Abgeordneten, Journalisten usw., ließ sich auch viele Leute vorstellen."[39] Kein Zweifel, unser Protagonist möchte wieder zu einer öffentlichen Person werden – dieses Mal als prominenter Befürworter und Förderer der Hitler-Regierung. Zwei Tage später erhält diese ihr Ermächtigungsgesetz. Am 23. März beginnt in Deutschland eine neue Realität von politischer Macht. Hindenburg ist jetzt nicht mehr der alles entscheidende Faktor.

Tags drauf erscheint die urpreußisch-konservative *Kreuz-Zeitung* mit der Schlagzeile „Geschlossen hinter der Reichsregierung".[40] Das hat Hitler damals – vielleicht mehr noch als der ganze Naziterror – so stark gemacht: das *blinde* Vertrauen, das ihm große Teile auch der traditionellen Eliten jetzt entgegenbrachten; deren Bereitschaft, ihm in seinem politischen Aktionismus ohne Einschränkung zu folgen und deshalb auch auf eigene Politik freiwillig zu verzichten. Hitler hat von der Rechten bekommen, was er haben wollte: die Billigung, ja Protegierung seines Anspruchs auf diktatorische Herrschaft. Und vor allem hat er deren Urteilsvermögen nachhaltig eingetrübt. Da fällt es auch nicht mehr ins Gewicht, wenn er in seiner großen Reichstagsrede die Frage einer monarchischen Restauration „für jetzt als indiskutabel" erklärt. Oder mit Blick auf die Bayern offen droht, seine Regierung „würde jeden Versuch, dieses Problem auf eigene Faust in einzelnen Ländern zu lösen, als Angriff auf die Reichseinheit ansehen müssen und demgemäß ihr Verhalten einrichten". Insider glauben zu wissen, dass Hitler dies nur mit Rücksicht auf Hindenburg gesagt habe. Da hätten sie besser zur Kenntnis nehmen sollen, was ein gewiefter Nationalsozialist wie der Publizist Reventlow hierzu vermeldet hat. Reventlow kann nämlich Hitler gar nicht genug für dieses Statement loben, weil jede Diskussion dieser Frage nur „wieder zur Verwirrung der Meinungen und zu dem Wiederentflammen der Zwietracht unheilvoll beitragen würde". Außerdem wisse die nationalsozialistische Bewegung nur zu gut, welch schwere „Schuld gerade die Monarchie, ihre Spitze wie ihre Organe, daran hatten, dass der Marxismus in Deutschland zu einer so verhängnisvollen Macht werden konnte". – „Der Nimbus der Monarchie ist ein für alle Mal vorbei, die letzten Träger der Monarchie sind es, die das vollbracht haben. Das deutsche Volk hat keine Sehnsucht nach der Monarchie noch nach dem Gottesgnadentum."[41]

„Kaiserin" Hermine behauptet indes, es besser zu wissen – durch ihre ausgezeichneten Beziehungen zur Nazispitze. Nach der Rückkehr von ihrem Besuch in Berlin Ende März erzählt sie Ilsemann in Doorn: „Hitler sei ein sehr verständiger, ruhiger Mann." Seine Rede im Reichstag und die Passage über die Monarchie darin „sei ohne Bedeutung, da er in der Situation gar nicht anders habe sprechen können". Der „Naziführer Röhm" habe versichert, „dass wir im Herbst die Monarchie haben würden". So sehr Hitler für den Kaiser als künftigen Monarchen sei, „so wenig sympathisch sei ihm das Nachlaufen des Kronprinzen. Er trage das Stahlhelmabzeichen, grüße aber mit dem Hitlergruß. Dabei wäre der Stahlhelm mitten in der Auflösung begriffen, alle Mitglieder liefen zu den Nazis über."[42] Auch der alte Schulenburg bleibt zuversichtlich, wenngleich nicht ohne Bedenken: „Dass Hitler als Schlussstein die Monarchie will, ist ohne jeden Zweifel, aber nur der Einheitsstaat unter dem Hohenzollernkaiser. Möge die Frage nicht an der Uneinigkeit in der Familie scheitern. Schon jetzt müssen sie sich einigen, wer der Prätendent sein soll, denn die Frage ist in dem Augenblick akut, wo Hindenburg etwas passiert."[43]

Manie

Im Ausland klagt die Presse immer vernehmlicher über die brutale Gewalt gegen Andersdenkende in Deutschland und prangert deren Entrechtung an. Vor allem in den USA macht sich eine deutschlandfeindliche Stimmung breit. Der Propagandaminister meint gegensteuern zu müssen, auch unter Zuhilfenahme der guten internationalen Kontakte von – Wilhelm Kronprinz. In Goebbels' Tagebuch vom 25. März lesen wir: „Greuelpropaganda: Kronprinz hilft mir sehr durch einen offenen Brief an Viereck in New York[44], den ich ihm schreibe und der noch in der Nacht nach Amerika gekabelt wird." Das zugehörige Telegramm hat er auch gleich „für Kronprinz korrigiert".[45] Der Text, für den Wilhelm seinen Namen hergibt, ist vergleichsweise harmlos, vermeint, dass das ausländische Publikum gegenüber Deutschland erneut in ähnlich „blinde Psychose verfallen" ist wie schon während des Weltkrieges. Selbst jüdische Organisationen hätten sich aber schon „dahin ausgesprochen, dass die im Ausland gegen das nationale Deutschland betriebene Hetz- und Lügenpropaganda unverantwortlich und aufs schwerste zu verurteilen sei".[46] Bemerkenswerter erscheint die interne Nebenwirkung, die diese Kollaboration zeitigt. Nämlich die Einladung Goebbels' zu einem vertraulichen Zwiegespräch nach Schloss Cecilienhof, das am späten Abend des 30. März stattfindet. „Der Kronprinz nimmt mich in sein Arbeitszimmer. Klagt über seine Tragödie. Welche Fehler er und der Kaiser gemacht habe. Zu spät. Das kommt nicht wieder."[47]

Über diese Offenbarung nebst Selbstkritik würden wir gern mehr wissen. Jedoch lässt sich auch so mit einiger Bestimmtheit sagen, dass Wilhelm sich hier wohl ins eigene Fleisch geschnitten hat. War er denn von allen guten Geistern verlassen, sich ausgerechnet diesem, von ihm selbst schon früher als unheilvoll verschrienen Obernazi anzuvertrauen? Oder war es nur eine kalkulierte Anbiederung, der etwas plumpe Versuch, sich über den persönlich-intimen Kontakt zum gerade mächtig aufsteigenden Propagandachef im innersten Zirkel des Hitler-Clans zu etablieren oder zumindest an Arkanwissen daraus zu gelangen? Ob sich Goebbels bei diesem Annäherungsversuch tatsächlich so bedeckt und reserviert gehalten hat, wie er in seinem Tagebuch tut, sei ebenfalls dahingestellt. Wir werden die beiden jetzt noch des Öfteren miteinander erleben – öffentlich wie auch privat. Rupprecht von Bayern hört sogar, dass Wilhelm „der Frau Goebbels die Cour machen soll".[48]

Anfang April 1933 haben die Nationalsozialisten ihren notorischen Antisemitismus kurzfristig zu einem Kernelement der Staatspolitik gemacht: Die Kampagne des sogenannten Judenboykotts soll die Bevölkerung auf die ins Haus stehende totalitäre Herrschaftspraxis einer systematischen Entrechtung, Diskriminierung und Verfolgung jüdischer Kaufleute, Rechtsanwälte und Ärzte einstimmen. Sie wird zum Startsignal einer „Arisierung" von Wirtschaft, Staat und kulturellem Leben in Deutschland. In Großbritannien und den USA löste dies abermals eine Welle der Empörung aus. Die Weltöffentlichkeit scheint mobilisiert.[49] Aber auch in Deutschland stoßen die antisemitischen Maßregelungen auf Skepsis – nicht allein bei den Gegnern der Nazis. Auch von Haus aus konservative Aristokraten, die neuerdings den Weg zu Hitler gefunden haben, äußern sich skeptisch. Für Schulenburg etwa lassen im April 1933 zwar „Energie und Tatkraft der Regierung nichts zu wünschen übrig". Doch „die Judenverfolgung ist ein Fehler, denn wir leben nicht allein auf der Welt. Wir wollen Versailler Revision, Aufrüstung, Kolonien und einen größeren Export haben. Außerdem stehen wir in der Gefahr der Isolierung, eine Lage, in der wir zu der größten Behutsamkeit alle Veranlassung haben. Das internationale Judentum ist eine Macht, an die sich noch Niemand herangewagt hat. Auch Hitler wird diesen Kampf verlieren und was dann?"[50]

Ganz anders positioniert sich Wilhelm Kronprinz, obwohl er gerade erst einen besorgten Brief von seiner alten Freundin Geraldine Farrar – einer berühmten Operndiva – aus Amerika erhalten hat. Er antwortet ihr am 11. April mit einer ausgesprochen apologetischen Erklärung für die aktuellen Diskriminierungsmaßnahmen. Dabei geht er zurück auf die „unerhört gemeine und niederträchtige Revolution von 1918", bei der „leider auch ein großer Teil Juden unserer kämpfenden Armee in den Rücken gefallen" sei. Die auf den Umsturz folgende „uferlose Erfüllungspolitik" der Weimarer Regierungen habe unter allen vaterlandsliebenden Deutschen „eine ungeheure Wut aufgestapelt". – „Da nach der Revolution gerade die Juden sich in allen Ministerien und Staatsstellungen breit gemacht hatten und die Politik 100%ig unterstützten, außerdem in allen anderen Berufen: Ärzteschaft, Richterstand, Kunst und Wissenschaft, überall die Christen hinausdrängten, unterstützt durch die Sozialdemokraten und das Zentrum, so wirst Du Dich nicht wundern können, wenn jetzt, wo es endlich gelungen ist, dass unsere nationalen Kreise den Sieg errungen und an die Macht gekommen sind, bei der die riesige Volksbewegung der nationalsozialistischen Partei die Hauptarbeit geleistet hat und diese Regierung nunmehr als Reichskanzler den genialen Führer der Bewegung Adolf H i t l e r hat, eine außerordentliche Reaktion gegen die gesamte Misswirtschaft im Staat einsetzt, die wir hier, ich kann immer nur wieder sagen leider unter hauptsächlicher Führung des Judentums in Deutschland seit der Revolution erlebt haben." Doch werde an dieser Front bald wieder Ruhe einkehren, wenn „erst gewisse Aufräumarbeiten hier vorgenommen worden sind". Zum Schluss warnt er die „englischen und amerikanischen Juden" noch vor der Illusion, durch Boykottdrohungen „auf unsere heutige nationale Regierung einen Druck ausüben zu können". Das „genaue Gegenteil" werde der Fall sein.[51] Noch am gleichen Tag leitet Wilhelm diesen Schriftwechsel abschriftlich an Goebbels mit „Heil Hitler und Frontheil" weiter – annehmend, „dass Sie der Inhalt interessieren wird".

Mit diesem Egodokument hat Wilhelm seinen moralischen Qualitäten ein beredtes Zeugnis ausgestellt. Was er schreibt, das ist allerdings nicht aufgesetzt, es entspricht seiner Überzeugung: Die Juden haben sich seit der Novemberrevolution an Deutschland vergangen und erhalten dafür jetzt ihre verdiente Strafe – ein antisemitisches Stereotyp, das seit Jahren tief in Wilhelms Bewusstsein verankert ist. Auch die Bewunderung für den „genialen Führer" Hitler kommt aus vollem Herzen. Und die Repressionspolitik gegenüber der Linken und den Juden versteht er – wie viele seiner Standesgenossen – als unumgängliche „Aufräumarbeit". Mit Willfährigkeit hat das alles erst einmal wenig bis nichts zu tun. Dass er sich damit auch noch bei Goebbels einschmeicheln will, wirkt fraglos beschämend auf uns, ist aber nur ein Nebenaspekt. Als Hauptsache gilt es festzuhalten, dass Wilhelm sich seit dem Tag von Potsdam mitverantwortlich fühlt für das Ansehen und die Akzeptanz des Dritten Reiches, dass er ihm die Treue hält, schon aus wohlverstandenem Eigeninteresse. Möglichst in enger Absprache mit Hitler möchte er für die Befestigung dieses Staates Sorge tragen. Eine Nazi-Identität hat er damit noch nicht angenommen. Sein Referenzsystem sind nach wie vor „unsere nationalen Kreise", die sogenannte Nationale Front. Nur die monarchische Idee der Überparteilichkeit, die scheint ihm als Leitlinie jetzt endgültig abhandenzukommen.

Preußischer Erbfolgekrieg

Durch die „Nationale Erhebung, die wir natürlich alle freudigen Herzens bejahen"[52], fühlen sich die führenden Repräsentanten des Hauses Hohenzollern unverzüglich auf den Plan gerufen. Doch die Morgenluft, die sie wittern, führt sie auf ganz unterschiedliche Fährten. Und bringt sie noch mehr in Gegensatz zueinander. Ein innerdynastisches Heiratsproblem wird dabei zum Brandbeschleuniger.

Am 11. April 1933 bricht Wilhelm Kronprinz zu einer mehrwöchigen Reise nach Sorrent am Golf von Neapel auf. Etwa zeitgleich schickt sein Ältester dem Großvater einen Brief nach Doorn, in dem er seine – den sogenannten Hausgesetzen nach unebenbürtige – baldige Heirat mit Dorothea von Salviati als unumstößlich annonciert. Der Familienchef fühlt sich von dieser Mesalliance seines Enkels schwer getroffen, auch weil er glaubt, dass sie „natürlich der monarchischen Bewegung schadet, die gerade jetzt Fortschritte macht".[53] Umgehend unterzeichnet er einen Erlass, mit dem er dem Ausreißer wortgewaltig entgegentritt. „Gerade jetzt, wo die Augen von Millionen Deutscher mit neuer Hoffnung auf Unser Haus gerichtet sind, muss Prinz Wilhelm sich der besonderen Pflicht bewusst sein, die dem obliegt, der – so Gott will – dereinst berufen ist, die Kronen des Reiches und Preußens zu tragen. Gegenüber dieser Hoffnung und diesem Glauben, gegenüber der geschichtlichen Verantwortung muss jeder Einzelne bereit sein, persönliche Opfer zu bringen".[54] Zugleich beordert er den mittlerweile in Süditalien angekommenen Kronprinzen zurück, der „gehöre nicht dorthin, sondern habe als Vater sofort nach Deutschland abzureisen, um sich um die Heiratspläne des ältesten Sohnes zu kümmern".[55] Müldner muss sich unverzüglich auf den Weg nach Sorrent machen, um dem Befehl des Familienoberhauptes Nachdruck zu verleihen.

Diese despotische Bevormundung lässt sich Wilhelm Kronprinz nicht gefallen. Er wehrt sich mit einem angriffslustigen Brief, der erstmalig so etwas wie Renitenz gegenüber dem Vater erkennen lässt. Das macht dieses Schreiben für uns zu einem mitteilungswürdigen Dokument. Sein Inhalt: „Die uns im Augenblick alle überraschende Verlobung Wilhelms gibt den Herren

Deiner Generalverwaltung Anlass zu dem Versuch, mich zu bestimmen, sofort nach Berlin zurückzukehren." Nun sei mit dieser Verlobung nur das eingetreten, was alle näher Beteiligten „immer befürchtet haben". Jetzt komme es darauf an, für das Problem eine vernünftige Lösung zu finden: „Wilhelm durch Androhung von irgendwelchen Gewaltmaßregeln von seinem Schritt wieder abbringen zu wollen, halte ich für völlig aussichtslos." Er persönlich würde eine solche Aktion gegen seinen Sohn „jedenfalls bestimmt nicht mitmachen". Das „einzig Mögliche und einzig Richtige" wäre, wenn der Chef des Hauses nachträglich die Verlobung genehmigen, aber von seinem Enkel eine Erklärung verlangen würde, der zufolge er für seine männlichen Nachkommen „auf alle Anrechte als Agnaten der Krone gegenüber verzichtet". Andernfalls „würde in weiten Kreisen des deutschen Volkes Wilhelm zum Märtyrer gestempelt, Deine Handlungsweise missverstanden und bestimmt sehr starker Kritik beggenen". Es liege nun bei seinem kaiserlichen Vater, entweder diesen Standpunkt einzunehmen „oder ihn abzulehnen. In beiden Fällen erübrigt sich aber meine Anwesenheit in Berlin." Dann korrigiert er noch die väterliche Auffassung, „dass in diesem Jahr mein Aufenthalt in Rom nicht erwünscht sei". Er habe in den letzten Jahren alle seine Italienreisen dazu „benutzt, mich eine Zeitlang in Rom aufzuhalten, und habe dort persönliche Fühlungnahme mit verschiedenen im öffentlichen Leben stehenden Persönlichkeiten gesucht und gefunden." Dabei habe er stets auch Mussolini besucht „und zunächst mal rein menschlich einen Kontakt mit diesem genialen Führer seines Volkes hergestellt, den ich für die Zukunft unseres Vaterlandes bereits damals für unbedingt notwendig und bedeutungsvoll gehalten habe". Inzwischen habe in Deutschland „die nationale Revolution stattgefunden, und die Männer, die heute an der Spitze unseres Vaterlandes stehen, sind bestrebt, die besten und engsten Beziehungen zu Mussolini und zum faschistischen Italien aufrecht zu erhalten. Wenn ich also ausgerechnet bei meinem diesjährigen Aufenthalt in Italien, nachdem sich der große politische Umschwung in Deutschland vollzogen hat, Mussolini meinen Besuch nicht machen würde, wo ich ihm diesen außerdem von Berlin aus angekündigt habe, so würde das hier in Italien nicht nur nicht verstanden, sondern direkt als eine unfreundliche Geste oder eine Unhöflichkeit betrachtet werden können." Deshalb hoffe er, dass der Vater seine Ansicht revidiert, falls nicht, würde er trotzdem nach Rom fahren. Denn er müsse es ablehnen, dass er noch heute mit inzwischen 51 Jahren „bei jeder Gelegenheit um Erlaubnis bitten muss, wenn ich Dieses oder Jenes zu tun beabsichtige". Würde dieser Standpunkt endlich „von Dir in Zukunft gewürdigt, so würde viel unnötige Schreiberei und viel unnötiger Ärger beiden Teilen erspart bleiben."[56]

Nota bene. Erstmals hat Wilhelm junior darauf verzichtet, seine vom Vater abweichende Meinung mit Devotheitsfarben zu übermalen. Mehr noch, er wird zum Unterwerfungs*verweigerer*, zeigt Mut zu einer eigenen Meinung.

Mit einem Telegramm nach Doorn setzt er drei Tage später sogar noch eins drauf. Er habe jetzt Hausminister Wilhelm von Dommes zu einer Aussprache über die „Willensmeinung" des Familienchefs nach Florenz gebeten. „Wenn *grundsätzlich* auch *anderer Ansicht*, so verstehe ich *manche* Deiner *Bedenken*. Habe mich entschlossen, Sonnabend zunächst nach Florenz zu fahren, wo Cecilie, und in ihrer Gegenwart Dommes zu sprechen, von dem noch Nachricht erwarte."[57] An Sell schickt er privat noch eine latente Kriegserklärung hinterher: „Sollte der Kaiser auf seinem starren Standpunkt, dass nämlich Wilhelm sich durch seine Heirat seines Anrechts auf den Thron unwürdig gemacht habe, bestehen bleiben, so würde ich persönlich einen solchen Schritt nicht mitmachen." Die „Herren der Generalverwaltung" sollten sich darüber im Klaren sein, dass für eine formaljuristisch vielleicht korrekte streng legitimistische Auffassung heute „in weitesten Kreisen des Deutschen Volkes kein Verständnis mehr vorhanden ist. Würde der Kaiser den schroffen und unversöhnlichen Weg wählen, so würde er die wenigen Sympathien, die er in Deutschland überhaupt noch besitzt, meines Erachtens völlig verlieren." Er bleibe jedenfalls bei seiner Ansicht. „Der Kaiser muss sich eben daran gewöhnen, dass wir – seine Söhne – heute nicht mehr Kinder sind, die man so behandeln kann, wie das zur Zeit vor dem Kriege unter dem verhängnisvollen System des Militär-Kabinetts der Fall war." Er halte deshalb „einen Konflikt zwischen dem Kaiser und mir für unausbleiblich".[58]

Auch ohne Kenntnis dieser Nebenattacke findet „der Kaiser" das Verhalten seines Ältesten „ganz unerhört!!!". Erstens hätte sein Sohn so ein Telegramm wie das oben zitierte niemals unverschlüsselt schicken dürfen, da es sofort von Hitler und Mussolini gelesen würde. Zweitens hätte er „umgehend" in Bonn (Wohnort der Verlobten Dorothea von Salvati) „den Bengel" (gemeint ist der Enkel) abholen und nach Berlin bringen müssen. Und nicht Dommes nach Italien zitieren dürfen. Während Cecilie ebenfalls in Bonn „scharf bei den Weibern [bei Brautmutter und Tochter – LM] eingegriffen haben sollte. Man sieht, wie immer, das *Vergnügen* und persönliche Wohlsein geht bei Beiden allem anderen vor." Und dann bricht es grundsätzlich und mit politischen Untertönen aus dem Exkaiser heraus: Im Jahre 1931, als der Enkel erstmals Avancen auf eine Ehe mit Frau von Salviati zu erkennen gegeben habe, „*war rote-schwarze-Juda-Republik*. S[eine]. K[aiserliche]. H[oheit].: in allerhand Machenschaften mit den damaligen sog. ‚Herren des Landes' verwickelt, mit Hoffnungen auf die Präsidentschaft erfüllt, voller Sucht, sich und die Seinen beim ‚Volk' populair zu machen, vermeinte mit einer solchen Ehe des Sohnes das Erstere zu gewinnen". Nun sei aber die politische Konstellation „eine plötzlich ganz andere geworden". Vor allem auch dadurch, dass sich das Volk „dem Gedanken der Wiederaufrichtung des Kaisertums wieder zuwendet" und deshalb „die Entgleisung in Cecilienhof sehr übel nehmen wird". Er sei „fest entschlossen, *meine* Linie zu gehen und wenn nötig *gegen* Vater und Sohn die Gesetze des Hauses *rücksichtslos* durchzuführen bis zum bitteren Ende. *Beide* habe ihre Befähigung zum Regieren durch einen *unglaublichen Mangel jeden Hohenzollernsch-Preußischen Pflichtgefühls* in Angelegenheit der *Familienehre* vollkommen in Frage gestellt."[59] Zwei Tage später ist dem Exkaiser die Galle dann vollends übergelaufen. Jetzt muss Sell folgende zornsprühende Expektoration über sich ergehen lassen: „Die Tat des Jungen – Wortbruch und Ungehorsam – ist schlimm und muss schärfstens behandelt werden. Aber ein Kinderspiel gegen den Brief des Vaters.[60] Ich glaube kaum, dass jemals ein Brief von Sohn an Vater in unserem Hause von derartiger Form und Inhalt jemals geschrieben worden ist. Der Ton von egozentrischem Hochmut, Dünkel, Eitelkeit, Selbstzufriedenheit, Eigensinn, Einbildung, größenwahnmäßiger *Unverschämtheit* mit zum Schluss glatter *Aufkündigung* des *Gehorsam*, sowie *Androhung desselben seitens meiner übrigen Söhne* ist horrend und geradezu beispiellos. Ich habe dieses oberflächliche, von Unwahrheit und Widersprüchen strotzende Geschreibsel mit Schamröthe, tiefer Bekümmerniss, tiefster Beleidigung und schäumender Empörung gelesen. Wenn seine selige Mutter *das* wüsste!!! Sie würde ihn in rechtsum gesetzt haben. Es kommt hier das ganze in ihm aufgespeicherte *Gift* andauernd besserwissenden, tief unaufrichtigen *Frondeurtums*, das er mein Leben lang mir gegenüber offen oder versteckt betrieben hat, endlich mal ganz klar und maskenlos zum Durchbruch!"[61]

Die dichte Überlieferung dieser Korrespondenz lässt uns lebensnah wie selten teilhaben an dem innerfamiliären Konfliktpotenzial. Wir sehen den beiderseitigen Groll, der bis dato zumeist unter den Teppich gekehrt wurde. Aber auch die politischen Eifersüchteleien und Animositäten werden spürbar. Vater und Sohn stehen nicht mehr nur in Konkurrenz zueinander, sie bekämpfen sich – verbal sogar bis auf's Blut. Zwar ist wieder einmal das despotische Ego des Exkaisers, den jede Infragestellung seiner autoritären Verfügungsgewalt über seine Kinder zur Weißglut treibt, der Auslöser. Doch es geht um mehr als das. Sein Wiederanschluss an Hitler hat bei unserem Protagonisten so etwas wie einen emanzipatorischen Impuls ausgelöst. Er wähnt sich jetzt im Vorteil, was die politische Zukunft des Hohenzollernhauses anlangt. Warum sollte er sich weiterhin einem in seinen Augen machtpolitisch definitiv erledigten Kaiser ohne Thron willenlos fügen, zumal er ihn emotional ablehnt? So probiert er die Flucht nach vorne aus und fährt erst einmal ungeniert nach Rom.

Dort besucht er – auf Publikumswirksamkeit bedacht – das internationale Reitturnier um die *Coppa Mussolini*, das die deutsche (Offiziers-)Mannschaft überraschenderweise gewinnt.[62] Dann macht er die Honneurs, zusammen mit Gattin Cecilie und zwei ihrer gemeinsamen Söhne: etwa auf einem großen Diner, das Deutschlands Botschafter von Hassel den Royals zu Ehren gibt, oder in der Villa Savoia beim italienischen König, der Kronprinzens auch

Wilhelm *in viaggiando*: unterwegs in Italien im April 1933.

noch zu einer Operngala einlädt. „Etwas vom Glanz der alten Zeit leuchtete wieder auf, brachte nach Jahren wieder Bestätigung in der ausländischen Öffentlichkeit."[63] Am 6. Mai 1933 besucht Wilhelm mit seinen Söhnen Louis Ferdinand und Hubertus[64] den faschistischen Diktator Benito Mussolini im Palazzo Venezia. Über den Inhalt dieser angeblich dreistündigen Besprechung wissen wir nicht allzu viel. Gabriele von Alvensleben sollte ein paar Wochen später erfahren, dass man „auch auf die Judenfrage zu sprechen kam". Mussolini habe „davor gewarnt, sie anzuschneiden, da zu gefährlich und schwer lösbar". Der Duce habe sich wenigstens in Italien „nicht daran gewagt".[65] Das ist glaubhaft. Denn ganz ähnlich hatte sich Mussolini auch schon Ende März 1933 gegenüber dem bayerischen Erbprinzen Albrecht positioniert.[66]

Seine Unterredung mit dem „genialen Führer" Italiens scheint für Wilhelm politisch brisant oder zumindest relevant genug gewesen zu sein, Hitler darüber unverzüglich ins Bild zu setzen. Um weitere Pluspunkte zu sammeln. Er will ihn unbedingt auf der Rückreise von Italien nach Potsdam treffen – vertraulich bei Hitler zu Hause auf dem Obersalzberg. Doch im Braunen

Haus wird er schnöde abgewiesen, „der Führer hätte keine Zeit, ihn zu empfangen".⁶⁷ Dieser Affront musste ihm zu denken geben.

Als er dann am 9. Mai 1933 nach Potsdam zurückkehrt, ist natürlich seine allererste Aufgabe, die brisante Zwietracht im Hause Preußen kanalisieren zu helfen. Zwar hat er die Befehle des allmächtigen Familienchefs ein ganzes Stück weit unterlaufen, aber vor der Rolle eines offenen Frondeurs schreckt er dann doch zurück, wie gehabt. Will sagen: Er bekennt sich am Ende doch erneut zum dynastischen Dogma von der Wiederherstellung der legitimen Monarchie – und gibt klein bei. Sein ältester Sohn Wilhelm muss in die Reihe der „nachgeborenen Prinzen" zurücktreten und dessen Frau Dorothea wird nicht Mitglied des Hauses Preußen. Einen Souveränitätsgewinn beschert dem Kronprinzen sein Aufstand mithin nicht. Der Exkaiser bleibt weiterhin am längeren Hebel. Er kann nach wie vor nicht nur die seinem Clan verbliebenen Reichtümer nach Gusto verteilen, sondern auch – Geltungsmacht. Doch seine Herren aus der Generalverwaltung überreden ihn, wenigstens nach außen hin alles zu vermeiden, „was Aufsehen hervorrufen könne, also absolute Zurückhaltung, auch bei der Beurteilung der Nazis und ihrer Regierungsmethoden".⁶⁸

Blauäugigkeit und Hitler-Begeisterung

Der notdürftig wiederhergestellte Burgfrieden im ehemaligen Herrscherhaus war das eine – dass sich Hitler nun immer entschiedener von allen Restaurationsallüren distanzierte, das andere. Schon Anfang Mai 1933 spricht sich Hitler zu Goebbels' großer Freude im engsten Kreis seiner Satrapen „scharf gegen die Fürsten aus. Mit Recht. Auwi eingeschlossen. Sie halten uns alle für Parvenüs. Blödlinge."⁶⁹ Als Hitler dann einige Tage später in Ostpreußen auf ausdrücklichen Wunsch Hindenburgs mit dem früheren Chef des Kaiserlichen Zivilkabinetts Friedrich von Berg zusammentrifft, um dem alten Freund Wilhelms II. seine Meinung zur Monarchiefrage zu sagen, nimmt er kaum noch ein Blatt vor den Mund. Reichswehrminister Blomberg, der dabei war, hat Hitlers Stellungnahme am 15. Mai 1933 dem Generalbevollmächtigten des Hauses Preußens wie folgt vermittelt: Im Prinzip habe Hitler eine deutsche Reichsmonarchie aus der Dynastie der Hohenzollern als „Abschluss seiner Arbeit" nach wie vor im Auge. Gleichzeitig lege er aber großen Wert auf die Feststellung, dass „der Augenblick für die Wiedererrichtung der Monarchie noch nicht gekommen" sei. Die Begründung: „a.) man würde dem monarchischen Gedanken einen ‚Bärendienst' erweisen, wenn man ihn z.Zt. verwirklichen wolle; b.) würde die Wiederrichtung der Monarchie gegenwärtig die nationalsozialistische Aufbauarbeit stören; c.) würde sie große außenpolitische Schwierigkeiten herbeiführen."⁷⁰ So weit die offizielle Version.

Wie Berg erst zwei Jahre später Ilsemann in Doorn etwas wirklichkeitsnäher erzählte, habe diese Unterrichtung über eine Stunde gedauert, wobei Blomberg so gut wie nichts und er nur wenig habe sagen können. „Meistens habe Hitler ihn angeschrien. Eine Monarchie für das Reich lehne er nicht absolut ab, aber solange er lebe, sei nicht daran zu denken, weil das Volk nur ihn, Hitler, und niemand anderen haben wolle! Außerdem hätten die Monarchen auf Kosten des Volkes doch stets ihre eigene Politik getrieben und vor allem ihre Günstlinge auf wichtige Posten gebracht, das wolle er nicht. Zum Schluss habe Hitler dann noch eine unfreundliche Bemerkung über den Kaiser gemacht."[71] Welche der beiden Varianten unter den Hohenzollern wann und wie kommuniziert wurde, wissen wir leider nicht. Aber dass sich die Möglichkeit einer Restauration der preußischen Monarchie als Option für die nahe Zukunft mit Hitlers Stellungnahme erledigt hat, daran konnte nun eigentlich keiner mehr zweifeln.[72] Kaum zwei Monate nach dem Tag von Potsdam ist die Rückkehr der Hohenzollern auf den Thron abermals zur politischen Utopie geworden. Musste das nicht zu einem Kippmoment in ihrer Einstellung zum Nationalsozialismus werden? Oder wollten sie die normative Kraft solcher Willensäußerungen einfach nicht wahrhaben?

Tatsächlich scheint wohl das Letztere der Fall gewesen zu sein. Denn im Frühsommer 1933 steigert sich die Bereitschaft der Hohenzollernfamilie, den Nationalsozialismus zu unterstützen, sogar noch einmal. Namentlich bei unserer Hauptperson ist das der Fall. Dies lässt sich exemplarisch anhand eines siebenseitigen Briefes ersehen, den Wilhelm am 17. Juni an Lord Cecil Lowther diktiert hat.[73] Er beantwortet darin Lowthers Anfrage bezüglichen der „heutigen Verhältnisse in Deutschland". Und ähnlich wie schon sein Schreiben an die amerikanische Sängerin Farrar scheint er auch bei dieser programmatischen Stellungnahme als zusätzliche Adressaten Goebbels beziehungsweise Hitler im Auge gehabt zu haben. Abermals beginnt er mit der Revolution von 1918 und bezeichnet sie „als Verrat am Vaterland und als eine nationale Schande". Sämtliche „nachrevolutionären Regierungen" hätten dann eine Politik betrieben, „die alle nationalen Kreise mit Wut und Hass erfüllt(e)". Insbesondere auch deshalb, weil „dieses neue System, unter starker geistiger Führung jüdischer Kreise sich in Deutschland nach der Revolution breit machend, systematisch alles zerschlug, was Tradition, Stolz auf die Vergangenheit, Autorität, Sitte und Moral, kurz alles, was dem anständigen Deutschen bisher als Ideale vorgeschwebt hatte", vernichtet habe. „Die natürliche Reaktion gegen alle diese Vorgänge war die Bildung verschiedener Kraftzentren desjenigen Deutschland (des nationalen Deutschland nämlich), das sich mit einem derartigen Zustande nie und nimmer abfinden wollte." Namentlich der Führer der „großen Volksbewegung", Adolf Hitler, habe „richtig erkannt, dass es darauf ankam, die nationalen Gedanken mit dem wahren Sozialismus – nicht Marxismus – zu verbinden und diese Gedankengänge in die weitesten

Schichten des Volkes, speziell auch in die breiten Massen der verhetzten Arbeiterschaft zu tragen, ehe eine Wiedergesundung des Volkes möglich sei. Hierin habe ich ihm bereits bei meinem ersten Gespräch mit ihm 100%-ig recht gegeben. So ist dann unter der genialen Führung Adolf Hitlers und seiner Freunde die gewaltige Volksbewegung der N.S.D.A.P., trotz größter Unterdrückung von Seiten der Regierung, endlich zu der großen Lawine geworden, die den Kommunismus in Deutschland ausgerottet [sic! – LM] und die allmächtige marxistisch-sozialdemokratische Bewegung zu Boden geschlagen [sic! – LM] hat." Die Partei Adolf Hitlers, „dem alle unsere Herzen in treuer Anhänglichkeit entgegenschlagen", habe „von jeher erkannt, dass der Einfluss eines gewissen Judentums in Deutschland auf allen Gebieten für die Deutsche Sache die gefährlichsten Folgen gehabt hat. Infolgedessen auch die rücksichtslose Bekämpfung des Judentums." Selbstverständlich gebe es in Deutschland auch „einen kleinen Kreis alteingesessener Juden, die genau so gute Staatsbürger und genauso national eingestellt sind, wie andere anständige Deutsche. Ich persönlich kenne persönlich mehrere derartiger Männer. Daneben aber gibt es eine riesige Masse zugewanderter Ostjuden, denen jeder Begriff vaterländischen Denkens und Empfindens völlig unbekannt ist, die im Gegenteil nur auf den persönlichen materiellen Vorteil eingestellt sind bezw. waren und denen die Erzielung möglichster großer Geldgewinne, ob auf ehrliche oder unehrliche Weise, den einzigen Lebenszweck darstellt. Die Masse des Ostgaliziertums hat in der Zeit nach der Revolution in Deutschland alle Dämme überflutet. Sie vernichteten in Wort und Schrift systematisch jeden Glauben an Autorität, Religion, deutsche Kultur, Sitte und Moral." – „Wenn man diese Dinge berücksichtigt, so wird man es wohl verstehen, dass, nachdem die große Volkserhebung unter Führung Adolf Hitlers stattgefunden hat, zunächst einmal rücksichtslos gegen diese Volksverderber [sic! – LM] vorgegangen worden ist. Dass dabei manche Härten vorgekommen sind und auch Unschuldige mit Schuldigen zusammen haben büßen müssen, ist vielleicht bedauerlich, aber bei einer solchen großen Umwälzung wohl kaum zu vermeiden." Jedenfalls sind jetzt „Presse, Theater, Film befreit worden von undeutschem Geist. Der Geist der freiwilligen Unterordnung, der Selbstdisziplin und der Glaube an Führung und Autorität sind wiederhergestellt. Man kann wieder stolz sein, ein Deutscher zu sein, und über uns weht unsere ruhmreiche alte Fahne Schwarz-weiss-rot und die Hakenkreuzfahne als Symbol des jungen aufstrebenden Deutschland."

Wilhelm redet bereits in der Sprache der NS-Propaganda. Dennoch ist es kein Verbiegen im Sinne von aktivem Lügen, eher eine Mischung aus ideologischer Grundeinstellung und Adaption jetzt angesagter Schlagwörter. Dass Hitler den Bolschewismus „ausgerottet", die Sozialdemokratie „zu Boden geschlagen" und das schädliche Ostjudentum so „rücksichtslos bekämpft" hat – das alles findet Wilhelm gut, denn damit ist das ihm so überaus verhasste System von Weimar nachhaltig zerschlagen; ein ihm politisch wichtiger Sieg errungen. Auf diesen Zweck war sein politisches Leben von Anfang ausgerichtet. Dafür, dass Hitler eine so überaus schlagkräftige nationalistische Massenbewegung zur Entfaltung gebracht und nicht zuletzt mit seinen braunen Bataillonen den Erfolg ermöglicht hat, ist er ihm aufrichtig dankbar. Insofern fällt es ihm leicht, sich mit genau diesen Versatzstücken der offiziellen Staatsdoktrin als Resonanzverstärker in seine speziellen Milieus hinein zu profilieren – zunächst im Ausland.

Für seine Landsleute in Preußen hat er eine abgewandelte Ansage parat – in Gestalt eines vom 21. Juni 1933 datierten Geleitworts, das er für das *Vaterländische Jahrbuch*, ein in preußisch-konservativen Kreisen verbreitetes Vademekum, verfasst.[74] Es sei, so erklärt er dort, „das geschichtliche Verdienst Adolf Hitler's, dass er in der Zeit der Schmach und Erniedrigung die sittlichen Kräfte unseres Volkes, trotz aller Bedrückungen und Verfolgungen lebendig erhalten, gesammelt, gestärkt, in der nationalen Revolution zu siegreichem Durchbruch gebracht und zu einer festen Einheit zusammengeschweißt hat. Es ist ebenso das unvergängliche geschichtliche Verdienst unseres altehrwürdigen Reichspräsidenten Generalfeldmarschall von Hindenburg, im rechten Augenblick dem Manne den Weg freigemacht und die Hand zum Bunde gereicht zu haben, der von der Vorsehung dazu bestimmt ist, nun als Staatsmann das gewaltige große und schwere Werk seinem Endziele entgegenzuführen." Daher sei es „heilige Pflicht aller national empfindenden Deutschen, ohne Unterschied des Standes, Berufes, der Konfession unseren Führer in diesem heißen Ringen mit Einsatz aller Kraft des Geistes, der Seele und des Körpers opferfreudig und glaubensstark zu unterstützen".

Auch das war politische Bekenntnisprosa, genauer: publizistische Fortschreibung und royale Affirmation der Rhetorik des Tages von Potsdam. Bei diesem noch fortwirkenden Schlüsselerlebnis holt er die preußischen Nationalisten ab. Nebenbei lässt das Layout des Geleitworts, das von einem signierten Porträt Wilhelms und einem ebenfalls signierten Porträts Hitlers eingerahmt ist, schattenrissartig eine visionäre Konstruktion erkennen: der Kronprinz und Hitler – eine nationale Kampffront! Eine politische Emblematik, die die Nazipropaganda nie aufgegriffen hat und niemals aufgegriffen hätte. Fragt man nach der Motivation für dieses fast schon manisch wirkende propagandistische Engagement, so wird man bei den Zeilen fündig, die Wilhelms Sekretär Arthur Berg Ende Juni an den Vertrauten seines Herrn Selasen-Selasinsky gerichtet hat – „Streng vertraulich! Persönlich!" Trotz aller vielleicht bedenklicher Erscheinungen im öffentlichen Leben dürfe „sich Seine Kaiserliche Hoheit von der bisher gegangenen Linie – d. h. Verbindung mit A[dolf].H[itler]. und anderen Führern der N.S.D.A.P. – nicht abdrängen lassen. Denn es steht eine größere Frage auf dem Spiele". Es müsse jede Entfernung von diesem Kurs unbedingt „verhütet werden".[75] An diese Leitidee scheint sich zu diesem Zeitpunkt selbst Wilhelm II. gehalten zu haben. Sonst hätte er dem *Evening Standard* in Doorn nicht ein Interview gegeben, das folgendes Hitler-Lob enthielt: „Hitler hat getan, was niemand vor ihm fertig gebracht hat. Er hat das deutsche Volk mit einem gemeinsamen Geist beseelt. Er hat eine Welle des Nationalgefühls erzeugt, wie sie in der ganzen deutschen Geschichte noch nie dagewesen ist."[76] Seine Ehefrau ließ sogar eine förmliche Denkschrift für die Mitarbeiter der Generalverwaltung aufsetzen „mit der Tendenz: es gäbe nur einen Weg für den Kaiser, um wieder auf den Thron zu kommen, und dieser Weg hieße Hitler." Deshalb müsse ihr Mann jetzt „dahin beeinflusst werden, dass er dies erkennt und Hitler irgendeinen Vertrauensbeweis zukommen lasse". Mit diesem Papier fährt Hermine nach Deutschland, wo sie den Sommer über bleibt.[77]

Im Lichte solcher Liebedienerei kann man nur zu dem Schluss gelangen, dass die Hohenzollern von dem Glauben an ihr Comeback einfach nicht lassen wollten – nötigenfalls auch von Hitlers Gnaden. Mit ihrem jetzt hitlerzentrierten Sendungsbewusstsein haben sie sich so sehr von einer kritischen Wahrnehmung der machtpolitischen Wirklichkeit abtreiben lassen, dass sie ihr eigenes Menetekel völlig aus den Augen verlieren. NS-intern ist die „größere Frage" nämlich längst entschieden. Allein Hitler wird Hindenburg beerben, notfalls sogar als „Reichsverweser", notiert Goebbels in seinem Tagebuch. Und wenn der Reichspräsident nicht mehr am Leben ist, dann wird mit der „Reaktion" abgerechnet.[78] Aus der NS-Forschung wissen wir freilich nur zu genau, dass die Führungsclique der Nazis im Verschleiern und Verdrehen ihrer Absichten zu diesem Zeitpunkt bereits ihresgleichen sucht. Und dass die Irreführung der Welt zur Kernkompetenz ihres Führers zählt.

Deshalb hat Hitler sich auch auf eine erneute Begegnung mit Wilhelm eingelassen.[79] Doch bevor es dazu kommt, empfängt er in den letzten Junitagen noch dessen Sohn Louis Ferdinand, der auf dem Weg zurück nach Amerika ist und „keinen ganz ungünstigen Eindruck" von der Begegnung mitnimmt. Will sagen: einen begeisterten, den der Kaiserenkel dann auch seinen amerikanischen Freunden zu vermitteln weiß.[80] Eine Woche später wird Wilhelm Kronprinz vorgelassen. Das Faktum ist durch eine Aktennotiz belegt – mehr wissen wir nicht über das Treffen.[81] Vermutlich hat Hitler seinem Besucher nahegelegt, sich jetzt dynastiepolitisch erst einmal zurückzuhalten und vor allem die Monarchisten in seinem speziellen Milieu zu bremsen, da die große Politik andere Fragen zu lösen habe. Oder, wie ein Eingeweihter im Rückblick mutmaßt: „Alles gute Wollen des Kronprinzen prallte an einer stark zurückhaltenden Höflichkeit Hitlers ab." Wilhelm habe zwar „unter dieser gewollten Missachtung gelitten", habe sie aber „bei seinem guten Willen nicht gelten lassen wollen".[82]

Dieses spezielle Verhaltensmuster scheint mir gut beobachtet zu sein. Denn wenn man auf den ungebremsten Elan blickt, mit dem Wilhelm im Juli und August 1933 für Hitler und das Dritte Reich Werbung macht, dann ist da Unbeirrbarkeit am Werk. Nehmen wir seinen Artikel für die englische Zeitung *Sunday Dispatch*. Eine einzige Hommage auf den neuen starken Mann in der Wilhelmstraße: „Deutschland – ich spreche auf Grund persönlicher Beobachtungen und Eindrücke – hat das Glück, am Steuer seiner Regierung in Adolf Hitler eine Persönlichkeit von dem Format Mussolinis zu haben. Vierzehn Jahre lang rang Hitler um die Seele Deutschlands, indem er seine ganze und volle geistige, moralische und körperliche Kraft einsetzte. Hitlers Leistungen sind meiner Meinung nach eine absolute Garantie, dass er trotz der großen Schwierigkeiten, die ihm im Wege stehen, das große Ziel erreichen wird, das er sich als Staatsmann gesetzt hat." Er sei „überzeugt, dass in kurzem die übrige Welt ihr Urteil über Hitler revidieren wird, im selben Maße wie sie es von Benito Mussolini getan hat."[83] Kurz darauf veröffentlicht der *Evening Standard* eine Stellungnahme von ihm zu den innenpolitischen Vorgängen in Deutschland. Im Ausland werde ein ganz falsches Bild gezeichnet: „Was sich tatsächlich in Deutschland ereignet habe, sei die plötzliche Machtentsetzung und Vernichtung der Kräfte, die durch systematische Propaganda die nationale Widerstandskraft allmählich zum Erlahmen brachten. Wenn gegen sie mit Energie und Entschlossenheit vorgegangen werde, so beweise das nur das tiefe moralische Verantwortungsgefühl der führenden Männer. Präsident Hindenburg und Reichskanzler Hitler, die in die Geschichte als verantwortlich für diese Entwicklung eingehen werden, haben eine Tat vollbracht, für die das ganze deutsche Volk ihnen in immerwährender Dankbarkeit verpflichtet ist."[84]

Ohne die mitläufertypische Verharmlosung des NS-Regimes kleinreden zu wollen, aus diesen Zeilen spricht aufrichtige Dankbarkeit für die „Vernichtung" der Weimarer Republik und ebenso aufrichtige Bewunderung für den „deutschen Mussolini", den neuen Reichskanzler, der jene befreiende Tat mit kühnem Mut vollbracht und damit endlich alle seine Vorgänger in den Schatten der Geschichte gestellt hat. Mit dieser nun immer wieder öffentlich artikulierten Begeisterung für das Dritte Reich wird Wilhelms Agieren zu einer Facette der Nazipropaganda. Er muss sich dabei nicht einmal verbiegen. Denn bis dato hatte die Politik in seinen Augen nur einen verhängnisvollen Irrweg verlassen und schien jetzt auf dem besten Weg zu sein, Deutschland zum Platz an der Sonne zurückzuführen, den es im Wilhelminischen Zeitalter innehatte. Diesen Revisionsvorgang möchte Wilhelm forcieren, möglichst mitmoderieren und in die „richtige" Zielrichtung führen. Ignorierend, dass Hitler hier gar keinen Bedarf, sondern bereits politische Visionen ganz anderer Art und (megalomanischer) Dimensionen vor Augen hat. Die Notwendig-

Sommer 1933: Wilhelm mit Propagandaminister Goebbels in Heiligendamm bei einer gemeinsamen Autogrammstunde. Der Wiechmann-Verlag vertrieb dieses Motiv eine Zeit lang als Postkarte. Goebbels in seinem Tagebuch vom 9. August 1933: „Peinliche Affäre mit einem Photo mit Kronprinz."

keit seiner totalen Machtübernahme haben die Hohenzollern jetzt entweder akzeptiert oder sogar gebilligt.

„Der totale Staat lässt nicht mehr lange auf sich warten", frohlockt Goebbels bereits Ende Juni 1933.[85] Dass darin für „Fürstlichkeiten" kein Platz reserviert sein würde, davon ist er felsenfest überzeugt. Dies lässt er sich auch immer wieder durch konkrete Erfahrungen bestätigen. Etwa im Juli bei den Wagner-Festspielen in Bayreuth, wo er mit einer Reihe von Hocharistokraten zusammensitzt: „dumm, arrogant, flegelhaft, überheblich. Kurz und gut: ein Lausepack. Ab dafür!"[86] Oder wenig später im exklusiven Ostseebad Heiligendamm, wo er sich vom Exkronprinzen zwar „unterhalten" lässt, das aber verächtlich „anwanzen" nennt.[87] Immerhin scheint er mit Wilhelm dort am 4. August auch ein ernstes Gespräch geführt zu haben: „Frage Monarchie. Die glauben alle an ihre Restaurierung. Ich habe kein Hehl gemacht. Wäre unsere größte Dummheit. Wir sind Arrivisten und müssen das bleiben."[88] Diese Hintergedanken wird er natürlich schön für sich behalten haben. Dafür spricht schon allein die fröhliche Autogrammstunde, die er wenig später mit dem Hohenzoller mit sichtlicher Zufriedenheit zelebriert hat.

Während Goebbels den ehemals herrschenden Fürstenadel für „doof und überlebt" erklärt und in dessen Revitalisierung „keinen Grund zur Beunruhigung" sieht[89], darf Wilhelm noch einen Sommer lang weiterträumen. Und sich in Schlagzeilen wie dieser aus der *New York Herald Tribune* sonnen: „Hier ist die erste Äußerung von Seiten der vormals Royal Family in Deutschland zu Hitler und zur Nazi Regierung. Während die öffentliche Meinung des Auslands jetzt noch äußerst feindlich sei, wird die ganze kultivierte Welt Hitler bald schon dankbar sein für die Rettung der Zivilisation vor dem Bolschewismus, sagt der frühere Kronprinz Wilhelm".[90] Dass hier mehr als leeres Propaganda-Stroh gedroschen wurde, erfährt Gabriele von Alvensleben bei einem Besuch in Cecilienhof im September. Dort sagt ihr der „Hausherr" sehr freimütig, wie „positiv" er die „heutige Lage der Dinge" sehe. „Er schätzt Hitler und hat den Wunsch, ihm näher zu kommen, was aber nicht so leicht zu sein scheint".[91]

Bleibt freilich noch zu ergänzen, dass der Bekenntnisdrang zu Hitler und dem Dritten Reich jetzt ein allgemeiner Trend war, der unter den konservativen Eliten 1933 besonders zahlreiche rhetorische Blüten trieb. Als ein Beispiel unter vielen sei hier die Tischrede angeführt, die der Bismarck-Enkel Otto im Oktober 1933 in seiner Eigenschaft als Mitarbeiter der deutschen Botschaft in London gehalten hat. „Deutschland habe vierzehn Jahre gebraucht, um den Mann zu finden, der mit eiserner Hand die Ideen des Marxismus niedergezwungen habe." Es sei „eine der größten Taten des Reichspräsidenten gewesen, dass er den Führer des neuen Deutschland zum Reichskanzler ernannt habe". Die SA, so fuhr der Träger des großen Namens fort, „sei von keinem aggressiven Geiste beseelt. Die Märsche dieser Kämpfer seien die Begleitmusik jener großen Begeisterung, die die ganze Nation mitgerissen habe."[92] Sich ohne Einschränkung demonstrativ hinter Hitler zu stellen, für ihn öffentlich wie privat Vertrauen einzuwerben, ist für die „Traditionsrechte" (Ulrich Herbert) gleichsam zur nationalen Pflicht geworden – und zwar aus Überzeugung. Selbst von Haus aus kritische Geister wie der Soziologe Max Graf zu Solms lassen sich in den Bann dieses Hitler-Mythos schlagen und zu Äußerungen hinreißen wie: „Noch nie in der Weltgeschichte hat ein Mann so viele Menschen unter seinen Willen gezwungen und viele freiwillig überzeugt wie Hitler. Hitlers bestehende Wirkung wird nun bald zunehmend auf das Ausland sich übertragen, er wird die Welt erobern, geistig, wie er das Reich eroberte."[93] Will sagen: Unser Wilhelm befindet sich in „guter Gesellschaft". Er teilt mit ihr das Gefühl, mit dem neuen Kanzler des deutschen Volkes endlich wieder auf die Siegerstraße der Geschichte gelangen zu können.[94] Der Großteil des vormals herrschenden Fürstenadels in Deutschland steht im Sommer 1933 – hitlerfixiert – zum Dritten Reich.[95]

An der Einheitsfront der nationalen Kräfte

Bekanntermaßen hatte die Stahlhelmführung schon im Januar 1933 politischen Anschluss an Hitler gefunden. Franz Seldte, der Mitbegründer und Bundesführer, war als Arbeitsminister in die sogenannte Regierung der nationalen Konzentration und wenige Wochen später auch in die NSDAP eingetreten. Formell bleibt der Bund der Frontsoldaten zunächst eigenständig – sehr zum Leidwesen der sehr viel mächtigeren Konkurrenzorganisation SA, mit der es weiterhin diverse konflikträchtige Scharmützel gibt.[96] Im Übrigen arbeitet man natürlich aber gemeinsam an der Befestigung des Dritten Reiches. Deshalb hätte Seldte den Stahlhelm am liebsten der persönlichen Führung Hitlers unterstellt, doch das wollte Hitler nicht – schon mit Rücksichtnahme auf seinen Noch-Intimfreund Ernst Röhm, den eigentlichen Befehlshaber seiner braunen Miliz. So einigt man sich vorerst auf die Formel: „Adolf Hitler und Franz Seldte haben die gemeinsame Überzeugung und den gemeinsamen Willen, dass die deutsche Revolution, dass die deutsche Zukunft auf den Schultern der grauen, braunen und schwarzen Regimentern ruht." Stahlhelm, SA und SS seien die „Garanten der nationalen Revolution".[97]

Bei der Formierung dieser nationalrevolutionären Einheitsfront will auch Wilhelm Kronprinz aktiv mitwirken. So finden wir ihn Mitte Mai an der Seite von Seldte beim Massenaufmarsch von Stahlhelm und SA im Stadion von Wittenberge. Beide versichern in ihren Ansprachen Hitler die Gefolgschaft.[98] Wenige Tage darauf wird Wilhelm Mitglied des Nationalsozialistischen Kraftfahrkorps (NSKK). Was ihn zum Tragen einer SA-Uniform berechtigt.[99] Ob das der Grund seines Aufnahmeantrags war, lässt sich mangels Quellen nicht beantworten. Wahrscheinlich ist es eine Ersatzhandlung für seinen Nichteintritt in die NSDAP. Schloss Cecilienhof steht ab jetzt auch dem kaum dreißigjährigen Führer der SA-Gruppe Berlin-Brandenburg, Karl Ernst, für Ball-Gesellschaften offen.[100] Am 21. Juni 1933 wird der Stahlhelm schließlich offiziell „Glied der nationalsozialistischen Bewegung".[101] Er tritt unter den Befehl der Obersten SA-Führung (Röhm) und wird nach deren Richtlinien organisatorisch neu gegliedert. Als Zeichen der Verbundenheit mit der NS-Bewegung tragen die Stahlhelmer fortan die feldgraue Armbinde mit schwarzem Hakenkreuz auf weißem Grund.[102] Der ehemalige Kronprinz hat sich diese Verbrüderung wohl schon seit Längerem gewünscht. Das geht aus seinem Brief an den schlesischen SA-Oberführer Carl Friedrich Graf von Pückler-Burghauss hervor. Darin begrüßt er „freudigen Herzens, dass es *endlich* gelungen ist, die Grundlage für den engen Zusammenschluss und für die Einheitsfront der im Nationalsozialismus und im Stahlhelm vorhandenen nationalen Kräfte zu schaffen." Nun gelte es, „den Beweis dafür zu liefern, dass der Sinn und Zweck der großen deutschen Freiheitsbewegung" auch vom Stahlhelm erkannt werde, dass er die ihm „dabei zufallende Rolle" übernehme und dass

Wilhelm in Stahlhelmuniform mit Hakenkreuzbinde als Ehrengast bei der Einweihung des Langemarck-Denkmals in Naumburg a. d. Saale Anfang September 1933.

„danach gehandelt" werde.[103] Was das grundsätzlich bedeutet, beantwortet Seldte Anfang Juli in einer Rundfunkansprache mit dem Gelöbnis, dass „wir mit Adolf Hitler, unter Adolf Hitlers Führung den Kampf bis zum endgültigen deutschen Siege vorwärtstragen".[104] Wilhelm hat die Aufgabe wenig später präzisiert. Die dem Stahlhelm weiterhin zufallende zentrale Funktion sieht er in „der Erziehung unseres Volkes zu autoritärer Staatsauffassung im nationalen Geiste". Als traditionsbewusste Vereinigung ehemaliger Frontsoldaten sei diese Organisation ja geradezu „berufen, das Erbe einer großen, stolzen Vergangenheit dem heutigen jüngeren Geschlecht zu übermitteln". Damit gehöre der Stahlhelm „zu den durch nichts anderes ersetzbaren wertvollsten und festesten Stützen, auf denen die Sicherheit und der Bestand des neu gegründeten nationalsozialistischen Staatsgebäude ruht."[105]

Diese freiwillige Unterwerfung der wohl wichtigsten Sammlungsbewegung des Nationalkonservatismus unter die braune Hegemonie ist mehr als nur ein zeittypisches Bekenntnis zur sogenannten Gleichschaltung. Denn hier offenbart sich gleichsam im Nachhinein, wie groß die Schnittmenge dieser konservativ-faschistisch geprägten Formation des deutschen Rechtsradikalismus mit den Nazis auch schon zuvor gewesen sein muss – allen vordergründigen Querelen und Anpöbeleien der Jahre 1931/32 zum Trotz. Aufgrund dieser starken Affinität brauchte der Stahlhelm nicht zum Mittel der Selbstverleugnung zu greifen, um sich nun voll und ganz in das Fahrwasser des Nationalsozialismus zu begeben. Dieses Beispiel vor Augen hat sich Wilhelm wohl auch zu der Behauptung hinreißen lassen: „Wenn jemals eine Revolution ihre moralische Begründung in der Fairness ihrer Durchführung beanspruchen kann, so ist es die deutsche."[106] Die Verwendung dieser Begrifflichkeit ist ein weiterer Indikator dafür, in welchem Universum sich der politische Geist unseres Protagonisten 1933 bewegt.

Auf dem großen Stahlhelmtag in Hannover am 23./24. September 1933 möchte Wilhelm es noch einmal allen zeigen. Er profiliert sich gleichsam als Bindeglied zwischen Seldte und Röhm, als der Frontkämpferbund endgültig in der SA aufgeht und Röhm nun auch dessen Stabschef wird. Auch Hitler ist anwesend und hält bei der Eröffnungsveranstaltung in der Stadthalle eine programmatische Rede. Im Halbkreis direkt um ihn herum steht neben den Regierungsmitgliedern Papen, Blomberg und Seldte auch Kaiserliche Hoheit, der dem Führer am Ende mit erhobenem Arm huldigt.[107]

Der frühere deutsche Kronprinz darf für die Einheirat des Stahlhelms in die NS-Bewegung noch einmal als eine Art Standesbeamter fungieren. Hat Wilhelm mit dieser Beglaubigung nun seine Schuldigkeit getan? Wenn man die Rede Seldtes liest, mit der er „das Bündnis der Treue" in Hannover besiegelt, so könnte man das meinen. Sie ist ein einziges Bekenntnis der totalen Auslieferung seiner Organisation an Hitler: „Haben wir im November [1918 – LM] ausgeschaut nach einem, der den Schicksalsbefehl geben könnte, so haben wir in Ihnen, Herr Volkskanzler Adolf Hitler den Führer erkannt und gefunden, dem Gott die Fähigkeiten verliehen hat, den Deutschen Befehl jetzt und für die Zukunft geben zu können." Folge: „Wir weihen uns selbst als Ihre neuen Mitkämpfer. Wir weihen uns Ihnen, unserem Führer und dem Führer der deutschen Nation."[108] Damit hatte sich Hitler die volle Unterstützung dieser speziellen nationalkonservativen Formation gesichert und dafür zugleich deren vormalige Galionsfiguren wie Papen oder Kronprinz Wilhelm in Garantiehaftung genommen. Als Machtfaktor ist der Stahlhelm jetzt ausgeschaltet. Aber da war ja noch Ernst Röhm ...

Wilhelm huldigt Hitler bei dessen Rede zum Eintritt des Stahlhelm in die SA Ende September 1933 in Hannover.

Kapitel 7
Eskalierendes Verhängnis

Von März bis September 1933 war es in Deutschland zu einer beispiellosen Verschiebung im Gravitationszentrum der Macht gekommen. Die sogenannte nationale Revolution hatte nicht nur die Feinde und erklärten Gegner der Nazis mit brutalster Gewalt in die Knie gezwungen und den bürgerlichen Liberalismus zum Schweigen gebracht, sie hatte auch die konservativen Befürworter und Kollaborateure des Dritten Reiches „umarmungsstrategisch" so an sich gedrückt, dass ihnen alle oppositionellen Gelüste vergingen. Hitlers Ermächtigung zum Alleinherrscher schreitet nun scheinbar unaufhaltsam voran. Mit ihm hat ein ganz neuer Herrschertypus die politische Bühne erobert – einer, der fast ausschließlich seinem übermäßigen Machtinstinkt folgt und von daher keine Ratgeber oder gar Mitentscheider mehr braucht, sondern nur Satrapen oder willige Vollstrecker. Was ihn antreibt, sind nicht eitles Geltungsbedürfnis oder Machtverlangen, sondern fanatischer Hass und Vernichtungswille. Ein „Führer" aus eigener Wurzel, der keinen Augenblick an sich zweifelt, der allzeit stark, unbeugsam und mutig erscheinen will, hart und kaltblütig. Und vor allem selbstbestimmt. Auch für die Avancen der Hohenzollern wird dieses neue politische Phänomen bedrohlich. Denn Hitler duldet keine Mitherrschaft – ganz gleich in welcher Form. Doch je mehr sich das Unzeitgemäße ihrer Restaurationsallüren abzeichnet, umso mehr zeigen sie sich bemüht, daran festzuhalten. Und Hitler hinterherzulaufen.

Abgehängt

Dabei gab es noch im September 1933 markante Signale, die aufhorchen ließen und dazu ermahnten, sich endlich auf den Boden der Tatsachen zu stellen. So hatte Hindenburg dem Hausminister Dommes bei Sondierungsgesprächen auf seinem Gut Neudeck einmal mehr klipp und klar gesagt: „weder das deutsche Volk noch die ganzen Verhältnisse in der Heimat seien so weit, dass der Kaiser den Thron wieder besteigen könne".[1] Ungefähr zeitgleich hört Dommes ganz Ähnliches vom Reichskanzleichef Lammers. Nach Hitlers Auffassung bedürfe es noch jahrelanger Vorbereitungen, bevor Deutschland zu einer monarchischen Staatsform zurückkehren könne. Schon weil die deutschen Einzelstaaten noch bestünden. Außerdem fehle ein geeigneter Thronprätendent, selbst im Hause Preußen gebe es ja wohl „in dieser Hinsicht Zweifel". Bis das deutsche Volk für die Krone „reif sei", würde also noch viel Zeit vergehen. Daher sollten sich die Hohenzollern in der Öffentlichkeit mehr zurückhalten und vor allem jetzt „keine Propaganda" für die Monarchie machen. Und wie reagiert der Repräsentant des vormaligen Herrscherhauses? Er versichert, dass das Haus Preußen „alles täte, um den Verdacht zu vermeiden, als ob wir bei Seite ständen". Vielmehr liege den Hohenzollern sehr daran, mit der Hitler-Regierung „im Einklang zu stehen". Umso mehr, als der Reichskanzler „ja immer erklärt" habe, „dass er in der Krone die Krönung seines Werkes sehe".[2]

Was Dommes da in der Wilhelmstraße kommunizierte, hat die Bezeichnung „Politik" nicht verdient – es ist das klassische Antichambrieren eines gelernten Höflings, der mit seinem Katzbuckeln aber nicht weiterkommt. Weder bei Hitler noch bei seinem Allerhöchsten Herrn in Doorn, mit dem er nicht Klartext darüber redet, dass die Nazis alles andere im Sinn haben, als seinen Kaiserthron wieder zu errichten.[3] So kann die Gattin des Exkaisers noch zusätzlich Verwirrung stiften mit dem Spruch: „Hitler habe ihr persönlich versichert, dass sie die einzige aus dem Hause Hohenzollern sei, zu der er Vertrauen gefasst habe". Tatsächlich hinken Selbstbild und Habitus der Herrscherfamilie ihrem bereits erfolgten Bedeutungs- und Ansehensverlust immer stärker hinterher. Vor allem aber scheinen sie Hitler absichtlich misszuverstehen.

Hitler gewährt Ende Oktober 1933 ihrem Generalbevollmächtigten Dommes eine fünfzehnminütige Audienz in der Reichskanzlei, um ihm dieses einzuschärfen: Seine wichtigste Aufgabe sehe er darin, so Hitler, Kommunismus und Judentum niederzuwerfen. Dafür sei der Kronprinz als Person aber zu weich und eine Monarchie als Institution viel zu schwach. Er lasse keinen Zweifel, dass er seine Macht nicht aus den Händen geben werde. Dommes „bestritt, dass die Monarchie zur Lösung der skizzierten Aufgaben nicht geeignet sei".[4] Wie wir aus anderen Quellen wissen, darf sich Hitler mit seinem Statement in völliger Übereinstimmung mit Hindenburg fühlen. Noch am 23. Oktober 1933 hat der Reichspräsident seinem Freund August von Cramon gegenüber jede Initiative zur Wiederherstellung der Hohenzollernmonarchie mit der Begründung abgelehnt, das innere Aufbauwerk Hitlers sei noch nicht vollendet.[5] Diesem Bollwerk hat das Haus Preußen nichts mehr entgegenzusetzen. Aber es findet nicht den Mut zur selbstkritischen Erkenntnis seiner Lage, sondern jagt weiterhin dem Phantom nach, den eigenen Interessen durch ein Arrangement mit Hitler am besten zu dienen. Der dürfte dafür nur mehr ein müdes Lächeln übrig gehabt haben.

Hitler kommuniziert seine inzwischen erfolgte innere Abkehr von allem Monarchischen mal höflich-verbindlich, mal unverblümt-sarkastisch, je nachdem, mit wem er es gerade zu tun hat. Als ihn Viktoria von Dirksen nach einer Wahlkampfrede in Breslau beim anschließenden Diner in ihrem Schloss Gröditzburg recht ungeniert fragt, ob er denn nicht à la longue die Monarchie wiederherstellen und die Hohenzollern auf den Thron zurückbringen wolle, soll Hitler geantwortet haben: „Auch ich halte die monarchische Staatsform für Deutschland für notwendig und einzig richtig. Man kann aber keine Monarchie aufbauen auf einem Trümmerhaufen, und den habe ich übernommen, dazu fast acht Millionen Arbeitslose, eine gänzlich verschuldete Landwirtschaft, miserable Grenzen, keine Armee! Das alles muss geordnet werden, dann sprechen wir weiter ...".[6] Völlig andere Töne schlägt er dagegen wenige Tage später gegenüber dem Mussolini-Berater Renzetti bei einem Vieraugengespräch an. „Die gestürzten Fürsten", so Hitler, „machen sich etwas vor und können nicht begreifen, dass ihre Zeit abgelaufen ist; dass das deutsche Volk weder von Partikularismus noch von [royalen – LM] Maskeraden etwas wissen wolle. Ich schere mich nicht um die Fürsten, ich habe mich selber gemacht, sogar gegen deren Willen. Ich habe die Fürsten geprüft und finde, dass sie weniger wert sind als meine Parteigenossen [„camerati", der Begriff der italienischen Faschisten – LM]. Vor kurzem habe ich den Schwiegersohn des Kaisers [Ernst August von Braunschweig – LM] kennengelernt (den einige hier für den zukünftigen Prätendenten hielten) und muss sagen, dass er nicht mehr als die anderen taugt. Auch die Offiziere wollen nichts mehr von diesen Fürsten wissen; sie sind keine Antimonarchisten, aber sie wollen Männern gehorchen und nicht den Launen von Höflingen und Frauen ausgeliefert sein. Mir gehorchen sie blind, und daher sehe ich keine Notwendigkeit für eine Wiederherstellung der Monarchie."[7] Hitlers Anspielung auf die „Höflinge und Frauen" ist wohl nicht zuletzt auf unsere Hauptfigur gemünzt. Der Naziführung nahestehende Aristokraten wie Guidotto Fürst von Donnersmarck behaupten denn auch bereits, aus sicherer Quelle zu wissen: „Hitler denke nicht daran, den Kronprinzen je an die Regierung zu lassen".[8]

Auf der Suche nach Auswegen

Während man in der Generalverwaltung ratlos über den richtigen Umgang mit den nun in Berlin Herrschenden brütet, hat sich der frühere Thronfolger schon wieder auf einen Sonderweg begeben. Zunächst mit einer Ovation für den alten Hindenburg – in Gestalt einer Glückwunschadresse zum 86. Geburtstag, den die *Kreuz-Zeitung* am 1. Oktober 1933 veröffentlicht. „Am ersten Geburtstag, den Generalfeldmarschall von Hindenburg im neuen Deutschen Reich feiert", gedenke er „in aufrichtiger Verehrung des vom ganzen Volke geliebten und hochverehrten, ehrwürdigen Mannes und Soldaten mit den innigsten Segenswünschen. Er, der unter drei Kaisern diente und sein Leben einsetzte für des Reiches Einheit, des Reiches Bestand und des Reiches Freiheit, hat, als er Adolf Hitler zum Kanzler des Reiches berief, den

Weg gebahnt, der für den Wiederaufstieg des Vaterlandes der allein gegebene war. – Ich gedenke der Stunde, als der Feldmarschall und des Reiches Kanzler am Grabe meines großen Ahnherrn alle Werte preußischer Tradition der großen deutschen Bewegung anvertrauten, die erwachsen ist aus dem Blute unserer Gefallenen und aus dem Willen aller, die das Schicksal aus dem großen Kriege heimkehren ließ." Das ist eine Meisterleistung an Heuchelei, aber es sind auch wohlgesetzte berechnende Worte, die genau das zum Ausdruck bringen, was Hindenburg über sich am liebsten liest. Auch der Hintersinn dieser Hommage erschließt sich unschwer. Es ist die persönliche Beglaubigung jener Ovation, die Wilhelm vor einem halben Jahr am Tag von Potsdam noch von außen abgerungen worden war. Mit dieser Geste hofft er, sein Ansehen beim Reichspräsidenten, wenn nicht grundsätzlich wenden, so doch positiver einfärben zu können. Deshalb belässt er es auch nicht mit einem Schreiben. Er kommt dem Ehrwürdigen auch physisch entgegen – durch eine Reise nach Neudeck, wo er stellvertretend für das Hohenzollernhaus sehr herzlich gratuliert. Einzelheiten dieser wohl letzten persönlichen Begegnung der beiden Lieblingsfeinde kennen wir nicht. Doch können wir davon ausgehen, dass Hindenburg Wilhelms ausgestreckte Hand gerührt ergriffen hat.

Bei der großen Parade von SA und SS in Breslau Anfang Oktober 1933.
Vor dem Rathaus war eine Ehrentribüne errichtet und davor wurden etwa fünfzig Schwerkriegsverletzte in Reih und Glied platziert – ihre Rollwagen mit Hakenkreuzfahnen und Grün geschmückt. Röhm marschiert den Ehrengästen voran zum Empfang des Magistrats im Breslauer Rathaus. An seiner Seite Wilhelm.

Szenenwechsel: von Ostpreußen nach Breslau in Schlesien, wo nur wenige Tage später Wilhelms nächste Selbstdarstellung über die Bühne geht. Es handelt sich um seinen Auftritt als Ehrengast bei der großen Herbstparade von SA und SS mit fast 100.000 Uniformierten unter der Regie von Ernst Röhm am 7./8. Oktober 1933.[9] Das Bad in der Menge soll gesteigerte Aufmerksamkeit für seine Person generieren. Doch damit nicht genug. Denn im Anschluss an das SA-Spektakel von Breslau sind der seinerzeit nach Hitler wohl mächtigste Führer der Nationalsozialisten Ernst Röhm, Reichswehrminister Werner von Blomberg, der Chef der Heeresleitung von Hammerstein und andere hochrangige Militärs Jagdgäste unseres Hohenzollern in Schloss Oels. Schon dass sich diese Konstellation überhaupt zu solch einer illustren Partie zusammenfand, lässt aufhorchen. Erst recht aber, was ein weiterer Teilnehmer dieser Jagdgesellschaft, Generalleutnant Moritz Faber du Faur, später darüber in seinen Erinnerungen geschrieben hat: „Die Braunen [gemeint ist die SA – LM] waren noch verhältnismäßig bescheiden, die SS war in den Kinderschuhen, und Hammerstein und Blomberg wussten nicht recht, was sie wollten. Es war der große Augenblick für den Kronprinzen, und ich habe es in Oels miterlebt, wie er versuchte, die verschiedenen Lager auf seine Person abzustellen und Hammerstein wachzurütteln. Er scheiterte, weil seine Maske nicht mehr zog, nachdem sich ein anderes Bild vom kommenden Führer breit gemacht hatte."[10]

Das ist ein launiger Kommentar, gewiss – und ein wenig kryptisch kommt er überdies noch daher. Doch auch wer nicht zu verschwörungstheoretischen Deutungsmustern neigt, wird in dieser informellen Zusammenkunft hoher Militärs mehr sehen als ein reines Jagdvergnügen. Ein diskretes politisches Meeting nämlich, oder doch wenigstens die Idee zu einem solchen. Immer schon hat Wilhelm ja seine Politik rund um solche privaten Zusammenkünfte herum zu machen versucht. Warum nicht jetzt erneut, wo seine Zukunft wieder einmal in den Sternen steht? Aus der Perspektive und damaligen Befindlichkeit des Gastgebers gedacht, scheint es gar nicht so abwegig, dass er von der Formierung einer Kamarilla geträumt und die Möglichkeiten einer Kollaboration von Reichswehr- und SA-Führung ausgelotet hat, womöglich mit ihm selbst als Mediator. Und wenn nicht alles täuscht, war er dabei durch eine versteckte Reserve gegenüber Hitler beziehungsweise gegen dessen Anspruch auf die totale und alleinige Macht inspiriert. Gut möglich, dass er seine Ambitionen auf die Nachfolge Hindenburgs noch immer nicht aufgegeben hatte. Doch wie Faber du Faur bereits angedeutet hat, greift Wilhelms Aktion ins Leere. Namentlich Blomberg hat sich bereits widerstandslos von Hitler vereinnahmen lassen.[11] Er denkt nicht im Traum daran, seinem Führer untreu zu werden. Hammerstein trägt sich bereits mit Rücktrittsgedanken. Und Röhm? Der ist vorläufig noch ganz damit beschäftigt, an der Ermächtigung der Naziführung so ausgiebig wie möglich zu partizipieren.[12] So muss Wilhelm weiter mit dem Leitwolf Hitler heulen.

Am 24. Oktober 1933 findet im Berliner Sportpalast eine Propagandaveranstaltung der NSDAP mit Hitler als Redner statt, auf der Wilhelm als Ehrengast neben Vizekanzler Papen in der ersten Logenreihe Platz nimmt. In Stahlhelmuniform mit Hakenkreuzbinde.[13] Nach Presseberichten wird er „mit Händeklatschen und Heilrufen begrüßt und musste immer wieder für die Kundgebungen danken". Anschließend hat er selbst Hitler applaudiert.[14] Am 9. November 1933 veröffentlichen gleich mehrere deutsche Tageszeitungen[15] einen vom Exkronprinzen gezeichneten Artikel zur bevorstehenden Volksabstimmung über Deutschlands Austritt aus dem Völkerbund. Er befürwortet diesen außenpolitisch wichtigen Schritt unter Rekurs auf die Lehren der jüngsten deutschen Geschichte: Im November 1918 „erlag das Kaiserreich dem verräterischen Dolchstoß einer ebenso sinnlosen wie unmännlichen Revolution". Dazu habe es nur kommen können, „weil darauf verzichtet wurde, der marxistisch-internationalen Volksvergiftung mit rücksichtslosem Zugriff Einhalt zu tun". Fünf Jahre hätten vergehen müssen, bis unter Adolf Hitlers Führung „ein erster Gegenschlag gegen die Verderber von Volk und Vaterland versucht wurde" (gemeint ist der Münchener Hitlerputsch von 1923). Trotz des damaligen Misserfolges habe Hitler an dem Kampfziel einer „nationalen Einheitsfront" festgehalten. „Die seelische Größe, die Adolf Hitler nicht wankend werden ließ, gab ihm die Anwartschaft auf die Führung des deutschen Volkes. Nach zehnjährigem, mit beispielloser Überzeugungskraft und Opferbereitschaft geführten Kampf ist der Sieg errungen. Das Gebäude des Dritten Reiches steht fest. Dass es in der Geschichte über die Stürme der Gegenwart und Zukunft hinaus in alle Ewigkeit Bestand haben soll – dies aus innerster Überzeugung mit freudigem ‚Ja' zu bekennen, ist am 12. November Ehrenpflicht und Dankesschuld zugleich für jeden, sei er wer er sei, in dessen Brust ein deutsches Herz schlägt." Auch zehn Monate nach Hitlers Herrschaftsantritt ist Wilhelm Kronprinz „bei ihm", jedenfalls nach außen.[16] Doch auch Hitler setzt auf Außenwirkung und lässt sich die royale Reklame gefallen. Ob diese etwas zu seinem großen Abstimmungserfolg am 12. November beigetragen hat, weiß man nicht so genau.

Jedenfalls hält Hitler jetzt ungeheuer viel Macht in seinen Händen – weniger durch das Mandat von 92 Prozent der Wählerstimmen als durch das blinde Vertrauen, das ihm mehr Deutsche denn je entgegenbringen. Darunter auch große Teile der alten konservativen Eliten. „Man fühlt sich geführt von einer festen Hand, wohl an Abgründen vorbei, aber auf einem Weg, der hinaufführt", schreibt Freifrau von Alvensleben am Tag nach den Wahlen emphatisch in ihr Tagebuch.[17] Diesem Umstand muss auch das ehemalige Kaiserhaus Tribut zollen. Wie genau, das soll nun eine Konferenz in Doorn klären, zu der Wilhelm Kronprinz und der politische Kopf der Generalverwaltung Sell vom Exkaiser eingeladen werden. Doch der „lange vorbereitete", mehrtägige Besuch bringt keine Klärung, geschweige denn Konsens. Sein Vater, so beklagt sich Wilhelm junior bei Ilsemann, verlange jetzt „strikte feindliche Zurückhaltung" gegenüber den Nazis. Das aber halte er für grundfalsch, denn wenn sich die Familie demonstrativ zurückzöge, dann sei „es für die Hohenzollern sofort aus". Es falle auch „ihm als einstigem Armeeführer und Kronprinz ganz gewiss nicht immer leicht, die großen Feste mitzumachen und zusehen zu müssen, wie Hitler zugejubelt, und er selbst aber mehr oder weniger ignoriert würde." Die Krone sei jedoch „nur mit Hitler zurückzugewinnen" und deshalb müsse man „mit den Nazis paktieren und sie geschickt nehmen". Wörtlich sagt der Kaisersohn: „Wir alle müssen um die Seele Hitlers ringen, damit das Gute in ihm die Oberhand gewinne und er sich mit seinen Freunden von rechts gegen die Radikalen durchsetzen kann." An die Rückkehr der Monarchie glaube er fest, aber von seinem Vater als Kaiser wolle in Deutschland kein Mensch mehr etwas wissen. Am Ende hat Wilhelm seine Position noch in einer kurzen Denkschrift zusammengefasst, in der er betont, dass er „bei diesem Standpunkt des Kaisers weitere ernste Konflikte mit Haus Doorn voraussehe". Beim Abschied muss er seinem Vater versprechen, nicht noch einmal die Hakenkreuzbinde an seiner Husarenuniform zu tragen.[18]

Kann man die Position, die unser Held da Ende November 1933 vertreten hat, für bare Münze nehmen? Hat er wirklich so gedacht? Beginnen wir mit seinem Mantra: dem Ringen um das „Gute" in Hitlers Seele. Damit sind die genuin reaktionären Anteile der politischen Ideologie gemeint, die Hitler für ihn verkörpert, also eigentlich die Weltanschauung der „rechten Freunde", zu denen er in vorderster Reihe sich selbst zählt: das Antidemokratische, Antimarxistische, Antisemitische und als Pendants das Autoritative, Militaristische, Chauvinistische. *Das* soll Hitler zur Entfaltung bringen – möglichst im Zusammenwirken mit seinen rechtskonservativen Bündnispartnern; aber nicht die totale Mobilisierung und Radikalisierung des Volkes. Alles „Volksgemeinschaftliche" oder gar „Sozialistische" in der Nazipropaganda bleibt Wilhelm ein Graus. Ist dies schon eine enorme Fehleinschätzung der politischen Natur Hitlers und ein grandioses Verkennen der historischen-realen Gestalt, die der Kaisersohn doch ein Dutzend Mal aus nächster Nähe hat betrachten, ausgiebig sprechen und in unzähligen Reden hören können, so ist die Vorstellung, Hitler jetzt noch einen solchen Politikansatz abringen zu können, vollends daneben. Erst recht wenn derartige Ideen aus dem Mund eines Mannes kommen, der erneut den persönlichen Anschluss an Hitler und seinen innersten Zirkel verloren hat.

Nichtsdestotrotz scheint bei Wilhelm die innere Bereitschaft durch, an das zu glauben, was er sich wünscht – das Resultat einer psychoakrobatischen Verdrängungsleistung, Verdrängung der ihn verstörenden Einsicht, eigentlich nur noch in Abkehr von, ja im Kampf *gegen* Hitler eine politische Überlebenschance zu haben. Also flüchtet er sich in das Verdikt, dass die Krone nur *mit* Hitler zurückzugewinnen ist. Obwohl es dafür schon gar keine Anhaltspunkte mehr gibt. Die Notwendigkeit, mit Hitler gemeinsame Sache zu machen, wird dadurch gleichsam alternativlos. So läuft er weiter in die falsche Richtung, ohne innezuhalten und ohne in den Blick zu nehmen, was in der Welt der deutschen Politik tatsächlich gerade geschieht. Damit verliert er auch alte Freunde wie Schleicher, der sich von ihm feige geschnitten fühlt. Wilhelm würde sein „Nachlaufen" bei den Nazis gar nichts nützen, sagt Schleicher, die Hohenzollern hätten doch definitiv „ausgespielt".[19] Mit seinem Verharren in ideologischer Selbstblockade trübt sich bei Wilhelm schließlich auch das Gefahrenbewusstsein weiter ein. Eine Mischung aus Fahrlässigkeit und Lethargie scheint sich seiner zu bemächtigen. Auch der berühmte Philosoph Oswald Spengler kann ihn da offenbar nicht herausholen, als er Anfang Dezember im Cecilienhof zu Besuch weilt.[20] Der zu diesem Zeitpunkt als Nazikritiker ausgewiesene Literat soll Kronprinzens damals „aus intimen Münchener Erfahrungen und Einsichten Niederschmetterndes gesagt haben: jedenfalls die klare Wahrheit, dass wir von Verbrechern beherrscht werden."[21] Das habe, so ein weiterer Besucher, „Düsternis" hervorgerufen und einen ebenfalls dort anwesenden Reitergeneral zu dem Sarkasmus provoziert: „Wir sind aus dem Regen unter gänzlicher Umgehung der Traufe direkt in die Scheiße gekommen." Vielleicht ist um die Jahreswende 1933/34 im Cecilienhof die leise Ahnung aufgestiegen, von den Nazis beziehungsweise von Hitler düpiert worden zu sein. Nach außen merkt man davon nichts.

Zum Januar-Heft der nationalkonservativen Kulturzeitschrift *Der Türmer* steuert der Exkronprinz unter dem Titel „Ewiges Preußentum" einen Artikel bei. Dessen Kernthese lautet: Erst „die große Zeitenwende, die wir durchleben", lässt uns „den tiefsten Wesenszug preußischen Staatsgeistes wieder verstehen: die schöpferische Synthese revolutionärer und konservativer Richtung". Und: „Adolf Hitlers bisherige kluge Führung bietet die beste Gewähr, dass auch der weitere Auf- und Ausbau unseres Reiches sich in diesem weisen Geiste ewig-preußischer Überlieferung vollziehen wird." Der Austausch mit Spengler hat also nichts bewirkt, der Artikel konterkariert geradezu das, was Wilhelm doch angeblich mit so großem Gewinn in dessen Buch *Jahre der Entscheidung* gelesen hat – eine Art Verrat mithin an dem Münchener Philosophen, der sich damals dafür entschieden hat, dem NS-Regime *nicht* entgegenzuarbeiten, sondern dem moralischen Morast der Hitlerei zu entkommen. Wilhelms Bereitschaft, sich für das Dritte Reich proaktiv einzusetzen, bleibt dagegen ungebrochen. Immer noch erblickt er seine Lebensaufgabe darin, zu dessen Legitimierung mit seiner royalen Prominenz beizutragen. Die existenzerschütternde Außenwelt mag er einfach nicht an sich heranlassen. Für ihn zählt allein seine spezielle Wahrnehmung der Wirklichkeit. In dieser Sicht scheint immer noch ein Funken Hoffnung auf politisches Avancement vorhanden gewesen sein. Warum nicht auch „über Bande" lanciert? Am 9. Januar 1934 tritt er in die Motor-SA ein, wo er einen unbedeutenden Rang bekleidet. Was mag er sich von dieser Selbsterniedrigung versprochen haben? Einen besseren Draht zur Obersten SA-Führung?

Die ist in Gestalt ihres Stabschefs gerade erst „in den Staatsapparat eingebaut" worden – durch die Ernennung Röhms zum Reichsminister.[22] Mit Hitlers vertrauensvollem Glückwunschschreiben zum Jahreswechsel – überall groß publiziert –, das dem Heerführer seiner Privatarmee herzliche Freundschaft und Dankbarkeit bezeugt, erfährt Röhms Aufwertung Ende 1933 ihre symbolische Krönung. Er ist jetzt eine Macht, an der die Politik des Dritten Reiches nicht mehr vorbeikommt.[23] Doch auch Röhm selbst scheint jetzt noch einmal initiativ zu werden, um bei der definitiven Machtverteilung mitzumischen. Auch ihn treibt die Frage um, die die gesamte Staats- und Parteispitze im Winter 1933/34 mehr als je bewegt: Wer soll dereinst die Nachfolge des greisen Hindenburg antreten? Während Hitler unter Mitarbeit von Göring und Goebbels bereits Vorkehrung trifft, Amt und Mythos des Reichspräsidenten im Todesfall sofort restlos zu usurpieren, scheint Röhm diese Machtkonzentration eher nicht zu gefallen. Deshalb sondiert er Anfang 1934 in Oels, ob nicht gegebenenfalls der frühere Kronprinz als „sein" Kandidat für die Hindenburg-Nachfolge zur Verfügung stünde, am besten als Reichsverweser.[24] Mangels valider Quellen verschwimmt das Resultat ihrer Fühlungnahme im Ungefähren. Wir wissen allerdings, dass Auwi seinem Bruder dringend davon abgeraten hat, in der sich nun abzeichnenden Eskalation zwischen Hitler und Röhm Partei zu ergreifen. Es ist ohnedies mehr als unwahrscheinlich, dass Wilhelm ein förmliches Komplott mit Röhm gegen Hitler riskiert hätte. Dafür fehlte ihm schon allein der Todesmut. Auch ist mehr als fraglich, ob ihm ein entfesselter SA-Faschismus à la Röhm tatsächlich als bessere Alternative zu Hitler vorkommen konnte. Doch vor den Kopf gestoßen wird er seinen Anwerber ganz sicher auch nicht haben. Die Angelegenheit bleibt in der Schwebe.

Bei den Feiern zum 75. Geburtstag des Hohenzollernchefs am 27. Januar 1934 in Doorn scheint durch, dass Cecilie jetzt „sehr scharf" *gegen* die Nazis eingestellt ist und „hinsichtlich einer Wiedererrichtung der Monarchie einen ziemlich hoffnungslosen Eindruck" macht. Auwi dagegen lässt „kein Zweifel" daran, dass er „sich mit dem Führer ausgezeichnet steht". Von seinem Bruder Wilhelm spricht er abfällig: „Der Kronprinz schade durch sein Verhalten und sein schwankendes Benehmen." Die gemeinsame Stiefmutter „diene der monarchischen Sache durch ihr Auftreten in Berlin auch nicht". Und der Familienchef schimpft wie ein Rohrspatz auf die NSDAP, „die sich zum Bauernfang die Maske Friedrichs des Großen umgehängt" und diese jetzt hat „fallen lassen".²⁵ Noch immer scheinen sie allesamt *über* der politischen Stimmung zu schweben, die in Deutschland herrscht. Eine Stimmung, die sich nun – angeheizt durch die Propagandamedien – immer entschiedener auch gegen die konservativen Eliten und Monarchisten wendet. Dagegenzuhalten und sich als potenzielle Herrscherdynastie zu behaupten, ist für die Hohenzollern – so desolat, wie sie sich jetzt als Familie präsentieren – ein Ding der Unmöglichkeit.

Weitere Warnschüsse

Nachdem Hitler bereits seine Zweckbündnisse mit der DNVP und dem Stahlhelm erfolgreich in politisches Vasallentum umgewandelt hat, steht er nun im Begriff, auch die sogenannte Reaktion aufzumischen. Dafür sammeln seine Propagandastrategen seit Ende 1933 fleißig Belastungsmaterial. Ein gefundenes Fressen ist das Mitte Dezember veröffentlichte Telegramm des Exkaisers an den Nationalverband Deutscher Offiziere. Mit der ihm eigenen Überheblichkeit verkündigt Wilhelm II. dort einmal mehr sein *ceterum censeo*: „Nur unter seinem Kaiser und den deutschen Bundesfürsten kann das Reich auf die Dauer gefestigt werden und zu seiner alten Macht und Herrlichkeit gelangen!"²⁶ Eine glatte Brüskierung der Herren des Dritten Reiches, die sich das merken werden. Schon Anfang Januar 1934 heißt die interne Parole: „Gegen Pfaffen und Monarchie".²⁷ Insbesondere gilt es, den Königsgedanken als machtpolitische Option heillos zu diskreditieren. Wobei die Zielscheibe vor allem der frühere deutsche Kaiser ist.

Doch die Unterdrückungsmaßnahmen, mit denen der Staatsapparat jetzt gegen diverse – politisch äußerst randständige – monarchistische Vereinigungen und Treuebekundungen vorgeht²⁸, erwecken schon bei den Zeitgenossen den Eindruck, als würde hier mit Kanonen auf Spatzen geschossen. So schreibt der preußisch-konservative Militär Ferdinand von Bredow in seinen Aufzeichnungen vom 20. Januar scharfsichtig: „Viel Erlassaufwand gegen Monarchisten. Was hat das für Zweck. Die, die jetzt mit Monarchie spielen, sind die, die gefühlsduselig mit der Bewegung mitgingen, und nun – wie stets – sich enttäuscht fühlen. Richtige, kämpfende Monarchisten gibt es nur wenige."²⁹ Umso interessanter, dass die Staatspropaganda diese Randerscheinung jetzt so aufbauscht. Obwohl wahrlich keine Gefährdung von ihr ausgeht, spricht namentlich Goebbels ununterbrochen von „überhandnehmender Monarchistenpropaganda", gegen die es massiv einzuschreiten gelte.³⁰ Das hat ihm wer eingeredet? Es soll offenbar ein Vorwand geschaffen werden, um flächendeckend einzuschüchtern und die Nazibewegung in Alarmbereitschaft zu versetzen. Stimmungsmache gegen alternative Herrschaftsmodelle schlechthin, die zur Reinigung der politischen Kultur des Dritten Reiches von restaurativen Schlacken dienen soll. Deshalb werden die vermeintlichen monarchiepolitischen Umtriebe nachgerade zu einer Staatskrise hochgeschaukelt. So warnt Reichsinnenminister Frick „alle diejenigen, die den Zeitpunkt als gekommen hielten, die Frage: Monarchie oder Republik aufzurollen. Hitler und seine Mitarbeiter werden den Platz bis zum letzten Atemzug verteidigen und niemand solle glauben, dass man sie durch irgendwelche Machenschaften dazu bewegen könne, ihre Politik aufzugeben."[31] Kommentar Bredow: „Von allen Seiten hallt es wider: Reaktion und Monarchisten. Nun reden wir mal offen. Jeden Gegenputsch oder so was ähnliches halte ich für Quatsch".[32]

Am 30. Januar 1934 erklärt Hitler in einer Regierungserklärung zum Jahrestag seiner sogenannten Machtergreifung die Frage nach der „endgültigen Gestaltung der Staatsform des Deutschen Reiches" für „außer jeder Diskussion". Im Reichstag wendet er sich scharf gegen alle monarchistischen Bestrebungen und zählt „die kleine Clique unverbesserlicher Rückwärtsschauer" jetzt unmissverständlich zu den „Feinden des neuen Regiments". Er wendet sich auch gegen etwaige Restaurationsideen vormaliger Bundesfürsten und beschwört die Einheit des Reiches. Wer dereinst „Deutschlands letzte Spitze verkörpert", so verkündet er kategorisch, „erhält seine Berufung durch das deutsche Volk und ist ihm ausschließlich verpflichtet".[33] Am Abend gibt es bei Hitler noch eine große Gesellschaft. Goebbels notiert erfreut: Hitler „spricht sich sehr scharf gegen den Kaiser und die Monarchen aus. Das tut gut!"[34] Kurz darauf verfügt Ministerpräsident Göring die Auflösung aller monarchistischen Verbände in Preußen. Das war schon mehr als ein Schuss vor den Bug der Hohenzollern, das war die staatsoffizielle Versenkung ihrer Restaurationsansprüche.

Wer das sofort kapiert, ist Wilhelm II. – und er „leidet seitdem ganz unsagbar". Völlig zurecht spricht er von einer „Kriegserklärung an das Haus Hohenzollern und das deutsche Kaisertum". „Und das alles", notiert Ilsemann in seinem Tagebuch, „nachdem ein Teil der Familie sich in den Dienst dieser Bewegung gestellt habe!"[35] Gerade durch diesen Umstand, der auch die eigenen Fehlspekulationen auf Hitler mit einschließt, muss sich der Exkaiser besonders schwer düpiert gefühlt haben. Auwi, der sich von allen Hohenzollern (zumindest nach außen) am meisten in Hitlers Diensten exponiert hatte, erfährt ebenfalls schmerzlich, dass sich der Wind gedreht hat. Erst lässt Goebbels ihn „kalt abfahren"[36] und dann wird er aus Hitlers persönlichem Umfeld verbannt.[37] Was bei ihm zwar „große Sorge" und „Erbitterung" auslöst, doch ihn nicht darin beirren kann, seinem Führer weiterhin die Treue zu halten. Auch „Kaiserin" Hermine verleugnet nicht, „dass mein Herz wund ist, aber ich bleibe fest meiner Einstellung zu Hitler treu und vertraue, dass er wie auch Göring das Schiff Deutschland klug und richtig steuern werden".[38]

216 Kap. 7: Eskalierendes Verhängnis

Der frühere Kronprinz mit seiner Frau Cecilie bei der Eröffnung
der Internationalen Automobilausstellung in Berlin im März 1934.

Das könnte man maximale Verblendung nennen oder auch Symptom einer tiefen Verstrickung, aus der sich Hitlers royale Verehrer nicht mehr lösen können. Während die Nazis ihre Fesseln noch mehr anziehen. Anfang Februar 1934 ordnet Stahlhelmführer Seldte an, dass bis Monatsende „jeder Stahlhelmkamerad auf sein Mannes- und Soldatenwort schriftlich mit eigenhändiger Unterschrift der unbedingten Gefolgschaft unseres Führers Adolf Hitler zu geloben und zu verpflichten hat".[39] Damit hat das Regime jetzt auch die beiden Kaisersöhne Oskar und Eitel Friedrich am Kanthaken. Diesen beiden alten Stahlhelmkameraden mangelt es an Courage, ihrer Organisation den Rücken zu kehren – aus Sorge, dass man das als Opposition auslegen könnte. Sie unterschreiben.[40] Bleibt Wilhelm Kronprinz. Dem fällt auch nichts Besseres ein, als sein Fähnchen nach dem Wind zu hängen, zumindest optisch. Sei es durch seinen Auftritt in SA-Uniform bei der Internationalen Automobilausstellung am Kaiserdamm in Berlin am 7. März oder beim Appell der SA-Motorbrigade auf dem Tempelhofer Feld. „Der Kron-

Kap. 7: Eskalierendes Verhängnis 217

Wilhelm posiert in SA-Uniform für die Homestory einer dänischen Illustrierten im Frühjahr 1934.

prinz als SA-Mann" heißt die Bildunterschrift der *Kreuz-Zeitung*.[41] War das Lob oder Tadel?

Im April 1934 veröffentlicht die dänische Zeitschrift *Berlingske illustreret Tidende* eine Homestory über Wilhelm und seine Kinder in Schloss Cecilienhof. Dafür lässt er sich auch in SA-Uniform ablichten. Die Anmoderation dieser Selbstinszenierung lautet: „Beim kaiserlichen S.A. Mann in Potsdam". Wir lesen: „Zum ersten Mal hat Deutschlands Ex-Kronprinz einem Pressefotografen den Zutritt in den Cäcilien-Hof, das Schloss bei Potsdam, erlaubt. Es dauerte lange, bevor der Kronprinz sich der *Hitler*-Bewegung anschloss, und im Grunde seines Herzens hat er es wohl nie getan. Aber jetzt ist er – um gute Miene zum bösen Spiel zu machen – als Motorführer in die S.A. eingetreten. Hier probiert er die neue Uniform vor dem Spiegel."[42] Ein Scherz? Satire? Mit tieferer Bedeutung gar? Schwer zu beurteilen – aber eine gewisse Doppelbödigkeit in der öffentlichen Selbstdarstellung unseres Protagonisten ist unverkennbar, Ausdruck auch seiner Unsicherheit darüber, wohin die Reise gehen wird. Von einem Ende April angetretenen Besuch in Rom verspricht er sich Klärung. Am 3. Mai hat er dort abermals eine Unterredung mit Mussolini in Rom.[43]

Die Durchkreuzung des Papen-Plans

Wer konnte Hitler jetzt überhaupt noch in den Arm fallen? Wer konnte seinen Durchmarsch in den totalitären Führerstaat aufhalten? Natürlich Hindenburg. Der hat Hitler bis Anfang 1934 weitgehend freie Hand gelassen, doch dann auch gelegentlich interveniert. Etwa im Januar, als er die Ernennung des nazifreundlichen Walter von Reichenau zum Chef der Heeresleitung verhindert und sich stattdessen für Werner von Fritsch entscheidet.[44] Auch mit den antimonarchischen Ausschreitungen der Nationalsozialisten ist der Reichspräsident so nicht einverstanden. Vor allem nachdem sein alter Freund Mackensen bei ihm vorstellig geworden ist. Auch er habe inzwischen den Eindruck gewonnen, versichert Hindenburg gegenüber Mackensen, dass „der Staatsführer" Hitler stärker als bisher dagegen vorgehen müsse. „Ich habe das wiederholt in mündlichen Unterhaltungen dem von mir sehr hochgeschätzten Reichskanzler gegenüber ausgesprochen und auch seine grundsätzliche Zustimmung hierzu gefunden".[45] Dass dies keine Ausflucht ist, bezeugt ein Schreiben an Hitler, das Hindenburg seinem Freund Mackensen abschriftlich beilegt. Darin sagt er dem Reichskanzler: „Wie ich über die monarchische Bewegung denke, ist Ihnen bekannt, aber was Mackensen über das Empfinden der alten Offiziere gegenüber den Angriffen einzelner Presseorgane und Propagandaredner sagt, kann ich nur unterschreiben. Sie wissen, dass ich zu Ihnen vollstes Vertrauen habe und überzeugt bin, dass Sie Übereifer und Übergriffe unterer Führer zügeln werden." Vom Pressesprecher der neuen Reichsregierung Walther Funk, der tagtäglich mit Hindenburg zu tun hatte, wissen wir, dass Hindenburg „keinen Hehl daraus machte, wenn er zuweilen mit einzelnen Maßnahmen nicht einverstanden war. Er konnte dann sogar sehr unwillig werden und ließ seinem Zorn freien Lauf, indem er mit der Faust auf den Tisch schlug."[46] Hitler muss also zurückrudern, um seine Vertrauensstellung bei Hindenburg nicht zu erschüttern. Sie ist und bleibt auch 1934 noch sein wichtigstes machtpolitisches Kapital. Am 25. Februar sehen wir die beiden wieder einmal in symbolstarker Eintracht vor der Neuen Wache, dem Mahnmal für die gefallenen Soldaten des Weltkriegs, stehen. Es ist „Heldengedenktag". „Sie standen beide", so die Beobachtung von Admiral Raeder, „in langem, ergriffenem Schweigen, und nach dem Vorbeimarsch der Truppen ruhte, angesichts der großen Menschenmassen, die Rechte des Führers in der des greisen Vater des Vaterlandes".[47]

Am 28. Februar 1934 hält Hitler vor führenden Vertretern von Reichswehr und SA eine programmatische Rede. Er will die Armee in den nächsten Jahren zu einem gut ausgebildeten modernen „Volksheer" aufrüsten, das schon in fünf Jahren für jeden Verteidigungsfall gewappnet sein müsse. Die Wehrmacht sei und bleibe „der einzige Waffenträger der Nation".[48] Auch damit macht er bei Hindenburg und den preußisch-konservativen Militäreliten viel

Boden gut. Bis zu dem alten Mackensen dringt die Botschaft, die Generalität der Reichswehr sei „des Lobes voll über den Inhalt der Rede und das Auftreten des seltenen Mannes. Er hat ihr volles Vertrauen durch den Geist seiner Worte, deren Sachlichkeit und Gründlichkeit des Wissens und Urteils gewonnen".[49] Speziell Reichswehrminister Blomberg gegenüber zieht Hitler jetzt sämtliche Register einer, wie Beobachter wahrnehmen, „überströmenden und respektvollen Liebenswürdigkeit".[50] Das alles sind Präventivmaßnahmen. Hitler ergreift sie, um sich für seinen gedanklich bereits elaborierten groß angelegten Coup zu rüsten: einen Vernichtungsschlag gegen seine vermeintlich gefährlichsten Opponenten unterschiedlicher Couleur.

Dazu zählt er jetzt auch seinen Vizekanzler Papen. Denn der ringt seit März mit dem hinfällig werdenden Reichspräsidenten um ein politisches Testament, das – so Papens Wunschvorstellung – die Empfehlung einer monarchischen Restauration enthalten soll. Hindenburg ist zögerlich, sein früherer Lieblingskanzler hartnäckig. Diese Geheimverhandlungen über Hindenburgs Vermächtnis[51], zu denen Papen noch seinen Adjutanten Fritz Günther von Tschirschky heranzieht, sind Hitler schon deshalb ein Dorn im Auge, weil er nicht richtig einschätzen kann, welchen persönlichen Einfluss der Vizekanzler auf den Reichspräsidenten noch besitzt. Die Gespräche, die er selbst mit Papen darüber geführt hat, finden nur in dessen historisch höchst unzuverlässigen Memoiren Erwähnung.[52] So lässt sich über den Inhalt nur spekulieren. Dasselbe gilt leider auch für Hitlers Verhandlungen mit Hindenburg zu diesem Thema. Man kann aber davon ausgehen, dass Papen den Reichspräsidenten zu einem eindeutigen Votum für die Wiedererrichtung der Monarchie überreden und Hitler genau dies verhindern wollte. Für den Diktator kommt eine Machtteilung mit einem künftigen Kaiser überhaupt nicht infrage. Er will die präsidialen Rechte Hindenburgs übernehmen – voll und ganz. Deshalb unterminiert er alle Versuche Papens, über Hindenburgs politisches Testament Einfluss auf die Erbfolge des Staatsoberhauptes zu nehmen. Das „abgründige Problem der Nachfolge in die Macht" (Carl Schmitt) überantwortet Letzterer schließlich Anfang Mai 1934 seinem Reichskanzler. Und zwar in Gestalt eines persönlichen Briefes, das er von seinem eigentlichen Testament separiert. Der Text dieses Schreibens bleibt geheim, und er wird auch niemals das Licht der Öffentlichkeit erblicken.[53]

Hitler kann sich aber einigermaßen sicher sein, dass der Reichspräsident seiner Hohenzollernphobie nicht abgeschworen hat und überhaupt bis zum Ende seiner Tage dem preußischen Monarchismus abhold bleibt. Bei Hindenburgs Ableben um dessen machtpolitisches Erbe gebracht zu werden, muss er nicht befürchten. Deshalb kann er auch am 27. April noch einmal Wilhelm von Dommes, den Generalbevollmächtigten des Hauses Preußen, zu sich in die Reichskanzlei zitieren, um ihm eine Gardinenpredigt zu halten. Er brauche zwölf bis fünfzehn Jahre, erklärt er Dommes, um seine vorrangigen politischen Ziele („Ausrottung der November-Verbrecher", „innere Reinigung", Aufrüstung der Reichswehr etc.) zu verwirklichen. „Während dieser Zeit dürfe er nicht gestört werden, er werde aber gestört, auch gerade von den deutschen Fürsten. Immer wieder kämen Beschwerden an den alten Feldmarschall: dadurch würde seine Arbeit gelähmt." Auch „der Kaiser bringe ihm kein Verständnis entgegen". Das habe dessen Telegramm gezeigt, wonach Deutschland nur unter seinem Kaiser und seinen Bundesfürsten wieder glücklich werden könnte. Das hätten er und seine Leute als „eine Herausforderung empfunden". Die Bundesfürsten dürften jedenfalls „niemals wiederkommen". „Wenn Deutschland je wieder Monarchie würde, so müsse diese Monarchie im Volke wurzeln – und sie müsse in der Partei wurzeln, die das Volk sei."[54]

Vergeblich reklamiert sein Gegenüber, dass doch „die ganze jüngere Generation des Königlichen Hauses sich in die Bewegung eingegliedert habe". Der Kronprinz habe Hitler neulich „vor seiner Abreise nach Rom noch gern sprechen wollen", um zu fragen, „ob er bei einer möglichen Zusammenkunft mit Mussolini irgendwie nutzen könnte." Doch: „Hitler nahm diese Mitteilung mit betonter Kälte entgegen, ohne ein Wort zu sagen." Auch Naziprinz Auwi macht die schmerzliche Erfahrung, bei Hitler „in dieselbe Kategorie, wie etwa der Kronprinz jetzt einrangiert zu werden", wo es doch „im ersten Jahr nach Revolution *anders* war".[55] Will sagen: Mit den Hohenzollern ist Hitler „durch", sie nerven ihn nur noch. Er nimmt keinen Anstand, ihnen sogar einen Maulkorb zu verordnen. Das alles hätte er nicht riskieren können, wenn er hier nicht der Absolution, ja der Billigung Hindenburgs sicher gewesen wäre. Und Goebbels weiß: Das von Papen „entrierte" Hindenburg-Testament „wird nicht veröffentlicht, bevor vom Führer genehmigt. Wir passen auf. Führer auch sehr radikal gesonnen."[56]

Indes fantasiert Papen weiterhin davon, den traditionellen Eliten wenigstens einen Rest an regierungspolitischer Teilhabe sichern zu können. Das gibt er regierungsintern mehr oder weniger deutlich zu erkennen. Reichswehrminister Blomberg weiß von diesen „ehrgeizigen Plänen". Bei einem Privatbesuch, den er dem Propagandaminister in dessen Sommerhaus in Kladow macht, hinterträgt er diesem: Der Vizekanzler „möchte gern an Hindenburgs Stelle, wenn der alte Herr stirbt". Das komme „gar nicht in Frage", empört sich Goebbels. „Im Gegenteil: da muss erst recht aufgeräumt werden."[57]

Am 17. Juni 1934 hält Papen in Marburg eine von seinen Zuarbeitern sorgsam vorbereitete regimekritische Rede.[58] Mutig beklagt er, dass „die berufenen Organe der öffentlichen Meinung das geheimnisvolle Dunkel, welches zur Zeit über die deutsche Volksstimmung gebreitet scheint, nicht genügend lichten" würden, weshalb er selbst als Staatsmann jetzt „die Dinge beim Namen nennen" werde. Er spricht von „Korruption", von „ungeeigneten Männern", dem übersteigerten „Anspruch auf ein revolutionäres oder nationales Monopol für bestimmte Gruppen" und warnt vor einer „Entrechtung des Volkes". Ziemlich unvermittelt kommt dann eine Feststellung, die monarchische Herzen höher schlagen lässt: „Ich weiß, wie sehr der Führer wünscht, dass im Volke das Gefühl für echte, verantwortliche, gerechte Herrschaft lebendig bleibt. Deshalb, meine ich, wird der deutsche Staat dermaleinst seine Krönung in einer Staatsspitze finden, die ein- für allemal den politischen Kämpfen, der Demagogie und dem Streit der wirtschaftlichen und ständischen Interessen entrückt ist." Ungeniert fordert Papen auch eine „neue personelle Auslese" und mahnt Wachsamkeit an, damit „kein neuer Klassenkampf unter anderen Feldzeichen sich wiederholt". Schließlich wendet er sich gegen die Eskalationsdynamik der nationalen Revolution, mit der politisch nichts gestaltet werden könne: „Einmal muss die Bewegung zu Ende kommen, einmal ein festes soziales Gefüge, zusammengehalten durch eine unbeeinflussbare Rechtspflege und durch eine unbestrittene Staatsgewalt, entstehen."

Ihre intellektuellen Urheber versprechen sich von solchen Appellen eine Art Signalwirkung für jene nationalkonservativen Kritiker, denen die totalitären Tendenzen der Hitlerschen Gewaltherrschaft zu weit gehen. Nicht so Papen, der treu-naiv an Hitler telegrafiert: „In der alten Universitätsstadt Marburg habe ich soeben eine Klinge für die unbeirrte und unverfälschte Fortsetzung Ihrer Revolution und die Vollendung Ihres Wortes geschlagen."[59] Und in der Tat, um einen Aufruf zum Sturz des Hitlerregimes ist es Papen ganz und gar nicht zu tun. Er möchte einen mäßigenden Einfluss auf die aggressive Politik der Goebbels, der Röhms und anderer Scharfmacher in der Naziführung bewirken. Und in ihren Untertönen sollte die Rede Hitler an die Koalitionsverhandlungen erinnern, die sie zum 30. Januar 1933 geführt hatten, und an Hitlers damaliges Versprechen, seine Steigbügelhalter zumindest ein wenig an der Macht zu beteiligen.

In der schon ziemlich „gleichgeschalteten" Reichshauptstadt musste so ein Vorstoß gleichwohl Sensation machen. „Ganz Berlin war über diesen Wagemut aus dem Häuschen", erinnert sich die Tochter des US-Botschafters. „Man begriff allerdings nicht genau, was er meinte. Welche radikalen Elemente [griff er an – LM]? Ich weiß bis heute nicht, ob von Papen die Röhm-Elemente im Sinn hatte, oder gab er zu verstehen, dass es die Günstlinge Hitlers waren, die unkontrollierbar und gefährlich wurden."[60] Auch in den Kreisen um Schleicher reibt man sich die Augen. „Jeder fragte: Was will Papen? Wen hat er hinter sich? Wie stellt sich Hitler zu ihm?" Bredow hält „die Rede für einen der bekannten Papenschen Husarenritte. Sie war gut – obwohl nicht ganz zeitgemäß."[61] Selbst Goebbels zeigt sich etwas konsterniert: „Papen hat eine tolle Rede für die Nörgler und Kritikaster gehalten. Ganz gegen uns, nur mit ein paar Phrasen vermischt. Wer hat ihm die aufgesetzt? Wo ist der Schubiak? Ich verbiete diese Rede für die ganze Presse auf Befehl Hitlers. Der ist sehr wütend. Wird sich Papen kaufen."[62] Doch erst einmal fliegt der Reichskanzler nach Ostpreußen zu Hindenburg, da er nicht einschätzen kann, wie Papens Vorstoß beim Staatsoberhaupt angekommen ist. Unterdes gibt sich Papen Goebbels gegenüber schon „ganz klein. Bittet um Freundschaft." Aber er traue Papen nicht mehr, schreibt Goebbels in sein Tagebuch. „Er winselt zu viel."[63] Tatsächlich ist es so, dass Hitler eine ernstzunehmende Machtprobe mit seinem Vizekanzler nicht zu befürchten hat. Papen ist kein politischer Kopf, keine Kämpfernatur und schon gar kein Frondeur. Eher ein von seinen konservativen Revolutionären Vorgeschobener, der sich über die Tragweite seines „Husarenritts" gar nicht im Klaren ist.

Goebbels hat Halluzinationen, wenn er schreibt: „Der Führer muss handeln. Sonst wächst uns die Reaktion über den Kopf. Reaktion überall am Werk."[64] Nein, über den Kopf kann die Reaktion den Nazis damals schon nicht mehr wachsen. Richtig ist aber, dass manche „Reaktionäre" enttäuscht, ja verärgert darüber sind, dass Hitler sie so an die Wand gedrückt hat und offenbar keinen Platz an der Sonne seiner Führerdiktatur für sie bereithält. Am liebsten hätten sie ja statt des Dritten Reiches eine Rückkehr zur Obrigkeitskultur des zweiten Reichs gesehen. Dazu zählt auch Wilhelm Kronprinz. Der hatte nach einem neuerlichen Besuch von Röhm in seinem Schloss Oels Mitte Mai wohl einen Moment mit dem Gedanken gespielt, den eigenwilligen und zusehends hitlerkritischen Anführer der SA-Armee zu protegieren, war dann aber aus nicht ganz ersichtlichen Gründen wieder davon abgekommen.[65] So wählt er einen anderen, weniger riskanten Weg, um seinen Ressentiments gegen den aktuellen Kurs des Regimes Ausdruck zu verleihen. Er nutzt seine guten Verbindungen zu dem nazifreundlichen britischen Pressezaren Lord Rothermere, für dessen Gazetten er schon einige Beiträge geliefert hat. Der Engländer steht seit Ende 1933 in brieflichem und persönlichem Kontakt mit Hitler und teilt mit Wilhelm eine Freundin: die Geheimdiplomatin Stephanie von Hohenlohe.[66]

Über diese Dame lässt Wilhelm Rothermere einen vom 20. Juni 1934 datierten Brief zugehen, der schon den Charakter einer kleinen Denkschrift trägt, aber auch seine Frustration sehr deutlich zum Ausdruck bringt.[67] Zunächst zieht Wilhelm darin eine Art „Bilanz" seiner Beziehung zu Hitler. Er habe sich ihm angeschlossen, weil allein Hitler die notwendige Entschiedenheit gezeigt habe, „um wirklich tiefgreifende Aktionen durchzuführen", und zwar schon zu einer Zeit, „wo weite Teile des ‚Stahlhelms' und insbesondere der deutschen Nationalisten [DNVP – LM] sich weigerten, ihn anzuerkennen". Immer wieder hätte er Hitler für ein leitendes Staatsamt in Vorschlag gebracht und ihn massiv bei den Reichspräsidentenwahlen vom Frühjahr 1932 unterstützt. Nach dem Tag von Potsdam habe er mit „großen Teilen der Nation" erwartet, „dass Adolf Hitler sofort eine Wiedereinsetzung der Monarchie ankündigen würde". Unabhängig davon sei bis weit in die ersten Monate nach der Machtübernahme hinein „meine persönliche Beziehung zu Hitler freundschaftlich und angenehm" gewesen. Dann hätten allmählich „dunkle Wolken den Himmel des dritten Reiches verdüstert". Dafür sei die „sozialistische" Strömung in der NSDAP hauptverantwortlich, für die namentlich Goebbels mit seiner „Kunst der Demagogie" stehe. Mit „demagogischen Reden gegen die Juden, gegen die Kirche, gegen das Ausland und gegen die Vergangenheit" solle das Volk „immer weiter aufgepeitscht werden", damit es nie „zur Ruhe und zum Nachdenken kommen" könne. Diese Tendenz „beunruhigt uns alle auf das tiefste, die wir uns ernsthaft um das Wohl des Vaterlandes sorgen und immer noch unerschütterlich hinter dem Führer Adolf Hitler stehen". Denn dies sei eine Entwicklung, die „wachsende Unzufriedenheit auslöst" und sicher vollkommen gegen Hitlers lautere „Intentionen" stehe. Deshalb sei es höchste Zeit, „dem Führer dafür die Augen zu öffnen". Hitler müsse „davon überzeugt werden, dass jetzt für ihn die Stunde Null gekommen" sei, „um einzuschreiten". „Meiner persönlichen Meinung nach würde der Führer seine Position in der deutschen Nation ganz außergewöhnlich festigen, wenn er in irgendeiner Form eine Restauration der Monarchie zustande brächte. Der Weg dorthin müsste in Etappen vor sich gehen. Leider scheint es zur Zeit nicht so, als ob der Führer bereits soweit wäre, diese Notwendigkeit zu erkennen." Wilhelm bittet Rothermere, „den Führer mit einigen dieser Beobachtungen und Gedanken vertraut" zu machen. Denn: „Nur ein unabhängiger Mann wie Sie, der selbst genügend Macht hat, kann es wagen, dem Führer offen die Wahrheit zu sagen."

Das Dokument bringt einmal mehr das ganze Dilemma zum Ausdruck, in dem unser Held festsitzt – durch Realitätsverweigerung und Feigheit. Unbeirrbar klammert er sich an seinen privaten Hitler-Mythos. Während er den diabolischen Goebbels zur Ursache jener Düsternis stilisiert, die für ihn den Wertehimmel des Dritten Reiches verdunkelt. Andere Extremisten übersieht er geflissentlich. Etwa Röhm, der erst vor wenigen Wochen den Vertretern des diplomatischen Korps die Worte entgegengeschleudert hat: „Wir haben keine nationale Revolution, sondern eine nationalsozialistische Revolution gemacht, weil wir besonderes Gewicht auf das Wort ‚sozialistisch' legen. Reaktionäre Kreise werden wir erbarmungslos vernichten, wenn sie reaktionäre Gesinnung zu betätigen wagen."[68] Immer noch will der frühere Kronprinz den Gedanken an eine Restauration der Monarchie nicht fahren lassen, obwohl den Hohenzollern hier bereits alle Felle weggeschwommen sind. Hitler hat diese Frage laut und vernehmlich von der Tagesordnung abgesetzt. Und nach wie vor scheut Wilhelm das Licht der Öffentlichkeit, um seine

Meinung mutig zu platzieren. So wie Papen etwa, dessen couragierte Rede er Rothermere gegenüber gar nicht erwähnt, trotz inhaltlicher Überschneidungsflächen.[69] So wagt er wieder einmal gar nichts. Es bleibt bei Hintertreppenpolitik und dröhnendem Schweigen. Schon bald wird er erleben, wie die deutsche Politikgeschichte erneut über seine Person hinwegschreitet, genauer: über seine ebenso simplen wie illusorischen Lösungsvorschläge.

Lange Messer und kurzer Prozess

Von seinem harmonisch verlaufenen Besuch bei Hindenburg, wohin ihn Reichswehrminister Blomberg begleitet hat, kann Hitler die Gewissheit mitnehmen, vom Reichspräsidenten gedeckt zu sein, sobald er disziplinarisch gegen Papen und dessen Hintermänner vorgeht. Er, und nicht Papen, ist jetzt der Favorit des schon vom Tode gezeichneten Staatsoberhaupts. Freilich drängt man ihn auf Schloss Neudeck auch, gegen das pöbelhafte Gebaren der SA-Horden vorzugehen und insbesondere Röhm zur Räson zu bringen.[70] Hitler misstraut der braunen Führungsclique schon seit Längerem und weiß jetzt, dass er einen doppelten Befreiungsschlag wagen muss, um sich seiner Kritiker, Nebenbuhler, Denunzianten und sonstiger unsicherer Kantonisten ein für alle Mal zu entledigen. Es naht die „Bartholomäusnacht", die ihm schon immer vorgeschwebt hat. Primäre Aufgabe ist die Herbeiführung eines Staatskrisen-Szenarios, das den Leiter der Reichspolitik zu einem exorbitanten Eingreifen gleichsam „zwingt".[71] Bei der Erstellung und Abarbeitung entsprechender Proskriptionslisten werden Himmler und Göring seine wichtigsten Spießgesellen. Letzteren mobilisiert Hitler vor allem gegen den reaktionären „Interessenklüngel", dem Göring sogar öffentlich damit droht, demnächst „zuzuschlagen".[72] Den Chef der SS hetzt Hitler gegen die „Röhm-Putschisten". „Röhm sei ein ‚toter Mann'", erklärt Himmler bereits am Vorabend der später so genannten „Nacht der langen Messer".[73] An die zweihundert Menschen werden der Mordaktion rund um den 30. Juni 1934 zum Opfer fallen, darunter zahlreiche Prominente mit Exkanzler Schleicher an der Spitze. Über tausend Personen wandern für kurz oder lang ins Gefängnis, die Polizei beschlagnahmt ungezählte Privatunterlagen, und die wildesten Gerüchte schlagen für mehrere Tage die Öffentlichkeit in ihren Bann. Ein Klima der Angst geht um. Eine Woche herrscht Schockstarre, dann scheint der Spuk vorbei zu sein. Dies alles ist inzwischen so gründlich erforscht, dass es hier keiner weiteren Ausmalung bedarf. Was freilich bis heute frappiert, ist der durchschlagende Erfolg, den Hitler mit diesem beispiellosen Terror hat. Niemand fällt ihm in den Arm, obwohl es doch nunmehr an seinem fanatischen Willen zu brutaler Willkürherrschaft nichts mehr zu zweifeln gibt. Der *Völkische Beobachter* sagt: „Das Recht und der Wille des Führers sind eins."[74] Oder in den Worten Hindenburgs: „Wer Geschichte machen will, muss auch

Blut fließen lassen können". Das ist alles, was dem auf die Weimarer Verfassung vereidigten Staatsoberhaupt spontan zu dieser exorbitanten Demütigung der Gesetzlichkeit einfällt.[75]

Adressaten der verbrecherischen Machtdemonstration sind auch die Hohenzollern. Göring höchstselbst nimmt sich am 1. Juli in seiner Berliner Dienstvilla den prinzlichen SA-Gruppenführer August Wilhelm zur Brust, indem er ihm erst einmal Hausarrest erteilt.[76] Wo sich Kronprinzens am 30. Juni aufgehalten haben, ist nicht ganz klar. Wilhelm reklamiert den Kurort Salzbrunn, sein Kammerdiener Wölk das Städtchen Militsch – zwei niederschlesische Orte in der Nähe von Oels.[77] Fühlten sie sich in ihrem Schloss nicht mehr sicher? Waren sie gewarnt worden? Die Quellen lassen uns da im Nebel. Wir wissen allerdings, dass Wilhelms „Stabschef" Müldner am 1. Juli in seiner Berliner Wohnung verhaftet und wochenlang im Gefängnis gequält wurde. Als Ersatzhandlung für die Verschonung des Exkronprinzen zielt diese Freiheitsberaubung und Schikanierung keineswegs allein auf die Einschüchterung des Hohenzollern. Göring weiß nur zu gut, dass Wilhelm ohne diesen politischen Kopf und Ratgeber eine *quantité négligeable* ist – genau diesen Zustand will er verstetigen. Sell von der Generalverwaltung meint zu wissen, dass Göring inzwischen „auch den Kronprinzen hasse, was letzterer aber nicht recht wahrhaben wolle".[78] Doch bis in die zweite Reihe der Nazielite ist inzwischen „bekannt geworden, dass das Kronprinzliche Haus wohl inneren Anteil an der Überwindung des Weimarer Systems genommen hat, nicht jedoch an der Machtfülle des Führers und der Nationalsozialisten".[79] So wird Wilhelm nach seiner Rückkehr aus Schlesien dringend empfohlen, „sich in Cecilienhof ruhig zu verhalten".[80]

Wie nahe ihm die Erschießung seines alten Freundes Schleichers oder seines „Nante" (Ferdinand von Bredow) gegangen ist und wie er spontan auf diese Ungeheuerlichkeiten reagiert hat, lässt sich mangels valider Quellen nicht mehr rekonstruieren. Aus den Erinnerungen von Stülpnagel wissen wir nur, dass Blomberg und Fritsch wenige Tage nach den Mordaktionen in Potsdam erschienen sind, um „sorgende Gedanken zu beschwichtigen", die sich der General mit manchen anderen altgedienten preußischen Offizieren gemacht hatte.[81] Offenbar hat die Reichswehrführung den offiziellen Auftrag, beruhigend in diese Kreise hineinzuwirken. Gut möglich also, dass auch Wilhelm zu Blombergs Ansprechpartnern zählte. Was der Minister offiziell über den sogenannten Röhm-Putsch denkt, gibt er der Reichswehrelite am 5. Juli 1934 auf einer Befehlshaberbesprechung kund: „Es war unumgänglich nötig, dass mit dem Schlag gegen die Meuterer in der SA auch ein Schlag gegen die Kreise geführt wurde, die man heute mit ‚Reaktion' zu bezeichnen pflegt. Dieser ‚Griff nach Rechts' war auch im Interesse der Wehrmacht nötig. Wir, die Wehrmacht, sollen nach dem Willen dieser Kreise in ein Lager verschoben werden, in dem wir nicht stehen können."[82] So kann man sich einigermaßen ausmalen, wie reserviert Blomberg sich als nunmehr hundertprozentiger Hitlermann den Hohenzollern gegenüber verhalten hat.

In Doorn, weit ab vom Schuss, zeigt sich der frühere Kaiser entrüstet über die Vorgänge in Deutschland. Nicht nur spricht er „empört darüber, dass der Kronprinz mit Röhm so intim gestanden, ja dass er diesem sogar ein Pferd geschenkt" habe, sondern auch, dass sein Sohn „mit dem erschossenen S.A.-Gruppenführer Ernst freundschaftliche Beziehungen unterhalten" und „die Dummheit" gezeigt habe, „Papen zu seiner letzten – nicht veröffentlichten – Rede" zu gratulieren. Wilhelm II. ist überzeugt, „dass der Schuss gegen Müldner dem Kronprinzen gegolten habe". Und er hofft, dass ihn diese Vorgänge „endlich zur Vernunft bringen" mögen.[83] Obwohl die scharfen Urteile des Exmonarchen vielfach ins Schwarze treffen, kommt auch er, wie so oft, über ein Räsonieren nicht hinaus. Und seine Frau Hermine nimmt keinen Anstand, die blutige Abrechnung Hitlers mit seinen Feinden ausdrücklich zu billigen.

Tiefes Schweigen dagegen in Potsdam. Um den 10. Juli herum erhält Auwi seinen lange beantragten Urlaub bewilligt. Und macht sich gleich auf und davon – mit Sohn Alexander und Chauffeur in die Schweiz. Am 12. Juli überrascht er seinen alten Freund Hans-Georg von Mackensen in Grindelwald mit einem Besuch. „Er brachte uns", so berichtet Letzterer an seinen Vater, „die ersten Nachrichten, die auf persönlichem Erleben und persönlichen Eindrücken beruhten. Er hat bitterschwere Tage hinter sich. Obwohl er den Ereignissen, die den Schlag vom 30. Juni ausgelöst haben, völlig fernstand, hat es doch des persönlichen Eingreifens des Ministerpräsidenten Göring bedurft, Schlimmes von ihm abzuwenden und auch nachgeordneten Stellen jeden Zweifel an der unverbrüchlichen Treue zu nehmen, mit der der Prinz heute wie je zu Hitler steht. Dass der Prinz mich hier aufgesucht hat, empfinde ich umso dankbarer, als er noch gestern Abend nach Berlin zurückmusste, um unter allen Umständen der heutigen Reichstagsrede des Führers beizuwohnen."[84] Ja, die „bitterschweren Tage" *mussten* Auwi traumatisieren, denn genau darin lag der tiefere Sinn der Übung: die Herstellung von noch mehr Gefügigkeit bei den womöglich Mitschuldigen, ihre Zwangsläuterung. Deshalb hat man Auwi auch verpflichtet, zwecks Akklamation braun uniformiert im Reichstag zu erscheinen und die große Hitlerrede zur Rechtfertigung der Mord- und Terroraktion zu beklatschen.[85] Vor allem dieser Satz Hitlers wird ihm noch lange in den Ohren klingen: „Es soll jeder für alle Zukunft wissen, dass, wenn er die Hand zum Schlag gegen den Staat erhebt, der sichere Tod sein Los ist."

Als pervers empfanden Hitlers rhetorischen Drahtseilakt damals nur wenige. Nachdem Freifrau von Alvensleben die Rede im Reichstag gehört hat, schreibt sie allen Ernstes in ihr Tagebuch: „Man kann nur von ganzer Seele hoffen, dass die Vorsehung ihre Hand über Hitler hält, denn was sollte werden ohne ihn? – Unausdenkbares Chaos und Grauen!"[86] Der alte Mackensen lässt seinen Sohn wissen, ihn habe Hitlers Reichstagsrede „noch mehr für den Redner eingenommen als die Rede vom 21. März vorigen Jahres in der Potsdamer Garnisonkirche. Er wird den gordischen Knoten lösen, – hoffentlich ohne neuen Patronenverbrauch."[87] Den Vogel aber schießt Papen ab, dessen Kanzlei Hitler eben erst ausgehoben hat. Dem Vizekanzler a. D. ist es ein „Bedürfnis", Hitler nach seiner Rede „wie einst im Januar 1933 die Hand zu drücken und zu danken für alles, was Sie durch die Niederschlagung der beabsichtigten zweiten Revolution und durch die Verkündung unverrückbarer staatsmännischer Grundsätze dem deutschen Volk gegeben haben".[88] Mit Blick auf diese Verfallserscheinungen der politischen Moral gerade auch in Adelskreisen kann es nicht übermäßigen Anstoß erregen, dass auch Wilhelm Kronprinz sich bemüßigt fühlt, in einem persönlichen „Brief vom 15. Juli 1934 den Führer seiner vorbehaltlosen Treue zu versichern für alle Zukunft".[89] Hitler zeigt Goebbels bei einem privaten Zusammentreffen was der Hohenzoller ihm unter der Anrede „Mein Führer!" geschrieben hat. Kommentar Goebbels: „Charakterlose Bande!"[90]

Charakterlos? Wilhelms Brief ist nach der großen Hitlerrede verfasst worden. Insofern handelt es sich bei seiner Treuebekundung um nicht weniger als die Billigung der von Hitler reklamierten Deutungshoheit über die Terroraktion. Darüber hinaus ist es aber auch ein Akt nacheilenden Gehorsams, eine neue Ermächtigung und *in nuce* ein Gelöbnis zur Besserung. Politisch-moralisch betrachtet, haben wir es bei dieser Selbstentäußerung mit einer katastrophalen Fehlleistung zu tun. Für einen Repräsentanten des monarchischen Prinzips ist sie überdies würdelos. Schließlich hatte die Verheerungswut des deutschen Diktators eine nicht mehr zu ignorierende verabscheuungswürdige Gestalt angenommen. Definiert man Monarchie als überzeitliche Herrschaft, die sich aus einer höheren Verantwortung begründet und in der Ehre und Ehrfurcht ein außerordentlich wichtiges moralisches Kapital darstellen, so durfte kein zukünftiger Monarch an der politischen Unkultur des Nazifurors achselzuckend vorbeigehen. Er hätte sie delegitimieren, dem zutiefst unsittlichen Zeitgeist wenigstens trotzen müssen. War schon die Apologie, mit der sich der frühere Kronprinz in der Gründungsphase des Dritten Reiches zur Verfügung stellte, ein Irrweg, so überschreitet er jetzt einen *point of no return*. Die Billigung der Verbrechen des 30. Juni verursacht den definitiven Ruin seiner politischen Karriere.

Aber natürlich besitzt Wilhelms Selbstgleichschaltung auch einen allzu menschlichen Kern: Opportunismus und Panik. Er muss, er will seine überkommene fürstliche Existenz absichern. Scheint diese doch jetzt mehr denn je der Willkür skrupelloser Machthaber ausgeliefert. Wenigstens in materieller und gesellschaftlicher Hinsicht möchte er Nutznießer des Dritten Reiches bleiben. Doch dieses egoistische Interesse ist es nicht allein gewesen, das ihn so gewissenlos handeln ließ. Er greift auch deshalb zum Mittel des finalen Kotaus, weil er darin eine Art Lebensversicherung erblickt. Bis dato durfte sich die königliche Familie für physisch unangreifbar halten. Jetzt kann Wilhelm sich da nicht mehr so sicher sein. Deshalb die Versicherungs-Police. De facto hat er sich damit Hitler voll und ganz ausgeliefert. Und bei sich selbst zwangsläufig das Gefühl verstärkt, die fatale Situation kaum noch beeinflussen, geschweige denn wirksam verbessern zu können. Wäre da nicht Emigration die bessere Alternative gewesen?

Aber mit dem Moment der Wahrheit war – in theoretischer Alternative gedacht – auch ein Moment des Aufwachens, die Stunde der kritischen Selbstbefragung gekommen. Der Monolog im eigenen Kopf stand an. Und damit die Möglichkeit, das bis dato geteilte Tischtuch mit Hitler zu zerschneiden und in Opposition zu ihm zu gehen. Hat unser Protagonist sich auf diese Probe gestellt? Sich zumindest selbst befragt? Fühlte er vielleicht sogar den Abgrund in sich selbst? Wir wissen es nicht. Doch der Weg zu harten und schwerwiegenden Alternativen wird augenscheinlich verworfen. Dafür ist er sogar bereit, alle Hoffnung auf den Thron aufzugeben. Was auf einen Verkauf seiner Königsseele hinausläuft. Die Gewährleistung eines weiterhin fürstlichen Lebens, so hofft er, wird ihm schon helfen, über diese erneute Tragik seiner Biografie hinwegzukommen – auch wenn er die Zukunft Deutschlands jetzt als politische Allmacht von Hitler in Kauf nehmen muss.

Am 2. August 1934 stirbt Hindenburg. Noch am selben Tag wird das Amt des Reichspräsidenten mit dem des Reichskanzlers vereinigt, so dass Letzterer jetzt auch das Staatsoberhaupt ist. Einen Tag später lässt Blomberg die Reichswehr auf die Person Adolf Hitler vereidigen. Hitler ist jetzt die unangefochtene Zentralfigur einer Autokratie, die sich jeder Monarchie turmhoch überlegen weiß und keinen Gedanken mehr an ihre Rückkehr verschwendet. Im Interview mit einem Journalisten des *Petit Journal*, betont Wilhelm Mitte August, was Deutschland Hitler alles zu verdanken habe. Er „besitze jene unüberwindliche Willenskraft, an der es dem Nachkriegsdeutschland so sehr gefehlt habe. Geleitet von dieser Energie und von der gewaltigen Macht seiner Person habe Hitler das deutsche Volk zu historischer Erhebung geführt."[91] Es ist dies Votum zugleich eine öffentliche Empfehlung für ein „Ja" bei der Volksabstimmung vom 19. August 1934, die Hitlers Übernahme des Reichspräsidentenamts bestätigen soll (und mit über 90 Prozent tatsächlich auch legitimiert). Ein nunmehr überflüssig gewordener Akt der Selbstverleugnung in *majorem gloriam* des Führers! Frau Goebbels spricht auch nur noch von dem „Affen, dem Kronprinzen".[92] Auch dessen Stiefmutter setzt sich ohne Sinn und Verstand „nach wie vor restlos für Hitler ein".[93] Ganz zu schweigen von Naziprinz Auwi, der sogar im Rundfunk „die unerbittliche Gerechtigkeit des Führers" preist und verspricht, dass er für ihn „lebt und stirbt".[94]

Die strikte Weigerung, Gewissen zu zeigen und sittliche Verantwortung zu übernehmen, ist also nicht allein bei unserem Protagonisten zu beobachten. Alle Agnaten der Hohenzollern haben hier den gleichen blinden Fleck. Niemand begehrt auf, artikuliert wenigstens Skrupel, ganz im Gegenteil. So bewirkt die Perzeption des 30. Juni 1934 einen Kollateralschaden von epochalem Ausmaß. Über ihr Bemühen, die eigene Haut zu retten, haben die Angehörigen der vormaligen Herrscherfamilie nicht nur moralisch auf ganzer Linie versagt, sondern auch die Zukunft der Monarchie, ja die monarchische Idee schlechthin heillos diskreditiert. Der Prozess der „Selbstentkrönung" des Hauses Hohenzollern ist an sein definitives Ende gelangt. Auch machtpolitisch ist für das Haus Preußen mit diesem royalen Selbstmord aus Angst vor dem Tod alles vorbei. Auch wenn sie sich das immer noch nicht so recht eingestehen wollen.

Abgesang

Ende Juli 1934 wird Müldner nach mehrwöchiger Haft aus dem berüchtigten Gestapo-Gefängnis Columbia-Haus entlassen – mit geschorenem Haar und der eindringlichen Ermahnung, sich aller „monarchistischen Umtriebe zu enthalten".[95] Wilhelm beschreibt ihn als „um zehn Jahre gealtert, ein gebrochener Mann, furchtbar nervös." Er sei „so eingeschüchtert" gewesen, „dass er keine Einzelheiten erzählen wollte."[96] Die Botschaft, die Müldners Zurichtung seinem Milieu zu vermitteln hat, ist ohnedies klar. Sie lautet: Jede Form von Regimegegnerschaft wird fortan gnadenlos geahndet, und schon der Versuch kann furchtbare Folgen zeitigen. Mit Müldners Ausschaltung ist unser Protagonist gleichsam mit „unschädlich" gemacht worden. Den Glauben an eine eigene Gestaltungsmacht über sein öffentliches Leben muss er jetzt ein für alle Mal fahren lassen. Eine Selbstverpflichtung zur Leisetreterei ist die unausbleibliche Folge – verbunden mit dem Zwang, gute Miene zu immer böserem Spiel zu machen. Aus einer Mischung von nurmehr halbherziger Überzeugung, Opportunismus und Vogel-Strauß-Mentalität versucht er das Beste daraus zu machen.

Der Dreck des Hitlerterrors scheint ihm aber nicht lange in den Kleidern hängen zu bleiben. Auch von Trauer über die Ermordung Schleichers ist nichts zu bemerken. Hat er die Schrift an der Wand nicht gelesen? Schon Mitte August 1934 sehen wir ihn gutgelaunt bei den Wagner-Festspielen in Bayreuth, wo eine von Hitler inspirierte Neuinszenierung des *Parsifal* geprobt wird.[97] Wilhelm lernt die Familie Wagner kennen und posiert in Un-

Wilhelm mit weiblichen Fans vor dem Festspielhaus in Bayreuth im Sommer 1934.

schuldsmine mit Künstlerinnen vor dem Festspielhaus. Die Staatsmorde vom 30. Juni sind Geschichte.

Dann hört, sieht und liest man bis Jahresende nichts mehr von ihm. Überliefert ist nur noch ein merkwürdig bizarres Gespräch, das er im Dezember 1934 mit der Erzieherin seiner Töchter, Hilde Wagner, und anderem Hofpersonal am Kaminfeuer in der großen Halle in Cecilienhof führte. Aus den verstreuten Notizen, die sich Frau Wagner davon gemacht hat[98], verdienen folgende Verlautbarungen des Hausherrn Erwähnung: „Selbst durch die Tiefen, Einsamkeiten und Nöte des menschlichen Daseins gegangen" stehe „er über dem jetzigen Kampf um Macht". Er habe „warten gelernt und kann weiter warten." Wenn ihm „noch einmal nach Zeiten ungeheurer Nöte vielleicht in 15–20 Jahren das deutsche Volk in besserer Einsicht die Führung anbieten sollte", würde er erwidern: „Euer Antrag ehrt mich, doch sucht Euch jetzt einen Jüngeren, der die Arbeit besser leisten kann. Ich muss nicht auf dem Thron sterben." Im Übrigen erkenne „er das gut Geleistete des NSDAP-Neubaus an und wünscht, falls schwere Krisenzeiten kommen sollten, vor allem Erhaltung der Person Adolf Hitler's als Symbol des Volkes".

Auch wenn Alkohol im Spiel gewesen sein mag, Wilhelm macht bei dieser mehr oder weniger intimen Zusammenkunft den Eindruck eines hochgradig desillusionierten Menschen. Resigniert, galgenhumorig, fast schon ein wenig derangiert. Er hat keine Geschichte mehr zu erzählen. Auch mit aktiver Politik scheint er nichts mehr im Sinn zu haben. Die Finger sind verbrannt, wenngleich ein Gran Überheblichkeit geblieben ist. Jedenfalls reicht es noch für ein Glückwunschschreiben an Hitler zum Jahreswechsel: „Mein Führer!" – „Ihr getreuer Wilhelm."[99]

Anfang Februar 1935 wird er tatsächlich noch einmal bei Hitler vorgelassen. Wir wissen das aus einem eigenhändigen Schreiben, das er damals aus dem Münchner Grandhotel Continental an Hitlers Reichskanzleichef Lammers geschickt hat. Darin heißt es: „Es war mir eine ganz besondere Freude, nach so langer Zeit einmal wieder eine Aussprache mit dem Führer gehabt zu haben. Ich hoffe, dass manche Missverständnisse nunmehr beseitigt sind."[100] Sogar in eine Schweizer Zeitung gelangt Kunde von der Audienz. Die *Basler Nachrichten* wollen wissen: „Der Reichskanzler nahm die Gelegenheit wahr, um dem Kronprinzen sein entschiedenes Missfallen darüber zum Ausdruck zu bringen, dass er im Dritten Reich nicht genügend Zurückhaltung bei seinem Auftreten in der Öffentlichkeit beobachte. Hitler hat dem ehemaligen Kronprinzen mit aller Deutlichkeit zu verstehen gegeben, dass der nationalsozialistische Staat sich das unter keinen Umständen gefallen lassen werde; von den Mitgliedern des Hohenzollernhauses sei alles zu unterlassen, was auch nur den Anschein von monarchistischen Demonstrationen hervorrufen könne. Da der Kronprinz, wie man hört, nicht widerspruchslos die Ermahnungen des deutschen Reichskanzlers hingenommen hat, einige Vorwürfe vielmehr zu entkräften versuchte, so soll schließlich diese Unterredung wenig harmonisch zum Abschluss gekommen sein."[101] Die zuletzt geäußerte Mutmaßung wird durch das erwähnte Schreiben an Lammers stark relativiert, aber alles Übrige klingt durchaus realistisch. Es passt auch zu dem, was Wilhelm ein paar Wochen später Freifrau von Alvensleben erzählt[102]: „Hitler habe ihn vor einiger Zeit empfangen, und er habe sich 2 Stunden lang einer Art Verhör unterziehen müssen, aus dem aber der Kronprinz siegreich hervorgegangen sei."

Möglicherweise ist es Wilhelm tatsächlich gelungen, einige der über ihn und seine Familie umlaufenden Gerüchte zu entkräften – aber „siegreich" gegen Hitler, das klingt doch schon wieder reichlich angeberisch. Vermutlich hatte er beim Diktator als „Vorgeladener" erscheinen, Abbitte leisten und sich zur Selbstbescheidung als öffentliche Person verpflichten müssen. Schließlich ist der Führer jetzt Deutschlands uneingeschränkter Machthaber und damit auch oberster Richter über das Schicksal der früheren Herrscherfamilie. Wie wir aus seiner unmittelbaren Umgebung wissen, hat sich bei Hitler gerade in dieser Zeit ein Wandel „im persönlichen Auftreten und im

Nur noch in der zweiten Reihe: Wilhelm beim „Heldengedenktag" in Berlin im März 1935.

Verkehr" bemerkbar gemacht. Insbesondere habe er sich nun „strikt jeder ungebetenen politischen Aussprache entzogen".[103] Sein prinzlicher Besucher durfte also schon froh sein, den Kopf aus der Schlinge gezogen zu haben. Was Hitler ihm jetzt bestenfalls noch zubilligen will, ist eine öffentliche Pseudorolle: die eines prominenten Claqueurs seiner Führerdiktatur – aber nur in der zweiten Reihe und ohne jede Aussicht auf irgendeine Machtbefugnis. Das wird er ihm auch unmissverständlich klargemacht haben. Wie das aussieht, kann man am 17. März 1935 bei der großen Militärparade in Berlin aus Anlass des sogenannten Heldengedenktags beobachten, mit der zugleich die Wiedereinführung der allgemeinen Wehrpflicht in Deutschland gefeiert wird. Hier ist der vormalige deutsche Kronprinz bereits auf das Format eines Zaungastes zusammengeschrumpft.

Diese Verkleinerung hat ihn aber nicht davon abhalten können, Hitler „mit besonderer Verehrung" zum 46. Geburtstag zu gratulieren: „Die dem deutschen Volk durch Sie wiedergegebene Wehrfreiheit hat uns alle glücklich gemacht und freudigen Herzens wird jeder deutsche Mann am weiteren Aufbau unseres Vaterlandes mitarbeiten. Dankbar der Aussprache gedenkend, bei der verschiedene Missverständnisse ausgeräumt werden konnten, möchte ich dem

Wenigstens für einen Schnappschuss „Steuermann": Wilhelm mit dem Kapitän des Kreuzfahrtschiffes *Columbus* im Mai 1935.

Wunsche Ausdruck geben, bei gegebener Gelegenheit mich wieder einmal mit Ihnen unterhalten zu können. Die Zusammentreffen gelegentlich des Heldengedenktages und bei der Eröffnung der Ausstellung über polnische Kunst waren mir eine große Freude. – Ihr getreuer *Wilhelm*".[104] Wer so schreibt, hat allen Herrscherstolz fahren lassen, ist selbst zum Bittsteller geworden. Die Rangordnung hat sich komplett gedreht. Jetzt ist es Seine Kaiserliche Hoheit, die über jedes Stöckchen springen muss, das ihr hingehalten wird.

Im April/Mai 1935 sucht Wilhelm Zerstreuung auf einer Kreuzfahrtreise. Mit dem Luxusliner *Columbus* besucht er Portugal, Nordafrika und die Kanaren. In den letzten Maitagen nehmen Kronprinzens an der Hochzeit des dänischen Thronfolgers Prinz Frederik (ein Neffe von Cecilie) mit der Prinzessin Ingrid von Schweden in Stockholm teil. Wilhelm soll dabei durch einen (gefilmten) Hitlergruß aufgefallen sein.[105] Der Gedanke, sich wenigstens im Ausland einmal als Nonkonformist zu zeigen, liegt ihm offenbar fern. Kurz darauf ist Freifrau von Alvensleben wieder einmal zu Besuch im Cecilienhof. „Ich kam mit dem Kronprinzen auch auf Hitler zu sprechen. Er meinte, er würde sich für ihn allemal totschlagen lassen! Mehr kann man ja nicht verlangen."[106] Doch der gespielte Humor hält nicht lange vor.

Schon im Sommer kommt es erneut zu Spannungen, als die Überbleibsel des Stahlhelms ins Visier der Gestapo geraten. Reichswehr- und NS-Führung wollen die Vertretung der Frontsoldaten der alten Armee liquidieren.[107] Begleitet wird diese Abwicklung durch die regimeüblichen Schikane- und Einschüchterungsmaßnahmen. So erhält auch das Ehrenmitglied Wilhelm Prinz von Preußen in seinem Cecilienhof Besuch von der Polizei. In den Augen des Schlossherrn ist das eine Ungeheuerlichkeit, gegen die er sich am 15. August mit einem Protestschreiben an Hitler zur Wehr setzt. Sein Sekretär Berg hat einen Auszug daraus überliefert, der Bände spricht: „Lange bevor die nationalsozialistische Bewegung die Mehrheit des Volkes erfasste, stand ich mit Ihnen in persönlichem Gedankenaustausch und setzte mich für Sie und Ihre Bewegung mit warmem Herzen ein. Seit der Machtergreifung hielt ich mich aus begreiflichen Gründen zurück und dachte nur daran, wie ich am Aufbauwerk des Deutschen Volkes mithelfen könnte. Ich bin in Wort und Schrift für Sie und Ihre großen Ideen eingetreten, wo mir dazu nur irgendwie Gelegenheit gegeben wurde. Auch meine sehr weitgehenden Beziehungen zum Ausland setzte ich, wo es nur möglich war, für das Werk, dem Sie dienen, ein. – In letzter Zeit habe ich mich, Ihrem erneuten Wunsche entsprechend, immer mehr zurückgezogen, und mein Leben vollzieht sich jetzt in einer fast unerträglichen Beschränkung persönlicher Freiheit. – Als Belohnung hierfür stehe ich (mit tausend anderen) unter einer Bespitzelung und unterirdischen Überwachung, wie sie ein ehrliebender Mensch gar nicht erfassen und ertragen kann. Machtlos und ohne Verteidigungsmöglichkeit ahnt man nur, dass in tendenziöser Subjektivität durch viele dunkle Kanäle ein Mosaik geschaffen wird, aus dem dann eines Tages ein Zerrbild und Wunschgebilde zusammengesetzt werden soll, das eine neue ‚Aktion' rechtfertigt."[108]

Der erste Teil enthält eine großenteils zutreffende Beschreibung dessen, was der große Hitlerbiograf Ian Kershaw so treffend als „dem Führer entgegen arbeiten" beschrieben hat.[109] Der zweite Teil ist eine – wenngleich etwas larmoyant eingefärbte – wirklichkeitsnahe Charakterisierung der Willkürherrschaft, die nun auch Wilhelms Leben tangiert. Er hätte mit diesem Brief Mut zeigen und ein Zeichen setzen können. „Hätte" deshalb, weil er ihn am Ende doch nicht abzuschicken wagt. Er ist zwar empört, aber einen offenen Bruch mit Hitler möchte er wieder einmal nicht riskieren. In Doorn dagegen, wohin er eine Woche später reist, belacht er mit dem Vater die „neuesten Witze gegen die Nazis".[110] Kalauer in geschützten Räumen zu machen, ist das eine – Haltung zu zeigen und dafür das Risiko einer offenen Konfrontation in Kauf zu nehmen, freilich etwas ganz anderes. Apropos Doorn. Dort übt der Kaisersohn an den aktuellen Zuständen in Deutschland zwar „scharfe Kritik", zollt aber gleichzeitig den „großen Leistungen" des Diktators Respekt. Auch brüstet er sich damit, mit der Reichswehrführung und selbst mit

Hitler und Göring „gute Verbindung" zu halten. Er ist jetzt der wandelnde Widerspruch, ein Mann ohne Kompass. Ob er sich selbst noch ernst genommen hat? Die amerikanische Diplomatentochter Martha Dodd, die damals auf das politische Berlin ein waches Auge wirft, hat das nicht getan. „Insgesamt ist und war der Kronprinz in Deutschland immer sehr unpopulär und wird inzwischen, außer von einer kleinen Gruppe monarchistischer Anhänger in und außerhalb der Armee, von den Nazis und den meisten anderen Leuten mit einer Art amüsierter Toleranz und Verachtung behandelt."[111] Oder gar offen feindselig, wie der frühere Hausminister Leopold von Kleist dies tut. Gegen Wilhelm, weiß Frau von Dirksen, „braucht er die schärfsten Ausdrücke, und in einer erstaunlichen Öffentlichkeit, um den Charakter des Kronprinzen zu schildern. Er sei falsch, hinterlistig, man dürfe ihm nicht das geringste Vertrauen schenken, er intrigiere gegen den eigenen Vater". Und zwar „aus Neid, Bosheit und Niederträchtigkeit". Deshalb halte Kleist es „für seine Pflicht, da aufklärend zu arbeiten, damit ein solcher Charakter nicht weiterhin Schaden anrichten" könne.[112]

Währenddessen nimmt Hitlers und Goebbels' Abneigung gegen die vormals regierenden Fürstenhäuser und alles Monarchische fast schon phobische Züge an.[113] In der Generalverwaltung des früheren königlich-preußischen Hauses geht bereits das Gespenst um, dass die Nazis sich bei dem kleinsten Widerspruch der Hohenzollern gegen ihren „Totalitätsanspruch" nicht scheuen würden, das Herrscherhaus „aus Deutschland auszuweisen und das Vermögen zu beschlagnahmen".[114] Doch bis dahin hat es noch gute Wege. Zumal es Wilhelm inzwischen gelungen scheint, wenigstens mit Göring wieder auf besserem Fuß zu stehen. Am 11. Januar 1936 darf er bei dessen fulminanter Geburtstagsgala in der Berliner Staatsoper endlich einmal wieder *coram publico* die Honneurs machen.[115] Sollte die Zeit der ihm auferlegten Zurückhaltung doch noch ihr Ende finden?

Er wendet sich an Viktoria von Dirksen, Hitlers mütterliche Freundin, und möchte von ihr erfahren, was er tun solle, um in Hitlers Augen wieder besser dazustehen. Die Salonière moniert, dass er eben nicht *alles* getan habe, um sich zum Reichskanzler „in ein Vertrauensverhältnis zu bringen". Der Führer müsse sicher wissen, dass der Kronprinz „in unerschütterlichem Vertrauen" zu ihm stehe, „dass er sich völlig zurückhalten würde, so ungeheuer schwer es selbstredend sei, nicht mitarbeiten zu dürfen, und dass er in diesem Vertrauensverhältnis warten würde, bis der Führer ihn berufe zu irgendeinem Posten und zu irgendeiner Tat". Wilhelm versichert Dirksen daraufhin, „dass er diese völlige Zurückhaltung ja jetzt schon über ein Jahr übe" – seit der Gardinenpredigt Hitlers im Februar 1935 –, im Übrigen beteuert er „seine innere vorbehaltlosen Einstellung zu unserem Volkskanzler".[116]

Um diese „innerliche Einstellung des Kronprinzen zu unserem Führer" gleichsam dokumentarisch zu untermauern, wird nun sein Sekretär Berg vorgeschickt. Der soll Dirksen die Beweise für Wilhelms Treue liefern. Denn, so reklamiert der Adjutant, „niemand kennt den Kronprinz besser als ich. Ich bitte also ganz offen und im rückhaltlosen Vertrauen zu Euer Exzellenz sprechen zu dürfen. Wir kennen Sie als bedingungslose Anhängerin des Führers und wir kennen Ihre dankbare Gesinnung zum Hause Hohenzollern." Mit der Bitte um sekrete Behandlung, so fährt er fort, habe er „eine Zusammenstellung von Niederschriften, Briefen usw. des Kronprinzen aus den letzten Jahren gefertigt, damit Euer Exzellenz die tiefinnerliche, zustimmende Stellung des Kronprinzen zum Führer und Reichskanzler und seine positive Einstellung zur nationalsozialistischen Weltanschauung ersehen. Diese Einstellung des Kronprinzen ist nicht von gestern und heute, sie geht zurück auf die Zeit der ersten Begegnung mit dem Führer." Daraus sei eine persönliche Verbindung zu „Adolf Hitler entstanden und hat in den Jahre 1932/33 festere Form erhalten". Seit dieser Zeit wiederholter Begegnungen habe sich „in der grundsätzlichen Einstellung Seiner Kaiserlichen Hoheit zum Führer Adolf Hitler nichts, aber auch [gar] nichts geändert, mögen auch noch so viele Menschen glauben, das Gegenteil behaupten zu können. Beweisen können sie es nicht. – Ich aber bin Zeuge der von mir aufgestellten Behauptung, und die Akten können jederzeit über das Denken und Wollen des Kronprinzen Aufschluss geben. – Mit einer gewissen Bitterkeit hat der Kronprinz aber feststellen müssen, dass gewisse Kräfte am Werke waren und sind, um das frühere gute Verhältnis zwischen Führer und Kronprinz zu stören und ein Vertrauensverhältnis nicht (mehr) aufkommen zu lassen." Das habe seinen Herrn aber „nicht irre machen lassen in dem Bestreben, dem Führer und Reichskanzler nahe und verbunden zu bleiben, an seinem Aufbauwerk, gleichviel an welcher Stelle, positiv mitzuarbeiten, ehrlichen, aufrichtigen Herzens." Umso mehr stelle sich heute die Frage, „welche Fehler oder Versäumnisse liegen auf Seiten des Kronprinzen vor, oder was hat man dem Kronprinzen im nationalsozialistischen Sinne zum Vorwurf zu machen, dass der Führer glaubt, ihn von jeder Mitarbeit am Staat, für Volk und Vaterland ausschließen zu sollen". Jedenfalls entbehre „die vorgefasste Meinung, der Kronprinz habe die alte Linie verlassen, jeder Grundlage. Wenn der Kronprinz hier und da und im engsten Freundeskreis Kritik geübt hat, so hat es sich um Tages- und Einzelfragen gehandelt, niemals um die grundsätzlichen und bestimmenden Dinge. Die alte, grundsätzlich zustimmende Linie hat Seine Kaiserliche Hoheit niemals verlassen." Auch in der „Judenfrage" könne anhand von Dokumenten belegt werden, „dass der Standpunkt des Kronprinzen Ablehnung des Judentums ist". Selbst seinen „sogenannten Verkehr mit Juden" habe er inzwischen eingestellt, „weil der Kronprinz die Rassenfrage jetzt vom Standpunkt des Führers aus betrachtet und erkannt hat." Zum Schluss beugt Berg dann noch der Unterstellung vor, dass er diesen Brief als Privatsekretär des Kronprinzen „aus eigennützigen Gründen" schreibe, „beeinflusst von der Umgebung, in der ich lebe. Ich schreibe und stelle die Dinge so dar, wie ich sie erlebt habe und sehe." Er sei „Nationalsozialist" und „ein Anhänger Adolf Hitlers". Im Übrigen wisse er, „dass der Kronprinz herzlich wohltuend empfunden hat, mit Euer Exzellenz persönlich offen über seine inneren Gedanken und Empfindungen sprechen zu können, ohne befürchten zu müssen, missverstanden zu werden, oder dass seine Äußerungen falsch ausgelegt werden. – Heil Hitler!"

Wie wir sehen, schreckt der in die Ecke Gestellte jetzt vor keiner Methode der Anbiederung mehr zurück. Die ebenso monströse wie definitive Wirklichkeit des Nationalsozialismus und seiner Vordenker scheint ihn selbst drei Jahre nach Hitlers Machtantritt noch immer nicht erreicht zu haben. Für ihn ist ja auch nicht die politische Unkultur des Hitlerismus schuld an seiner persönlichen Misere, sondern die verzerrte Wahrnehmung seiner Loyalität und royalen Integrität. Die Machthaber müssten nur einmal richtig erkennen, wie tief er sich ihnen verbunden fühlt. Das wird er nicht müde, Hitler bei jeder passenden Gelegenheit unter die Nase zu reiben. So wieder Ende März 1936 mit einem eigenhändigen Glückwunschbrief zur Remilitarisierung des Rheinlandes: „Mein Führer. Herr Reichskanzler. Noch ganz unter dem tiefen Eindruck Ihrer so überzeugenden Rede in Essen bitte ich Sie, versichert sein zu wollen, dass ich in Reih und Glied mit allen deutschen Volksgenossen stehend, bereit bin, alles einzusetzen, um Ihre Parole: Friede, Freiheit und Gleichberechtigung! Zum baldigen und vollen Erfolge zu verhelfen. Siegheil dem Führer! Heil Deutschland! Stets – Ihr – Wilhelm."[117]

Angesichts seiner isolierten Lage könnte man das Rezitieren der Parole: „Friede, Freiheit und Gleichberechtigung" freilich auch als Satire in eigener Sache lesen. Vielleicht hat Hitler das sogar getan. Vertrauten gegenüber sieht Wilhelm durchaus, dass man „erprobten Freunden, die heute in der Wehrmacht gewisse Stellungen erreicht haben, nicht mehr in kleinem Kreise seine Sorgen über gewisse Entwicklungen" anvertrauen könne, ohne damit rechnen zu müssen, „dass eine solche Unterhaltung sofort nach Oben weitergemeldet wird". Tatsächlich sei man bei einem „ungemein beklagenswerten Zustand angekommen".[118] Doch wenn er in einem Atemzug erklärt: „ich werde mir in dieser Beziehung von Niemanden den Mund verbieten lassen", so nimmt er diesen wieder einmal zu voll. Denn praktisch-politisch folgt aus seinem Trotz gar nichts. Zwar fallen auf diversen Herrenabenden im Cecilienhof weiterhin reichlich Despektierlichkeiten und Zoten über die Nazis.[119] Die Vorstellung aber, Wilhelm und seine Gäste hätten damit irgendetwas bewegt, ist abwegig. Von politischem Widerstand sind solche Patzigkeiten weit entfernt. Auch der Schlossherr konnte dies nicht ernsthaft für Politik halten. Streng genommen, entspringt der zur Schau gestellte Nonkonformismus vor allem gekränkter Eitelkeit. Die Höhe des Ernstes, den die innenpolitische Lage in Deutschland gebot, hat er nie erreicht. Selbst die Naziführung dürfte in dieser „Subversion" eher eine adelstypische Anmaßung erblickt haben als eine ernstzunehmende Opposition. Ein Übriges besorgt das Personal. In Müldners Worten: „Ich werde alles tun, um jeden Versuch, Seine Kaiserliche Hoheit zu irgendeiner [Presse-LM]Äußerung zu veranlassen, von vornherein zu unterbinden".[120]

Und damit ist der Prozess eines endgültigen Versinkens unseres traurigen Helden in passiven Pessimismus nicht mehr aufzuhalten. Bei einer Begegnung mit dem Schriftsteller Reinhold Schneider im Herbst 1937 lamentiert er, dass er ja in seinem Cecilienhof schon mit Hitler, Göring, Goebbels und Röhm verhandelt habe, die ihm alle die Wiedererrichtung des Kaisertums in Aussicht gestellt hätten. Und dann wörtlich: „Diese Menschen sind keine Monarchisten und konnten es niemals sein; sie können nicht zurücktreten vor dem König."[121] Was für eine Selbstvernebelung! Aber Vorsicht! Wilhelm ist da auch schon ein kranker Mann, der ärztliche Hilfe braucht. Das sagt seine Frau Cecilie bei einem Besuch der Freifrau von Alvensleben im Sommer 1937. Er habe „wohl eine Nikotinvergiftung, da er von morgens bis abends sinnlos raucht und dazu unentwegt Bier und Schnäpse trinkt". Wie Alvensleben ihrem Tagebuch weiter anvertraut, scheine Wilhelm „sehr baissiert zu haben, seine Hauptgesellschaft ist irgendein obskurer Mann und dessen Frau, eine Halbjüdin, die wohl die letzte Liaison des Kronprinzen ist. Der Kronprinz war so zusammengeklappt, er soll auch an starken Depressionen leiden, dass er sich willenlos von I[hrer].K[aiserlichen].H[oheit]. (Cecilie) und Müldner nach [Bad] Gastein expedieren ließ." Nun wolle seine Frau zusammen mit Müldner „im Herbst ‚die Sache in die Hand nehmen' und dafür sorgen, dass er erstens vernünftiger lebt und vor allem andere Menschen sieht, die ihn geistig fördern, statt sein Niveau noch herunter zu drücken. Ich fürchte, sie wird wenig Glück damit haben."[122]

„Zusammengeklappt" und gestrandet – in den Untiefen des Nationalsozialismus. Abgehalftert noch dazu. Orientierungslos zwischen Mahnungen zum Widerstand und der inneren Stimme, den unsäglichen Pakt mit dem Dritten Reich lieber doch *nicht* aufzukündigen, fühlt er sich schuldig und unschuldig zugleich. Eine ramponierte Erscheinung – ein armer Mensch, kein ungekrönter König, auch kein König irgendwelcher Herzen. Aber wenigstens noch ein königlicher Lebensstandard: Nach Bad Gastein bricht er mit zwei Adjutanten, seinem Leibchauffeur und seinem Kammerdiener auf. Ein Trost vielleicht – doch ein schwacher. Schwerer wiegt die extreme Verlusterfahrung: des Verlustes von jeglicher Bedeutung für die große Welt. Dieser Prozess hat 1934 eingesetzt und ist zwei Jahre später irreversibel geworden. Unseren Hohenzollernprinzen hat er immer weiter in sein eigenes Universum abtrei-

Nur noch ein Schatten seiner selbst: Wilhelm im Dezember 1941 in Schloss Oels im Gespräch mit Generalleutnant Alexander Freiherr von Humboldt-Dachroeden.

ben lassen. Wilhelm ist jetzt nicht mehr Teil des Systems, und doch geht er weiterhin den Weg des geringsten Widerstandes – ein schmaler Grat zwischen resignierter Akzeptanz und schuldhafter Gleichgültigkeit.

So bleibt denn auch vom Rest dieses „verzwergten" Prinzenlebens nichts mehr zu berichten, was zum tieferen Verständnis der politischen Geschichte Deutschlands von Belang wäre. Es wird zu einer Mischung aus Indifferenz und Untätigkeit. Zwischen seinem politischen und seinem physischen Tod sollten zwar noch anderthalb Jahrzehnte liegen. Fünfzehn lange Lebensjahre. Doch sie blieben leer und banal, bisweilen auch qualvoll – immerhin noch auf halbwegs fürstlichem Lebensniveau. Mit 69 Jahren ist er 1951 in Hechingen an einem Herzinfarkt verstorben.

Epilog

„Wer waren die Nationalsozialisten?", so hat Ulrich Herbert jüngst wieder in einem lesenswerten Sammelband zu seinen inzwischen paradigmatischen NS-Studien gefragt.[1] Von denen, die Herbert dabei vorzugsweise in den Blick nimmt: die *ambivalenten* Prototypen des Nationalsozialismus, war unser Held sicher keiner. Er war überhaupt kein Nationalsozialist, selbst wenn er gelegentlich eine Hakenkreuzbinde, ja sogar SA-Uniform trug. Dennoch rührt auch seine kurze politische Biografie an die immer wieder neu aufgeworfene Gretchenfrage nach den Ermöglichern beziehungsweise den Stabilisatoren des NS-Regimes. Allerdings müssen wir die Fragestellung im Fall des Hohenzollern-Kronprinzen etwas abwandeln, haben wir es hier doch eher mit der Geschichte einer „Verstrickung" zu tun. Die freilich kein Schicksal war, sondern das Ergebnis einer spekulativen „Versuchsanordnung", in der ein notorischer Reaktionär glaubte Politik machen zu können/müssen. Lassen wir noch einmal Revue passieren, was wir beim Durchforsten dieser Vita gelernt haben.

Ab 1930 möchte Wilhelm eine politische Rolle spielen – als Systemveränderer in eigener Sache. Doch er hat keine Bühne, kein Drehbuch und keinen Regisseur. Und er ist kein Star, nicht einmal ein *prince charming*. Das alles versucht er proaktiv zu ändern, durch die Inanspruchnahme diverser Akteure, die dem Zentrum der Macht in der Endzeit der Weimarer Republik nahe- und zugleich politisch weit rechts stehen. Mit ihnen teilt er die Ansicht, dass der Wiederaufstieg Deutschlands zur veritablen Großmacht nur zur erreichen ist, wenn die parlamentarische Demokratie zerschlagen und stattdessen eine autoritäre Herrschaft errichtet wird. Als sein wichtigster Freund und Helfer tritt dabei der politische General von Schleicher auf den Plan. Wilhelm möchte einen neuen deutschen Machtstaat durch eine monarchische Spitze bekrönen: in der idealisierten Gestalt seiner selbst. Das ist sein Projekt. Dabei gerät zwangsläufig auch der Hoffnungsträger des deutschen Rechtsradikalismus, der Führer der Nazibewegung Adolf Hitler, in sein Blickfeld. Auch der hat hochfliegende Ambitionen. Es gibt Überschneidungspunkte zwischen ihnen: Beide wollen an Reichspräsident Hindenburg vorbei an die Schalthebel der Macht. Man bandelt an, es kommt zu einem politischen Flirt zwischen dem gewesenen Kronprinzen des zweiten und dem Möchtegernführer eines dritten Reiches. Für einige Monate im Jahre 1932 scheinen sie im jeweils anderen einen Alliierten und womöglich auch politischen Gewichtsverstärker zu erblicken. Doch Wilhelm bleibt nicht monogam, geht keine förmliche NS-Ehe ein wie sein Bruder August Wilhelm, sondern probiert munter weitere Kombinationen aus, um eine Spitzenposition in einer wie auch immer gearteten deutschen Diktatur zu erlangen. Die meisten seiner Machtoptionen erweisen sich als aussichtslos, wozu er selbst einiges beiträgt – durch Unvorsichtigkeit und Fehlentscheidungen, aber auch mangelnde Integrität. Alles, was er unternimmt, spielt sich *in* den Kulissen der Macht ab, nicht auf offener Bühne. Handlungspolitisch ist er seit Sommer 1932 nicht mehr aus der Deckung gekommen. Schon weil er keine eigene Agenda, keine kalkulierte Strategie in petto hat. Um die Jahreswende steht er auf einmal „beziehungsmäßig" vor einem Scherbenhaufen. Er hat sich in den Fallstricken seiner Hintertreppenpolitik verheddert. Keiner seiner „Angeflirteten" schätzt ihn mehr so recht – Hitler, Papen und selbst Schleicher nicht, von Hindenburg ganz zu schweigen. Er wird nicht mehr gebraucht, insbesondere nicht dabei, Hitler die letzte Wegstrecke an die Macht zu ebnen – oder zu verbauen.

Erst jetzt, *nach* dem 30. Januar 1933, beginnt der eigentliche Sündenfall unseres Protagonisten. Er gerät in Torschlusspanik. Seine Wunschregierung der „nationalen Konzentration" hat sich ohne sein Zutun von Hindenburg in den Sattel heben lassen; sie steht nun im Begriff, nach eigener Schule zu reiten – besser gesagt: nach Hitlers. Da mag Wilhelm nicht länger abseitsstehen, er meint, sich *committen* zu müssen und macht sich deshalb unaufgefordert zum royalen Aushängeschild des Dritten Reiches. Er tut das weniger, um den Adel beziehungsweise die traditionellen Eliten auf Hitler einzustimmen, sondern hauptsächlich aus eigennützigen Motiven heraus. Weil er glaubt, die *gesamte* Rechte sei am 30. Januar an die Macht gekommen, wodurch sich die Lage für ihn als Thronaspirant wieder zu seinen Gunsten gedreht habe. Das Fatale an dem vorschnellen Paktieren mit dem neuen Reichskanzler ist nur, dass *er* Hitler weitaus mehr braucht als dieser ihn. So wird Wilhelm gleichsam zur politischen Gratisressource des angehenden Diktators, aus der sich das Regime eine Zeit lang gerne bedient, ohne sich damit zu irgendetwas zu verpflichten. Wilhelms „Treue" stellte aber darauf ab, im Gegenzug auch etwas von Hitler zu bekommen. Darin hatte er sich getäuscht.

Den von ihm selbst initiierten Mechanismus (einer nur in *eine* Richtung wirkenden Loyalität) nicht wahrhaben zu wollen, gehört zu den größten politischen Fehlleistungen in diesem Prinzenleben. Mit dieser „Nachschubleistung" hat sich Wilhelm schon Ende 1933 in einen Teufelskreis manövriert, aus dem es kein Entrinnen mehr gab. Der Konformitätsdruck nimmt zu, während Hitlers Machtstellung expandiert und bald alle Lebensbereiche bestimmt. So schafft der Hohenzoller es nicht, zwischen dem Diktator und sich noch irgendeine Trennungslinie zu ziehen. Umso weniger, als die massenhafte Zustimmung der Deutschen zu diesem Regime und dessen „Führer" immer größer wird, während von dem ehemaligen Kronprinzen selbst keinerlei Anziehungs-, geschweige denn Integrationskraft ausgeht. Damit musste natürlich auch Wilhelms Wagemut sinken, sich *gegen* Hitlers totalitäre Herrschaft zu stemmen, trotz zunehmender Zweifel an dessen Kurs. Ein Konglomerat aus Angst, Feigheit und vielleicht naiver Hoffnung bemächtigt sich seiner – menschlich allzu menschlich vielleicht, aber eben auch alles andere als *königlich*. Aus dem royalen Präzeptor und prominenten Werbeträger des Dritten Reiches wird so ein „Mitläufer". Ein sicherlich außergewöhnlicher, aber durchaus mit Ähnlichkeiten zu anderen prominenten Deutschen. Ein Versager nämlich, so wie (viel zu) viele von denen, die sich damals eingebildet, ja reklamiert haben, Idealtypen für die Deutschen, womöglich sogar Leuchttürme für deren (politische) Kultur zu sein.[2] Was bei Wilhelm nach der Ernüchterung durch die „Nacht der langen Messer" im Sommer 1934 noch bleibt, ist die Larmoyanz eines tief Enttäuschten. Das hat ihm vor allem sein Kotau vor Hitlers maßlosem Führerwillen eingebrockt. So bleibt ihm nicht viel anderes übrig, als sich mit mehr oder weniger Zynismus in die normative Kraft des Faktischen zu fügen. Er ist jetzt ein in jeder Hinsicht Entzauberter. Eine Kaiserliche Hoheit, der auch die eigene Familie, Deutschlands vormaliges Herrscherhaus, keinen politischen Mehrwert mehr erwirtschaften kann.

Von den politischen Wirkungen, den diese Hohenzollerndämmerung zeitigte, profitierte allerdings weniger der Nationalsozialismus als der – Republikanismus. Will sagen: Die Monarchie war fortan in Deutschland definitiv erledigt, als politische Option ebenso wie als politischer Mythos. Der ideale Wesenskern der Monarchie, nämlich eine überparteiliche, überzeitliche, ausgleichende stabile Instanz von hoher moralischer Qualität und ästhetischem Schauwert zu sein, war restlos ausgehöhlt. Zu dieser Entkernung hat das Haus Preußen maßgeblich beigetragen, nicht zum wenigsten in der Person unseres Protagonisten. Die historische „Mission" der Hohenzollern lag vor 1933 darin, die Daseinsberechtigung der Monarchie als Staatsidee zu reklamieren – koste es, was es wolle. Daran sind sie jedoch 1934 zum zweiten Mal nach 1918 gescheitert. Indem sie abermals sich selbst als Fürstendynastie unbedingt erhalten, aber nicht unbedingt die sie legitimierende monarchische Idee vor Unbill bewahren wollten. Sie hatten damit aller Welt gezeigt, dass sie für ihren Anspruch auf Souveränität und Autorität politisch-moralisch nicht mehr aufkommen konnten. Dieser eklatante Ansehensverfall war von nun an nicht mehr rückgängig zu machen. Die Langzeitfolgen dieser Entgleisung sind bis heute spürbar.

Zur politischen Aktualität des Themas

Eine Publikation wie diese kann kein Selbstzweck sein. Sie zielt vielmehr auf die Verwandlung von Geschichte in Gegenwart. Insofern darf sie in ihrem Subtext durchaus auch als Appell gelesen werden: Deutschlands liberale Demokratie als historische Errungenschaft zu bewahren und zu schützen! Mein Buch stellt dar, wie vor neunzig Jahren die erste deutsche Demokratie zugrunde gerichtet und staatliche Macht an einen monströsen Diktator abgetreten wurde. Und es zeigt, wie prominente Mitglieder der alten vorzugsweise königlich-preußischen Eliten Schützenhilfe und ihren ganz eigensinnigen Beitrag zu diesem nicht zuletzt auch ideologischen Bürgerkrieg leisteten. Studiert man dessen Frontverlauf zu Beginn der 1930er Jahre genauer, so frappiert vor allem dieses: die immer größere Annäherung von nationalkonservativen und nationalsozialistischen Formationen und ihre Übereinstimmung in dem Etappenziel, nämlich der *gemeinsamen* Machtübernahme zwecks Vernichtung der Demokratie. Dies freizulegen, die historisch-politischen Zusammenhänge, die diese „Amalgierung" (Ulrich Herbert) bewirkte, aufzuzeigen und nicht zuletzt nachzuvollziehen, wie den totalitären Kräften die Barrieren aus dem Weg geräumt wurden, ist mithin ein elementarer Beitrag zum tieferen Verständnis der Gefahren, die einer nicht wehrhaften Demokratie drohen – bis heute.[3] Natürlich ist Berlin *nicht* Weimar. Gleichwohl lohnt es durchaus, unsere Gegenwart auch im Spiegel dessen zu betrachten, was damals geschehen ist. So lässt sich prüfen, ob wir heute politisch-kulturell tatsächlich wesentlich weiter sind. Oder ob die Zeiten, die wir da sehen, uns doch wieder näherstehen, als wir glauben. Im vorliegenden Fall sollten wir uns davor hüten, in der Vergangenheit, die wir bereist haben, allzu viel Ähnlichkeiten zu unserem heutigen Politikgeschehen zu bemühen. Jene Epoche war wesentlich anders. Und es ist falsch anzunehmen, dass heute noch die gleichen Kräfte und die gleichen bösen Geister am Werk sind, die die erste deutsche Demokratie ruiniert haben. Um unsere gegenwärtige Lage realistisch einzuschätzen und kritisch zu hinterfragen, brauchen wir Distanz. Wir brauchen ein tieferes Verständnis der Andersartigkeit der Epoche, die wir besprochen haben. Vergegenwärtigung heißt ja nicht, Gegenwart und Vergangenheit auf die gleiche Betrachtungsebene zu bringen. Im Gegenteil, erst wenn wir dieser Geschichte ihren Eigenwert belassen, wird sie für uns „richtig" lesbar.

Die Sorge um unsere Demokratie – das ist eines der beiden Bezugsfelder, die dieses Buches aktuell machen. Der andere Impuls, die Darstellung in die Gegenwart zu schreiben, ging von dem verqueren Verlauf des sogenannten Hohenzollernstreites aus, der nun schon mehr als zwei Jahre zumindest die Feuilletons dauererregt. Die Kontroverse über die Restitutionsansprüche des Hauses Preußen ist zu einem Politikum geworden, weil sie die Frage in den öffentlichen Raum stellt, wie nahe deren jüngste Geschichte dem Nationalsozialismus gekommen ist. Im Mittelpunkt der Diskussion steht die „Nazivergangenheit" des letzten deutschen Kronprinzen. Diesem Problem nachzugehen, ist durchaus eine Aufgabe der geschichtswissenschaftlichen Forschung. Weil aber der Rahmen dafür von Anfang an aus Versatzstücken *außer*wissenschaftlicher Natur gezimmert wurde, ist aus der Forschungsaufgabe zuallererst ein Geschichtspolitikum und erst danach eine wissenschaftliche Herausforderung geworden.[4]

Die aktuelle Debatte bewegt sich de facto immer noch auf dieser primär politisch-moralischen Ebene, weil sich auch die als Gutachter herangezogenen Fachhistoriker entsprechend „einnorden" ließen. Das heißt, sie sind nicht mit eigenen fachspezifischen Fragestellungen an ihren Untersuchungsgegenstand herangetreten, sondern mit unnötigen Zugeständnissen an ihre Auftraggeber. Sie lieferten Antworten zu Fragen, die auf normative Wertungen zielten. Und damit gingen sie über die nüchterne Prüfung der bis dato gesicherten Faktenlage hinaus. Sicher, diese Expertisen waren nicht für eine wissenschaftliche Diskussion bestimmt. Doch auch nach ihrer Veröffentlichung wird immer noch so getan, als seien diese Gutachten der geschichtswissenschaftlichen Weisheit letzter Schluss. Das hat persönliches Engagement und Wissenschaftlichkeit in eine Schieflage zueinander gebracht und so etwas wie eine „Haltungswissenschaft" erzeugt. Einer solchen „Geschichtsbarkeit" (Raphael Gross) ist aber dringend zu entraten. Umso mehr, als sie sich auf empirisch sehr dünnem Eis bewegt. Bis heute gibt es keine valide politische Biografie des letzten deutschen Kronprinzen, nicht einmal eine Tiefenbohrung in jenen Lebensabschnitt, in dem er seine Politik gemacht hat.[5] Es existiert nur ein Sammelsurium an vermeintlich für sich selbst sprechenden Überresten: Wissenssplitter minus Erzählung.

Doch das Anforderungsprofil für ein klares historisches Faktenbild muss hier anspruchsvoller sein. Ihrer Aufklärungspflicht wird die historische Zunft nur gerecht, wenn sie wenn sie zentrale Szenarien des *policy making* nachvollziehbar rekonstruiert – möglichst aus arkanen Archivquellen heraus. In Gestalt von dichten Darstellungen, die unser stoffliches Wissen belastbar vermehren und plausible Einsichten liefern. Die Frage nach der „erheblichen Vorschubleistung" des letzten deutschen Kronprinzen ist da nicht erkenntnisfördernd. Mehr noch, sie ist eine *question mal posée*. Sie positiv oder negativ zu beantworten, würde beinhalten: den wasserdichten Beweis oder Gegenbeweis dafür anzutreten, dass Wilhelm sich ununterbrochen und erfolgreich dafür eingesetzt hat, die Bedingungen für die Errichtung der NS-Herrschaft nachhaltig zu verbessern.[6] Dies zu leisten und damit den individuellen Unrechtsgehalt der kronprinzlichen Verstrickung in den Nationalsozialismus juristisch zu fassen, ist Aufgabe der Rechtsprechung. Und nicht die einiger Medien, die seit Monaten die expertokratische Fiktion verbreiten, der Tatbestand der „erheblichen Vorschubleistung" sei schon jetzt in die eine oder andere Richtung geklärt. Das ist *nicht* der Fall.

Aber der Politik des damals handelnden „Vorschubleisters", der können wir schon ziemlich tief auf den Grund gehen. Dafür sollten wir vor allem wissen, was der Protagonist selbst politisch artikuliert hat, auf welche Art und Weise und in welchem Kontext er es geäußert und zur Richtschnur seines Tuns gemacht hat. Ich habe dieses Buch geschrieben, weil es mir um Transparenz und Nachvollziehbarkeit ging. Und ich verbinde damit eine Einladung: Jetzt endlich mit dem *Diskurs* zu beginnen. Nur auf diesem Weg kann wissenschaftlich basierte Expertise hoffentlich bald auch zu gesicherter wissenschaftlicher Erkenntnis werden.

Abkürzungen

ADAP	Akten zur deutschen Auswärtigen Politik
BAF	Bundesarchiv Freiburg (Abteilung Militärarchiv)
BAK	Bundesarchiv Koblenz
BayHStA	Bayerisches Hauptstaatsarchiv
BLHA	Brandenburgisches Landeshauptarchiv
BPH	Brandenburgisch-Preußisches Hausarchiv
DRA	Deutsches Rundfunkarchiv
GStA	Geheimes Staatsarchiv Preußischer Kulturbesitz
HABHZ	Hausarchiv des vormals regierenden Preußischen Königshauses, Bisingen/Hechingen, Burg Hohenzollern
HVN	Verwaltung des Herzogs von Bayern
HZ	Historische Zeitschrift
IfZ	Institut für Zeitgeschichte
LA	Landesarchiv
LHA	Landeshauptarchiv
PAA	Politisches Archiv des Auswärtigen Amtes
VfZ	Vierteljahreshefte für Zeitgeschichte
ZfG	Zeitschrift für Geschichtswissenschaft

Anmerkungen

Vorspiel

[1] Eigenhändig, in: HABHZ, Rep. 14 A, Kronprinz Wilhelm, Schriften Seiner Kaiserlichen Hoheit.

[2] Der letzte Kanzler des deutschen Kaiserreichs von 1871.

[3] Chef der Obersten Heeresleitung und zu diesem Zeitpunkt Oberbefehlshaber der (geschlagenen) deutschen Armee. – Hindenburg hatte am 9. November 1918 dem abgedankten Kaiser in Spa dringend empfohlen, die Armee zu verlassen und Schutz in Holland zu suchen. Am darauffolgenden Tag empfahl er dem Kronprinzen, sein Armeekommando niederzulegen.

[4] Als Erster Generalquartiermeister hatte der Ludendorff-Nachfolger Wilhelm Groener maßgeblichen Anteil daran, dass sich die Armee im November 1918 der Regierung unterstellte.

[5] Maschinenschriftlich, handschriftlicher Eingangsvermerk Wilhelms II.: „23. I. 19", in: HABHZ, Rep. 14 A, Kronprinz Wilhelm, Schriften Seiner Kaiserlichen Hoheit.

[6] Wilhelm junior, dem damals noch ein Reiseverbot auferlegt war, hatte seinen persönlichen Adjutanten Louis Müldner von Mülnheim nach Amerongen, dem Exilort seiner Eltern, zwecks Vorbereitung einer persönlichen Aussprache geschickt. Die „Zeilen" Wilhelms II., die Müldner nach Wieringen mitbrachte, sind nicht überliefert.

[7] Die letzte deutsche Kaiserin Auguste Viktoria war ihrem Mann am 27. November 1918 ins holländische Exil gefolgt, vgl. Jörg Kirschstein, Auguste Victoria. Porträt einer Kaiserin, Berlin 2021, S. 150 ff. sowie Randy Fink, Auguste Viktoria. Die letzte deutsche Kaiserin, Wiesbaden 2021, S. 168 ff.

[8] Anspielung auf die Affäre Wilhelms mit der Französin Gabriele Beurrière, die 1918 so hohe Welle schlug, dass der Leiter des deutschen Geheimdienstes im Großen Generalstab Walter Nicolai ihr mit Rückendeckung von Ludendorff ein Ende setzen musste, vgl. Michael Epkenhans/Gerhard P. Groß/Markus Pöhlmann u. a. (Hg.), Geheimdienst und Propaganda im Ersten Weltkrieg. Die Aufzeichnungen von Oberst Walter Nicolai 1914 bis 1918, Berlin/München/Boston 2018, S. 534 ff., 546 und 555.

[9] Wilhelm war seit 1905 mit Cecilie (geborene Herzogin von Mecklenburg-Schwerin) verheiratet und hatte fünf Kinder mit ihr. Ihre Ehe galt innerdynastisch schon vor Ausbruch des Weltkriegs als zerrüttet, vgl. Dietrich Höroldt, Das Tagebuch der Gabriele von Alvensleben, Oberhofmeisterin der Kronprinzessin Cecilie des Deutschen Reiches und Preußens 1913–1919. Eine Auswertung, in: Forschungen zur Brandenburgischen und Preußischen Geschichte 28, 2018, S. 60 ff.

[10] Welcher Zwischenträger hier gemeint war, ist nicht mehr zu eruieren.

[11] Hierzu ausführlich Paul Herre, Kronprinz Wilhelm. Seine Rolle in der deutschen Politik, München 1954 sowie John C. G. Röhl, Wilhelm II. Der Weg in den Abgrund. 1900–1941, S. 1025 ff. und passim.

[12] Stabschef des Kronprinzen.

¹³ Bezieht sich auf den zuerst abgedruckten Brief.

¹⁴ Zu den Vorgängen im kaiserlichen Hauptquartier in Spa am 9. November 1918 vgl. zuletzt (mit weiteren Verweisen) Lothar Machtan, Kaisersturz. Vom Scheitern im Herzen der Macht, Darmstadt 2018, S. 216 ff.

¹⁵ Spezialeinheit der Infanterie unter der Führung von Hauptmann Willy Rohr, die im Oktober 1918 zum Schutz des Großen Hauptquartiers der Obersten Heeresleitung nach Spa beordert worden war.

¹⁶ Die letzten vier Worte handschriftlich.

Kapitel 1

¹ Sigurd von Ilsemann, Der Kaiser in Holland, Teil II: Monarchie und Nationalsozialismus. 1924–1941, München 1968, S. 62 ff.

² Über ihn zuletzt Christian Lüdtke, Hans Delbrück. Eine konservative Alternative für Weimar, in: Sebastian Elsbach/Marcel Böhles/Andreas Braune (Hg.), Demokratische Persönlichkeiten in der Weimarer Republik, Stuttgart 2020, S. 153 ff.; vgl. auch ders., Hans Delbrück und Weimar. Für eine konservative Republik – gegen Kriegsschuldlüge und Dolchstoßlegende, Göttingen 2018, S. 146 ff.

³ Gesprächsnotiz von Delbrück, in: BAK N 1017/57.

⁴ So die Tagebucheintragung von Ilsemann am 18. sowie 25.3.1928 nach einem Gespräch mit Lersner bzw. Sell (Tagebuch Ilsemann, Teil II, S. 91 f.).

⁵ Zur politischen Lage damals in Italien vgl. den informativen Aufriss von Hans Woller, Mussolini. Der erste Faschist. Eine Biografie, München 2016, S. 91–120.

⁶ Zit. nach *Vossische Zeitung* vom 9.3.1928; vgl. auch den ähnlich lautenden Artikel im *Vorwärts* vom 8.3.1928, wo es ergänzend heißt, „Mussolini sei in einer Zeit der Nullen zur rechten Zeit gekommen".

⁷ Vgl. Wolfgang Schieder, Mythos Mussolini. Deutsche in Audienz beim Duce, München 2013.

⁸ Zitiert nach der Paraphrase dieses vom 7.5.1928 datierten Briefes von Exkronprinz Wilhelm an seinen Vater im Tagebuch von Ilsemann, der ihn zu lesen bekam. (Tagebuch Ilsemann, Teil II, S. 95 f.). – Während seines Rom-Besuches kam Wilhelm auch mit dem deutschen Botschafter von Neurath in näheren Kontakt (PAA R 28602).

⁹ Hierzu sehr prägnant Ulrich Herbert, Wer waren die Nationalsozialisten?, München 2021, S. 31 ff.

¹⁰ So Görings Frau Karin an die Mutter vom 14. Juni 1928. Wörtlich habe Kronprinz Wilhelm geschrieben: „Ihr außerordentliches Talent, Ihr Ausdrucksvermögen und Ihre Körperkraft sind ja gut für Ihren neuen Beruf als Volksvertreter" (zit. nach Fanny von Wilamowitz-Moellendorff, Carin Göring, Berlin 1933, S. 119 f.).

¹¹ Tagebuch Ilsemann vom 15. Juni 1928 nach einem Gespräch mit Kronprinz Wilhelm in Doorn (Teil II, S. 99).

¹² Hierzu im Einzelnen Lothar Machtan, Der Kaisersohn bei Hitler, Hamburg 2006, S. 131 ff.

¹³ *Vossische Zeitung* vom 3.7.1928.

¹⁴ Müldner an Sell vom 12.4.1929, in: HABHZ, Rep. 14 A, Kronprinz Wilhelm, Schriften Seiner Kaiserlichen Hoheit, nicht pag.

15 Heinrich Brüning, Memoiren 1918–1934, Stuttgart 1970, S. 149 sowie Daniela Gasteiger, Kuno von Westarp (1864–1945). Parlamentarismus, Monarchismus und Herrschaftsutopien im deutschen Konservatismus, Berlin 2018, S. 359 ff.

16 Vgl. das Einladungsschreiben Müldners an Kurt von Schleicher aus Berlin vom 5. Juni 1929 zu einem „kleinen Herrenessen" mit diversen Vertretern aus dem Rechtslager, in: BAF N 42/79.

17 Schulenburg an Müldner aus Tressow vom 28. Juli 1929, in: HABHZ, Rep. 14 A Kronprinz Wilhelm, Schriften Seiner Kaiserlichen Hoheit, nicht pag.

18 August Wilhelm an Presber vom 27. August 1929, in: GStA Dahlem, Rep 62 III Nr. 45.

19 Friedrich Graf von der Schulenburg an Kronprinz Wilhelm aus Tressow vom 27. November 1929, in: HABHZ, Rep. 14 A Kronprinz Wilhelm, Schriften Seiner Kaiserlichen Hoheit, nicht pag.

20 So zitiert ihn der deutschnationale Politiker Gottfried Treviranus in seiner Erinnerung an ein gemeinsames Abendessen mit dem späteren Reichskanzler Brüning am 25. Dezember 1929 in Berlin, vgl. Gottfried Reinhold Treviranus, Das Ende von Weimar. Heinrich Brüning und seine Zeit, Düsseldorf 1968, S. 115.

21 Vgl. Thomas Mergel, Das Scheitern des deutschen Tory-Konservatismus. Die Umformung der DNVP zu einer rechtsradikalen Partei, in: HZ 276, 2003, S. 323–368 sowie Larry Eugene Jones, The German Right. 1918–1930, Cambridge 2020.

22 Zu seinem politischen Stellenwert nach wie vor unübertroffen Wolfram Pyta, Hindenburg. Herrschaft zwischen Hohenzollern und Hitler, München 2007, hier S. 555 ff.

23 Elke Fröhlich (Hg.), Die Tagebücher von Joseph Goebbels, München 2006 [im Folgenden: Tagebuch Goebbels] (Teil I, Bd. 2/I, S. 70).

24 Tagebuch Ilsemann (Teil II, S. 133).

25 Zit. nach Machtan, Kaisersohn, 2006, S. 177.

26 BLHA Potsdam, Rep 37 Boitzenburg, Nr. 4480/3.

27 Aufzeichnung vom 26. Februar 1930, zit. nach Hermann Pünder, Politik in der Reichskanzlei. Aufzeichnungen aus den Jahren 1929–1932, hg. von Thilo Vogelsang, Stuttgart 1961, S. 40. – Vgl. auch den Brief, den Pünders späterer Nachfolger Erwin Planck am 26.2.1930 an seine Frau Nelly über den besagten Herrenabend schrieb: Kronprinz Wilhelm „war politisch sehr vernünftig [sic! – LM] und hat sich besonders mit Pünder angefreundet" (zit. nach Astrid von Pufendorf, Die Plancks. Eine Familie zwischen Patriotismus und Widerstand, Berlin 2006, S. 229).

28 Georg Reik, Schiffbruch und glückliche Landung, in: Robert Neumann. Stimmen der Freunde. Der Romancier und sein Werk. Zum 60. Geburtstag am 22. Mai 1957, München/Wien/Basel 1957, S. 31 f. – Vgl. auch Robert Neumann, Ein leichtes Leben. Bericht über mich selbst und Zeitgenossen, Berlin 1975, S. 337 f.

29 Die Begegnung fand am 14. März 1930 statt: Freundliche Auskunft von Lutz Klinkhammer (DHI Rom), der das Datenbankprojekt „Dienstkalender Benito Mussolinis, 1923–1945" leitet, das demnächst online geht.

30 Bedauerlicherweise hat sich im Hausarchiv des Hauses Hohenzollern nur ein einziger Band dieses aufschlussreichen Diariums überliefert, der auch nur die Monate Januar bis Mai 1930 umfasst (HABHZ, nicht verz., Erinnerungen u. Tages-Notizen v. Müldner 1930, nicht pag.).

31 BAF N 42/21.

32 Tagebuch Müldner vom 20.6.1930, in: HABHZ, nicht verz., Erinnerungen u. Tages-Notizen v. Müldner 1930, nicht pag.

33 Damals noch General Wilhelm Heye, für den aber bereits ein Nachfolger gesucht wurde.

34 Hammerstein-Equord war seit Langem mit Schleicher eng befreundet. Er sollte im November 1930 die Nachfolge Heyes antreten.

35 Schulenburg an Schleicher aus Tressow vom 22.6.1930, in: BAF N 42/27.

36 Müldner an Schleicher vom 29.7.1930, in: BAF N 42/79.

37 August Wilhelm an Presber vom 1.9.1930, in: GStA BPH, Rep 62 III Nr. 5.

38 *Berliner Börsen-Zeitung* vom 4.9.1930.

39 Vgl. Tagebuch Müldner vom 15.8.1930, in: HABHZ, nicht verz., Erinnerungen u. Tages-Notizen v. Müldner 1930, nicht pag.

40 *Vossische Zeitung* vom 8.9.1930.

41 Müldner an Schleicher vom 9. September 1930, in: BAF N 42/79 sowie Tagebuch Müldner vom 14.9.1930, in: HABHZ, nicht verz., Erinnerungen u. Tages-Notizen v. Müldner 1930, nicht pag.

42 Schulenburg an Schleicher vom 21. September 1930 und Schleicher an Schulenburg vom 26. September 1930 (Konzept), in: BAF N 42/21.

43 Vgl. die Berichterstattung bzw. Kommentare in der *Vossischen Zeitung* vom 6. bzw. 7.10.1930.

44 Zit. nach dem Bericht in der *Berliner Börsen-Zeitung* vom 6.10.1930.

45 Vgl. BAB R 9361/III.

46 Zitate sämtlich nach der ausführlichen Berichterstattung über den Koblenzer Stahlhelmtag in der *Berliner Börsen-Zeitung* vom 6.10.1930.

47 *Vossische Zeitung* vom 6.10.1930.

48 So die tagebuchartige Niederschrift von Konteradmiral Magnus von Levetzow vom 14.11.1930, zit. nach Gerhard Granier, Magnus von Levetzow. Seeoffizier, Monarchist und Wegbereiter Hitlers. Lebensweg und ausgewählte Dokumente, Boppard 1982, S. 290. Der Informant war übrigens Kleist.

49 So hatte mit Junius Alter gerade ein (publizistisch einflussreicher) bekennender Monarchist in einem auflagenstarken Buch Kronprinz Wilhelm die „persönlichen Voraussetzungen" abgesprochen, deren es bedürfte, um ihm „die Gefolgschaft weiterer nationaler Kreise zu sichern" (Junius Alter, Nationalisten. Deutschlands nationales Führertum der Nachkriegszeit, Leipzig 1930, S. 195).

50 *Stahlhelm* vom 9.11.1930.

51 Tagebuch Goebbels vom 17.11.1930 (Teil I, Bd. 2/I, S. 284).

52 Zu den diesbezüglichen Aktivitäten ausführlich Granier, Levetzow, 1982, hier S. 154 ff.; ebd. S. 291 auch das nachfolgende Levetzow-Originalzitat.

53 Vgl. Tagebuch Ilsemann vom 14.9.1930 (Teil II, S. 145); außerdem Willibald Gutsche, Ein Kaiser im Exil. Der letzte deutsche Kaiser Wilhelm II. in Holland. Eine kritische Biographie, Marburg 1991, S. 111 ff.

54 Schulenburg an Dietlof v. Arnim-Boitzenburg aus Tressow vom 23. November 1930, in: BLHA Rep 37 Boitzenburg, Nr. 4480/3. – Vgl. auch die Paraphrase eines

lautenden Briefes von Schulenburg an Guidotto von Donnersmarck, wiedergegeben in dessen Brief an Levetzow vom 14.12.1930, in: BAF N 239/83.

55 Es handelt sich um einen knapp 30 Seiten langen Schreibmaschinentext mit der Überschrift „35 Jahre deutscher Geschichte 1910–1945 – Meine Gedanken über die Entwicklung der Ereignisse", in: HABHZ. – Gegenüber dem US-Anklagevertreter Robert Kempner hat Kronprinz Wilhelm im Sommer 1947 über sein erstes persönliches Gespräch mit Hitler gesagt: Er habe sich damals eben für Leute interessiert, „die irgendetwas bedeuteten. Ich dachte, Hitler hat eine große Volksbewegung in Gang gesetzt – diesen Mann möchte ich kennenlernen". Die „Frage der Hohenzollern-Restauration" sei dabei „überhaupt nicht erwähnt" worden (zit. nach: Robert M. W. Kempner, Das Dritte Reich im Kreuzverhör. Aus den unveröffentlichten Vernehmungsprotokollen des Anklägers Robert M. W. Kempner, München 1969, S. 113).

56 Vgl. Ian Kershaw, Hitler. 1889–1936, Stuttgart/München 1998, S. 425 ff.

57 So Müldner an Schleicher vom 20.12.1930 im Anschluss an einen solchen jour fixe, in: BAF N 42/79.

58 Datiert vom 28.12.1930, in: BAF N 46/36.

59 Gemeint ist Generalleutnant Joachim von Stülpnagel, der sich starke Hoffnung auf den Posten der Heeresleitung gemacht hatte.

60 Hier zit. nach Friedrich von Rabenau, Seeckt. Aus seinem Leben 1918–1936, Leipzig 1940, S. 653. – Vgl. auch den hämischen Kommentar „Vor Hitler auf dem Bauch", in: *Vorwärts* vom 27.12.1930.

61 Hjalmar Schacht, 76 Jahre meines Lebens, Bad Wörishofen 1953, S. 351 f.

Exkurs 1

1 Vgl. hierzu meine Studie Lothar Machtan, Die Abdankung. Wie Deutschlands gekrönte Häupter aus der Geschichte fielen, Berlin 2008, S. 23 ff.

2 Machtan, Kaisersturz, 2018. – Zur politikgeschichtlichen Einordnung vgl. jetzt auch Alexander Gallus, Eine kontinuitätsgebremste Revolution, in: Thomas Biskup/ Truc Vu Minh/Jürgen Luh (Hg.), Preußendämmerung. Die Abdankung der Hohenzollern und das Ende Preußens, Heidelberg 2019, S. 23 ff.

3 Frank Lorenz Müller, Die Thronfolger. Macht und Zukunft der Monarchie im 19. Jahrhundert, München 2019, S. 368. Ähnlich auch Holger Afflerbach, Auf Messers Schneide. Wie das Deutsche Reich den Ersten Weltkrieg verlor, Bonn 2018, S. 323 ff.

4 Hierzu jetzt Lothar Machtan, Von Deutschlands Monarchie zur deutschen Demokratie, in: Bernd Braun (Hg.), Es lebe die Republik? Der Erste Weltkrieg und das Ende der Monarchien in Deutschland und Europa, Göttingen 2021 (im Druck).

5 Hierzu prägnant Arne Hofmann, Obsoleter Monarchismus als Erbe der Monarchie, in: Thomas Biskup (Hg.), Das Erbe der Monarchie. Nachwirkungen einer deutschen Institution seit 1918, Frankfurt am Main/New York 2008, S. 241 ff.; außerdem Hermann Schreyer, Monarchismus und monarchistische Restaurationsbestrebungen in der Weimarer Republik, in: Jahrbuch für Geschichte 29 (1984), S. 291 ff.

6 Zu Stresemanns ambivalentem Monarchismus vgl. zuletzt Karl Heinrich Pohl, Gustav Stresemann. Biografie eines Grenzgängers, Göttingen 2015, S. 280 ff.

7 Zu den Hintergründen vgl. Lüdtke, Hans Delbrück, 2018, S. 140 ff.

8 Vgl. Gasteiger, Westarp, 2018, S. 215 ff.

9 Levetzow an Donnersmarck vom 14.11.1924, zit. nach Granier, Levetzow, 1982, S. 187.

10 Reichswart vom 29.3.1924.

11 Hamburger Nachrichten vom 1.4.1924.

12 Vgl. Wolfgang Hardtwig, Der Bismarck-Mythos, in: Geschichte und Gesellschaft. Sonderheft 21: Politische Kulturgeschichte der Zwischenkriegszeit, Göttingen 2005, S. 61 ff.

13 Denkschrift Schleicher von Dezember 1926, in: BAF N 42/32.

14 Hierzu nach wie vor unübertroffen Otmar Jung, Volksgesetzgebung. Die „Weimarer Erfahrungen" aus dem Fall der Vermögensauseinandersetzungen zwischen Freistaaten und ehemaligen Fürsten, Hamburg 1996; ergänzend Stentzel, Rainer, Zum Verhältnis von Recht und Politik in der Weimarer Republik. Der Streit um die sogenannte Fürstenenteignung, in: Der Staat 39, 2000, S. 275 ff.; Thomas Schnabel, Niederlage der Monarchisten und Niederlage der Demokraten, in: Reinhold Weber (Hg.), Der deutsche Südwesten. Regionale Traditionen und historische Identitäten. Hans-Georg Wehling zum Siebzigsten, Stuttgart 2008, S. 83 ff. – Speziell zum Fall Preußen: Hagen Schulze, Otto Braun oder Preußens demokratische Sendung, Frankfurt am Main/Berlin/Wien 1977, S. 507 ff.

15 Schulenburg an Müldner vom 11.9.1924, in: BAB N 2198/3.

16 Arnold Rechberg an Kronprinz Wilhelm vom 24.5.1927, in: BAK N 1049/70.

17 Vgl. Maik Ohnezeit, Zwischen „schärfster Opposition" und dem „Willen zur Macht", Düsseldorf 2006, S. 429 ff.

18 Schulenburg an Müldner vom 28.7.1929, in: HABHZ, Rep. 14 A Kronprinz Wilhelm, Schriften Seiner Kaiserlichen Hoheit, nicht pag.

19 Offener Brief Hitlers an Joseph Maria Graf von Soden vom 7.11.1929, zit. nach Adolf Hitler, Reden, Schriften, Anordnungen, München 1992 (im Folgenden RSA), Bd. III/2, S. 440 f.

20 Unter dem Pseudonym Junius Alter, Nationalisten, 1930, S. 199 f. bzw. 203.

21 Vgl. Jesko von Hoegen, Der Held von Tannenberg, Köln/Weimar/Wien 2005, S. 328 ff.

22 Kurt von Reibnitz, Im Dreieck Schleicher, Hitler, Hindenburg. Männer des deutschen Schicksals, Dresden 1933, S. 106 bzw. S. 206 ff.

23 Bodo Scheurig, Ewald von Kleist-Schmenzin. Ein Konservativer gegen Hitler, Oldenburg/Hamburg 1968, S. 102.

24 Hierzu nach wie vor lesenswert Stephan Malinowski, Vom König zum Führer. Sozialer Niedergang und politische Radikalisierung im deutschen Adel zwischen Kaiserreich und NS-Staat, Berlin 2003.

Kapitel 2

1 Kaum ein Zeitfenster der deutschen Politikgeschichte im 20. Jahrhundert ist besser erforscht als die letzten Jahre der Republik. Deshalb sei hier nur pars pro toto auf den nach wie vor grundlegenden Klassiker von Eberhard Kolb/Dirk Schumann, Die Weimarer Republik, Berlin/Boston 2013 verwiesen. Auf Spezialliteratur danach wird an gegebener Stelle noch Bezug genommen.

2 Vgl. Herbert Hömig, Brüning. Kanzler in der Krise der Republik. Eine Weimarer Biographie, Paderborn/München/Wien 2000, hier S. 489 ff.

3 Zu den Hintergründen vgl. die Dokumente bei Granier, Levetzow, 1982, S. 295 ff. sowie Levetzows Schreiben an die zweite Frau Wilhelms II. „Kaiserin" Hermine vom 15.12.1930, in: BAF N 239/41.

4 Tagebuch Goebbels vom 22.1.1931 (Teil I, Bd. 2/I, S. 331).

5 Tagebuch Ilsemann vom 17.1.1931 (Teil II, S. 153); zum folgenden ebd. ff.

6 Höchstens, dass Hermine „auf eine Rückkehr des Kaisers auf den Thron jetzt mehr Hoffnung denn je hätte" und auch ihr Gatte „voller Hoffnung" sei (nach Tagebuch Ilsemann vom 2.2.1931, Teil II, S. 157).

7 Tagebuch Ilsemann vom 27.1.1931 (Teil II, S. 157).

8 Müldner an Schleicher vom 28.1.1931, in: BAF N 42/79.

9 Goebbels Tagebuch vom 22.1.1931 (Teil I, Bd. 2/I, S. 331).

10 Zit. nach Klaus Gerbert, Carl-Hans Graf von Harderberg 1891–1958. Ein preußischer Konservativer in Deutschland, Berlin 1993, S. 61 f. – Vgl. auch Tagebuch Dommes vom 21. Januar 1931, in: BAF N 512/4h.

11 Vgl. Machtan, Kaisersohn, 2006, S. 211 ff.

12 Vgl. Jonathan Petropoulos, Royals and the Reich. The princes von Hessen in Nazi Germany, Oxford/New York 2006, S. 97 ff. sowie Hubertus Büschel, Hitlers adliger Diplomat. Der Herzog von Coburg und das Dritte Reich, Frankfurt am Main 2016, S. 90 ff.

13 Diese sozialkulturell hochinteressante Vermittlungsinstanz zwischen der NS-Führung und der monarchisch-aristokratischen Elite in den frühen 1930er Jahren harrt immer noch einer monografischen Darstellung. – Vorläufige Hinweise liefern: Kurt von Reibnitz, Gestalten rings um Hindenburg. Führende Köpfe der Repulik und die Berliner Gesellschaft von heute, Dresden 1930, S. 181 ff.; ders., Im Dreieck, 1933, S. 201 ff.; Helmut Weidmüller, Die Berliner Gesellschaft während der Weimarer Republik, Berlin 1956, S. 188 ff.; Anton Joachimsthaler, Hitlers Liste. Ein Dokument persönlicher Beziehungen, München 2003, S. 203 ff.

14 Tagebuch Goebbels vom 31.1.1931 (Teil I, Bd. 2/I, S. 336); vgl. auch seinen Eintrag vom 9.2.1931 (ebd., S. 342). – Ob Goebbels hier nur gute Miene macht, oder ob er sich über diesen royalen Zuwachs freut, muss dahingestellt blieben. Über die nun ausgesprochen monarchiefreundliche Dimension von Hitlers Tagespolitik scheint er ebenso wenig im Bilde zu sein wie über dessen damit in Verbindung stehendem Antichambrieren bei der Reichswehrführung.

15 Goebbels Tagebuch vom 7.3.1931 (Teil I, Bd. 2/I, S. 369).

16 Tagebuch Quaatz vom 25. Februar 1931, zit. nach der Edition von Hermann Weiß/Paul Hoser (Hg.), Die Deutschnationalen und die Zerstörung der Weimarer Republik. Aus dem Tagebuch von Reinhold Quaatz 1928–1933, Berlin/Boston 1989, S. 123.

17 Tagebuch Ilsemann vom 20.3.1931 (Teil II, S. 162).

18 Aus einem späteren Brief von Kronprinz Wilhelm an seinen Vater (vom 13.11.1932, in: GStA Dahlem, BPH Rep 53 Nr. 169/1) geht hervor, Kleist habe damals „den völlig überflüssigen Konflikt mit Müldner hervorgerufen, indem er unerhörterweise zu behaupten wagte, Müldner verträte meine Interessen im Gegensatz zu den Deinigen, und er hat damals durchsetzen können, dass Müldner meine persön-

lichen Sachen nicht mehr bearbeiten sollte." – Vgl. hierzu auch Müldner an Schleicher vom 9.4.1931 sowie Schulenburg an Schleicher vom 15.4.1931, in: BAF N 42/27.

[19] Zu den Einzelheiten Tagebuch Dommes vom 13. bzw. 17.3.1931, in: BAF N 512/4h; sowie Tagebuch Ilsemann (Teil II, S. 162 ff.).

[20] Tagebuch Goebbels vom 18.3.1931 (Teil I, Bd. 2/I, S. 367).

[21] So zu lesen in einer großen Serie, welche die Zeitschrift *Quick* 1956/57 unter dem Titel „Das war der Kronprinz. Nach den Tagebüchern seines Vertrauten und Freundes, seines Haushofmeisters Hermann Wölk" veröffentlichte (hier Nr. 1 vom 5.1.1957). Nicht alles, was dort erzählt wird, darf man zum Nennwert nehmen, aber erstaunlich vieles hält einer Überprüfung durch andere Quellen stand. – „Der Historiker ist bekanntlich so unmoralisch, zu solchen indiskreten Gaben *non olet* zu sagen" (Friedrich Meinecke).

[22] Cecilie von Preußen, Erinnerungen an den Deutschen Kronprinzen, Biberach 1952, S. 133 f.

[23] Fritz Günther von Tschirschky, Erinnerungen eines Hochverräters, Stuttgart 1972, S. 125.

[24] Zu dieser Reise: Otto v. Müller an Schleicher aus Rapallo vom 24.4.1931 (BAF N 42/27); Kronprinz Wilhelm an Wilhelm II. vom 4.5.1931, in: HABHZ, Rep. 11 H-P Kaiser Wilhelm II. Korrespondenz 1918–1941; Klinkhammer, Datenbankprojekt des DHI Rom „Dienstkalenders Benito Mussolinis, 1923–1945" [in der Bibliothek des DHI konsultierbar; Online-Zugriff in Vorbereitung].

[25] Groener an Gleich vom 26. April 1931, in: BAF N 46/36.

[26] Das Nähere hierzu bei Machtan, Kaisersohn, 2006, S. 202 ff.

[27] Autobiografische Aufzeichnung von Ende Mai 1931, in: Verwaltung des Herzogs von Bayern, Aufzeichnungen Kronprinz Rupprechts von 1931 Mappe 13 (HVN, AA, M13). – Ich danke Herrn Dr. Immler vom Bayerischen Hauptstaatsarchiv für die Erwirkung einer Benutzungsgenehmigung.

[28] Herre, Kronprinz, 1954, S. 199 bzw. 272.

[29] Aufzeichnung des nationalkonservativen Politiker Ennö von Egan-Krieger vom 15.11.1932, in: BAF N 432/8.

[30] Tagebuch Ilsemann vom 26.5.1931 (Teil II, S. 169 f.).

[31] Ernst Hanfstaengl, Zwischen Weißem und Braunem Haus. Memoiren eines politischen Außenseiters, München 1970, S. 228.

[32] Das legen zumindest die Memoiren von Mussolinis Agenten in Berlin Guiseppe Renzetti nahe in: BAK N 1235/16. – Vgl. auch Hoepke, Deutsche Rechte, 1968, S. 310 ff. und Schieder, Das italienische Experiment, in: HZ 262, 1996, S. 73–125.

[33] Cecilie an den Bremer Lloyd-Chef Heineken aus Oels von 23. Juni 1931, in: HABHZ, Rep. 15, Kronprinzessin Cecilie, Briefwechsel 1930–1932, nicht verz.

[34] Zum Folgenden vgl. die Festschrift Der 12. Reichsfrontsoldatentag Breslau 30./31. Mai 1931 (Berlin 1931).

[35] *Vossische Zeitung* vom 2.6.1931.

[36] Schulenburg an Schleicher vom 15.8.1931, in: BAF N 42/21.

[37] Kronprinz Wilhelm-Adjutant Otto von Müller an Müldner vom 25. April 1931, in dem die Generalverwaltung zu einer Stellungnahme zu dieser Frage gebeten wird

(HABHZ, Rep. 14 A Kronprinz Wilhelm, Acta Vol. 10 betr. die Apanage Seiner Kaiserlichen und Königlichen Hoheit des Kronprinzen 1930–1935).

[38] Tagebuch Lersner vom 18.5.1931 (nach einem Besuch bei Meissner), in: BAK N 1685/8. Dafür wolle Hindenburg angeblich „noch die Zustimmung bzw. Nichtgegnerschaft des Kaisers" einholen. – Adolf Friedrich war übrigens ein Vetter von Cecilie.

[39] Abschrift dieses Schreiben vom 6. Juni 1931, in: HABHZ, Rep. 14 A Kronprinz Wilhelm, Acta Vol. 10 betr. die Apanage Seiner Kaiserlichen und Königlichen Hoheit des Kronprinzen 1930–1935.

[40] In: BAF N 42/21.

[41] Schleicher an Erwin Planck aus Wildbad vom 9. August 1931, zit. nach Pufendorf, Die Plancks, 2006, S. 246 f.

[42] Planck an Schleicher vom 11.8 1931, in: BAF N 42/21.

[43] So Brüning 1947 gegenüber Rudolf Pechel, zit. nach Gottfried Reinhold Treviranus, Das Ende von Weimar. Heinrich Brüning und seine Zeit, Düsseldorf/Wien 1968, S. 290.

[44] BAF N 42/21.

[45] Groener an Gleich vom 26. April 1931, in: BAF N 46/36; an diesem Urteil hat Groener bis Frühjahr 1932 unbeirrbar festgehalten.

[46] Vgl. Schleichers Brief an Planck vom 26.8.1931 (zit. Nach Pufendorf, Die Plancks, S. 250); seine Äußerung gegenüber am 20.10.1931 (Tagebuch, nach Weiß/Hoser, Tagebuch Quaatz, 1989, S. 168; Tagebuch Lersner vom 24.11.1931, in: BAK N 1685/8).

[47] Carl Lange, Der Kronprinz, Berlin 1934, S. 99.

[48] BAF N 42/25.

[49] In seinen Erinnerungen (Ende von Weimar, 1968, S. 162 f.) hat Treviranus diese Episode sehr viel hitlerkritischer geschildert. Und mit der Schlussfolgerung garniert, „dass Hitler die Hoffnung, mit Hilfe der Bewegung zur Macht zu kommen, aufgegeben habe und nun den Eingang über Hintertreppen zu erzwingen suche".

[50] Das besagt sein vom 29.8.1931 datierter Brief an den Hindenburg-Freund Oldenburg-Januschau, zit. nach Weiß/Hoser, Tagebuch Quaatz, 1989, S. 149 ff.

[51] Levetzow an Donnersmarck vom 28.8.1931, in: BAF N 239/83; dort auch das nachfolgende Zitat.

[52] Brüning, Memoiren, 1970, S. 378. „Rückhaltlos" will er sich am 27. August 1931 über dieses sein politisches Endziel geäußert haben. Was nicht so ganz zu seiner anderen Versicherung passt, er habe dieses Konzept gar nicht offen kommunizieren *können*, „denn ich konnte ja die Endziele meiner Politik nicht aussprechen, ohne sie zu gefährden" (Schreiben an Ostau v. 22.1.1951, zit. nach Heinrich Brüning, Briefe 1946–1960, Stuttgart 1974, S. 268).

[53] Schleicher an Erwin Planck vom 20.9.1931, zit. nach Pufendorf, Die Plancks, 2006, S. 252 f. – Vgl. auch Groener an Gleich vom 20./21. September 1931, in: BAF N 46/36, der diese Intervention weniger burschikos umschrieb: Heute Abend säße Schleicher mit Brüning und Oskar Hindenburg zusammen, „um sich auszusprechen über einige Wünsche des Alten vom Berge".

[54] Brüning an den früheren Reichswehrminister Gessler vom 31.1.1955 (zit. nach Kurt Sendtner/Otto Gessler/Theodor Heuss (Hg.), Otto Gessler. Reichswehrpolitik in der Weimarer Zeit, Stuttgart 1958, S. 508).

55 Schulenburg an Arnim-Boitzenburg vom 24.9 1931, in: BLHA Rep 37 Boitzenburg, Nr. 4480/3.

56 Groener an Gleich vom 20./21.9.1931, in: BAF N 46/36.

57 Vgl. Irene Strenge, Kurt von Schleicher. Politik im Reichswehrministerium am Ende der Weimarer Republik, Berlin 2006, S. 81.

58 Zu den Einzelheiten dieser Begegnung mit entsprechenden Quellenverweisen vgl. Pyta, Hindenburg, 2007, S. 636 f.

59 Tagebuch Goebbels vom 12.10.1931 (Teil I, Bd. 2/II, S. 121).

60 Tagebuch Lersner vom 18.10.1931, in: BAK N 1685/8. Lersners Kenntnis geht auf Informationen des Augen- und Ohrenzeugen Meissner zurück.

61 Ewers an Ehefrau Josefine vom 1.10.1931, in: Heinrich-Heine-Institut Düsseldorf, Nachlass Ewers Nr. 1 (Rückübersetzung aus dem Englischen durch mich); vgl. auch Wilfried Kugel, Alles schob man ihm zu, er war ... der Unverantwortliche. Das Leben des Hanns Heinz Ewers, Düsseldorf 1992, S. 301 f.

62 Cecilie an Louis Ferdinand aus Cecilienhof vom 11.10.1931, in: HABHZ, Rep. 17 B/3 Prinz Louis Ferdinand von Preußen, Briefwechsel 1930–1933 „Erinnerungen an Detroit", nicht pag.

63 Zu den Einzelheiten vgl. Larry Eugene Jones, The Harzburg Rally of October 1931, in: German Studies Review 29, 2006, S. 483–494.

64 Hier zit. nach dem Abdruck in der *Harzburger Zeitung* vom 11.10.1931.

65 Tagebuch Goebbels vom 12.10.1931 (Teil I, Bd. 2/II, S. 121).

66 Cecilie an Louis Ferdinand vom 6.12.1931, in: HABHZ, Rep. 17 B/3 Prinz Louis Ferdinand von Preußen, Briefwechsel 1930–1933 „Erinnerungen an Detroit", nicht pag.

67 Zum Folgenden Brüning, Memoiren, 1970, S. 453 f.

68 Die elaborierte Analyse, die Pyta hierzu anstellt, scheint mir „oversophisticated", da in meinen Augen Hindenburg wesentlich schlichter dachte, als Pyta ihm zuschreibt (Pyta, Hindenburg, 2007, S. 650 ff.).

69 Rundschreiben Urbans vom 13.12.1931 an die Kanzlei des Führers und andere NSDAP-Instanzen, in: BAB R 9361-I/10980, OPG-Akte. Die Unterredung mit Ewers soll bereits Anfang November 1931 in München stattgefunden haben.

70 Tagebuch Lersner vom 13. bzw. 18.10.1931, in: BAK N 1685/8.

71 Groener an Gleich vom 1.11.1931, in: BAF N 46/36.

72 Zum Folgenden vgl. Levetzow an Donnersmarck vom 20.11.1931, in: BAF N 239/83. – Die Gesellschaft fand bei im kleinsten Kreis bei Marie Freifrau von Tiele-Winckler, einer Cousine von „Hausminister" Kleist statt, der ebenso mit von der Partie war wie Göring und Levetzow.

73 Goebbels Tagebuch vom 19.11.1931 (Teil I, Bd. 2/II, S. 152 f.).

74 Tagebuch Quaatz vom 20.11.1931 (Weiß/Hoser, Tagebuch Quaatz, 1989, S. 162 f.).

75 Tagebuch Lersner vom 24.11.1931 in: BAK N 1685/8. – Vgl. allerdings auch die skeptische Beurteilung dieser Beziehung im Tagebuch Goebbels vom 14.12.1931 (Teil I, Bd. 2/II, S. 171): „Schleicher kommt uns in allem entgegen. Vorsicht Graf [sic! – LM] Schleicher ist ein Intrigant" – „wahrscheinlich wollten beide einander betrügen", meinte Brüning später; zit. nach Hömig, Brüning, 2000, S. 808.

76 Schulenburg an Donnersmarck vom 25.11.1931; nach der Abschrift, in: BAF N 239/83.

77 Kronprinz Wilhelm an Selasen-Selasinsky aus Berlin vom 8.12.1931, in: BAF N 432/2.

78 Es ist dies eine kombinationslogische Annahme; Quellenbelege haben wir dafür nicht.

79 Vgl. den Leitartikel im Zentralorgan *Der Stahlhelm* vom 13.12.1931.

80 Zum Folgenden Kronprinz Wilhelm an Hammerstein aus Berlin vom 20.12 1931, in: BAF N 42/21.

81 Zum Folgenden Hammerstein an Kronprinz Wilhelm vom 24.12.1931 (ebd.).

82 Zum Folgenden Schleicher an Kronprinz Wilhelm vom 24.12.1931 (ebd.).

83 Kronprinz Wilhelm an Hammerstein vom 26.12.1931 (ebd.).

84 Kronprinz Wilhelm an Schleicher vom 26.12.1931 (ebd.).

85 Ich orientiere mich hier an Heribert Prantl, der in einem Artikel („Charisma") für die *Süddeutsche Zeitung* vom 20./21.3.2021 richtig ausgeführt hat: „Charisma beruht auf der Schwingung zwischen der Gestimmtheit des Publikums und der Begabung seines Stars, sie aufzufangen und zurückzuwerfen."

86 Tagebuch Ilsemann vom 25.12.1931 (Teil II, S. 175).

87 Schulenburg an Arnim vom 26.12.1931, in: BLHA Rep. 37 Boitzenburg Nr. 4480/3.

Exkurs 2

1 Basis-Informationen über Leben und Wirken finden sich nebst Verweisen auf die einschlägige Literatur bei Strenge, Schleicher, 2006 sowie Bernd Braun, Die Weimarer Reichskanzler. Zwölf Lebensläufe in Bildern, Düsseldorf 2011, S. 440–473. – Wie umstritten Schleicher bis heute ist, zeigt die aktuelle Debatte um ein Ehrengrab für ihn in Berlin: https://www.tagesspiegel.de/berlin/letzter-reichskanzler-der-weimarer-republik-pflege-fuer-kurt-von-schleichers-grab-soll-nicht-mehr-vom-land-bezahlt-werden/26959160.html.

2 Schon vor mehr als zwanzig Jahren hat Wolfram Pyta den gelehrten Versuch gemacht, Schleichers damalige politische Programmatik einer systematischen Analyse zu unterziehen: Wolfram Pyta, Konstitutionelle Monarchie, in: VfZ 47, 1999, S. 417 ff.; mit dieser streng politologisch angelegten Studie kann und will dieser Exkurs nicht konkurrieren. Mir geht es weniger um die *Grundlagen* seines Politikmachens, das sich mir rein strukturell betrachtet nicht hinreichend erschließt, als vielmehr darum, die subjektiven und eher kontingenten Momente seiner Agenda herauszupräparieren. – Zu Schleichers „konspirativem Politikstil" hat Pyta übrigens selbst jüngst noch einige hochinteressante Überlegungen nachgetragen: Pyta/Orth, Nicht alternativlos, HZ 312, 2021, Heft 2.

3 Tagebuch von Oberstleutnant Albrecht Thaer vom 30.4., 10.7. und 28.10, 1918, zit. nach der Edition: Albrecht von Thaer/Siegfried A. Kaehler (Hg.), Generalstabsdienst an der Front und in der O.H.L. Aus Briefen und Tagebuchaufzeichnungen 1915–1919, Göttingen 1958, S. 191 f., 213 und 245. Ebd. auch die nachfolgenden Zitate.

4 Vgl. oben das Kapitel zum 9. November 1918.

⁵ Schleicher an Geßler vom 22.1.1928, zit. nach Kurt Sendtner/Otto Gessler/Theodor Heuss (Hg.), Otto Gessler. Reichswehrpolitik in der Weimarer Zeit, Stuttgart 1958, S. 491.

⁶ Das hat Groener dem früheren Staatssekretär Hans Schäffer offenbart: Tagebuch Schäffer vom 17.6.1932, in: IfZ München, ED 93, Bd. 21. Schleicher habe auf Hindenburg aber auch einen nicht zu unterschätzenden „unmittelbar persönlichen Einfluss" gehabt.

⁷ Brief an Gleichen vom 4.1.1930, in: BAF N 46/36.

⁸ Joachim von Stülpnagel, 75 Jahre meines Lebens, unveröffentlichtes Manuskript, Oberaudorf 1955, S. 278 ff.

⁹ Vgl. zum folgenden: Gerhard Rossbach, Mein Weg durch die Zeit. Erinnerungen und Bekenntnisse, Bad Godesberg 1950, S. 115 f.; Stülpnagel, 75 Jahre, 1955, S. 225; Pufendorf, Die Plancks, 2006, S. 229 bzw. 236.

¹⁰ BAF N 42/94.

¹¹ Hans-Otto Meissner, Junge Jahre im Reichspräsidentenpalais. Erinnerungen an Ebert und Hindenburg 1919–1934, Esslingen/München 1988, S. 319 f.

¹² Planck an Schleicher vom 28.3. sowie vom 27.8.1933, in: BAF N 42/82.

¹³ Vgl. Otto Jacobsen, Erich Marcks. Soldat und Gelehrter, Göttingen/Frankfurt/Zürich 1971, S. 44 ff.

¹⁴ Treviranus, Ende von Weimar, 1968, S. 288 (nach einem Ondit Brünings, der Schleicher als „sehr sensitiv" beschreibt).

¹⁵ So der Diplomat (und Dirksens Schwiegersohn) Werner von Rheinbaben: Kaiser, Kanzler, Präsidenten. Erinnerungen, Mainz 1968, S. 253.

¹⁶ Als pars pro toto sei hier nur auf einen Brief verwiesen, den er 29. Dezember 1930 an sein „liebes Fränzchen", den späteren deutschen Reichskanzler Franz von Papen schrieb, in: BAF N 42/80.

¹⁷ Tagebuch Ilsemann vom 25.3.1928 (Teil II, S. 92).

¹⁸ Müldner an Schleicher vom 5.11.1928, in: BAF N 42/79. Ebd. auch andere Briefzeugnisse für diese permanente Behelligung.

¹⁹ Müldner an Schleicher vom 12.2.1931, in: BAF N 42/79.

²⁰ Schleicher an Kronprinz Wilhelm aus Berlin vom 7.1.1932, in: BAF N 42/80 – *Pars pro toto!*

²¹ BAF N 42/79. – Zum Inhalt vgl. oben Exkurs „Zum Stellenwert der Monarchie".

²² Vgl. zu diesem Vorgang Schleichers Schreiben an das Wehrkreiskommando III vom 30.3.1928, in: BAF N 42/27.

²³ Zit. nach Otto-Ernst Schüddekopf, Das Heer und die Republik. Quellen zur Politik der Reichswehrführung 1918 bis 1933, Hannover/Frankfurt am Main 1955, S. 313.

²⁴ Tagebuch Ilsemann vom 13.2.1932 (Teil II, S. 184).

²⁵ So im Juni 1932 gegenüber dem früheren Staatssekretär Hans Schäffer (Tagebuch Schäffer vom 17.6.1932, in: IfZ München, ED 93, Bd. 21).

²⁶ Tagebuch Goebbels vom 15.6.1932 (Teil I, Bd. 2/II, S. 303).

²⁷ So in seinem großen Leitartikel für die *Vossische Zeitung* vom 11.12.1932, den er unter dem Pseudonym Georg Huneus veröffentlichte.

28 Nach den unveröffentlichten Erinnerungen Gayls, in: BAK N 1031/4.

29 Tagebuch Lersner vom 3.7.1932 nach einer vertraulichen Aussprache mit Schleicher, in: BAK N 1685/10.

30 Meissner, Staatssekretär, 1950, S. 257.

31 Ebd., S. 257.

32 Werner von Rheinbaben, Viermal Deutschland. Aus dem Erleben e. Seemanns, Diplomaten, Politikers 1895–1954, Berlin 1954, S. 301.

33 Tagebuch Schäffer vom 29.3.1933 nach einem Treffen mit Schleicher und Planck in Berlin, in: IfZ München, ED 93, Bd. 24.

Kapitel 3

1 HABHZ, Rep. 14 A Kronprinz Wilhelm, Schriften Seiner Kaiserlichen Hoheit, nicht pag. Ob diese Schlüsselquelle zum politischen Selbstverständnis unseres Protagonisten noch andere intellektuelle Urheber neben dem Unterzeichneten hatte, entzieht sich meiner Kenntnis.

2 Es ist übrigens die einzige machtpolitische Idee gewesen, die er jemals hatte!

3 Vgl. die einschlägigen Darstellungen dieser Sondierungen bei Hömig, Brüning, S. 493 ff.; Pyta, Hindenburg, 2007, S. 649 ff.; Klaus Hornung, Alternativen zu Hitler. Wilhelm Groener – Soldat und Politiker in der Weimarer Republik, Graz 2008, S. 173 ff. – Als Gesamtdarstellung: Larry Eugene Jones, Hitler versus Hindenburg. The 1932 presidential elections and the end of the Weimar Republic, Cambridge 2016.

4 Tagebuch Goebbels vom 8.1.1932 (Teil I, Bd. 2/II, S. 190).

5 Tagebuch Goebbels vom 11.1.1932 (Teil I, Bd. 2/II, S. 193).

6 Selbst der Anti-Nazi Groener äußerte über sein Zusammentreffen mit Hitler: „Sympathischer Eindruck, ordentlicher Mensch, der Bestes will. Im Auftreten Typ des strebsamen Autodidakten." Seine „Absicht und Ziele" seien „gut, ist aber Schwarmgeist, glühend, vielseitig" (am 11. Januar 1932 auf einer Führerbesprechung im Reichswehrministerium; zit. nach dem Protokoll, in: BAF N 46/152).

7 Aufschlussreich hierzu der Brief des Führers des Alldeutschen Verbandes Heinrich Claß an Salm-Horstmar vom 11.1.1932, in: BAB R 8048/454.

8 Kleist an Levetzow aus Berlin vom 9.1.1932, in: BAF N 239/56.

9 Cecilie an Louis Ferdinand vom 26.1.1932 aus Cecilienhof, in: HABHZ, Rep. 17 B/3 Prinz Louis Ferdinand von Preußen, Briefwechsel 1930–1933, Erinnerungen an Detroit, nicht pag.

10 Das erfuhr Joachim von Ostau aus dem Munde von Kronprinz Wilhelm ein paar Wochen später bei seinem Besuch in Schloss Oels (zit. nach der unter dem Pseudonym Friedrich veröffentlichten Darstellung Ostaus in seinem Buch: Wer spielte falsch? Hitler, Hindenburg, Der Kronprinz, Hugenberg, Schleicher. Ein Tatsachenbericht aus Deutschlands jüngster Vergangenheit nach authentischem Material, Hamburg 1949, S. 12). – Hierzu siehe auch weiter unten.

11 So hat Hitler nur einen Tag nach seinem Besuch in Cecilienhof bezeichnenderweise in Berlin die Bismarckenkel Otto und Gottfried getroffen (vgl. Jochen Thies, Die Bismarcks. Eine deutsche Dynastie, München/Zürich 2013, S. 223). Er versuchte damals eben auf allen Parketts der nationalkonservativen Prominenz das Charisma

seiner speziellen Persönlichkeit einzusetzen, um sich als Regierungschef zu empfehlen.

12 Brüning, Memoiren, 1970, S. 505.

13 So der frühere DNVP-Vorsitzende Graf Westarp an Hiller von Gaertringen am 14.1.1932, zit. nach Daniela Gasteiger, Kuno von Westarp (1864–1945). Parlamentarismus, Monarchismus und Herrschaftsutopien im deutschen Konservatismus, Berlin/Boston 2018, S. 411 f.

14 Tagebuch Goebbels vom 13.1.1932 (Teil I, Bd. 2/II, S. 195).

15 Brüning, Memoiren, 1970, S. 512 f.; vgl. hierzu auch Peer Oliver Volkmann, Heinrich Brüning. 1885–1970, Düsseldorf 2004, S. 177 f.

16 Brüning an Ostau v. 16.3.1952, zit. nach Heinrich Brüning, Briefe. 1946–1960, Stuttgart 1974, S. 299.

17 Die Mittel und Wege, die Hindenburg dabei benutzt hat, lassen sich trotz aufwendiger Recherche nicht mehr in Erfahrung bringen.

18 Groener an Gleich vom 24.1.1932, in: BAF N 46/36. Desgleichen Schleicher gegenüber dem Staatssekretär im Reichsfinanzministerium Hans Schäffer (Tagebuch Schäffer vom 29.1.1932, in: IfZ München, ED 93, Bd. 19).

19 Zu den hinreichend erforschten Vorgängen von Brünings Politik in dieser Sache vgl. Heinrich August Winkler, Weimar 1918–1933. Die Geschichte der ersten deutschen Demokratie, München 1998, S. 444 ff.

20 *Vossische Zeitung* vom 1.2.1932 (Leitartikel).

21 Tagebucheintrag vom 29.1.1932, zit. nach Bella Fromm, Als Hitler mir die Hand küsste, Reinbek bei Hamburg 1994, S. 53.

22 Groener an Gleich vom 24.1.1932, in: BAF N 46/36.

23 Siehe oben Kapitel 1, S. 27.

24 Neumann, Leben, 1975, S. 338 f.

25 Zit. nach dem „streng vertraulichen" Bericht von Schmidt-Hannover an Hugenberg aus Berlin vom 5.9.1932 über „ein längeres Gespräch mit dem Kronprinzen am 4.9.1932", in: BAK N 1231/38.

26 Brüning, Memoiren, 1970, S. 519, ebd. S. 520 f. auch zum Folgenden. Vgl. außerdem Hömig, Brüning, S. 520 f. sowie Volkmann, Brüning, S. 176 f. – Seit 1930 hatte Kronprinz Wilhelm vergeblich versucht, mit Brüning in persönlichen Kontakt zu kommen.

27 Gespräch mit Hans Schäffer laut Tagebuch Schäffer vom 28.10.1932, in: IfZ, ED 93, Bd. 23.

28 Aufzeichnung von Oberst Eberhard von Selasen-Selasinsky, der mit Kronprinz Wilhelm am 29. März 1932 in Oels u.a. darüber eine vertrauliche Aussprache hatte, in: BAF N 432/10.

29 Tagebuch Ilsemann vom 13.2.1932 (Teil II, S. 184).

30 *BZ am Morgen* vom 4.2.1932.

31 Das erfuhr der Berliner Korrespondent der in Wien erscheinenden *Neuen Freien Presse* auf Nachfrage in der Wilhelmstraße (*Neue Freie Presse* vom 6.2.1932).

32 *Berliner Tageblatt* vom 6.2.1932.

33 So der Gesellschaftsreporter der *Neuen Freien Presse*, zit. nach *Vorwärts* vom 21.9.1932.

34 Tagebuch Goebbels vom 5.2.1932 (Teil I, Bd. 2/II, S. 212).

35 Das will ein Freund des Kronprinzenpaares Fritz Günther von Tschirschky im „Februar" 1932 bei einem Besuch im Cecilienhof von Kronprinz Wilhelm erfahren haben: Tschirschky, Erinnerungen, 1972, S. 172.

36 Tagebuch Ilsemann vom 13.2.1932 (Teil II, S. 183).

37 Wilhelm II. an Louis Ferdinand vom 23.2.1932, zit. nach Karina Urbach, Nützliche Idioten. Die Hohenzollern und Hitler, in: Biskup u.a. (Hg.), Preußendämmerung, 2019, S. 75.

38 Sell an Levetzow vom 5.3.1932, in: BAF N 239/56.

39 Aufzeichnung des Staatssekretärs in der Reichskanzlei Hermann Pünder vom 12.2.1932 (Pünder, Reichskanzlei, 1961, S. 113).

40 Zu den Details vgl. Pyta, Hindenburg, 2007, S. 658 ff. sowie Jones, Hitler versus Hindenburg, 2016.

41 Schreiben Hindenburgs an seinen früheren Privatsekretär von Kügelgen vom 18.4.1932, zit. nach Dieter von der Schulenburg, Welt um Hindenburg. 100 Gespräche mit Berufenen, Berlin 1935, S. 76.

42 Tagebuch Lersner aus Berlin vom 16.2.1932, in: BAK N 1685/9.

43 Schleicher an Baronin Rigal vom 27.2.1932, nach dem Konzept in: BAF N 42/30.

44 Kronprinz Wilhelm [eigenhändig] an Schleicher o.D. [Mitte Februar] aus St. Moritz, in: BAF N 42/80.

45 Tagebuch Goebbels vom 19.2.1932 (Teil I, Bd. 2/II, S. 221).

46 Hitler, RSA, Bd. V, S. 138 ff.

47 Levetzow an Donnersmarck vom 3. März 1932 (Abschrift), in: BAF N 239/83. – Auf der Vorstandssitzung der Vaterländischen Verbände in Berlin spricht sich auch deren Vorsitzender Rüdiger Graf von der Goltz am 3. März 1932 für die Wahl Hitlers bei den Reichspräsidentenwahlen aus (BAK, ZSg 1 E 87).

48 Wiedergabe der Redetexte nach *Vossische Zeitung* vom 5.3.1932.

49 Darauf hat von den demokratischen Blättern damals allein der *Vorwärts* hingewiesen, *Vorwärts* vom 5.3.1932.

50 So zitiert die *Vossische Zeitung* (Abendausgabe vom 5.3.1932) den Versammlungsbericht im *Tag*.

51 Tagebuch Lersner vom 5.3.1932 1932, in: BAK N 1685/10.

52 Müldner an Louis Ferdinand vom 4.3.1932, in: HABHZ, Rep. 17 B/3 Prinz Louis Ferdinand von Preußen, Briefwechsel 1930–1933, Erinnerungen an Detroit, nicht pag.

53 Sell an Levetzow vom 5.3.1932, in: BAF N 239/56.

54 Tagebuch Ilsemann vom 8.3.1932 (Teil II, S. 186 f.), ebd. auch zum Folgenden.

55 Autobiografische Aufzeichnungen Kronprinz Rupprecht vom 16.3.1932, in: Verwaltung des Herzogs von Bayern, Aufzeichnungen Kronprinz Rupprechts von 1932 Mappe 14 (HVN, AA, M14).

56 Maguerite Fürstin von Bismarck an ihre Mutter Gräfin Hoyos vom 4.3.1932, in: Bismarckarchiv Friedrichsruh G 18.

57 Vgl. Tagebuch Quaatz vom 22.3.1932 (Weiß/Hoser, Tagebuch Quaatz, 1989, S. 185).

58 Tagebuch Quaatz vom 14.3.1932 (Weiß/Hoser, Tagebuch Quaatz, 1989, S. 183).

59 Tagebuch Lersner vom 15.3.1932, in: BAK N1685/10.

60 Tagebuch Ilsemann vom 17.4.1932 nach Rückkehr von einem vierwöchigem Aufenthalt in Berlin (Teil II, S. 188).

61 Schulenburg an Arnim aus Berlin vom 18.3.1932, in: BLHA Rep. 37 Boitzenburg Nr. 44/3.

62 Ausführlich über ihn und seine Tätigkeit Wolfgang Schieder, Faschistische Diktaturen. Studien zu Italien und Deutschland, Göttingen 2008, S. 223 ff.

63 Vgl. Renzettis Berichte an Mussolini vom 15. bzw. 17.3.1932, in: BAK N 1235/11.

64 Abschriften in: BAF N 239/83.

65 Hier nach dem Exemplar in: BAB R 72/296. – Mitunterzeichnet war der Aufruf von dem Vorsitzenden der Vereinigten Vaterländischen Verbände Deutschlands, Rüdiger von der Goltz, sowie von Admiral Ludwig von Schröder, dem Vorsitzenden des Nationalverbands Deutscher Offiziere. – Eine Woche später erschien in den *Alldeutschen Blättern* ein Aufruf „Wählt Hitler" mit ähnlichem Tenor.

66 Über seine Nazikarriere ausführlich Karina Urbach, Hitlers heimliche Helfer. Der Adel im Dienst der Macht, Darmstadt 2016, S. 181 ff. sowie Hubertus Büschel, Hitlers adliger Diplomat. Der Herzog von Coburg und das Dritte Reich, Frankfurt am Main 2016.

67 Ein Exemplar befindet sich im Nachlass Mackensen mit einem Brief zur Unterstützung der Initiative auf die der Angeschriebene jedoch nicht reagierte: BAF N 39/272.

68 Hugenberg an Kronprinz Wilhelm vom 26.3.1932 (Abschrift), in: BAK N1231/37. – „Mit der Bitte um geneigte Würdigung dieser Gründe zeichne ich als Euer Kaiserlichen Hoheit ehrerbietigst ergebener HUGENBERG".

69 Es handelt sich um das seit Mitte der 1920er Jahre reichsweit vertriebene Blatt des deutschvölkischen Verlegers Friedrich Carl Holtz, das neben antisemitischen und antimarxistischen Stereotypen auch monarchischen Tendenzen huldigte. Über die Auflagenhöhe konnte nichts Genaueres ermittelt werden.

70 Die im Nachfolgenden betrachtete Aktion ist bereits mehrfach dargestellt worden, zuletzt mit analytischer Tiefenschärfe von Pyta, Hindenburg, 2007, S. 676 ff. (mit entsprechenden Literaturverweisen). Meine wichtigsten Quellen sind: Erinnerungen Selasen-Selasinsky, in: BAF N 432/10; Erinnerung G. v. Einem, in: HABHZ, Kopie nach Original in Privatbesitz (nicht verz. und nicht pag.); Friedrich [Ostau], Wer spielte falsch?, 1949, S. 12 ff. sowie die Unterlagen im Nachlass Karl v. Einem (BAF N 324/29). – Alle im Folgenden nicht eigens ausgewiesenen Zitate entstammen diesen Quellen.

71 Erinnerung G. v. Einem, in: HABHZ, Kopie nach Original in Privatbesitz (nicht verz. und nicht pag.); desgleichen die Erinnerungen Selasen-Selasinsky, in: BAF N 432/10. – Der bei Klaus W. Jonas, Der Kronprinz Wilhelm, Frankfurt am Main 1962, S. 226 abgedruckte Brieftext ist eine nachträgliche Konjektur.

72 Kronprinz Wilhelm an Wilhelm II. vom 29.3.1932, in: BAF N 432/10.

73 BAF N 324/29.

74 In die Irre führt der Ehrenrettungsversuch von Friedhild den Toom/Sven Michael Klein (Hg.), Hermine. Die zweite Gemahlin von Wilhelm II, Greiz 2007.

75 Vgl. hierzu auch Ostaus späteren Rekurs auf sein Engagement gegenüber dem Hitler-Stellvertreter Rudolf Hess: „Ich hatte im März 1932 die Ehre, von Ihnen in besonders liebenswürdiger Weise empfangen zu werden, als ich im Auftrage des Kronprinzen dem Führer ein Schreiben übermittelte, in welchem der Kronprinz, unter der Voraussetzung der Unterstützung des Führers, sich zur Übernahme der nationalen Einheitskandidatur bereiterklärte. Ich war damals deswegen vom Kronprinz mit dieser Mission betraut worden, weil ich einerseits durch gewisse Umstände und Zufälle in die diesbezüglich stattgefundenen Verhandlungen mitverwickelt worden war und andererseits in meiner damaligen Eigenschaft als Gaupropagandaleiter [...] vielleicht am ehesten die Mittel und Wege finden würde, um in dieser Angelegenheit beim Führer vorgelassen zu werden" (Brief vom 17.7.1936, in: BAB R 9361/V Nr. 28973).

76 Tagebuch Goebbels vom 31.3.1932 (Teil 1, Bd. 2/II, S. 252).

77 Den hat Ostau am 4.4.1932 an Kronprinz Wilhelm geschickt.

78 Hierzu auch weiter unten.

79 So Schäffer in seinem Tagebuch vom 15.4.1932 nach einer längeren Unterredung mit Mowrer, der Hitler am Tag zuvor gesprochen hatte, in: IfZ München, Ed 93, Bd. 20.

80 Nach Ostau habe Wilhelm II. geschrieben, er stände der Aktion „verständnislos" gegenüber. Das Ehrenwort von 1918 verbiete „allen seinen Söhnen im Rahmen einer republikanischen Regierungsform Diener des Staates zu werden" (Friedrich, Wer spielte falsch?, 1949, S. 16).

81 Von diesem verzweifelten Versuch von Cecilie, ihren Mann „umzustimmen", erfuhr wenig später Reichsminister Schwerin v. Krosigk von Selasinsky (Lutz Schwerin von Krosigk, Memoiren, Stuttgart 1977, S. 93 f.).

82 Nicht überliefert.

83 GStA Berlin-Dahlem Rep 192, NL Dommes, Nr. 14.

84 Kronprinz Wilhelm an Selasen-Selasinsky vom 1.4.1932, in: BAF N 432/10.

85 In den autobiografischen Aufzeichnungen des früheren bayerischen Kronprinzen Rupprecht vom 1. April 1932 heißt es: „Dass der preußische Kronprinz bekannt gab, er werde Hitler wählen, diese Taktlosigkeit hat die preußischen Monarchisten schwer verstimmt, umso mehr als die Beteiligung des Thronfolgers an der Präsidentenwahl einer Anerkennung der Republik gleichkäme" (Verwaltung des Herzogs von Bayern, Aufzeichnungen Kronprinz Rupprechts von 1932 Mappe 15 [HVN, AA, M14]).

86 Vgl. im Einzelnen die Presseausschnittsammlung, in: BAB R 8034-II/8547.

87 *Vorwärts* vom 3.4.1932.

88 *Deutsche Allgemeine Zeitung* vom 5.4.1932.

89 *8 Uhr Abendblatt* vom 4.4.1932. Mit ähnlichem Tenor auch die kommunistische „Rote Fahne" vom 6.4.1932, die die „Weibergeschichten" von Kronprinz Wilhelm im Ersten Weltkrieg aufrollt mit der Schlagzeile: „Der Etappen-‚Held'".

90 Kronprinz Wilhelm an Selasen-Selasinsky vom 5.4.1932, in: BAF N 432/10.

91 Tagebuch Schäffer vom 17.6.1932, in: IfZ München, ED 93, Bd. 21. – Das sei die „Selbstvernichtung des Monarchismus", schrieb Schleichers Hausblatt *Tägliche Rundschau* am 5.4.1932.

92 Levetzow an Kleist vom 6.4.1932, in: BAF N 239/56.

93 Nach Hitler, RSA, Bd. V, 1996, S. 28 – Rückübersetzung von mir.

[94] Kronprinz Wilhelm an Louis Ferdinand vom 10.4.1932, in: HABHZ, Rep. 17 B/3 Prinz Louis Ferdinand von Preußen, Briefwechsel 1930–1933, Erinnerungen an Detroit, nicht pag.

[95] Hervorhebung durch mich.

[96] Kronprinz Wilhelm an Hugenberg vom 13.4.1932 (Abschrift), in: BAK N 1231/37.

[97] Groener an Brüning vom 10.4.1932, in: BAF N 46/152.

[98] Undatierter Entwurf eines Schreibens an Kleist, in BAF N 239/56. – Zum Kontext vgl. auch Granier, Levetzow, 1982, S. 339 ff.

[99] BAF N 239/56.

[100] Von wem eigentlich „vorgeschrieben", sagt er nicht. Was noch einmal unterstreicht, dass wir es hier mit nichts anderem als Voluntarismus und Subjektivismus zu tun haben. Seine Befähigung zu diesem hat er einfach unterstellt – ohne jede politische Handlungserfahrung.

[101] Nach Tagebuch Ilsemann vom 20.5.1932 (Teil II, S. 192 f.).

[102] LHA Sachsen-Anhalt, Zweigstelle Wernigerode, E 203 Nr. 2 (Transkript S. 833).

[103] Kronprinz Wilhelm an Selasen-Selasinsky vom 20.4.1932, in: BAF N 432/10.

[104] Cecilie an Louis Ferdinand vom 14.4.1932, in: HABHZ, Rep. 17 B/3 Prinz Louis Ferdinand von Preußen, Briefwechsel 1930–1933, Erinnerungen an Detroit, nicht pag.

[105] Kronprinz Wilhelm an Groener aus Cecilienhof vom 14.04.1932 (Original, in: BAF N 46/152; korrekter Abdruck auch bei Dorothea Groener-Geyer, General Groener. Soldat und Staatsmann, Frankfurt am Main 1955, S. 311 f.).

[106] Konzept vom 20.4.1932 in: BAF N 46/152. Er trage die Verantwortung, die er mit der Auflösungsverordnung übernommen habe, „in dem Bewusstsein für das deutsche Volk eine gute Tat von geschichtlicher Bedeutung vollbracht zu haben". Er stehe dabei über den Parteien und gehe seinen „eigenen geraden Weg, unbeeinflusst von parteipolitischen oder sonst einseitigen Meinungen und Empfindungen". Gestrichen hat er den Passus: „Ich darf im Übrigen versichern, dass nach den mir vorliegenden Berichten und Akten der Eindruck nicht bestätigt wird, den Eure Kaiserliche Hoheit von dem von der SA und SS vereinigten Menschenmaterial empfangen haben." Deren Mitglieder entstammten zu einem erheblichen Teil kommunistischen Organisationen. „Das Ziel dieser Leute ist und bleibt der Bolschewismus, mag auch das Vorzeichen gewechselt sein und mögen sie sich auch in einen nationalen Mantel gehüllt haben." – „In alter treuer Gesinnung verbleibe ich Eurer Kaiserlichen Hoheit stets aufrichtig ergebener GROENER." – Gegenüber seinem Freund Gleich hat Groener wenige Tage später (25. April) hingegen mit folgendem explizit politischen Argument begründet: „Gerade wegen der Reichswehr war es meines Erachtens der *letzte* Augenblick, um mit einem rücksichtslosen Schlag *vor* den Preußen- pp. wahlen den Spuk der S.A. zu vernichten" (BAF N 46/36).

[107] Levetzow an Kleist vom 15.4.1932 (Entwurf), in: BAF N 239/56.

[108] GStA Berlin-Dahlem Rep 192, NL Dommes, Nr. 14 (undatiertes Konzept).

[109] Kronprinz Wilhelm an Selasen-Selasinsky vom 20.4.1932, in: BAF N 432/10.

110 Das geht aus den stenografischen Notizen von Martin Spahn über die Sitzung von Reichstagsfraktion und DNVP-Vorstand am 3.6.1932 hervor (BAK N 1324/175). Im Übrigen BAK N 1231/31.

111 Nach *Vorwärts* vom 19.4.1932; vgl. auch Machtan, Kaisersohn, 2006, S. 256 ff.

112 Tagebuch Ilsemann vom 26.4.1932 (Teil II, S. 189 f.).

113 So der amerikanische Publizist Mowrer gegenüber Schäffer (Tagebuch vom 15.4.1932, in: IfZ München, Ed 93, Bd. 20). Sein Kollege Sefton Delmer (Die Deutschen und ich, Hamburg 1963, S. 175) wollte sogar wissen, dass der Exkaiser „eine ansehnliche Summe" zu Hitlers Parteifonds beigesteuert habe.

114 *Welt am Abend* vom 21.4.1932.

115 Hugenberg an Kronprinz Wilhelm vom 27.4.1932, in: BAK N 1324/175.

116 Tagebuch Ilsemann vom 3.5.1932 (Teil II, S. 190 f.).

117 Kronprinzessin Cecilie an Alvensleben vom 18.5.1932, in: LHA Sachsen-Anhalt, Zweigstelle Wernigerode, E 203 Nr. 24.

118 Sämtliche Zitate aus Groeners Brief an Gleich vom 25.4.1932, in: BAF N 46/36.

119 Tagebuch Quaatz vom 28.4.1932 (Weiß/Hoser, Tagebuch Quaatz, 1989, S. 188). Es war der entschiedene Antinazi-Kurs seines Vorgesetzten, der Schleicher immer mehr von Groener abrücken ließ.

120 Brüning, Memoiren, 1970, S. 575. Beim letzten Satz habe Schleicher allerdings „eine verächtliche Handbewegung" gemacht.

121 Vgl. Strenge, Schleicher, 2006, S. 85 ff.; außerdem Tagebuch Goebbels (Teil I, Bd. 2/II, S. 271 ff.).

122 Vgl. Levetzow an Tiele-Winkler vom 4.5.1932, in: BAF N 239/56.

123 Feldmarschall August von Mackensen an seinen Sohn Georg vom 19.5.1932, in: BAF N 39/528.

124 Tagebuch Quaatz vom 8.5.1932: „Ich bin aufs tiefste niedergeschlagen" (Weiß/Hoser, Tagebuch Quaatz, 1989, S. 189 f.).

125 Tagebuch Goebbels vom 9.5.1932 (Teil I, Bd. 2/II, S. 276).

126 Im deutschen Blätterwald findet der runde Geburtstag ein erstaunlich großes Echo, vgl. BAB, R 8034-II/8547.

127 Aufzeichnung Selasen-Selasinsky, in: BAF N 432/10.

128 Zu den Hintergründen vgl. Lochner (Vertreter der *Assoziated Press*) an Staatssekretär Planck vom 4. Mai 1932, in: BAB, R 43-I/2205 und I/2482 sowie Sell an Levetzow vom 4.5.1932, in: BAF N 239/56.

129 Kronprinz Wilhelm an Neurath vom 3.6.1932, in: BAK, N 1310/82. Konstantin von Neurath war damals als neuer Außenminister in Aussicht genommen und saß am 18. Mai mit am Tisch.

130 Papen an Schleicher vom 21.5.1932 aus Wallerfangen: „Ich habe sehr bedauert, dass ich nicht in Cäcilienhof [sic! – LM] sein konnte" (BAF N 42/22). – Die vollständige Gästeliste ist nicht überliefert.

131 Müldner an Schleicher aus Berlin vom 19.5.1932, in: BAF N 42/27.

132 Tagebuch Goebbels vom 19.5.1932 (Teil I, Bd. 2/II, S. 284).

133 Groener an Gleich vom 22.5.1932, in: BAF N 46/36.

¹³⁴ Ein Exemplar von Müldners Ausarbeitung zur „Frage der Reichspräsidenten-Kandidatur eines der Prinzen des Königlichen Hauses", datiert 23. Februar 1932, befindet sich im Hausarchiv auf der Burg Hohenzollern (HABHZ, Rep. 14 A Kronprinz Wilhelm, Acta Vol. 10 betr. die Apanage Seiner Kaiserlichen und Königlichen Hoheit des Kronprinzen 1930–1935, pag. 125–129).

¹³⁵ Schleicher an Müldner vom 23.5.1932 (Entwurf), in: BAF N 42/27.

¹³⁶ Tagebuch Goebbels vom 31. Mai 1932: „Unterredung beim Alten gut verlaufen. Göring musste schweigend dabeisitzen" (Teil I, Bd. 2/II, S. 293).

¹³⁷ Groener an Gleich vom 18.6.1932, in: BAF N 46/36.

¹³⁸ Tagebuch Lersner vom 7.6.1932, in: BAK N1685/10.

¹³⁹ Autobiografische Aufzeichnungen Kronprinz Rupprecht vom 24.6.1932 (Verwaltung des Herzogs von Bayern, Aufzeichnungen Kronprinz Rupprechts von 1932 Mappe 14 [HVN, AA, M14]).

¹⁴⁰ Tagebuch Ilsemann vom 20./21. Mai 1932 (Teil II, S. 193 ff.).

¹⁴¹ Tagebuch Goebbels vom 1. bzw. 2.6.1932 (Teil I, Bd. 2/II, S. 294 f.) – Vgl. hierzu auch die Erinnerungen von Hitlers damaligem Pressechef Otto Dietrich, Zwölf Jahre mit Hitler, Köln 1955, S. 244 f.

¹⁴² Lersner an Papen vom 3.6.1932 (Entwurf) in: BAK N1685/10.

¹⁴³ Zit. nach ADAP B XX, S. 205.

¹⁴⁴ Arthur Berg (Wilhelms Privatsekretär) an Schleicher vom 4.6.1932 (BAF N 42/27): „Im Auftrag Seiner Kaiserlichen Hoheit des Kronprinz darf ich sehr ergebenst bitten, beifolgende Briefe an den Herrn Reichskanzler von Papen und den Herrn Reichsminister von Neurath übergeben zu wollen. Sie enthalten persönliche Schreiben Seiner Kaiserlichen Hoheit." Nur das Schreiben an Neurath vom 3.6.1932, in: BAK, N 1310/82.

¹⁴⁵ Zum Folgenden Kronprinzessin Cecilie an Louis Ferdinand vom 4.6.1932, in: HABHZ, Rep. 17 B/3 Prinz Louis Ferdinand von Preußen, Briefwechsel 1930–1933, Erinnerungen an Detroit, nicht pag.

¹⁴⁶ Zimmermann an Hermine vom 14.6.1932, in: GStA Dahlem, Rep 92, NL Zimmermann, E, Nr. 88.

¹⁴⁷ Tagebuch Schäffer vom 7.6.1932 über sein Vieraugengespräch mit dem entlassenen Reichskanzler, in: IfZ München, ED 93, Bd. 21.

¹⁴⁸ Tagebuch Schäffer vom 2.6.1932, in: IfZ München, ED 93, Bd. 21.

¹⁴⁹ So der linksdemokratisch orientierte Schriftsteller Kurt v. Reibnitz in seiner vielbeachteten Veröffentlichung „Im Dreieck Schleicher, Hitler, Hindenburg", Dresden 1933, S. 206. – In der Tagespresse finden sich zahlreiche ähnlich lautende Beurteilungen.

¹⁵⁰ Groener an Gleich vom 18.6.1932, in: BAF N 46/36.

¹⁵¹ Tagebuch Schäffer vom 17.6.1932, in: IfZ München, ED 93, Bd. 21.

¹⁵² Zit. nach Tagebuch Schäffer vom 28.6.1932, in: ebd.

¹⁵³ Vgl. Tagebuch Schäffer vom 6.7.1932 (ebd.): „Jede Nachricht, dass man die Absicht hat, Mitgliedern der Familie Hohenzollern wiederum zur Herrschaft zu verhelfen, ist Unsinn."

¹⁵⁴ Reinhold Quaatz/Paul Bang/Alfred Hugenberg (Hg.), Das deutschnationale Freiheits-Programm, Berlin 1932, S. 9.

155 Rundfunkansprache vom 12.7.1932 (zit. nach Maximilian Terhalle/Otto Schmidt-Hannover, Deutschnational in Weimar. Die politische Biographie des Reichstagsabgeordneten Otto Schmidt (-Hannover). 1888–1971, Köln u.a. 2009, S. 314f.).

156 Papen an den Vatikan-Botschafter Diego von Bergen vom 6.6.1932 (zit. nach Christoph Hübner, Die Rechtskatholiken, die Zentrumspartei und die katholische Kirche in Deutschland bis zum Reichskonkordat von 1933. Ein Beitrag zur Geschichte des Scheiterns der Weimarer Republik, Berlin/Münster 2014, S. 700).

157 Kronprinz Wilhelm an Schleicher aus Berlin vom 24. Juni 1932, in: BAF N 42/27.

158 Von dem Briefinhalt wissen wir aus einem Schreiben Müldners an Schleicher vom 27.6. Juni 1932, in: BAF N 42/27. Der Brief selbst ist nicht überliefert.

159 Kronprinz Wilhelm an Hindenburg vom 4.7.1932 (Konzept), in: BAF N 42/27. Am gleichen Tag findet abends im Cecilienhof ein „Herrenessen" statt, an dem u.a. Schleicher, Neurath, Schacht, Oberfohren und Morozowicz teilnehmen (BAF N 42/27).

160 Diese Verlautbarungen sollen am 15./16. Juli 1932 bei einem Besuch in Doorn gefallen sein (Tagebuch Ilsemann II, S. 199).

161 LHA Sachsen-Anhalt, Zweigstelle Wernigerode, E 203 Nr. 2 (Transkript S. 831 ff.).

162 Autobiografische Aufzeichnungen Kronprinz Rupprecht vom 31.7.1932 (Verwaltung des Herzogs von Bayern, Aufzeichnungen Kronprinz Rupprechts von 1932 Mappe 14 [HVN, AA, M14]).

163 Autobiografische Aufzeichnungen Kronprinz Rupprecht vom 14.7.1932 (ebd.).

164 Tagebuch Ilsemann vom 18. bzw. 19.7.1932 (Teil II, S. 198ff.).

165 Kessler Tagebuch vom 5.8.1932 (Bd. IX, S. 483f.).

Exkurs 3

1 Zuletzt Möckelmann, Restaurativer Illusionär und Vasall, in: Michael Epkenhans/Ewald Frie (Hg.), Politiker ohne Amt. Von Metternich bis Helmut Schmidt, Paderborn 2020, S. 89ff.

2 Werner von Rheinbaben, Kaiser, Kanzler, Präsidenten. Erinnerungen, Mainz 1968, S. 274.

3 Schulenburg, Welt um Hindenburg, 1935, S. 184.

4 Schleicher an Papen vom 29.12.1930, in: BAF N 42/80.

5 Meissner, Junge Jahre im Reichspräsidentenpalais, 1988, S. 328.

6 Zit. nach Scheurig, Kleist-Schmenzin, 1968, S. 115 bzw. 265.

7 Lambach (Konservative Volkspartei und vormals DNVP) an den evangelischen Theologieprofessor Walther Classen vom 17.9.1932, zit. nach dem Abdruck bei Frank Lambach, Mein Großvater Walther Lambach. Politiker der Weimarer Republik. Ein Mensch seiner Zeit, Berlin 2012, S. 46f. Dort auch das nachfolgende Zitat.

8 *Reichswart* vom 26.11.1932.

9 Hierzu nach wie am besten Schulze, Otto Braun, 1977, S. 725ff.

10 Promemoria vom 12.6.1932, zit. nach Minuth/Erdmann Kabinett von Papen. Juni bis September 1932, 1989, S. 69.

11 Tagebuch Goebbels vom 9.7.1932 (Teil I, Bd. 2/II, S. 317).

12 Schulenburg an Arnim vom 23.11.1932, in: BLHA Potsdam, Rep. 37 Boitzenburg Nr. 44/3.

13 Rede in Essen am 2.11.1933, zit. nach Reiner Möckelmann, Franz von Papen. Hitlers ewiger Vasall, Darmstadt 2016, S. 17.

Kapitel 4

1 Tagebuch Schäffer vom 6.7.1932 über seine Unterredung mit Planck, in: IfZ München, ED 93, Bd. 21. Brüning hat diesem Statement übrigens wenige Tage später widersprochen. Der glaubt nicht an Schleichers Versicherung, „dass er nur die Nazis abwenden will". Er wechselt vielmehr seine Meinung „und redet einmal so und einmal so. Planck weiß sicher nicht alles, was Schleicher will und plant" (ebd., Eintrag vom 22.7.1932).

2 Zit. nach Martin H. Sommerfeldt, Ich war dabei. Die Verschwörung der Dämonen. 1933–1939. Ein Augenzeugenbericht, Darmstadt 1949, S. 15.

3 Vgl. zum Folgenden Schleichers Rundfunkrede vom 26.7.1932, in: DRA Nr. 2590036.

4 *Vossische Zeitung* vom 27.7.1932.

5 Vgl. Tagebuch Goebbels vom 28.7.1932 (Teil I, Bd. 2/II, S. 327).

6 Nur wenige Tage nach Hitlers Besuch bei Hindenburg hat Schleicher verlautbaren lassen: Man habe Hitler die Macht in erheblichem Umfang nicht anvertrauen können, weil er entsetzliche Pläne gehabt habe. Er habe davon gesprochen und die Zustimmung dazu gefordert, dass er nach Ergreifung der Macht ein Standgericht gegen linksgerichtete Politiker einsetzen werde, und sogar der Ausdruck Bartholomäusnacht sei in diesem Zusammenhang gefallen" (Tagebuch Schäffer vom 17.8.1932 nach einem Gespräch mit dem Journalisten Sieburg, der in den Tagen davor zweimal bei Schleicher war, in: IfZ, Ed 93, Bd. 22).

7 Zur Rekonstruktion der diesbezüglichen Vorgänge vgl. zuletzt Pyta, Hindenburg, 2007, S. 714 ff. – In der Ausdeutung setze ich die Akzente etwas anders als Pyta, da ich den Reichspräsidenten für politisch weniger versiert halte.

8 Tagebuch Goebbels vom 14.8 1932 (Teil I, Bd. 2/II, S. 341).

9 Im Gespräch mit seinem Vorgänger in der Reichskanzlei am 17.8.1932, zit. nach Pünder, Reichskanzlei, 1961, S. 142.

10 Tagebuch Quaatz vom 10. August 1932 (Weiß/Hoser, Tagebuch Quaatz, 1989, S. 200 f.).

11 Protokoll der Sitzung der Reichsregierung am 10. August 1932, in: BAB R 43/I Nr. 2684.

12 Zit. nach Volker Ullrich, Adolf Hitler. Biographie, Frankfurt am Main 2013, S. 925.

13 Das Interview wurde in London veröffentlicht. Das angeführte Zitat stammt aus einem Bericht der *Vossischen Zeitung* vom 18.8.1932 darüber.

14 Tagebuch Schäffer vom 17.8.1932, in: IfZ, Ed 93, Bd. 22.

15 Am 18. August 1932 schreibt der Hugenberg-Adept Schmidt-Hannover an Schleicher: „Ich nehme an, dass der bisherige Verlauf der Entwicklung im wesentlichen Ihren Erwartungen entspricht." Er nennt das, was am 13. August begann,

Schleichers „großes Spiel" (Otto Schmidt-Hannover, Umdenken oder Anarchie. Männer, Schicksale, Lehren, Göttingen 1959, S. 322).

16 Vgl. Carl Schmitt, Gespräch über die Macht und den Zugang zum Machthaber, Pfullingen 1954.

17 Vgl. Karl-Heinz Minuth/Karl Dietrich Erdmann (Hg.), Akten der Reichskanzlei. Das Kabinett von Papen. Juni bis September 1932. Dokumente Nr. 1 bis 129, Boppard am Rhein 1989, S. 474 ff.

18 Zu sehen bei AKG Images Nr. 4391735.

19 Kronprinzessin Cecilie an Louis Ferdinand aus Hopfreben vom 18.8.1932, in: HABHZ, Rep. 17 B/3 Prinz Louis Ferdinand von Preußen, Briefwechsel 1930–1933 Erinnerungen an Detroit, nicht pag.

20 Kronprinz Wilhelm an Selasen-Selasinsky aus Hopfreben vom 21.8.1932, in: BAF N 432/2.

21 Aufzeichnung Egan-Krieger vom 15.11.1932, in: BAF N 432/8.

22 Zu Hitlers Politik im September 1932 detailliert Ullrich, Hitler, S. 362 ff.

23 Kronprinzessin Cecilie an Louis Ferdinand aus Hopfreben vom 18.8.1932 (HABHZ, Rep. 17 B/3 Prinz Louis Ferdinand von Preußen, Briefwechsel 1930–1933 Erinnerungen an Detroit, nicht pag.); vgl. auch ihren Brief an G. v. Alvensleben aus Hopfreben vom 23.8.1932, in: LA Wernigerode, E 203 Nr. 24.

24 Tagebuch Schäffer vom 1.9.1932, in: IfZ, Ed 93, Bd. 22; vgl. auch Schmidt-Hannover an Hugenberg vom 5.9.1932 (BAK N 1231/38): Papen halte „die Bildung einer neuen großen Präsidialpartei [für] nötig"; genauer: einer „größeren Präsidial*bewegung* mit einer neutralen Persönlichkeit an der Spitze".

25 So der Vorsitzende der Vereinigten Vaterländischen Verbände Graf von der Goltz an Papen vom 31.8.1932, in: BAB R 43 I/678.

26 Levetzow an Donnersmarck aus Weimar vom 6.9.1932, in: BAF N 239/83.

27 *Vossische Zeitung* vom 5.9.1932 („Der Stahlhelm-Aufmarsch in Berlin").

28 So der *Daily Telegraph*, zit. nach *Neue Freie Presse* vom 6.9.1932.

29 Tagebuch Goebbels vom 2. bzw. 5.9.1932 (Teil I, Bd. 2/II, S. 355 ff.).

30 Ernst Rüdiger Starhemberg, Memoiren, Wien, München 1971, S. 134.

31 Schmidt-Hannover an Hugenberg aus Berlin vom 5.9.1932, in: BAK N 1231/38. Das Diner fand am 4. September 1932 statt.

32 Autobiografische Aufzeichnungen Kronprinz Rupprecht vom 10.9.1932, in: Verwaltung des Herzogs von Bayern, Aufzeichnungen Kronprinz Rupprechts von 1932 Mappe 14 (HVN, AA, M14).

33 August Wilhelm an Hermine vom 7.9.1932, zit. nach dem vollständigen Abdruck in: ZfG 34 (1986), S. 928 ff.

34 Hitler, RSA, Bd. V/1, S. 339 ff.

35 Kurt Lüdecke, I knew Hitler. The story of a Nazi who escaped the blood purge, New York 1937, S. 448 ff.

36 Edgar von Schmidt-Pauli, Hitlers Kampf um die Macht. Der Nationalsozialismus und die Ereignisse des Jahres 1932, Berlin 1933, S. 146 f.

37 Zu den Einzelheiten vgl. Philipp Austermann, Der Weimarer Reichstag. Die schleichende Ausschaltung, Entmachtung und Zerstörung eines Parlaments, Wien/Köln/Weimar 2020, S. 185 ff.

38 Tagebuch Carl Schmitt vom 22.9.1932 (Wolfgang Schuller/Gerd Giesler (Hg.), Carl Schmitt. Tagebücher 1930–1934, Berlin 2010, S. 215).

39 Nach dem Redeabdruck in der *Vossischen Zeitung* vom 13.9.1932.

40 *Völkischer Beobachter* vom 16.9.1932.

41 Vgl. hierzu die Tagebucheintragungen des Staatsrechtlers Carl Schmitt vom 25., 26. und 28.9.1932, den die Reichskanzlei mit der Ausarbeitung eines entsprechenden Verfassungsentwurfes beauftragen wollte (Tagebücher, 2010, S. 219 f.).

42 Kronprinz Wilhelm an Kronprinz Rupprecht 12.9.1932, in: BayHStA, GHA, NL Kronprinz Rupprecht, Nr. 782.

43 Die Autobiografischen Aufzeichnungen sind voll von despektierlichen Anekdoten wie dieser vom 18.9.1932: „Als Kronprinz Wilhelm vor einiger Zeit in München weilte, fand dort ein gemeinschaftliches Essen der in der Stadt wohnenden ehemaligen preußischen Offiziere statt, das mit einer monarchischen Kundgebung verbunden sein sollte. Der hierzu eingeladene Kronprinz erschien aber nicht. Auf dem Heimwege sahen ihn einige der Festteilnehmer Arm in Arm mit einer Cocotte, was bei ihnen große Entrüstung erregte. Er ist eben unverbesserlich" (Verwaltung des Herzogs von Bayern, Aufzeichnungen Kronprinz Rupprechts von 1932 Mappe 14 [HVN, AA, M14]).

44 Autobiografische Aufzeichnungen Kronprinz Rupprecht vom 18.9.1932 (ebd.). Dort auch das nachfolgende Zitat.

45 Wilhelm II. an Kronprinz Wilhelm vom 17.9.1932, zit. nach dem vollständigen Abdruck, in: ZfG, 34, 1986, S. 930 ff.

46 Wie die Stimmung bei dem Gros der Nationalkonservativen strenger Provenienz aussah, geht deutlich aus einem Brief des Weltkriegshelden August von Mackensen an seinen Sohn Georg vom 22. September 1932 hervor: „Aus den Reden Hitlers spricht eine Unehrerbietigkeit, eine Unverfrorenheit, ja knabenhafter Eigendünkel, die hoffentlich vielen seiner Anhänger den Unwert dieses Mannes zum Regieren bewiesen haben. Anderseits enthüllt sich Papen immer mehr als ein Reichskanzler von Format und seine Minister als ihren schweren Aufgaben gewachsen. Hindenburg wird sie nicht fallenlassen und damit schließlich alle Gutgesinnten hinter sich haben" (BAF N 39/528).

47 Autobiografische Aufzeichnungen Kronprinz Rupprecht vom 18.9.1932, in: Verwaltung des Herzogs von Bayern, Aufzeichnungen Kronprinz Rupprechts von 1932 Mappe 14 (HVN, AA, M14).

48 In einem Leitartikel für die *Vossische Zeitung* vom 20.10.1932.

49 Vgl. BAF N 42/27.

50 Cecilie an G. von Alvensleben vom 30.9.1932, in: LA Wernigerode, E 203 Nr. 24.

51 Vgl. Kronprinz Wilhelm an Schleicher vom 1.10.1932: „Ich hatte Dir ja schon Andeutungen gemacht und glaube, dass ich in Deinem und Herrn von Papens Sinne versucht habe zu wirken" (BAF N 42/22).

52 Beide Schreiben in: GStA Berlin-Dahlem, BPH Rep 54 Nr. 137.

53 Viktoria von Dirksen an Schleicher vom 28.9.1932, in: BAF N 42/22.

54 Tagebuch Goebbels vom 28.9.1932 nach einem Gespräch mit seiner mütterlichen Freundin Dirksen (Teil I, Bd. 2/II, S. 372).

55 Tagebuch Goebbels vom 2.10.1932 (Teil I, Bd. 2/III, S. 30).

Anmerkungen 271

56 Lüdecke, Hitler, 1937, S. 534 ff.

57 August Wilhelm an Presber vom 4.10.1932, in: GStA Dahlem, Rep 62 III Nr. 51.

58 Kronprinz Wilhelm an Wilhelm II. vom 1.10.1932; in der Anlage Abschriften seines Briefwechsels mit Hitler, in: GStA Berlin-Dahlem, BPH Rep 54 Nr. 137.

59 Kronprinz Wilhelm an Schleicher aus Cecilienhof vom 1.10.1932, in: BAF N 42/22. Randglosse von Schleicher auf dem Briefpapier: „Ich finde Hitlers Brief denkbar überheblich!".

60 Wie die *Vossische Zeitung* vom 21.10.1932 berichtet, hätten Kronprinz Wilhelm neulich im Jagdschloss Rominten mit „Papen ein Stelldichein gegeben".

61 So schreibt Wilhelms „Stabschef" Müldner am 6.10.1932 an Kronprinz Wilhelm-Freund Selasen-Selasinsky: „Die Nazis sind für uns alle eine furchtbare Enttäuschung" (BAF N 432/3).

62 *Vossische Zeitung* vom 7.10.1932.

63 Müldner an Louis Ferdinand vom 8.10.1932, in: HABHZ, Rep. 17 B/3 Prinz Louis Ferdinand von Preußen, Briefwechsel 1930–1933 Erinnerungen an Detroit.

64 Diese „Arbeitsstelle" war 1930 von Karl Ludwig Freiherr von Guttenberg ins Leben gerufen worden, um den Gedanken der Monarchie lebendig zu erhalten, vor allem durch Kontrastierung der herrlichen Kaiserzeiten mit dem „Elend" der Gegenwart unter republikanischer Führerlosigkeit. Sie gab seit Juli 1932 die Zeitschrift *Monarchie* heraus. Vgl. Maria Theodora von dem Bottlenberg-Landsberg, Karl Ludwig Freiherr von und zu Guttenberg. 1902–1945. Ein Lebensbild, Berlin 2003.

65 So der der Hausbankier der Hohenzollern Eduard von der Heydt gegenüber Harry Graf Kessler (Kessler Tagebuch vom 12.10.1932, Bd. 9, 2010, S. 514).

66 Müldner an Levetzow vom 8.10.1932, in: BAF N 239/62.

67 *Vossische Zeitung* vom 10.10.1932.

68 *Kölnische Volkszeitung* vom 11.10.1932.

69 *Vorwärts* vom 11.10.1932.

70 Ernst Feder, Heute sprach ich mit. Tagebücher eines Berliner Publizisten 1926–1932, Stuttgart 1971, S. 318.

71 Zit. nach Ulrich Schlie/Ulrich von Hassell (Hg.), Römische Tagebücher und Briefe. 1932–1938, München 2004, S. 217. Das Treffen soll am 23.9.1932 in München stattgefunden haben, also kurz nach Hassels Ernennung.

72 Vgl. auch Tagebuch Schäffer vom 7.9.1932, in: IfZ, Ed 93, Bd. 22. – Schleicher musste sogar ein amtliches Dementi erlassen, um umlaufende Gerüchte über seine Differenzen zu zerstreuen. Seine Versicherung, „dass er es als eine Untreue gegenüber dem Herrn Reichspräsidenten ansehen würde, wenn er irgendetwas tun würde, was den Bestand des jetzigen Kabinetts gefährden könnte" – die war aber hauptsächlich an die Adresse Hindenburgs gerichtet (*Vossische Zeitung* vom 11.9.1932).

73 BAF N 97/2. – Vgl. auch Strenge, Schleicher, 2006, S. 88 f.

74 So Schleicher am 6.10.1932 gegenüber dem scheidenden Staatssekretär in der Reichskanzlei Pünder, zit. nach Hermann Pünder, Politik in der Reichskanzlei. Aufzeichnungen aus den Jahren 1929–1932, Berlin/Boston 1961, S. 149.

75 Zum Folgenden *Vorwärts* vom 11.10.1932. – Vgl. auch Tagebuch Kessler vom 17. Oktober 1932 nach einem Gespräch mit Otto Braun: „Den Restaurationsgerüchten

und den Ambitionen des Exkronprinzen scheint Braun ein gewisses Gewicht beizulegen (Das Tagebuch, Bd. 9, 2010, S. 518).

[76] Auf einer Wahlveranstaltung in Spandau am 12. Oktober 1932 (zit. nach dem Bericht im *Vorwärts* vom 13.10.1932).

[77] *Vorwärts* vom 12.10.1932.

[78] *Berliner Tageblatt* vom 13.10.1932.

[79] *Vossische Zeitung* vom 12.10.1932.

[80] Vgl. Adolf Kimmel, Der Aufstieg des Nationalsozialismus im Spiegel der französischen Presse 1930–1933, Bonn 1969, S. 110 ff.

[81] Zit. nach der Wiedergabe in der *Vossischen Zeitung* vom 14.10.1932.

[82] Das erfährt Schäffer bei einem Gespräch mit Neuraths Staatssekretär Bernhard Bülow, der ihm auch erzählt, dass sowohl der englische wie der französische Botschafter sich sehr befremdlich über die restaurationspolitischen Bestrebungen in Deutschland geäußert hätten (Tagebuch Schäffer vom 18.10.1932, in: IfZ München, ED 93, Bd. 23).

[83] *Vossische Zeitung* vom 20.10.1932.

[84] Zit. nach *Vossische Zeitung* vom 21. Oktober 1932.

[85] In seiner Zeitschrift *Reichswart* vom 15. Oktober 1932 mit dem Leitartikel „Wer will die Monarchie?".

[86] Tagebuch Schäffer vom 19. Oktober 1932, in: IfZ München, ED 93, Bd. 23.

[87] Das berichtet der Berliner Korrespondent der Wiener *Neuen Freien Presse* in der Nummer vom 22.10.1932.

[88] Zitat aus seiner Rede in München am 11. Oktober 1932 (*Vossische Zeitung* vom 12.10.1932).

[89] Vgl. Papens Rede vor Wirtschaftsverbänden in Paderborn am 16. Oktober 1932 (*Paderborner Anzeiger* vom 18.10.1932).

[90] Vgl. oben S. 104.

[91] In der *Vossische Zeitung* vom 17.10.1932.

[92] Der Chef der Reichskanzlei Planck sagte Schäffer schon kurz nach Groeners Dementi, „der Kronprinzbrief ist echt". Er habe ihn selbst gelesen (Tagebuch Schäffer vom 19. bzw. 28.10.1932, in: IfZ München, ED 93, Bd. 23).

[93] Groener an Gleich vom 24. Oktober 1932, in: BAF N 46/36. – Gleich nach dem Krieg hat Paul Hertz, der damalige Sekretär der SPD-Reichstagsfraktion, den besagten Brief zum ersten Mal in voller Länge veröffentlicht, und zwar in der Zeitung *Telegraf* vom 21.12.1947 („Exkronprinz Wilhelm ein Nazi!"). – Ich danke Jörg Kirchstein für diesen Hinweis.

[94] Groener an Gleich vom 21.12.1932, in: BAF N 46/36.

[95] Vgl. hierzu auch vom Verfasser: Von Deutschlands Monarchie, in: Braun (Hg.), Es lebe die Republik?, 2021 (im Druck).

[96] Abgedruckt in der Zeitschrift *Fridericus* vom 15.10.1932.

[97] *Lokal-Anzeiger* vom 15.10.1932. Der Brief wurde am 22.10.1932 auch im *Fridericus* auf der Titelseite publiziert.

[98] Kronprinz Wilhelm an Selasen-Selasinsky vom 21.10.1932, in: BAF N 432/2.

99 Tagebuch Schäffer vom 15.10.1932, in: IfZ München, ED 93, Bd. 23. Die Information stammte vom Chefredakteur der *Vossischen Zeitung* Reiner.

100 Vgl. die einschlägigen Akten in: BAB R 9361/V Nr. 30650 bzw. 148850.

101 Tagebuch Carl Schmitt vom 2.11.1932 (Tagebücher, 2010, S. 229).

102 Tagebuch Schäffer vom 28.10.1932, in: IfZ München, ED 93, Bd. 23.

103 Müldner an Louis Ferdinand vom 29.10.1932, in: HABHZ, Rep. 17 B/3 Prinz Louis Ferdinand von Preußen, Briefwechsel 1930–1933 Erinnerungen an Detroit.

104 Kronprinzessin Cecilie an Louis Ferdinand vom 30.10.1932, in: HABHZ, Rep. 17 B/3 Prinz Louis Ferdinand von Preußen, Briefwechsel 1930–1933 Erinnerungen an Detroit.

105 *Vossische Zeitung* vom 5.11.1932, dort auch das nachfolgende Zitat.

106 Tagebuch Quaatz vom 4.11.1932 (Weiß/Hoser, Tagebuch Quaatz, 1989, S. 208).

107 Tagebuch G. v. Alvensleben o.D. (November 1932), in: LA Wernigerode, E 203 Nr. 2 (Transkript S. 835).

108 Tagebuch Goebbels vom 7.11.1932 (Teil I, Bd. 2/III, S. 53).

109 Ebd. (Teil I, Bd. 2/III, S. 54).

110 Mackensen an seinen Sohn Hans-Georg vom 10.11.1932, in: BAF N 39/528. Vgl. auch den doch eher zurückhaltenden Kommentar von Müldner an seinem Brief an Selasen-Selasinsky vom 8.11.1932 (BAF N 432/3): „Ich glaube wir können mit dem Ausfall der Wahlen im Allgemeinen zufrieden sein. Jedenfalls sieht es einen Grad besser aus. Die Nazis hätten sicher noch etwas mehr abgenommen, wenn nicht verschiedene Fehler gemacht worden wären."

111 Nach dem Protokoll der Kabinettsitzung vom 9.11.1932, in: BAB, R 43/I Nr. 1458.

112 Papen an Hitler aus Berlin vom 13.11.1932, in: BAB R 43/I Nr. 2684.

113 Wilhelm II. an Sell vom 22.10.1932, in: GStA Berlin-Dahlem BPH Rep 192, NL Sell Nr. 2; dort auch das nachfolgende Zitat. Vgl. außerdem sein ähnlich lautendes Schreiben an Levetzow, auszugsweise zit. bei Granier, Levetzow, 1982, S. 348.

114 Hierzu und zum Folgenden ausführlich Machtan, Kaisersohn, 2006, S. 265 ff.

115 Vgl. *Vossische Zeitung* vom 25. sowie 27.10.1932.

116 HABHZ, Rep. 16 A, Kaiserkinder, Acta, betr. Die Apanage S.K.H. des Prinzen August Wilhelm von Preußen.

117 Zit. nach Machtan, Kaisersohn, 2006, S. 271.

118 Mackensen an Sohn Georg vom 28.10.1932, in: BAF N 39/528.

119 Mackensen an Sohn Georg vom 5.11.1932, in: BAF N 39/528; vgl. auch seinen Brief vom 10.11.1932, wo er seinen Besuch in Berlin auf den 14./15. November terminiert (ebd.).

120 Tagebuch Quaatz vom 7.11.1932 (Weiß/Hoser, Tagebuch Quaatz, 1989, S. 208 f.).

121 Kronprinz Wilhelm an Wilhelm II., in: GStA Berlin-Dahlem, BPH Rep. 53 Nr. 169/1; vgl. auch ZfG, 34, 1984, S. 932 ff. sowie Tagebuch Ilsemann (Teil II, S. 207).

122 Mackensen an Sohn Georg vom 18. November 1932, in: BAF N 39/528. Vgl. außerdem Theo Schwarzmüller, Zwischen Kaiser und „Führer". Generalfeldmarschall

August von Mackensen. Eine politische Biographie, Paderborn 1997, S. 259; Pyta, Hindenburg, 2007, S. 749.

[123] So der Bericht des Ohrenzeugen Levetzow an Donnersmarck vom 20.11.1932, in: BAF N 239/83.

[124] In dem antisemitischen Machwerk des sogenannten *Semi-Gotha*, der aristokratisch-jüdische Ehen denunzierte, war schon vor dem Ersten Weltkrieg behauptet worden, dass der Vater von Cecilies Großmutter mütterlicherseits, der badischen Prinzessin Cäcilie, ein jüdischer Bankier gewesen wäre (vgl. Jörg Kirschstein, Kronprinzessin Cecilie. Eine Bildbiographie, Berlin 2004, S. 86 f.).

[125] Arthur Berg Privatsekretär von Kronprinz Wilhelm) an Selasen-Selasinsky aus Oels vom 22.11.1932, in: BAF N 432/4.

Kapitel 5

[1] Zu den Einzelheiten dieses Zwischenspiels vgl. zuletzt Strenge, Machtübernahme 1933, 2002, S. 86 ff.; Pyta, Hindenburg, 2007, S. 754 ff. sowie Rüdiger Barth/Hauke Friederichs, Die Totengräber. Der letzte Winter der Weimarer Republik, Frankfurt am Main 2018, S. 11 ff.

[2] Tagebuch Goebbels vom 20.11.1932 (Teil I, Bd. 2/III, S. 63): „Hitler fährt umjubelt von den Massen zu Hindenburg. 1 ¼ Stunde Unterredung." – „Er war mit dem Alten allein. Ein Vorteil."

[3] Gegenüber Admiral Raeder, zit. nach Pyta, Hindenburg, 2007, S. 758.

[4] So Meissner gegenüber Quaatz am 19.11.1932 (Weiß/Hoser, Tagebuch Quaatz, 1989, S. 212).

[5] Ebd., S. 213.

[6] Tagebuch Goebbels vom 24. und 25.11.1932 (Teil I, Bd. 2/III, S. 67).

[7] Vgl. zum Beispiel das Protokoll Bredows von der Amtschef-Besprechung im Reichswehrministerium am 26. November 1932, wo es heißt: Als Schleicher dem Reichspräsidenten von seiner Unterredung mit Hitler berichtet und „ausführt, Hitler würde auch ihn nicht als Kanzler unterstützen, sagte er [Hindenburg – LM]: ‚Wissen Sie denn, dass ich Sie als Kanzler ernennen würde.' Er hat getobt und angepfiffen. Er ist ganz ‚Er'. Auch in allen anderen Sachen zeigt er das" (BAF N 97/128).

[8] Die geht vor allem auf die untergründige Art seiner Politik zurück und auf die unterschiedlichen Lesarten, die er darüber selbst in Umlauf setzte.

[9] Protokoll der Ministerratssitzung vom 25.11.1932 (Karl-Heinz Minuth/Karl Dietrich Erdmann [Hg.], Akten der Reichskanzlei. Das Kabinett von Papen. September bis Dezember 1932. Dokumente Nr. 130 bis 240, Boppard am Rhein 1989, S. 1013 f.).

[10] Autobiografische Aufzeichnungen Kronprinz Rupprecht vom 29.11.1932, in: Verwaltung des Herzogs von Bayern, Aufzeichnungen Kronprinz Rupprechts von 1932 Mappe 14 (HVN, AA, M14). Schleicher könne auf die Unterstützung der Nazis nicht mehr rechnen und verhandele jetzt mit den Gewerkschaften und Strasser.

[11] So der langjährige Mitarbeiter Ernst Röhms Georg Bell an Fritz Gerlich vom 22. November 1932 aus Berlin, in: BayHStA München, NL Gerlich Nr. 32.

[12] Das hörte Kronprinz Rupprecht Anfang Januar 1933 vom bayerischen Ministerpräsidenten Held, Autobiografische Aufzeichnungen vom 4.1.1933, in: Verwaltung des Herzogs von Bayern, Aufzeichnungen Kronprinz Rupprechts von 1933 Mappe 15 (HVN, AA, M15).

Anmerkungen

13 Tagebuch Quaatz vom 27.11.1932 (Weiß/Hoser, Tagebuch Quaatz, 1989, S. 214).

14 Tagebuch Goebbels vom 28.11.1932 (Teil I, Bd. 2/III, S. 70).

15 Groener an Schleicher vom 27.11.1932, in: BAF N 42/77.

16 Friedrich Franz von Mecklenburg-Schwerin an Schleicher vom 18.11.1932, in: BAF N 42/31.

17 Kronprinz Wilhelm an Bredow vom 6.3.1933 (Fotokopie des Originals im Privatbesitz von Irene Strenge, Hamburg).

18 Autobiografische Aufzeichnungen Kronprinz Rupprecht vom 30. November 1932, in: Verwaltung des Herzogs von Bayern, Aufzeichnungen Kronprinz Rupprechts von 1932 Mappe 14 (HVN, AA, M14).

19 Müldner an Schleichers Adjutant Ferdinand Noeldechen vom 30. November 1932, in: BAF N 42/27; ebd. auch zum Folgenden.

20 Kronprinz Wilhelm an Schleicher vom 3.12.1932, in: BAF N 42/80.

21 Delmer, Die Deutschen und ich, 1963, S. 174 f. Zur Datierung des Interviews: Tagebuch Goebbels vom 28.11.1932 (Teil 1, Bd. 2/III, S. 69). Delmer fand diese antimonarchische Deklamation Hitlers verblüffend, denn bislang hatte er den Naziführer nur hohenzollernfreundlich erlebt.

22 Hitler, RSA, Bd. V/2, S. 243.

23 Tagebuch Goebbels vom 5.12.1932 (Teil I, Bd. 2/III, S. 74).

24 *Völkischer Beobachter* vom 2.12.1932 (Rosenberg).

25 Interview mit dem damaligen SS-Führer und Vertrauten von Heinrich Himmler Karl Wolff aus dem Jahr 1952, in: IfZ München, ZS 317/1.

26 Zu den Einzelheiten dieses Showdowns vgl. zuletzt Pyta, Hindenburg, 2007, S. 758 ff.

27 So Papen im Interview mit Schulenburg im November 1934, zit. nach Schulenburg, Welt um Hindenburg, 1935, S. 189.

28 *Angriff* vom 3.12.1932.

29 Groener hielt Oskar von Hindenburg (wohl zurecht) für einen zwar „ganz unbedeutenden Menschen, entweder ein Idiot oder ganz stark von der Rechten beeindruckt". Doch „wenn Schleicher nicht gut mit dem Sohne stünde, so sei das eine große Gefahr für ihn", zit. nach Tagebuch Schäffer vom 5.12.1932, in: IfZ, ED 93, Bd. 23. – Vgl. auch Groener an Gleich vom 21.12.1932 (BAF N 46/36), wo er schreibt, dass Oskar im Spätherbst schon „ganz Papenist geworden war".

30 Vgl. Volker Rolf Berghahn (Hg.), Der Stahlhelm. Bund der Frontsoldaten 1918–1935, Düsseldorf 1966, S. 245 f. – Vgl. auch Mackensen an Sohn Georg vom 10.12.1932, in: BAF N 39/528, wo es heißt: „Papens Abgang wird von allen Patrioten bedauert. Die Karte Schleicher ist zu früh gespielt worden."

31 Grundlegend hierzu nach wie vor Axel Schildt, Militärdiktatur mit Massenbasis? Die Querfrontkonzeption der Reichswehrführung um General von Schleicher am Ende der Weimarer Republik, Frankfurt 1981. An einem neuen Interpretationsansatz, der auf die Frage fokussiert, ob eine politische Aktivierung des NSDAP-Organisationsleiters Strasser einen politischen „Mehrwert im Sinne einer Überlebenshilfe für die (Weimarer) Republik" hätte abwerfen können, versuchen sich jetzt Wolfram Pyta/ Rainer Orth, Nicht alternativlos. Wie ein Reichskanzler Hitler hätte verhindert werden können, in: HZ 311, 2021, S. 400–444.

32 Zit. nach Anton Golecki/Karl Dietrich Erdmann (Hg.), Das Kabinett von Schleicher. 3. Dezember 1932 bis 30. Januar 1933, Boppard am Rhein 1986, S. 57.

33 *Vorwärts* vom 3.12.1932 („Schleicher, ein Charakterbild").

34 Zumal es gut erforscht ist, vgl. die Literaturangaben bei Pyta/Orth, Nicht alternativlos, 2021, passim.

35 Politpsychologisch betrachtet, war Schleichers Anbandeln mit Strasser eine Ersatzhandlung für die eigentlich erstrebte, aber nicht realisierbare Querfront – und symbolische Politik natürlich.

36 Hörauf an Kronprinz Wilhelm aus München vom 21.12.1932, in: BAF N 42/23.

37 General Joachim von Stülpnagel – ein Intimfeind Schleichers – war von Papen tatsächlich als neuer Reichswehrminister in Aussicht genommen, vgl. Franz von Papen, Vom Scheitern einer Demokratie. 1930–1933, Mainz 1968, S. 350 sowie Stülpnagel, 75 Jahre, 1955, S. 305.

38 Am 10. Dezember war Strasser aus der Parteileitung der NSDAP ausgeschieden und befand sich in einer Art Wartestand. Wie sein Bruder Otto erzählte, soll er darob „sehr niedergebrochen" gewesen sein. „Er fasse die Lage keinesfalls als eine günstige auf. Er sehe darin ein vorläufiges Ende seiner politischen Laufbahn. Er rechne nicht damit, innerhalb der Partei noch eine politische Rolle zu spielen" (Tagebuch Schäffer vom 10.12.1932, in: IfZ München, ED 93, Bd. 23).

39 Heinrich Martin an Kronprinz Wilhelm vom 27.12.1932, in: BAF N 42/23.

40 Kronprinz Wilhelm an Schleicher vom 28.12.1932, in: BAF N 42/80.

41 Kronprinz Wilhelm an Selasen-Selasinsky vom 14.12.1932, in: BAF N 432/2.

42 Müldner an Selasen-Selasinsky vom 27.12.1932, in: BAF N 432/3.

43 Nach den autobiografischen Aufzeichnungen Rupprechts vom 19.12.1932 hatte Kronprinz Wilhelm bis vor Kurzem noch „gehofft, nach Hindenburgs Tod Reichsverweser zu werden und sieht sich nun in der Hoffnung durch einen abweisenden Bescheid Hitlers getäuscht. Er behauptet, Papen wie Schleicher hätten sich für seine Person als Reichsverweser entschieden, ich aber vermute, dass sie nur seinem Wunsche, Reichsverweser zu werden, nicht widersprachen." Und am 4.1.1933 ergänzt er nach einem Gespräch mit dem bayerischen Ministerpräsidenten Held: „Papen habe gemeinsam mit Schleicher, dem deutschen Kronprinzen versprochen, ihn als Reichsverweser an die Spitze des Reichs zu bringen. Schleicher traue ich dies zu, aber als leeres Versprechen, in der Absicht, es beim Versprechen zu belassen, während Papen, nach den Äußerungen, die er zu mir tat, sich kaum auf ein solches Versprechen eingelassen haben wird" (Verwaltung des Herzogs von Bayern, Aufzeichnungen Kronprinz Rupprechts von 1932 und 1933, Mappen 14 und 15 [HVN, AA, M 14 und M15]).

44 Wörtlich habe Kronprinz Wilhelm zu Schleicher gesagt, „gegen Papen hast Du nicht schön gehandelt", für den Wittelsbacher „ein Beweis, dass er mit Papen immer noch auf gutem Fuß steht, von dem Hindenburg sich nur äußerst ungern trennte" (Autobiografische Aufzeichnungen Kronprinz Rupprecht vom 14.1.1933, in: Verwaltung des Herzogs von Bayern, Aufzeichnungen Kronprinz Rupprechts von 1933 Mappe 15 (HVN, AA, M15). – In *meinen* Augen eine zu weit gehende Schlussfolgerung.

45 Vgl. den Bericht der *Vossischen Zeitung* vom 16.1.1933. – Für den nationalsozialistischen Publizisten Reventlow war dies eine „offizielle Reaktionsfeier": „Im

Sportpalast sprachen höchst beamtete Standes- und Klassengenossen zu einander und vor der geleiteten Herde" (*Reichswart* vom 21.1.1933).

46 So heißt es etwa in den Lebenserinnerungen von Heinrich Martin, Schleicher habe auf die Nachrichten von Papens Intrige gegen ihn mit den Worten reagiert: „Dann muss man der Lawine freien Lauf lassen". Außerdem habe Kronprinz Wilhelm ihm (Martin) noch erzählt, dass Schleicher dabei „aussah wie ein Huhn, das ins Wasser gefallen war" (Hein Martin, Abseits der Masse. Erinnerungen von Hein Martin, Eyach 1970, S. 112 f.).

47 Als knappe Zusammenfassung mit weiterführender Literatur zuletzt Eberhard Kolb, Deutschland 1918–1933. Eine Geschichte der Weimarer Republik, München 2010, S. 203 ff. Im Übrigen Barth/Friedrich, Totengräber, 2018.

48 *Vossische Zeitung* vom 15.1.1933.

49 BAF N 42/23.

50 Vgl. Tagebuch Goebbels vom 10. Januar 1933: „Papen scharf gegen Schleicher. Will ihn stürzen und ganz beseitigen. Hat noch das Ohr des Alten. Wohnt auch bei ihm. Arrangement mit uns vorbereitet. Entweder die Kanzlerschaft oder Ministerien der Macht: Wehr und Innen. Das lässt sich hören" (Teil I, Bd. 2/III, S. 103).

51 Zit. nach *Vossische Zeitung* vom 19.1.1933.

52 Das gibt Duesterberg am 24.1.1933 telefonisch an den Fraktionsvorsitzenden der DNVP im Reichstag Schmidt durch (zit. nach Schmidt-Hannover, Umdenken, 1959, S. 328). – Es war übrigens Mussolini, der Seldte schon Ende November 1932 animiert hatte, enger mit den Nationalsozialisten zusammenzuarbeiten, vgl. den Bericht von Botschafter Hassel an das Auswärtige Amt aus Rom vom 18.11.1932, in: PAA Berlin, RAV Rom Qu. 691e. – Zum Kontext auch Klaus-Peter Hoepke, Die deutsche Rechte und der italienische Faschismus. Ein Beitrag zum Selbstverständnis und zur Politik von Gruppen und Verbänden der deutschen Rechten, Düsseldorf 1968, S. 312 f.

53 Zit. nach dem Abdruck in der *Berliner Morgenpost* vom 25.1.1933.

54 Mackensen an Tresckow vom 12.1.1933, in: BAF N 39/103.

55 Mackensen an Sohn Hans-Georg vom 8. Februar 1933, in: BAF N 39/529.

56 Kunrath von Hammerstein: Schleicher, Hammerstein und die Machtübernahme 1933, in: Frankfurter Hefte 11, 1956, S. 124.

57 Brief vom 20.6.1934, zit. nach dem Abdruck bei Martha Schad, Hitlers geheime Diplomatin. Das Leben der Stephanie von Hohenlohe, München 2004, S. 224 f.; vgl. auch Urbach, Nützliche Idioten, 2019, S. 85 f. – Dazu passt auch, was Kronprinz Wilhelm bei seinem ersten Zusammentreffen nach Schleichers Entlassung ihm vorgehalten haben soll: „Na siehst Du, ich habe dir ja oft genug gesagt, was es mit der Treue des alten Hindenburg auf sich hat" (Aufzeichnung des Schleicher-Vertrauten Wilhelm Magnus von Eberhardt, in: BAF N 12/25).

58 Autobiografische Aufzeichnungen Kronprinz Rupprecht vom 21.1.1933, in: Verwaltung des Herzogs von Bayern, Aufzeichnungen Kronprinz Rupprechts von 1933 Mappe 15 (HVN, AA, M15).

59 Tagebuch Ilsemann vom 1.2.1933 (Teil II, S. 212).

60 Vgl. Machtan, Kaisersohn, 2006, S. 278 f.

61 So hat Göring bereits am 30. Januar 1933 in einer Rundfunkansprache feierlich erklärt: Dieses Datum werde in die deutsche Geschichte eingehen als der Tag, „da die

Nation sich wieder zurückgefunden hatte", wo „eine neue Nation aufbrach und abtat alles an Qual, Schmach und Schande der letzten 14 Jahre" (zit. nach *Hamburger Nachrichten* vom 31.1.1933). – Zur kontextuellen Einordnung dieses Schwellendatums immer noch lesenswert Peter Fritzsche, Wie aus Deutschen Nazis wurden, Zürich/München 1999.

[62] Hitler an Kronprinz Wilhelm vom 4. Februar 1933 (Abschrift), in: BAB R 43-I/2205.

Kapitel 6

[1] Tagebuch Goebbels vom 1.2.1933 (Teil I, Bd. 2/III, S. 121). Harry Graf Kessler nannte diese „groteske" Veranstaltung „Propaganda mit der Leiche": Tagebuch Kessler vom 2. bzw. 5.2.1933 (Das Tagebuch, Bd. 9 S. 538 f.).

[2] *Vossische Zeitung* vom 6.2.1933.

[3] *Berliner Lokalanzeiger* vom 6.2.1933 (Hervorhebung durch mich).

[4] Tagebuch Goebbels vom 6. bzw. 10.2.1933 (Teil I, Bd. 2/III, S. 124 bzw. 126).

[5] Cecilie an G. v. Alvensleben vom 20.2.1933, in: LA Wernigerode, E 203 Nr. 24; vgl. auch Alvenslebens Tagebucheintrag vom 10.2.1933, in: ebd., Nr. 2.

[6] Delmer, Die Deutschen und ich, 1963, S. 174 ff. Vgl. auch Tagebuch Goebbels vom 24.2.1933 (Teil I, Bd. 2/III, S. 134) sowie Tagebuch Ilsemann vom 25.2.1933 (Teil II, S. 213).

[7] Zum Kontext vgl. Dieter J. Weiß, Kronprinz Rupprecht von Bayern. 1869–1955. Eine politische Biografie, Regensburg 2007, S. 269 ff. sowie Manuel Limbach, Bürger gegen Hitler, Göttingen 2019, S. 130 ff. Daraus die nachfolgenden Informationen.

[8] *Vossische Zeitung* vom 24.2.1933.

[9] Autobiografische Aufzeichnungen Kronprinz Rupprecht vom 9.3.1933, in: Verwaltung des Herzogs von Bayern, Aufzeichnungen Kronprinz Rupprechts von 1933 Mappe 15 (HVN, AA, M15).

[10] Autobiografische Aufzeichnungen Kronprinz Rupprecht vom 4.3.1933, in: ebd.

[11] Gesprächsprotokoll vom 1.3.1933, zit. nach Kritische Online-Edition der Tagebücher Michael Kardinal von Faulhabers: https://www.faulhaber edition.de/dokument.html?idno=10015.

[12] Am 7. März 1933 sagte Vizekanzler Papen dem britischen Botschafter Eric Phipps: Er könne nicht angeben, wann die Monarchie in Deutschland restauriert würde, aber dass sie wiedererrichtet wird erkläre er emphatisch als absolute Gewissheit (vgl. Petropoulos, Royals, 2006, S. 107).

[13] Tagebuch Ilsemann vom 25.2.1933 (Teil II, S. 213). – Am 9. März 1933 versichert Sell Kronprinz Rupprecht sogar persönlich in München, „der Kaiser wäre sehr erfreut, wenn in Bayern die Wiederherstellung der Monarchie zustande käme" (Autobiografische Aufzeichnungen Kronprinz Rupprecht, in: Verwaltung des Herzogs von Bayern, Aufzeichnungen Kronprinz Rupprechts von 1933 Mappe 15 (HVN, AA, M15). Die Meinung seiner Frau und seines Ältesten war das *nicht*.

[14] Kronprinz Wilhelm, 35 Jahre, 1946, in: HABHZ, Rep. 14 A Kronprinz Wilhelm, Memoiren SKH Kronprinz Wilhelm 1910–1945. – Auch gegenüber Robert Kempner, dem Stellvertretenden Chefankläger im Nürnberger Kriegsverbrecherprozess, hat Kronprinz Wilhelm ausgesagt, Hitler habe ihn „gebeten zu kommen" wegen

der „sehr starken monarchischen Strömung in Bayern" (Kempner, Kreuzverhör 1969, S. 112 ff.).

15 Kopie des Originalbriefs im Privatbesitz von Irene Strenge, der ich sehr herzlich für die Überlassung einer Ablichtung danke. – Kommentar Bredows zu diesem Schreiben: „Ja, richtig – aber die [Regierung – LM] muss ‚gerecht' neben ‚fest' regieren. Die Autorität des Staates wird durch die Zügellosigkeit untergraben" (Notiz vom 9. März 1933, zit. nach Irene Strenge, Ferdinand von Bredow. Notizen vom 20.2.1933 bis 31.12.1933. Tägliche Aufzeichnungen vom 1.1.1934 bis 28.6.1934, Berlin 2009, S. 67).

16 Kronprinz Wilhelm an Selasen-Selasnsky aus Berlin vom 14.3.1933, in: BAF N 432/2.

17 Tagebuch Goebbels vom 15.3.1933 (Teil I, Bd. 2/III, S. 148). – Dem Tagebuch von Alvensleben zufolge war auch Marie von Hatzfeld, Cecilies Hofdame, bei der Dirksen-Gesellschaft zugegen, die ihr später berichtete, dort habe „ein Kreis verschwärmter Damen Hitler umlagert und mit Komplimenten überschüttet" (Tagebuch Alvensleben vom 8.5.1933, in: LA Wernigerode, E 203 Nr. 2 [Transkript S. 848]).

18 GStA Berlin-Dahlem I. HA Rep 100A Generalverwaltung des vormals regierenden Preußischen Königshauses, Nr. 388/2.

19 Aus seiner Rede in Stettin am 17. März 1933, zit. nach *Vossische Zeitung* vom 18.3.1933.

20 Vgl. Karl-Heinz Minuth (Hg.), Akten der Reichskanzlei. Regierung Hitler. 1933–1938. Teil 1: 1933/34. Bd. 1, Boppard am Rhein 1983, S. 151.

21 Vgl. als wichtigste neueste Literatur hierzu: Christoph Kopke/Werner Treß (Hg.), Der Tag von Potsdam. Der 21. März 1933 und die Errichtung der nationalsozialistischen Diktatur, Berlin/Boston 2013; John Zimmermann, Der „Tag von Potsdam", in: Michael Epkenhans/Carmen Winkel (Hg.), Die Garnisonkirche Potsdam zwischen Mythos und Erinnerung, Freiburg/Berlin/Wien 2013, S. 69–90; Christoph Raichle, Hitler als Symbolpolitiker, Stuttgart 2014, S. 80–99; Matthias Grünzig, Für Deutschtum und Vaterland. Die Potsdamer Garnisonkirche im 20. Jahrhundert, Berlin 2017, S. 141–179.

22 So Sell gegenüber Ilsemann in Doorn am 21. März in Doorn (Tagebuch Ilsemann, II, S. 215). Vgl. auch die Memoiren von Sells Stieftochter Erika, wo es heißt: Kronprinz Wilhelm habe Sell und Hausminister Dommes „mit Handschlag versprochen, sich zurückzuhalten, wegzubleiben. Er besaß ja nicht einmal eine Einladung für die Feier" (Erika von Hornstein, Adieu Potsdam, Köln 1969, S. 185). – Zu den einschlägigen Protokollunterlagen vgl. vor allem BAB, R 1501/125032.

23 Theodor Duesterberg, Der Stahlhelm und Hitler, Wolfenbüttel/Hannover 1949, S. 49. – Goebbels hatte übrigens einen Tag zuvor die Vorbereitungen zur Feier in Potsdam besichtigt. „Alles in bester Ordnung. Es wird klappen. Und sehr feierlich sein. In der alten Mühle mit Auwi Kaffee getrunken."

24 Vgl. Jochen Klepper, Unter dem Schatten deiner Flügel. Aus den Tagebüchern der Jahre 1932–1942, Stuttgart 1976, S. 353.

25 Johannes Keßler, Ich schwöre mir ewige Jugend, Leipzig 1935, S. 230.

26 Zitate aus der Hitler-Rede sämtlich nach dem Abdruck im *Völkischen Beobachter* vom 22.3.1933.

27 Carl V. Krogmann, Es ging um Deutschlands Zukunft. 1932–1939. Erlebtes täglich diktiert von dem früheren Regierenden Bürgermeister von Hamburg, Leoni

am Starnberger See 1977, S. 56. Der Bürgermeister von Hamburg stand nur wenige Meter von dem Geschehen entfernt.

[28] Mackensen an Sohn Georg vom 23.3.1933, in: BAF N 39/259. – Vgl. auch Schulenburg an Arnim vom 8.4.1933: „Auf jeden Fall hat sich der ein geschichtliches Verdienst erworben, der dem alten Hindenburg Hitler als Kanzler abgerungen hat" (BLHA Potsdam Rep. 37 Boitzenburg Nr. 44/3).

[29] Elisabetta Cerruti, Frau eines Botschafters, Frankfurt am Main 1953, S. 160.

[30] Kronprinz Wilhelm, 35 Jahre, 1946, in: HABHZ.

[31] So der Korrespondent der Wiener *Neuen Freien Presse* vom 22.3.1933.

[32] Hans Hupfeld (Hg.), Reichstags-Eröffnungsfeier in Potsdam. Das Erlebnis des 21. März in Wort und Bild, Berlin 1933, S. 50 bzw. 54. – Vgl. auch die opulente Berichterstattung in der *Vossischen Zeitung* vom 22.3.1933. – Freiherr von Weichs führte die Parade der Potsdamer Garnison an. „Als eine der prominentesten Erscheinungen", schreibt er in seinen Memoiren, „befand sich auf der Ehrentribüne der deutsche Kronprinz. Wir hatten damals den Eindruck, dass die Hohenzollern einen gewissen Anschluss an das neue Regime suchten" (Erinnerungen Weichs, in: BAF N 19/5.).

[33] Tagebuch Goebbels vom 23.3.1933 (Teil I, Bd. 2/III, S. 153).

[34] Heinz Sichert, Schloss Cecilienhof (unveröffentlichtes MS), 1982, S. 93 f. (Archiv der Stiftung Schlösser und Gärten Berlin-Brandenburg). – Sicherts Konvolut ist ein mixtum compositum von manchmal mehr, aber nicht selten auch weniger glaubwürdigen Materialien zur Geschichte dieses berühmten Wohnortes, das nur sehr kritisch herangezogen werden sollte.

[35] Hitler habe das, so schreibt er etwas vernebelnd, „bei einem späteren Besuch in unserem Hause vor einem größeren Kreise wörtlich" gesagt … (Kronprinz Wilhelm, 35 Jahre, 1946, S. 18, in: HABHZ). Für einen solchen „späteren" Besuch gibt es aber keinerlei Belege. – Ende März 1946 hatte der US-Offizier James Pollock Kronprinz Wilhelm in Hechingen aufgesucht und darüber an den politischen Berater der US-Regierung in Stuttgart Robert Murphy berichtet: „He told me, how Hitler had visited him in 1933 in his home, Cecilienhof, and told me that he, Hitler, planned to develop a new German empire and intended to put a Hohenzollern on the throne" (IfZ München, Omgus POLA 747/24). – 1947 beim Interview durch Kempner hat Kronprinz Wilhelm den Besuch auf „unmittelbar vor der Machtergreifung" datiert – eine weitere Nebelkerze (Kempner, Kreuzverhör, 1969, S. 113).

[36] Tagebuch Alvensleben vom 8.5.1933, in: LA Wernigerode, E 203 Nr. 2, Transkript S. 848.

[37] In einem Interview mit J. A. Wonschik-Steege hat Wilhelms Sohn Louis Ferdinand 1993 erzählt: Er sei am 21. März 1933 bei seinem Großvater in Doorn gewesen, der in der „Riesenshow" von Potsdam „die Prostitution der preußisch-deutschen Geschichte" gesehen habe, und darüber ganz „entsetzt gewesen ist" (zit. nach Jutta Angelika Wonschik-Steege/Wolfgang Stribrny, Ein Vermächtnis – Prinz Louis Ferdinand von Preußen. Ein Leben in Licht und Schatten der Monarchie im 20. Jahrhundert, Remagen 2007, S. 173).

[38] Das Folgende nach dem Bericht der *Vossischen Zeitung* vom 22.3.1933.

[39] *Neue Freie Presse* vom 22. bzw. 23.3.1933.

[40] Zeugnisse für diesen Bekenntnisdrang gibt es viele: Vgl. Erich Czech-Jochberg, Vom 30. Januar zum 21. März. Die Tage der nationalen Erhebung, Leipzig 1933.

41 Reventlow, Der Kanzler zur monarchischen „Frage", in: *Reichswart* vom 2.4.1933; dort auch die beiden angeführten Zitate aus der Hitler-Rede.

42 Tagebuch Ilsemann vom 6.4.1933 (Teil II, S. 217).

43 Schulenburg an Arnim vom 8.4.1933, in: BLHA Potsdam Rep. 37 Boitzenburg Nr. 44/3.

44 Der deutsch-amerikanische Schriftsteller und Verleger George Sylvester Viereck war ein alter Bekannter und Briefpartner des vormaligen deutschen Kaisers Wilhelm, mit dem er auch nach seiner Flucht in freundschaftlichem Kontakt blieb. Er hat den Exkaiser auch mehrfach in Doorn besucht.

45 Tagebuch Goebbels vom 25.3.1933 (Teil I, Bd. 2/III, S. 155).

46 *Vossische Zeitung* vom 28.3.1933. – Auch Außenminister Neurath erklärt zeitgleich in einem Interview für die „Associated Press": Die antideutschen Proteste in Amerika erinnerten ihn an die „Greuelpropaganda" aus der Zeit des Ersten Weltkriegs. Der ganzen Kampagne lägen Falschinformationen zugrunde, und im Übrigen ließen sich bei einer nationalen Revolution wie der in Deutschland stattfindenden diverse Übergriffe leider nicht vermeiden (*Der Angriff* vom 27.3.1933). – Desgleichen „Telegramm des Vize-Kanzlers an die Deutsch-Amerikanische Handelskammer in New York" vom 25.3.1933, in: Minuth, Akten der Reichskanzlei. Regierung Hitler, Bd. 1, S. 260 f.

47 Tagebuch Goebbels vom 31.3.1933 (Teil I, Bd. 2/III, S. 159).

48 Autobiografische Aufzeichnungen Kronprinz Rupprecht vom 8.4.1933, in: Verwaltung des Herzogs von Bayern, Aufzeichnungen Kronprinz Rupprechts von 1933 Mappe 15 (HVN, AA, M 15).

49 Peter Longerich, Politik der Vernichtung. Eine Gesamtdarstellung der nationalsozialistischen Judenverfolgung, München/Zürich 1998, S. 26 ff.; Saul Friedländer, Die Jahre der Verfolgung 1933–1939, München 1998, S. 26 ff.; vgl. Heinz Höhne, „Gebt mir vier Jahre Zeit". Hitler und die Anfänge des Dritten Reiches, Berlin 1999, S. 108 ff.

50 Schulenburg an Arnim vom 8.4.1933, in: BLHA Potsdam Rep. 37 Boitzenburg Nr. 44/3.

51 Kronprinz Wilhelm an Farrar vom 11.4.1933, in: GStA Berlin-Dahlem I. HA Rep 100A (Generalverwaltung des vormals regierenden Preußischen Königshauses) Nr. 388/2. Ebd. auch das nachfolgende Zitat.

52 Wilhelm II. an Kronprinz Rupprecht vom 21.4.1933, in: BayHStA, GHA, NL Rupprecht Nr. 787.

53 Tagebuch Ilsemann vom 20.4.1933 (Teil II, S. 219; ebd. ff. auch zum Folgenden).

54 Verfügung (Ordre) Wilhelms II. vom 20.4.1933, in: HABHZ, Rep. 17 Kronprinzenkinder, Acta Bd. 1, betr. die Verlobung und Vermählung Seiner Königlichen Hoheit des Prinzen Wilhelm v. Pr. vom 18. April 1933 bis 30. April 1938.

55 Tagebuch Ilsemann vom 22. April 1933 (Teil II, S. 219 f.).

56 Kronprinz Wilhelm an Wilhelm II. vom 24.4.1933, in: GStA Berlin-Dahlem, BPH 192 NL Sell, Nr. 4.

57 Den Inhalt dieses Telegrammes gibt Wilhelm II. in seinem Brief an Sell vom 27.4.1933 wieder, in: ebd.

58 Kronprinz Wilhelm an Sell vom 28.4.1933, in: HABHZ, Rep. 17 Kronprinzenkinder, Betrifft: Verlobung Prinz Wilhelm April/Mai 1933.

59 Wilhelm II. an Sell vom 27.4.1933, in: GStA Berlin-Dahlem, BPH 192 NL Sell, Nr. 4.

60 Gemeint ist das oben zitierte Schreiben Wilhelms vom 24.4.1933.

61 Wilhelm II. an Sell vom 29.4.1933, in: GStA Berlin-Dahlem BPH 192 NL Sell, Nr. 4.

62 Vgl. Harald Oelrich, Sportgeltung – Weltgeltung. Sport im Spannungsfeld der deutsch-italienischen Außenpolitik von 1918 bis 1945, Münster/Hamburg/London 2003, S. 211 f. – Bei dem Turnier im Rom trifft Kronprinz Wilhelm auf den englischen Rennstallbesitzer Lord Hugh Cecil Lowther (1857–1944), bei dem sein Vater Wilhelm II. vor dem Krieg zweimal zur Jagd war. Der als *Englands greatest sporting Gentleman* apostrophierte Aristokrat hat mit ihm in Rom politische Gespräche geführt, aus denen sich dann weitere Korrespondenz ergaben (siehe weiter unten).

63 So Wilhelms Schwester Viktoria Luise, die diese Details von der Romreise überliefert hat: Viktoria Luise, Die Kronprinzessin, Hannover 1977, S. 224.

64 Vgl. Klinkhammer (DHI Rom), Mussolini-Audienzen (Online). – In seinen Erinnerungen (Louis Ferdinand von Preußen, Die Geschichte meines Lebens, Göttingen 1968, S. 210 f.) schreibt Louis Ferdinand, dass sein Vater Mussolini zunächst allein gesprochen habe, bis sie dann nach einer halben Stunde zu einer zehnminütigen Audienz vorgelassen wurden. „Mir schien, dass Mussolini die ganze Zeit Theater spielte und uns mit Blicken und Gesten zu imponieren suchte."

65 Das hat ihr Kronprinz Wilhelm im September bei einem Besuch in Potsdam erzählt: Tagebuch Alvensleben o.D. (September 1933), in: LA Wernigerode, E 203 Nr. 2, Transkript S. 857.

66 Vgl. Autobiografische Aufzeichnungen Kronprinz Rupprecht vom 3.4.1933, wonach die Verfolgung der Juden durch die Nazis für Mussolini ein Missgriff gewesen sei, denn damit mache sich Hitler die Juden zum Feind (Verwaltung des Herzogs von Bayern, Aufzeichnungen Kronprinz Rupprechts von 1933 Mappe 15 [HVN, AA, M15]). – Mussolini war damals generell der Auffassung, die Staatsautorität dürfe sich niemals auf einen Krieg mit der Kirche oder dem Weltjudentum einlassen, weil man in beiden Fällen gegen einen unsichtbaren Gegner kämpfe (vgl. Jens Petersen, Hitler, Mussolini. Die Entstehung der Achse Berlin-Rom 1933–1936, Tübingen 1973, S. 155 ff.).

67 Das hat Kronprinz Wilhelm Alvensleben erzählt: Tagebuch Alvensleben o.D. (September 1933), in: LA Wernigerode, E 203 Nr. 2, Transkript S. 857.

68 Tagebuch Ilsemann vom 14.5.1933 (Teil II, S. 221).

69 Tagebuch Goebbels vom 5.5.1933 (Teil I, Bd. 2/III, S. 181).

70 Nach der Aufzeichnung von Dommes über sein Gespräch mit Blomberg am 15.5.1933 in Berlin, in: GStA Berlin-Dahlem, BPH, Rep 53 Nr. 167/2; auch abgedruckt in: ZfG 34, 1986, S. 935 f.

71 Tagebuch Ilsemann vom 20.5.1935 (Teil II, S. 281).

72 Bei einer späteren Begegnung mit dem Schriftsteller Reinhold Schneider soll Kronprinz Wilhelm erklärt haben, dass die „Abkehr" Hitlers von seinem Monarchie-Versprechen „im Mai 33 geschehen sei" (Schneider, Verhüllter Tag, 1954, S. 102).

73 Kronprinz Wilhelm an Lord Cecil Lowther vom 17.6.1933 (Abschrift), in: GStA Berlin-Dahlem I. HA Rep 100A Generalverwaltung des vormals regierenden Preußi-

schen Königshauses, Nr. 388/2; vgl. zur Bewertung und Einordnung auch BAK, N 1720/2.

74 Für den 9. Jahrgang (1934). Das Jahrbuch trug den Untertitel „Friedrich der Große".

75 Berg an Selasen-Selasinsky vom 23.6.1933, in: BAF N 432/4. – Selasen hatte sich über die Gleichschaltungswut der Nazis beschwert.

76 *Evening Standard* vom 19.6.1933 (zit. nach *Die Monarchie*, H. 8/August 1933). – Dazu passt, was der englische Journalist Waters über seinen Besuch in Doorn am 27. Juni 1933 überliefert hat. Dort habe ihm nämlich der Flügeladjutant Graf Dohna versichert, auch als Konservativer gelte es jetzt, Hitler zu helfen. Alle in Doorn seien damals überzeugt gewesen, dass sich das Naziregime in Deutschland dauerhaft etablieren würde. Und der Exkaiser meinte sogar zu ihm, Hitler wäre persönlich selbstlos („not seeking anything for himself") in seinen Ambitionen (Wallscourt Hely-Hutchinson Waters, Potsdam and Doorn, London 1935, S. 200 ff.).

77 Tagebuch Ilsemann vom 11.7.1933 (Teil II, S. 226 f.).

78 Tagebuch Goebbels vom 2.6.1933 nach einer Besprechung mit Hitler unter vier Augen: „Frage der Nachfolge Hindenburgs entschieden beim Chef. Er wird Reichsverweser. R.W. einverstanden. Gut so." – Tagebuch Goebbels vom 10. Juni 1933: Hitler berät mit Goebbels Frage der „Reaktion. Wenn der alte Herr nicht mehr ist, dann wehe den Intriganten" (Teil I, Bd. 2/III, S. 199 bzw. 203).

79 Im Juni 1933 hat er den neuen Chef der Reichskanzlei Hans Heinrich Lammers um einen Audienztermin bei Hitler ersucht. Das Schreiben selbst ist nicht überliefert. Der Termin wird auf den 3. Juli 1933 anberaumt; vgl. BAB R 43/4063.

80 Vgl. Louis Ferdinand von Preußen, Als Kaiserenkel durch die Welt, Berlin 1952, S. 259 f.; ders., Geschichte meines Lebens, 1968, S. 213 f.; Wonschik-Steege/Stribrny, Vermächtnis, 2007, S. 173. – Zum Kontext mit neuem Quellenmaterial jetzt Urbach, Nützliche Idioten, 2019, S. 78 ff.

81 Aktenvermerk Lammers vom 5. Juli 1933, in: BAB, R 43/4063.

82 Stülpnagel, 75 Jahre, 1955, S. 327.

83 *Sunday Dispatch* vom 30.7.1933 (Rückübersetzung von mir). – Zur Empfänglichkeit der konservativen britischen Eliten für solche Botschaften vgl. jetzt sehr anschaulich Simon Heffer (Hg.), Henry ‚Chips' Channon. The Diaries 1918–38, London 2021.

84 *Evening Standard* vom 4.8.1933 (zit. nach der Wiedergabe in der *Vossischen Zeitung* vom 5.8.1933).

85 Tagebuch Goebbels vom 23.6.1933 (Teil I, Bd. 2/III, S. 213).

86 Ebd. vom 26.7.1933 (Teil I, Bd. 2/III, S. 235).

87 Ebd. vom 2.8.1933 (Teil I, Bd. 2/III, S. 239).

88 Ebd. vom 5.8.1933 (Teil I, Bd. 2/III, S. 241).

89 Ebd. vom 10.8.1933 (Teil I, Bd. 2/III, S. 244).

90 *New York Herald Tribune* vom 27.8.1933 (Übersetzung von mir).

91 Tagebuch Alvensleben o. D. (September 1933), in: LA Wernigerode, E 203 Nr. 2, Transkript S. 857.

92 Nach der Depesche des Wolffschen Telegraphenbüros vom 1.11.1933.

93 Solms an seine Braut Freda von Gersdorff vom 23.11.1933, zit. nach Freda zu Solms (Hg.), Max Graf zu Solms. Ein Lebensgang. Briefe, Selbstzeugnisse, Berichte, Marburg 1982, S. 306.

94 Verallgemeinernd Ian Kershaw, Der Hitler-Mythos. Führerkult und Volksmeinung, Stuttgart 1999, S. 67 ff.

95 Petropoulos, Royals, 2006, passim.

96 Vgl. Anke Hoffstadt, Eine Frage der Ehre. Zur ‚Beziehungsgeschichte' von „Stahlhelm. Bund der Frontsoldaten" und SA, in: Yves Müller/Reiner Zilkenat (Hg.), Bürgerkriegsarmee. Forschungen zur nationalsozialistischen Sturmabteilung (SA), Frankfurt am Main 2013, S. 267–296.

97 *Der Stahlhelm* vom 7.5.1933.

98 Einzelheiten hierzu unter: https://www.brandenburg-33.de/aufmarsch-de-stahl helms-in-wittenberge; außerdem *Die Monarchie* H. 7, Juli 1933, S. 106.

99 Vgl. BAB R 9361/III (SA-Akte Kronprinz Wilhelm). – Sein alter Kamerad Joachim von Stülpnagel fand das übrigens „geschmacklos" (75 Jahre, 1955, S. 326 f.).

100 Vgl. Hornstein, Adieu Potsdam, 1969, S. 179 f. – Das Potsdamer Establishment soll diese „Nazifizierung" der Cecilienhofer Gesellschaftskultur degoutiert haben.

101 *Der Stahlhelm* vom 25.6. bzw. vom 2.7.1933.

102 Vgl. Hans Buchheim, Die Eingliederung des „Stahlhelm" in die SA, Stuttgart 1958, S. 371 f.

103 Dieses vom 24.6.1933 datierte Schreiben ist abgedruckt in: *Die Monarchie* Nr. 7 (Juli 1933), S. 105 f. sowie bei Lange, Kronprinz, 1934, S. 99 f.

104 Gesendet am 5.7.1933: Der gesamte Stahlhelm stehe nun „in der nationalsozialistischen Bewegung. Adolf Hitler hat uns die Hand gereicht! Wir haben eingeschlagen!" (zit. nach *Der Stahlhelm* vom 9.7.1933).

105 Zit. nach Lange, Kronprinz, 1934, S. 100 f. – Vgl. auch GStA Berlin-Dahlem, I. HA Rep 100A Generalverwaltung Nr. 388/2.

106 Zitat aus dem von ihm gezeichneten Artikel „Warum ist die Welt gegen uns?", der am 10.9.1933 von der *New York Herald Tribune* veröffentlicht wurde (hier nach der Wiedergabe in der *Deutschen Allgemeinen Zeitung* vom 12.9.1933). Er verstieg sich dann auch noch zu der schiefen Ansicht: „Ich kann mit voller Überzeugung feststellen, dass die Weltgeschichte wohl keine andere Revolution zu nennen weiß, die so frei von Ungesetzlichkeiten und Bluttaten durchgeführt worden ist."

107 Auch der zeitgenössische Propagandafilm „Hakenkreuz und Stahlhelm" hat diesen letzten großen Auftritt Wilhelms *in majorem gloriam* der Nazis dokumentiert.

108 Zit. nach dem Redeabdruck in der *Weserzeitung* vom 24.9.1933. – Vgl. auch die ausführliche Berichterstattung im *Völkischen Beobachter* vom 25.9.1933.

Kapitel 7

1 Tagebuch Ilsemann vom 25.9.1933 (Teil II, S. 232 f.); von dieser Ansicht habe sich der Reichspräsident partout nicht abbringen lassen.

2 Aufzeichnungen über die Unterredung am 26.9.1933, in: GStA BPH, Rep 53, Nr. 167/1; vgl. die dem Protokoll beiliegenden Notizen, die Dommes sich zur Vorbereitung seines Gesprächs gemacht hatte.

3 Vgl. Tagebuch Ilsemann vom 1.10.1933 (Teil II, S. 233 f.); dort auch das nachfolgende Zitat.

4 Unterlagen zu dieser Unterredung, die am 25.10.1933 stattfand, in: GStA Berlin-Dahlem, BPH, Rep 53, Nr. 167/3; vgl. auch BAB R 43/4064. – Ilsemann hat in seinem Tagebuch vom 16.11.1933 folgende Variante der Audienz überliefert, die auf schriftliche und mündliche Auslassungen von Dommes fußen: Seine zentrale Aufgabe sehe Hitler in der „Rettung Deutschlands vor dem Bolschewismus und den Juden". Es sei ihm „zweifelhaft, ob eine Monarchie hart genug sei, solche Kämpfe auf sich zu nehmen". Bei der Judenfrage „sei Hitler sehr leidenschaftlich geworden und hätte durchblicken lassen, dass S. M. die Juden früher zu sehr protegiert habe". Er habe ihm „die ganze Schuld der Juden an der Revolution und dem Unglück Deutschlands dargelegt" (Teil II, S. 236 f.).

5 Er fügte hinzu: „Dass im Vaterlande ein Aufschwung zum Besseren eingetreten ist, hat die Feier in der Potsdamer Garnisonkirche gezeigt. Ich danke Gott, dass wir nach langjähriger, nicht leichter Arbeit so weit gekommen sind. Aber die innere Krisis ist noch nicht völlig überwunden, und das Ausland wird jetzt schwerlich mir zu Liebe einer Wiederherstellung der Monarchie untätig zusehen" (BAF N 266/25).

6 Zit. nach den Erinnerungen von Dirksens Schwiegersohn, der Teilnehmer dieser Gesellschaft am 4. November 1933 war: Rheinbaben, Viermal Deutschland, 1954, S. 325 ff.

7 Renzetti an Mussolini vom 10.11.1933, in: BAK N 1235/12. – Das Gespräch fand am Vortag auf der gemeinsamen Zugfahrt von München nach Berlin statt (für die Übersetzung des „vertraulichen" Berichts danke ich René Ott).

8 Tagebuch Alvensleben vom 26.10.1933 (Transkript S. 848), in: LA Wernigerode, E 203 Nr. 2. Hitler, so heißt es da weiter, soll „sehr kompromittierende Briefe" von Kronprinz Wilhelm haben, „in denen er die Nazis heftig angreife".

9 Zu den Einzelheiten dieses Massenspektakels vgl. die Berichterstattung in der *Vossischen Zeitung* vom 8. und 9.10.1933; *Schlesische Zeitung* vom 12.10.1933 sowie *Der Sa-Mann* vom 14.10.1933.

10 Moritz von Faber du Faur, Macht und Ohnmacht. Erinnerungen eines alten Offiziers, Stuttgart 1953, S. 153.

11 „General Blomberg wurde mit einer Kritiklosigkeit, die auch Menschen in seiner nächsten dienstlichen und persönlichen Umgebung überraschte, zum Bewunderer des neuen Reichskanzlers" (Kunrat von Hammerstein, Spähtrupp. Machtübernahme, Spähtrupp im Westen, türkischer Sonntag, höhere Führer, Beerdigung, Staatsstreich, Stuttgart 1963, S. 66). Im Übrigen vgl. Kirstin A. Schäfer, Werner von Blomberg. Hitlers erster Feldmarschall. Eine Biographie, Paderborn/München/Wien 2006, S. 100 ff.

12 Vgl. Machtan, Kaisersohn, 2006, S. 314 ff. sowie Eleanor Hancock, Ernst Röhm. Hitler's SA chief of staff, New York 2008, S. 130 ff.

13 Laut dem Bericht der *Neuen Freien Presse* vom 25.10.1933.

14 *Vossische Zeitung* vom 25.10.1933. Es ging damals um Deutschlands Austritt aus dem Völkerbund, den die Nazis durch eine Volksabstimmung legitimieren lassen wollten. Das sollte am 12. November zusammen mit einer Neuwahl des Reichstags geschehen.

15 *Kreuzzeitung, Berliner Lokal-Anzeiger, Bayerische Staatszeitung* etc.

16 Privatim ist er da weniger auf Linie. So schreibt er am 12. November 1933 an Oswald Spengler, „welchen großen Genuss" er beim Studium des eben erschienenen und stellenweise durchaus nazi-kritischen Spengler-Buches *Jahre der Entscheidung* gehabt habe. „Das meiste, was Sie schreiben, ist mir aus der Seele gesprochen" (Oswald Spengler, Briefe. 1913–1936, München 1963, S. 711 f.). – Werkkritische Details zu Spenglers Buch bei Heinz Dieter Kittsteiner, Oswald Spengler zwischen „Untergang des Abendlandes" und „Preußischem Sozialismus", in: Wolfgang Hardtwig/Erhard Schütz (Hg.), Geschichte für Leser. Populäre Geschichtsschreibung in Deutschland im 20. Jahrhundert, Stuttgart 2005, S. 309–330.

17 Tagebuch Alvensleben vom 13.11.1933 (Transkript, S. 859), in: LA Wernigerode, E 203 Nr. 2. Und sie fügt noch die Bemerkung hinzu: „jeder weiß, dass Hitler seine Macht nie missbrauchen wird". – Selbst bürgerlich-liberale Historiker wie Wilhelm Mommsen hat Hitler inzwischen von der „Notwendigkeit totaler Machtübernahme" überzeugt, weil anders der neue „deutsche Einheitsstaat" nicht hätte entstehen können; erst „die nationalsozialistische Revolution hat die Endlösung dieses Problems ermöglicht" (Politische Geschichte von Bismarck bis zur Gegenwart 1850–1933, Frankfurt a.M. 1935, S. 253 ff.).

18 Tagebuch Ilsemann vom 26. und 27.11.1933 (Teil II, S. 239 ff.).

19 Aufzeichnung Bredow vom 25.11.1933 nach einer „ganz großen Aussprache" mit Schleicher. Der sagt ihm auch, dass Kronprinzens mit ihrem Verrat an ihm große Schulde auf sich geladen hätten: „Leiche im Keller" (zit. nach Strenge, Bredow, 2009, S. 191 ff.).

20 Vgl. Anton Mirko Koktanek, Oswald Spengler in seiner Zeit, München 1968, S. 455 f.

21 So der Schriftsteller Reinhold Schneider, der ein paar Tage nach Spenglers Besuch nach Cecilienhof kam, in seinen Erinnerungen: Verhüllter Tag, 1954, S. 100 f.; dort auch das nachfolgende Zitat.

22 Zit. nach *Hamburger Fremdenblatt* vom 2.12.1933 (Leitartikel „Stabschef Röhm über sein neues Amt").

23 Zu den Einzelheiten und Hintergründen vgl. Lothar Machtan, Hitlers Geheimnis. Das Doppelleben eines Diktators, Frankfurt am Main 2003, S. 230 ff.

24 Die Einzelheiten und einschlägigen Quellen hierzu finden sich bei Machtan, Kaisersohn, 2006, S. 316 ff. bzw. 445 ausgebreitet. Ergänzend dazu die Erinnerungen des Fabrikantensohnes Reinhard Henschel, der Anfang 1930er Jahre als Kommilitone der Kronprinzensöhne viel im Cecilienhof verkehrte: Gleise und Nebengleise. Von meines Vaters Lokomotiven zu geheimen Missionen–ein Mann besichtigt eine vergangene Zeit, Bern 1983, S. 170 ff. – Über den genauen Zeitpunkt dieser Kontaktaufnahme liegt dichter Überlieferungsnebel.

25 Tagebuch Ilsemann vom 30.1.1934 (Teil II, S. 247 ff.).

26 Das schon vom 22.11.1933 datierte Telegramm aus Doorn war eine Antwort auf das Huldigungstelegramm der Münchener Ortsgruppe des Nationalverbandes Deutscher Offiziere. Es wurde am 15.12.1933 in der Zeitschrift *Deutsche Treue* veröffentlicht.

27 Tagebuch Goebbels vom 9.1.1934 (Teil I, Bd. 2/III, S. 354).

28 Vgl. mit detaillierten Quellenverweisen Gutsche, Kaiser im Exil, 1991, S. 172 ff. sowie Jung, Volksgesetzgebung, 1996, S. 542 f.

29 Zit. nach Strenge, Bredow, 2009, S. 215.

30 Tagebuch Goebbels vom 24.1.1934 (Teil I, Bd. 2/III, S. 361); vgl. auch seinen Tagebucheintrag vom 26.1.1934: „Ich trompete scharf gegen Reaktion und monarchistische Propaganda." – „Ich werde aufräumen." (Teil I, Bd. 2/III, S. 362).

31 Presse-Erklärung, zit. nach *Neue Zürcher Zeitung* vom 24.1.1934.

32 Aufzeichnung Bredow vom 22.1.1934, zit. nach Strenge, Bredow, 2009, S. 216.

33 Redetext nach der *Vossischen Zeitung* vom 31.1.1934.

34 Tagebuch Goebbels vom 31.1.1934 (Teil I, Bd. 2/III, S. 366).

35 Tagebuch Ilsemann vom 1.2.1933 (Teil II, S. 250 f.).

36 Tagebuch Goebbels vom 24.1.1934 (Teil I, Bd. 2/III, S. 361).

37 Vgl. Machtan, Kaisersohn, 2006, S. 319 ff.; dort auch zum Folgenden.

38 Hermine an Mackensen vom 3.2.1934, in: BAF N 39/41.

39 *Der Stahlhelm* vom 11.2.1934.

40 Vgl. Tagebuch Ilsemann (Teil II, S. 253 ff.).

41 *Kreuz-Zeitung* vom 20.3.1934. – Vgl. BAK, Bildarchiv: Bild 102–15605.

42 *Berlingske Illustreret Tidende* vom 22.4.1934.

43 Klinkhammer, Mussolini-Audienzen (DHI Rom, Online). Über den Inhalt dieser Unterredung wissen wir nichts. – Am 9. Mai 1934 trifft Kronprinz Wilhelm übrigens im Vatikan noch den Kardinalstaatssekretär Pacelli, den späteren Papst Pius XII. Darüber schreibt der deutsche Botschafter beim Vatikan Bergen an Außenminister Neurath am 10.5.1933: Es sei „ein längerer Besuch" gewesen und „die Anmeldung ist nicht durch die Botschaft gegangen. Über den Gegenstand der Unterhaltung habe ich nichts in Erfahrung bringen können." Pacelli habe „nur kurz erzählt, er hätte den Kronprinzen erst jetzt kennengelernt, und ihn anders gefunden als gedacht; der Prinz wäre äußerst liebenswürdig und mache einen sehr klugen Eindruck" (PAA Berlin, R 72233).

44 Vgl. Pyta, Hindenburg, 2007, S. 835 (mit weiteren Verweisen).

45 Hindenburg an Mackensen vom 6.2.1934, in: BAF N 39/265; ebd. auch das nachfolgend zitierte Dokument.

46 Gegenüber Schulenburg im Herbst 1934, zit. nach Schulenburg, Welt um Hindenburg, 1935, S. 194.

47 Zit. nach Schulenburg, Welt um Hindenburg, 1935, S. 180.

48 Immo von Fallois, Kalkül und Illusion. Der Machtkampf zwischen Reichswehr und SA während der Röhm-Krise 1934, Berlin 1994, S. 117 ff.

49 Mackensen an Sohn Hans-Georg vom 14.3.1934, in: BAF N 39/529.

50 So die Erinnerungen von Gestapo-Chef Rudolf Diels, Lucifer ante portas … es spricht der erste Chef der Gestapo, Stuttgart 1950, S. 303. – Wie er selbst rückblickend über diese gelungene Vereinnahmung schrieb: Solange er in Hitlers Nähe weilte, „hat seine suggestive Kraft auf mich eingewirkt, indem sie mich aufrief, meine Zweifel und Einwände ausschaltete und es dabei verstand, meine völlig loyale Haltung trotz Anfechtung lebendig zu erhalten" (zit. nach Karl-Heinz Janßen/Fritz Tobias, Der Sturz der Generäle. Hitler und die Blomberg-Fritsch-Krise 1938, München 1994, S. 34).

51 Dieses Thema würde eine monografische Bearbeitung verlohnen; einen interessanten Abriss bietet bereits Pyta, Hindenburg, 2007, S. 860 ff.

52 Franz von Papen, Der Wahrheit eine Gasse, München 1952, S. 368 ff. Angeblich zeigte sich Hitler prinzipiell einverstanden, die Monarchie nach Hindenburgs Tod zu restaurieren und auch gegen die Hohenzollerndynastie „hatte er keine grundsätzlichen Bedenken". Nur „gegen den Kronprinzen war er voreingenommen", und auch Auwi war nicht sein Favorit. Deshalb habe man sich geeinigt, einen Kandidaten unter den Söhnen Wilhelms zu suchen. Papen empfahl den jüngsten Prinzen Fritzi. – Über den minimalen Wert der Papen-Memoiren als Geschichtsquelle ist sich die historische Forschung seit Langem einig; vgl. zuletzt Möckelmann, Papen, 2016, S. 392 ff. Tschirschky selbst berichtet in seinen Erinnerungen davon, dass er im Frühjahr 1934 bei Kronprinz Wilhelm in dieser Angelegenheit vorsprach. Dabei hatte Papen wohl den jüngsten Kronprinzensohn Friedrich vorgeschlagen, was auf die Zustimmung Wilhelms stieß, in: Tschirschky, Erinnerungen, 1972, S. 149.

53 Zu den Einzelheiten vgl. Horst Mühleisen, Das Testament Hindenburgs vom 11. Mai 1934, in: VfZ 44 (1996), S. 355 ff.

54 Nach Dommes' Gesprächsaufzeichnung in: GStA Berlin-Dahlem, BPH, Rep. Nr. 167/6; dort auch die Anfangszitate des folgenden Absatzes. – Vgl. auch Tagebuch Ilsemann vom 8.5.1934 (Teil II, S. 258), wonach Hitler Dommes gesagt habe: „Die Aufgabe, welche der Nationalsozialismus zu erfüllen habe, sei so gewaltig, dass er es nicht dulden könne, dass diese Riesentätigkeit durch einzelne Kreise gestört würde, welche für die sofortige Wiedereinsetzung des Kaiserhauses Propaganda trieben."

55 August Wilhelm an Hess vom 15. Mai 1934 (zit. nach Machtan, Kaisersohn, 2006, S. 325).

56 Tagebuch Goebbels vom 15.5.1934 (Teil I, Bd. 3/I, S. 49).

57 Ebd. vom 21.5.1934 (Teil I, Bd. 3/I, S. 51).

58 Zu den Einzelheiten vgl. jetzt Rainer Orth, „Der Amtssitz der Opposition"? Politik und Staatsumbaupläne im Büro des Stellvertreters des Reichskanzlers in den Jahren 1933–1934, Köln/Wien 2016, S. 452 ff.; wesentlich kritischer Joachim Petzold, Franz von Papen. Ein deutsches Verhängnis, München/Berlin 1995, S. 206 ff. – Der Redetext nach Edmund Forschbach, Edgar J. Jung. Ein konservativer Revolutionär. 30. Juni 1934. Berichtet von Edmund Forschbach, Pfullingen 1984, S. 154 ff.

59 Papen an Hitler vom 17.6.1934, in: BAB, R 43/II Nr. 971.

60 Martha Dodd, Meine Jahre in Deutschland 1933–1937. Nice to meet you, Mr. Hitler!, Frankfurt am Main 2005 [Erstausgabe 1939], S. 159.

61 Aufzeichnung Bredow vom 24.6.1934, zit. nach Strenge, Bredow, 2009, S. 235.

62 Tagebuch Goebbels vom 18.6.1934 (Teil I, Bd. 3/I, S. 65).

63 Ebd. vom 22.6.1934 (Teil I, Bd. 3/I, S. 67).

64 Ebd. vom 29.6.1934 (Teil I, Bd. 3/I, S. 70).

65 Nach Angaben seines Kammerdieners Hermann Wölk hat Kronprinz Wilhelm „Mitte Mai" 1934 Stabschef Röhm auf seinem Schloss in Oels empfangen und in ihm bei dieser Gelegenheit einen Trakehner-Hengst geschenkt. Dabei soll Röhm ihm die Offerte gemacht haben, sich als Nachfolger für den hinfälligen Hindenburg bereitzuhalten, um damit eine Übernahme der Reichswehr durch die Person Hitlers zu verhindern. Kronprinz Wilhelm, so Wölk, habe in Röhm damals tatsächlich eine Vertrauensperson gesehen. Doch über konkrete Ergebnisse dieser Unterredung weiß Wölk nichts zu berichten (nach Wölks Verlautbarungen in der Illustrierten *Quick*, Heft 7/1957).

66 Vgl. Franz zu Hohenlohe, Stephanie. Das Leben meiner Mutter. Mit 30 Dokumenten, Wien/München 1991; Martha Schad, Hitlers geheime Diplomatin. Das Leben der Stephanie von Hohenlohe, München 2004; Jim Wilson, Nazi Princess. Hitler, Lord Rothermere and Princess Stephanie von Hohenlohe, Stroud 2011; Urbach, Hitlers heimliche Helfer, 2016, S. 282 ff.

67 Abgedruckt bei Hohenlohe, Stephanie, 1991, S. 100 ff.

68 Zit. nach der Rede-Wiedergabe im *Hamburger Fremdenblatt* vom 19.4.1934.

69 Die ausländische Presse hatte Papens Kritik natürlich gleich ausführlich wiedergegeben; vgl. beispielsweise *Neue Freie Presse* vom 19.6.1934.

70 Vgl. Pyta, Hindenburg, 2007, S. 845. Weitere Belege bei Jean François, L'affaire Röhm-Hitler, Paris 1939, S. 107 f.; Delmer, Die Deutschen und ich, 1963, S. 236 f.; Meissner, Staatssekretär, 1950, S. 363.

71 Zu Hitlers Kalkül im Juni 1934 mit weiteren Verweisen zuletzt ausführlich Volker Ullrich, Adolf Hitler. Die Jahre des Aufstiegs 1889–1939. Biographie, Frankfurt am Main 2013, S. 512 ff.

72 Aus einer Versammlungsrede Görings am 25.6.1934 in Hamburg, wo er auch gegen die Frage nach einer „Wiederherstellung der Monarchie" für obsolet erklärt und jedwedem „Sonderinteresse" eines Hauses die Berechtigung abspricht (*Der Angriff* vom 26.6.1934).

73 Joachim von Ribbentrop, Zwischen London und Moskau. Erinnerungen und letzte Aufzeichnungen, Leoni am Starnberger See 1954, S. 52.

74 *Völkischer Beobachter* vom 14.7.1934.

75 Hindenburg am 1. Juli 1934 in Neudeck laut Walther Funk gegenüber Schulenburg im Interview im Herbst 1934; zit. nach Schulenburg, Welt um Hindenburg, 1935, S. 195.

76 Vgl. Machtan, Kaisersohn, 2006, S. 342 ff.

77 Kronprinz Wilhelm, 35 Jahre, 1946, S. XXI, in: HABHZ; sowie Wölk gegenüber der Illustrierten *Quick* (Heft 9/1957).

78 Tagebuch Ilsemann vom 3.7.1934 (Teil II, S. 265).

79 So der Oberpräsident für Schlesien Helmuth Brückner an Gabriele von Günther, die Stellvertretende Vorsitzende des Deutschen Roten Kreuzes vom 29.9.1934 (HABHZ, Rep. 14 A Kronprinz Wilhelm, Acta Vol. 10 betr. die Apanage Seiner Kaiserlichen und Königlichen Hoheit des Kronprinzen 1930–1935).

80 Tagebuch Ilsemann vom 3.7.1934 (Teil II, S. 265).

81 Stülpnagel, 75 Jahre, 1955, S. 329 f.

82 Zit. nach Fallois, Kalkül und Illusion, 1994, S. 152.

83 Tagebuch Ilsemann vom 2. bis 6.7.1934 (Teil II, S. 264 ff.).

84 Hans-Georg von Mackensen an seinen Vater August vom 13.7.1934, in: BAF N 39/513. Vgl. auch Auwis Schilderung seiner Reise in seinem Brief an den Hohenzollernbankier Eduard von der Heydt vom 16.7.1934 aus Monte Verità Ascona, in: Schweizerisches Bundesarchiv Bern, E 5330, 1982/1, den er mit „Heil Hitler. In altem S.A.-Geist!" unterzeichnet.

85 Vgl. die scharfsichtige Analyse von Hitlers Selbstbeweihräucherung bei Fallois, Kalkül und Illusion, 1994, S. 156 ff.; im Übrigen Machtan, Kaisersohn, 2006, S. 344 f.

86 Tagebuch Alvensleben vom 13.7.1934 (Transkript, S. 871), in: LA Wernigerode, E 203 Nr. 2.

87 Mackensen an Sohn Hans-Georg vom 21.7 1934, in: BAF N 39/529.

88 Papen an Hitler vom 14.7.1934, in: BAB NS 10/50. Vgl. auch Petzold, Papen, 1995, S. 222 ff.

89 So Arthur Berg (Adjutant und Sekretär von Kronprinz Wilhelm) in einem Schreiben an Viktoria von Dirksen vom 18.1.1936, in: BAK N 1720/2. – Das Schreiben selbst hat sich leider nicht erhalten.

90 Tagebuch Goebbels vom 20.7.1934 (Teil I, Bd. 3/I, S. 81).

91 Zit. nach *Berliner Tageblatt* vom 15.8.1934; vgl. auch *Daily Mail* vom 16.8.1934.

92 Das erzählt Viktoria von Dirksen am 1.9.1934 Gabriele von Alvensleben. Dirksen habe bei Hitler „mehr als eine Lanze für die Restitution der Hohenzollern gebrochen. Hitler soll ihr gesagt haben, dass die Hohenzollern ‚fertig' seien" (Tagebuch Alvensleben o.D. [September 1934], Transkript, S. 878, in: LA Wernigerode, E 203 Nr. 2).

93 Kaiserin Hermine gegenüber Ilsemann nach Rückkehr von einer Sondierungsreise nach Berlin Anfang August 1934, in: Tagebuch Ilsemann vom 15.8.1934 (Teil II, S. 272).

94 Zit. nach Machtan, Kaisersohn, 2006, S. 348.

95 Tagebuch Ilsemann vom 4.8.1934 (Teil II, S. 270); Stülpnagel, 75 Jahre, 1955, S. 329. Zum schrecklichen Innenleben des Columbia-Hauses vgl. Kurt Schilde/Johannes Tuchel (Hg.), Columbia-Haus. Berliner Konzentrationslager 1933–1936, Berlin 1990. Außerdem: BAB, N 2198/7.

96 Gegenüber Kempner am 17.6.1947 (Kempner, Kreuzverhör, 1969, S. 115).

97 Vgl. Friedelind Wagner, Nacht über Bayreuth. Die Geschichte der Enkelin Richard Wagners, Berlin 1999, S. 157; Brigitte Hamann, Winifred Wagner oder Hitlers Bayreuth, München/Zürich 2002, S. 287 f.

98 GStA Berlin-Dahlem, VI. HA, NL Hilde Wagner Nr. 4.

99 Kronprinz Wilhelm an Hitler vom 29.12.1934, in: BAB R 43/4063.

100 Kronprinz Wilhelm an Lammers o.D. (Eingangsvermerk 13.2.1935), in: BAB R 43/4063.

101 *Basler Nachrichten* vom 12.2.1935. Weiter heißt es: „Wenn auch in der deutschen Presse über diesen Vorgang Stillschweigen beobachtet wird, so hat sie dafür in unterrichteten Kreisen ein nicht geringes Aufsehen verursacht. Man erblickt darin einen neuen Beweis dafür, dass auf Seiten der Nationalsozialisten nicht die geringste Neigung besteht, sich mit monarchistischen Restaurationsplänen zu beschäftigen. Im Gegenteil!".

102 Bei einem Besuch im Cecilienhof Ende Mai 1935 (Tagebuch Alvensleben o.D. [Transkript, S. 904], in: LA Wernigerode, E 203 Nr. 2). – Eine kryptische Erwähnung findet das Treffen auch bei Wilhelms Vernehmung durch Kempner im Jahr 1947, wo er eine Besprechung mit Hitler erwähnt, bei dem „ich das Gefühl hatte, ich werde von Hitler vernommen" (Kempner, Kreuzverhör, 1969, S. 135).

103 So Hitlers Pressechef Dietrich, Zwölf Jahre, 1955, S. 44 f.

104 Kronprinz Wilhelm an Hitler vom 18.4.1935, in: BAB R 43/975b.

105 Vgl. das Schreiben des Journalisten Hans von Kessel an Dommes aus Stockholm vom 25.5.1935 (HABHZ, Rep. 14 A Kronprinz Wilhelm, Acta Vol. 10 betr. die Apanage Seiner Kaiserlichen und Königlichen Hoheit des Kronprinzen 1930–1935), wo es heißt: „Von großem Wert für die ganze Welt ist natürlich der Film, der hier aufgenommen wurde. Der Empfang des Kronprinzen am Bahnhof ist darin ausführlich in sehr guten Bildern geschildert. Es ist dafür gesorgt worden, dass in der Copie für die Ufa der Hitlergruss des Kronprinzen nicht weggeschnitten wurde."

106 Tagebuch Alvensleben o.D. (Transkript, S. 904), in: LA Wernigerode, E 203 Nr. 2.

107 Zu den Einzelheiten vgl. Berghahn, Stahlhelm, 1966, S. 271 ff.; Susanne Meinl, Nationalsozialisten gegen Hitler. Die nationalrevolutionäre Opposition um Friedrich Wilhelm Heinz, Berlin 2000, S. 209 ff.

108 Auszug wiedergegeben im Schreiben von Arthur Berg an Viktoria von Dirksen vom 18.1.1936, in: BAK, N 1720/2.

109 Kershaw, Hitler, 1998, S. 663 ff.

110 Tagebuch Ilsemann vom 24.8.1935 (Teil II, S. 282 f.).

111 Dodd, Jahre in Deutschland, 2005 [1939], S. 87 ff.

112 Dirksen an Dommes vom 26.7.1936, in: GStA Berlin-Dahlem, BPH Rep 53 Nr. 169/3.

113 Vgl. hierzu als besonders markante Beispiele unter vielen Tagebuch Goebbels vom 21.6.1935, 29.11.1935 und vom 31.1.1936 (Teil I, Bd. 3/I, S. 250, 337 und 372).

114 Tagebuch Ilsemann vom 22.9.1935 (Teil II, S. 285).

115 Louis Paul Lochner, What about Germany?, New York 1942, S. 85.

116 Eine Rekapitulation dieser Unterredung zwischen Kronprinz Wilhelm und Dirksen bildet die Einleitung zum Schreiben von Wilhelms Adjutant und Sekretär Arthur Berg an Viktoria von Dirksen vom 18.1.1936, dem auch die nachfolgenden Zitate entnommen sind (BAK N 1720/2).

117 Kronprinz Wilhelm an Hitler aus Berlin vom 28.3.1936, in: BAB R 34/4063.

118 Kronprinz Wilhelm an seinen Jugendfreund Oberst Curt Drews vom 15.1.1936, zit. nach dem Faksimileabdruck in der *Quick* vom 30.6.1956; dort auch das nachfolgende Zitat.

119 Hierzu Eckart von Naso, Ich liebe das Leben. Erinnerungen aus fünf Jahrzehnten, Hamburg 1953, S. 705 ff.

120 Müldner an Reichsaußenminister Neurath vom 1.7.1937, in: HABHZ, Rep. 14 A Kronprinz Wilhelm, Acta Vol. 11 betr. die Apanage Seiner Kaiserlichen und Königlichen Hoheit des Kronprinzen 1936–1940.

121 Schneider, Verhüllter Tag, 1954, S. 102.

122 Tagebuch Alvensleben vom 21.8.1937 (Transkript, S. 940), in: LA Wernigerode, E 203 Nr. 2.

Epilog

1 Ulrich Herbert, Wer waren die Nationalsozialisten?, München 2021.

2 Wo bei der Unterstützung von politischen Verbrechern wie den Nazis die eigene Mittäterschaft beginnt, wird in der Fachliteratur immer noch kontrovers diskutiert.

Vgl. am Beispiel des Staatssekretärs im Auswärtigen Amtes Hermann Graml, Bernhard von Bülow und die deutsche Außenpolitik, München 2012, S. 175 ff. – Vgl. des Weiteren das Nachwort von John Heilbron zu seiner Biographie: Max Planck. Ein Leben für die Wissenschaft, 1858–1947, Stuttgart 2006 oder die Studie über die Anpassungsakrobatik namhafter deutscher Schriftsteller im Dritten Reich von Anatol Regnier, Jeder schreibt für sich allein. Schriftsteller im Nationalsozialismus, München 2020.

[3] Merkwürdigerweise ist dieser zentrale Punkt, nämlich die Rolle der treibenden Kräfte bei der Demokratie-Vernichtung in Deutschland, nicht einmal ein Nebenaspekt in dem streitbaren Bestseller der Historikerin Hedwig Richter: Demokratie. Eine deutsche Affäre. Vom 18. Jahrhundert bis zur Gegenwart, München 2020.

[4] Eine erste Aufbereitung dieser Materie findet sich jetzt bei Heinz Holzhauer, Der Vorschub des Kronprinzen, in: Die Öffentliche Verwaltung 74, 2021, S. 24 ff. – Vgl. aber auch die bedenkenswerte Problematisierung des Paradigmas „Vorschubleistung" durch den Artikel von Ulrich Schlie und Thomas Weber in *Die Welt* vom 15.4.2021 („Hitler, die Hohenzollern und eine historische Fehleinschätzung"). – Demnächst erscheint bei Duncker & Humblot: Lothar Kroll u.a. (Hg.), Die Hohenzollerndebatte. Beiträge zu einem geschichtspolitischen Streit, Berlin 2021. Vgl. auch Jacco Pekelder/Joep Schenk/Cornelis van der Bas, Der Kaiser und das „Dritte Reich". Die Hohenzollern zwischen Restauration und Nationalsozialismus, Göttingen 2021.

[5] Diese Vorläufigkeit ihrer Ermittlungen hätten die Gutachter schon der wissenschaftlichen Redlichkeit halber zur Sprache bringen müssen. Christopher Clark ist der Erste, der dies inzwischen selbstkritisch reflektiert hat; vgl. sein Interview in der *Frankfurter Allgemeinen Zeitung* vom 4.11.2020 („Wilhelm wollte Hitler nicht zähmen"). In eine ähnliche Richtung geht auch das Interview von Peter Brandt, in: politik und gesellschaft 1/2020, S. 125 ff.

[6] Vgl. das Hugenberg-Urteil des Bundesverwaltungsgerichts von 2005: https://www.bverwg.de/entscheidungen/pdf/170305U3C20.04.0.pdf.

Bildnachweis

S. 6   Hausarchiv des vormals regierenden Preußischen Königshauses, Bisingen/ Hechingen, Burg Hohenzollern; Foto: Alex Krajewsky.

S. 12   Politisches Archiv des Auswärtigen Amtes, Berlin.

S. 14   Sammlung Archiv für Kunst und Geschichte (akg-images); Foto: W. Niederastroth (Potsdam).

S. 17   Hausarchiv des vormals regierenden Preußischen Königshauses, Bisingen/ Hechingen, Burg Hohenzollern; Foto: John Graudenz.

S. 31   *Vorwärts* vom 5.9.1930.

S. 52   Hausarchiv des vormals regierenden Preußischen Königshauses, Bisingen/ Hechingen, Burg Hohenzollern; Foto: Firma Krapp (Breslau).

S. 54   Links: Hausarchiv des vormals regierenden Preußischen Königshauses, Bisingen/Hechingen, Burg Hohenzollern; Foto: W. Niederastroth (Potsdam). Rechts: *Generalanzeiger für Dortmund* vom 5.6.1931.

S. 60   Scherl/Süddeutsche Zeitung Photo, Bildnummer 00021600.

S. 86   Scherl/Süddeutsche Zeitung Photo, Bildnummer 00283846.

S. 100   Zeichnung aus dem „Simplicissimus", 1932 (Jg. 37), Heft 5, Seite 59, Zeichner: E. Schilling.

S. 101   akg-images/TT News Agency, Bildnummer AKG8528295.

S. 109   Hausarchiv des vormals regierenden Preußischen Königshauses, Bisingen/ Hechingen, Burg Hohenzollern; Foto: Verlag Piek (Potsdam).

S. 123   Zeichnung aus dem „Simplicissimus", 1932 (Jg. 37), Heft 19, Seite 219, Zeichner: Th. Th. Heine.

S. 130   Scherl/Süddeutsche Zeitung Photo, Bildnummer 00284727.

S. 147   Zeichnung aus „Der Wahre Jacob", 1932 (Jg. 49), Heft 32, Seite 9, Zeichner: Kurt Lange-Christopher.

S. 150   Zeichnung aus dem „Simplicissimus", 1932 (Jg. 37), Heft 33, Seite 388, Zeichner: Th. Th. Heine.

S. 157   ullstein bild, Bildnummer 01077311.

S. 167   akg-images, Bildnummer AKG1904526.

S. 171   Titelblatt der Arbeiter-Illustrierte-Zeitung, Jg. XII, Nr. 5, 29.1.1933, Montage von John Heartfield, Akademie der Künste, Berlin, Kunstsammlung, Inv.-Nr. JH 2294.

S. 173   War Archive/Alamy Stock Foto, Bild-ID: 2BX6MAF.

S. 180   Potsdam Museum – Forum für Kunst und Geschichte, Foto: Unbekannt.

Bildnachweis

S. 181   Hausarchiv des vormals regierenden Preußischen Königshauses, Bisingen/ Hechingen, Burg Hohenzollern; Foto: Verlag August Scherl.

S. 182   Bundesarchiv Berlin, Bild 102-14437, Foto: Georg Pahl.

S. 192   Hausarchiv des vormals regierenden Preußischen Königshauses, Bisingen/ Hechingen, Burg Hohenzollern; Foto: (Kronprinzessin) Cecilie von Preußen.

S. 199   Hausarchiv des vormals regierenden Preußischen Königshauses, Bisingen/ Hechingen, Burg Hohenzollern; Foto: Verlag Hermann Wiechmann (München).

S. 202   Hausarchiv des vormals regierenden Preußischen Königshauses, Bisingen/ Hechingen, Burg Hohenzollern; Foto: Erich und Hans Schreiber, Naumburg (Saale).

S. 204   akg-images, Bildnummer AKG74321.

S. 208   Links: Hausarchiv des vormals regierenden Preußischen Königshauses, Bisingen/Hechingen, Burg Hohenzollern; Foto: Ludwig Hoffmann. Rechts: War Archive/Alamy Stock Foto, Bild-ID: 2C2X784.

S. 216   Bundesarchiv Berlin, Bild 102-15605, Foto: Georg Pahl.

S. 217   Hausarchiv des vormals regierenden Preußischen Königshauses, Bisingen/ Hechingen, Burg Hohenzollern; Foto: Unbekannt.

S. 230   Hausarchiv des vormals regierenden Preußischen Königshauses, Bisingen/ Hechingen, Burg Hohenzollern; Foto: Theo Lutz (Bayreuth).

S. 232   Sammlung Archiv für Kunst und Geschichte (akg-images/Imagno); Bildnummer AKG1048676.

S. 233   Hausarchiv des vormals regierenden Preußischen Königshauses, Bisingen/ Hechingen, Burg Hohenzollern; Foto: Unbekannt.

S. 239   Hausarchiv des vormals regierenden Preußischen Königshauses, Bisingen/ Hechingen, Burg Hohenzollern; Foto: M. Radke, Potsdam.

Danksagung

Die Erstidee zu diesem Buch hat mir Jan Böhmermann eingegeben – besser gesagt, haben das die fast drei Millionen Klicks, die seine gnadenlose Satiresendung über „Prinz Georg Friedrich von Preußen" aus dem Herbst 2019 auf YouTube erhalten hat. Ich dachte mir: Wenn es so ein immenses Publikumsinteresse an zeitgeistlich-sarkastischem Geraune über die dunkle Vergangenheit der Hohenzollern gibt, dann hat die Öffentlichkeit auch ein Anrecht auf sachgerechte Aufklärung darüber. Da die wenige Literatur zu dieser Thematik nicht besonders erhellend und die durch Böhmermann ans Tageslicht beförderten Gutachten zwar interessant, aber parteiisch sind, war dafür Grundlagenforschung gefragt: die Kärrnerarbeit einer gezielten archivalischen Recherche zur neuesten Geschichte der berühmt-berüchtigten Herrscherfamilie. Ergebnisoffen, versteht sich, und nicht länger aus der Vogelperspektive, sondern biografisch. Was lag da näher, als mit dem Hausarchiv der Hohenzollern zu beginnen – doch würden mir die Besitzer dieser „geheimnisumwobenen" Papiere einen freien Zugang ermöglichen, mir eintretendenfalls alles zeigen? Die Antwort lautet: ja! Ich habe alles eingehend studieren können, was dieses Archiv an Quellen zu meiner Thematik bereithält; und ich bin mir auch sicher, dass mir hier nichts vorenthalten wurde. Das verdanke ich zum einen der überaus freundlichen, kompetenten und zielführenden Zuarbeit von Stefan Schimmel, der das Hohenzollernarchiv derzeit kuratiert. Darüber hinaus darf ich es dem persönlichen Interesse zuschreiben, das der Herr der Hohenzollernpapiere, Georg Friedrich Prinz von Preußen, als derzeitiger Chef seines Hauses an meinem Projekt gezeigt hat. Und zwar von Anfang an.

Die offenen Ohren, auf die ich bei ihm mit meinem Vorhaben traf, haben mich – ehrlich gesagt – überrascht. Standen diese Aufgeschlossenheit, dieses Entgegenkommen für mich doch in einem Kontrast zu dem juristischen Klagefeldzug, mit dem sein Anwalt gerade zahlreiche Historikerinnen und Journalistinnen wegen diverser „Falschaussagen" zu seiner Geschichtspolitik überzog. Obwohl ich aus meiner Kritik daran kein Hehl gemacht habe, sind wir sofort in einen intensiven und ergiebigen Austausch gekommen. Ausgangspunkt war dabei (und ist immer geblieben): die Unumgänglichkeit einer ebenso gründlichen wie unabhängigen Aufarbeitung der jüngsten politischen Vergangenheit der Hohenzollernfamilie durch einen ausgewiesenen Fachhistoriker und schonungslose Offenlegung aller Tatsachen, die über das politische Engagement seines Urgroßvaters in Erfahrung zu bringen sind. Diese

Abklärung hat Vertrauen gestiftet und eine rückhaltlose, bisweilen auch kontroverse Kommunikation ermöglicht. In deren Folge ist es dann 2020 zu einer bedingungslosen Förderung meines Projektes durch das Haus Preußen gekommen. Dies hat meinen kritisch-analytischen Forscherblick auf die zu untersuchende Thematik zu keiner Zeit getrübt, insbesondere nicht mein Urteil über den Protagonisten beeinflusst. Auch dass sich in diesem Referenzrahmen eine inzwischen freundschaftlich zu nennende Beziehung zwischen Georg Friedrich und mir entwickelt hat, konnte daran nichts ändern.

Durch umfangreiche Erhebungen auch in zahlreichen anderen Archiven ist im Laufe des letzten Jahres ein ansehnlicher Quellenkorpus zur politischen Biografie von Kronprinz Wilhelm entstanden, dessen Aussagekraft und Erkenntniswert ich intensiv vor allem mit Peter Brandt und Christopher Clark diskutiert habe. Den beiden Kollegen verdanke ich auch die (späte) Einsicht in die Notwendigkeit, das eruierte Material für ein breiteres Lesepublikum literarisch aufzubereiten. Denn ursprünglich hatte ich eher an eine Quellenedition gedacht. Beides werde ich ihnen nicht vergessen. Von den übrigen Personen, die meinem Buchmanuskript Gutes getan haben, dürfen diese Namen (in alphabetischer Reihenfolge) nicht unerwähnt bleiben: Alexander Gallus, Dirk Kämper, Wolfram Pyta, Malte Ritter, noch einmal Stefan Schimmel und Hans Rudolf Wahl. Sehr dankbar bin ich schließlich auch für das große Engagement, das die Mitarbeiterinnen und Mitarbeiter des Verlages Duncker & Humblot für diese Veröffentlichung zeigen.

Bremen/Berlin im April 2021

Register

Adenauer, Konrad 120
Albrecht von Bayern 192
Alexander von Preußen 226
Almeida, Otto Graf von 119, 133
Alvensleben, Gabriele von 103, 106, 117, 135, 148, 174, 192, 200, 210, 226, 231, 233, 238
Alvensleben, Werner von 124
Arnim-Boitzenburg, Dietlof von 26, 34, 47
August Wilhelm („Auwi") von Preußen (Bruder) 21, 22, 24, 26, 30, 34, 47, 50, 51, 56, 105, 106, 111, 112, 131, 133, 137, 139, 152, 153, 169, 177, 182, 193, 213, 215, 220, 225, 226, 229, 241

Baden, Max von 13
Bassewitz, Rudolf Graf von 148
Bechstein, Helene 47
Berg, Arthur 97, 196, 234, 236, 237
Berg, Friedrich von 193, 194
Bismarck, Ann Mari von 90
Bismarck, Gottfried von 90
Bismarck, Marguerite Fürstin von 90
Bismarck, Otto von 90, 200
Bismarck, Otto von (1815–1898) 40, 90
Blomberg, Werner von 162, 174, 193, 194, 203, 209, 219, 220, 224–226, 228
Braun, Otto 140
Braunschweig, Ernst August von 207
Bredow, Ferdinand von 140, 159, 176, 214, 215, 221, 225
Breitscheid, Rudolf 140
Brückner, Wilhelm 49

Brüning, Heinrich 25, 27, 28, 30–32, 36, 43, 45, 55–58, 60–63, 65, 73, 75, 78, 80–85, 87, 93, 95, 107, 108, 110, 111, 113, 115, 128

Cecilie von Preußen, geb. zu Mecklenburg-Schwerin (Ehefrau) 14, 18, 19, 26, 49, 53, 59, 80, 97, 103, 104, 106, 113, 117, 118, 127, 128, 135, 146, 148, 159, 177, 183, 190, 191, 213, 233, 238
Coburg, Carl Eduard Herzog von 92
Cramon, August von 206

Delbrück, Hans 19
Delmer, Sefton 99, 162, 174
Dirksen, Viktoria von 47–49, 85, 136, 174, 177, 206, 235, 236
Dodd, Martha 235
Dommes, Wilhelm von 190, 205, 206, 219, 220
Donnersmarck, Guidotto Fürst von 88, 207
Duesterberg, Theodor 53, 88, 89, 90, 152, 165, 168

Ebert, Friedrich 38, 68
Einem, Günther von 93, 97
Einem, Karl von 92, 93
Eitel Friedrich von Preußen (Bruder) 21, 216
Epp, Franz Ritter von 27
Ernst, Karl 201
Eulenburg-Hertefeld, Friedrich Wend Fürst zu 47
Ewers, Hanns Heinz 59, 62

Faber du Faur, Moritz 209
Farrar, Geraldine 187, 194

Feder, Ernst 139
Foertsch, Hermann 72
François-Poncet, André 112
Frankenberg, Conrad von 83
Frederik von Dänemark, dänischer Kronprinz 233
Friedrich II. König von Preußen (Friedrich der Große) 213
Fritsch, Werner von 218, 225
Fromm, Bella 83
Funk, Walther 218

Gaudecker, Thusnelda von 70
Gayl, Wilhelm von 73, 117, 125, 142, 146
Gleich, Gerold von 36
Goebbels, Joseph 26, 34, 36, 46–49, 59, 62, 63, 73, 80, 81, 90, 94, 96, 107, 108, 112, 122, 125, 129, 136, 148, 152, 155, 158, 162, 163, 166, 169, 172, 174, 177, 182, 185–187, 193, 194, 197, 199, 200, 213–215, 220–223, 227, 235, 238
Goebbels, Magda 63, 85, 186, 228
Göring, Hermann 20, 21, 26, 34, 46–48, 56, 90, 91, 102, 103, 108, 111, 127, 132, 133, 169, 172, 178, 184, 213, 215, 224–226, 235, 238
Göring, Karin 46
Groener, Wilhelm 13, 15, 32, 36, 50, 56, 58, 64, 66, 68, 69, 73, 75, 80, 83, 95, 99, 102–104, 106, 107, 109, 111, 114, 143, 144, 158
Gross, Raphael 244

Hammerstein-Equord, Kurt von 28, 33, 36, 47, 64, 65, 69, 96, 103, 111, 167, 168, 209
Hanfstaengl, Ernst 51, 254
Hassel, Ulrich von 139, 191
Hatzfeld, Maria Fürstin von 183
Heine, Thomas Theodor 122
Held, Heinrich 122, 164, 175
Henriette Prinzessin von Reuß 48

Herbert, Ulrich 42, 200, 240
Hermine („Hermo") Prinzessin von Preußen, Prinzessin Reuss ä. l., verw. von Schönaich-Carolath (Stiefmutter und zweite Ehefrau Wilhelms II.) 22, 48 f., 63, 90, 94 f., 103, 106, 111, 118, 153 f., 185, 197, 215, 226
Herre, Paul 51
Heye, Wilhelm 69
Himmler, Heinrich 224
Hindenburg, Oskar von 58, 69, 105, 163
Hindenburg, Paul von 13, 15, 16, 19, 21–23, 25, 27, 33, 36, 42, 43, 45, 54, 55, 57–64, 66, 68–70, 74, 75, 79–85, 87–90, 92, 93, 96, 97, 99, 101, 103–107, 109, 110, 113, 114, 116–120, 125–128, 130–133, 136, 138, 140, 142, 143, 145, 149, 151, 153–158, 160–164, 166, 168–170, 175, 178–180, 182, 184, 185, 193, 196–198, 205–209, 213, 218–220, 222, 224, 228, 240, 241
Hitler, Adolf 9, 10, 20, 22, 25, 26, 31, 32, 34–37, 43, 46–51, 56–63, 66, 67, 74–76, 78–83, 86–107, 110–116, 118, 119, 122, 124–142, 144–146, 148, 149, 151, 152, 154–166, 168–170, 172, 174–198, 200–203, 205–207, 209–224, 226–238, 240–242
Hörauf, Franz von 164, 165, 276
Hubertus von Preußen (Sohn) 192
Hugenberg, Alfred 22, 30, 36, 48, 57, 83, 89–92, 99, 102, 106, 107, 109, 125, 129, 139, 148, 153, 156, 168

Ilsemann, Sigurd von 18, 21, 46, 66, 70, 86, 90, 105, 111, 169, 175, 185, 194, 211, 215
Ingrid von Schweden 233

Kershaw, Ian 176, 234
Kessler, Harry Graf 119
Kessler, Johannes 179
Kleist, Leopold von 33, 44, 46, 49, 55, 57, 80, 85–87, 103, 111, 151, 153, 235

Kleist-Schmenzin, Ewald von 33, 44, 121
Kube, Wilhelm 155

Lambach, Walther 42, 121
Lammers, Hans Heinrich 205, 231
Lersner, Kurt von 18, 19, 63, 87, 90, 112
Levetzow, Magnus von 34, 39, 46, 57, 62, 88, 89, 99, 102, 128
Louis Ferdinand von Preußen (Sohn) 48, 59, 86, 89, 113, 138, 192, 197
Lowther, Lord Cecil 194
Ludendorff, Erich 15, 16, 68

Mackensen, August von 53, 92, 93, 107, 149, 153, 154, 168, 181, 182, 218, 219, 226, 227
Maikowski, Hans 172
Marcks, Erich 70, 111
Martin, Heinrich 165
Mecklenburg-Schwerin, Adolf Friedrich Herzog von 55
Mecklenburg-Schwerin, Friedrich Franz IV. Großherzog von 159
Meinecke, Friedrich 134, 141, 142
Meissner, Otto 55, 70, 74, 126, 160, 161
Morozovicz, Elhardt von 33
Mowrer, Edgar 97
Müldner von Mülnheim, Louis 12–14, 21, 22, 27, 29–31, 33, 35, 47, 49, 51, 52, 71, 78, 79, 89, 108–110, 117, 138, 141, 160, 166, 188, 225 f., 229, 238
Müller, Franz Lorenz 38
Müller, Ludwig 140
Mussolini, Benito 19, 20, 25, 27, 50, 51, 85, 91, 119, 122, 131, 189, 190, 192, 198, 207, 217, 220

Neumann, Robert 27, 83, 249, 260
Neurath, Konstantin von 112, 141, 144, 146, 148, 159

Oberfohren, Ernst 27, 105, 106
Oettingen-Wallerstein, Eugen Fürst zu 111
Oskar von Preußen (Bruder) 21, 90, 152, 216
Ostau, Joachim von 93, 94, 96–98, 144–146

Papen, Franz von 75, 108–117, 119–122, 125–146, 148, 149, 151–154, 156, 158–166, 168, 174, 175, 203, 210, 218–222, 224, 226, 227, 241
Pfeiffer, Ernst 55
Philipp von Hessen 48, 90
Planck, Erwin 27, 55, 58, 70, 84, 111, 115, 124, 125, 143, 144, 146
Pückler-Burghauss, Carl Friedrich Graf von 201
Pünder, Hermann 26, 87, 111, 113
Pyta, Wolfram 164

Quaatz, Reinhold 48, 63, 107

Reichenau, Walter von 162, 218
Reik, Georg 27
Renzetti, Giuseppe 85, 91, 207
Reventlow, Ernst Graf zu 40, 121, 142, 184
Röhm, Ernst 49, 51, 118, 128, 185, 201, 203, 208, 209, 213, 221–226, 238
Rosenberg, Alfred 62, 94
Rosner, Karl 27
Rothermere, Harold Sidney 168, 222, 223, 224
Rupprecht von Bayern 21, 50, 51, 90, 118, 130, 133, 134, 143, 160, 166, 169, 175, 186

Sackett, Frederick M. 112
Salviati, Dorothea von 188, 190, 193
Schacht, Hjalmar 36, 88, 142
Schleicher, Kurt von 23, 25–34, 36, 41, 52, 54–56, 58, 59, 63–65, 67–76, 78,

80, 83–85, 87, 88, 95, 96, 99, 103, 106–122, 124–129, 132, 134–137, 139, 140, 142, 146, 149, 151, 156–161, 163–169, 176, 177, 212, 221, 224, 225, 229, 240, 241
Schmidt-Hannover, Otto 115, 129
Schmidt-Pauli, Edgar von 73, 132
Schmitt, Carl 127, 146, 219
Schmitt, Kurt 118
Schneider, Reinhold 179, 238
Schulenburg, Dieter von der 120
Schulenburg, Friedrich Graf von der 15, 22, 23, 26, 28–30, 32, 34, 41, 42, 54, 56, 58, 63, 66, 90, 122, 185, 186
Seeckt, Hans von 33, 34, 36, 68, 182
Selasen-Selasinsky, Eberhard von 93–95, 98, 103, 127, 145, 165, 177, 196
Seldte, Franz 21, 33, 34, 51–53, 91, 166, 168, 201–203, 216
Sell, Ulrich von 19, 33, 87, 89, 108, 152, 175, 190, 191, 211, 225
Solms, Max Graf zu 200
Sonntag, Franz-Josef 43
Spengler, Oswald 212, 286
Starhemberg, Ernst Rüdiger 133
Stephani, Franz von 89
Strasser, Gregor 31, 94, 96, 158, 164, 165
Stresemann, Gustav 39, 251
Stülpnagel, Joachim von 36, 69, 165, 225

Thyssen, Fritz 88
Tiele-Winkler, Marie Freifrau von 102
Treviranus, Gottfried 27, 56
Tschirschky, Fritz Günther von 219

Urban, Gotthard 62

Viktor Emanuel III. 20, 50
Viktoria Luise von Preußen (Schwester) 90

Wagner, Hilde 230
Weber, Walter 182
Westarp, Kuno Graf von 22, 39
Wilhelm II, 162
Wilhelm II., (bis 1918) deutscher Kaiser und König von Preußen (Vater) 9, 11, 13, 15, 18, 22, 33, 34, 38, 39, 42, 46, 47, 49, 51, 61, 71, 72, 79, 86–88, 95, 98, 105, 111, 119, 133, 134, 151, 152, 162, 169, 175, 188–191, 193, 197, 206, 211, 214, 215, 220, 226
Wilhelm von Preußen (Sohn) 137, 188, 189, 190, 191, 193
Willisen, Friedrich Wilhelm von 31, 83, 84
Winterfeld, Friedrich von 105, 106
Wölk, Hermann 49, 225

Yorck von Wartenburg, Paul 117, 118
Yorck von Wartenburg, Sophie Gräfin 117

Zimmermann, Eugen 113